Patty Wipfler & Tosha Schore

Hand in Hand

Patty Wipfler & Tosha Schore

Hand in Hand

Fünf einfache Strategien durch
die Höhen und Tiefen des Elternseins

Aus dem amerikanischen Englisch von Annette Seifert

arbor

Arbor Verlag
Freiburg im Breisgau

© 2016 Hand in Hand Parenting, Patty Wipfler und Tosha Schore M.A.
© 2017 der deutschen Ausgabe: Arbor Verlag GmbH, Freiburg
by arrangement with Hand in Hand Parenting

Die Originalausgabe erschien unter dem Titel:
Listen: Five Simple Tools to Meet Your Everyday Parenting Challenges

Alle Rechte vorbehalten

1. Auflage 2017
Lektorat: Richard Reschika
Druck und Bindung: Kösel, Krugzell
Hergestellt von mediengenossen.de

Dieses Buch wurde auf 100% Altpapier gedruckt und ist alterungsbeständig.
Weitere Informationen über unser Umweltengagement finden Sie unter
www.arbor-verlag.de/umwelt

www.arbor-verlag.de

ISBN 978-3-386781-188-0

Wichtiger Hinweis
Die Ratschläge zur Selbstbehandlung in diesem Buch sind von den Autorinnen sowie
dem Verlag sorgfältig geprüft worden. Dennoch kann eine Garantie nicht übernommen
werden. Bei ernsthafteren oder länger anhaltenden Beschwerden sollten Sie auf jeden
Fall einen Arzt, Psychotherapeuten, Psychologen oder Heilpraktiker Ihres Vertrauens zu
Rate ziehen. Eine Haftung der Autorinnen oder des Verlages für Personen-, Sach- und
Vermögensschäden ist ausgeschlossen.

Inhalt

TEIL III Strategien für tägliche Herausforderungen

TEIL IV   Unsere Zukunft – miteinander verbunden

Vorwort von Patty

Wie Kinder ticken, wusste ich schon mit dreizehn Jahren. Als Älteste von sechs hatte ich schon jahrelang jüngere Geschwister sowie die Kinder von Verwandten und Nachbarn betreut. Und wenn in der Schule die Mittagspause bei Regen drinnen stattfand, schickten mich die Nonnen in die Klasse mit den meisten Raufbolden. Ich konnte nämlich alle zweiundfünfzig Schüler zur Räson bringen.

Als Jugendliche und während der Collegezeit arbeitete ich jeden Sommer mit Kindern. Dann heiratete ich im Alter von einundzwanzig, und weil ich mich noch immer zu Kindern hingezogen fühlte, wurde ich Lehrerin. Deshalb zweifelte ich während meiner ersten Schwangerschaft nicht an meinen zukünftigen mütterlichen Fähigkeiten. Ich war ja ein alter Hase. Und motiviert.

Doch kurz nach der Geburt meines zweiten Sohnes änderte sich etwas. Ich reagierte gereizt und verlor zunehmend die Beherrschung. Eines Tages stürzte ich mich auf meinen Zweijährigen, als er dem Baby wehtun wollte. Dabei hätte ich ihn um ein Haar vor rasender Wut gegen die Wand geknallt. Ich sah die Angst in seinen Augen und war entsetzt, wozu ich anscheinend fähig war.

Eine Mutter, zwei Wirklichkeiten. Ich war eine gute Mutter - außer ich war es eben nicht. Zwar fiel mir die Aufgabe von Natur aus leicht, aber manchmal verlor ich die Kontrolle. Bereits in jungen Jahren hatte ich mir geschworen, Kinder niemals grob zu behandeln. Und bis zu meinem zweiten Kind hatte das auch geklappt. Was war mit mir los? Wie konnte ich mir helfen? Und meinen Kindern? Ich sprach mit niemandem darüber.

Auf einem Samstagsspaziergang im Jahre 1973 wollte meine Bekannte Jennie Cushnie etwas über das Muttersein wissen. Da brach ich in Tränen aus und gestand ihr, dass mir meine eigenen Reaktionen Angst eingejagt hätten. Ich erzählte auch von meinem groben und jähzornigen Vater, der während unserer Kindheit ständig unter schrecklichem Druck gestanden hatte. Und ich schlug ihm nun offenbar nach! Völlig enthemmt schluchzte ich vor dieser beinah fremden Person. Sie hörte mir einfach wohlwollend zu. Nachdem ich die Fassung wiedererlangt hatte, entschuldigte ich mich, doch sie reagierte gelassen und versicherte, dass sie mir gern zugehört hatte.

An diesem Nachmittag erlebte ich beim Spielen mit meinen Kindern Geduld und Freude. Ich fühlte mich sogar körperlich befreiter und freute mich wieder an meiner Elternrolle. Noch Wochen später blieben die Wutanfälle aus. Was die Bekannte auch immer getan hatte, *das* war genau das Richtige für mich!

Jennie erzählte mir von Kursen, in denen die Teilnehmer abwechselnd ihre Hoffnungen und Sorgen erzählten und einander zuhörten. In dem Maß, wie das gegenseitige Vertrauen wuchs, lachten und weinten sie immer öfter miteinander. Gerade das Freisetzen von Gefühlen galt als besonders hilfreich. Das erklärte, weshalb mir die Viertelstunde Weinen so gut getan hatte und weshalb ich gerade vor *Jennie* geweint hatte. Irgendwie hatte ich wohl gespürt, dass sie im Zuhören geübt war. Dieses Zuhören hatte mir geholfen, wieder geduldiger mit meinen Kindern umzugehen, und genau danach hatte ich mich gesehnt. Ich schloss mich also dem Kurs an.

Mein erster Partner bei diesem einfühlsamen gegenseitigen Zuhören war ein etwas melancholischer Ingenieur gleichen Alters, den gerade seine Frau verlassen hatte. Sie hatte ihn mit der gemeinsamen halbjährigen Tochter, ein Baby mit Down-Syndrom, zurückgelassen. Ihm fehlte Erfahrung mit Säuglingen. Auch hatte er wenige Freunde, eine anstrengende Arbeit und keinerlei Unterstützung. Wir hörten uns pro Woche gegenseitig jeweils eine Stunde zu, und das zwölf Jahre lang. Daraufhin wurde mein Familienleben sehr schnell herzlicher und entspannter. Mein einfühlsamer Zuhörer profitierte erst allmählich davon, aber dann ebenso greifbar.

Dann erlebte ich etwas Atemberaubendes. Meinem zweijährigen Sohn Jakob wurden wegen einer Bindehautentzündung Augentropfen verschrieben. Deren Verabreichung würde ihm natürlich Angst einjagen. Ich stellte mir den Versuch vor, meinem zappelnden Kind die Medizin ins Auge zu träufeln, während ich ihm irgendwie mit meinen Knien die Arme festhalten würde. So eine Behandlung dreimal täglich über mehrere Tage und das Vertrauen meines Kindes wäre dahin.

Als unser Baby sein Schläfchen hielt, hatte ich die Idee, Jakob dabei zuzuhören, welche Gefühle diese Prozedur bei ihm auslösen würde. Vielleicht half uns das. Zumindest mir hatte es geholfen, dass man mir einfühlsam zuhörte. Ich hatte keine Ahnung, was passieren würde. Aber was hatte ich schon zu verlieren?

Also zeigte ich ihm das Medizinfläschchen und erklärte, dass ich ihm etwas von der Flüssigkeit in beide Augen einträufeln müsse. Da warf er sich aufs Bett und weinte heftig. Ich hörte dicht neben ihm aufmerksam zu. Ich sagte, die Tropfen würden die Augen heilen. Er weinte weiter. Bei jedem leichten Nachlassen, setzte ich ihn behutsam auf, zeigte ihm das Fläschchen und sagte: „Ich muss dir das in die Augen träufeln. Das wird dir helfen." Und jedes Mal weinte er heftig. Nachdem dieses Hin und Her eine halbe Stunde gedauert hatte, fragte ich, ob ich ihm zeigen sollte, wie man die Flüssigkeit herausdrückte. Er wollte. Ich füllte die Pipette, hielt sie hoch und presste einige Tropfen zurück in die Flasche. Er schaute zu und warf sich erneut weinend aufs Bett. So ging es weiter: vorführen, weinen, vorführen, weinen.

Dann bat Jakob, die Pipette selbst ausdrücken zu dürfen. Nach einigen Versuchen fragte ich, ob ich ihm jetzt die Medizin einträufeln könnte. Wieder heulte er, und ich blieb nah bei ihm, hielt Augenkontakt und murmelte, wie leid es mir tat, dass das gerade so schwer war.

Kurz darauf hellte sich seine Miene auf. Er setzte sich und fragte: „Kann ich sie mir selbst reintun?"

Bestimmt wäre mir nie im Leben eingefallen, dass sich ein Zweijähriger selbst Augentropfen verabreicht! Ich antwortete: „Klar, versuch's mal. Wenn es daneben geht, werde ich dir aber helfen müssen." Ich bat ihn, sich hinzulegen und füllte die Pipette. Dann führte ich ihm die

Hand an die richtige Stelle über dem Auge. Und ich schaute zu, wie er zwei Tropfen in das offene Auge träufelte. Dasselbe tat er beim anderen Auge, setzte sich auf, grinste mich an und huschte zum Spielen davon.

War ich vielleicht überrascht! An den folgenden Tagen war das Einträufeln der Medizin für ihn so selbstverständlich geworden wie das Anziehen von Socken. Die Angst war weg.

An jenem Tag hatte ich einige wichtige Erkenntnisse gewonnen. Mir wurde klar, dass sehr viel Stress im Leben mit Kindern vermeidbar war. Ich war bei guten Eltern aufgewachsen, die jedoch unter ungeheurem Stress standen. Welch unsägliche Verletzungen gute Eltern unter Stress anrichten konnten, hatte ich am eigenen Leib erfahren. Eltern benötigen dringend selbst ein Gefühlsventil! Und sie müssen ihre Kinder nicht beherrschen. Kinder können störrisches Verhalten zugunsten von Kooperation aufgeben, wenn nur die Eltern ihnen zuhören. Dann gäbe es in den Familien mehr Herzlichkeit und Nähe, wie es inzwischen bei uns der Fall war. Eltern könnten ihren Kindern vertrauen, notwendige Erwartungen an sie herantragen, zuhören und sich mit ihnen verbinden. Dann würden die Kinder gedeihen.

Ich verstand, dass das Zuhören eine kraftvolle und respektvolle Möglichkeit war, um Liebe auszudrücken. Und am Ende erreichte man damit seine Ziele. Auf diese Art und Weise mit Kindern umzugehen fühlte sich gut an – ein Arbeiten *mit* den Gefühlen der Kinder, anstatt gegen sie. Jetzt hatte ich meine Lebensaufgabe gefunden.

Seither habe ich die meiste Zeit damit verbracht, meine beiden Söhne ins Leben zu begleiten und mir zu erarbeiten, wie sich Eltern hilfreiche Unterstützung aufbauen können. Ich hatte das Vorrecht, mehr als vier Jahrzehnte mit Tausenden von Eltern und Kindern zu arbeiten und dabei zu erfahren, wie Eltern die unterschiedlichsten Schwierigkeiten ihrer Kinder bewältigen, indem sie sich mit ihnen verbinden und ihren Gefühlen zuhören. Der Erfolg kann sich schnell einstellen, wie damals bei meinem Sohn, oder man muss sich auf einen längeren Prozess einlassen. Jedenfalls bin ich sicher, dass es als Eltern in unserer Macht steht, unsere Kinder bei der Überwindung von allerlei Hürden zu unterstützen. Und indem wir Eltern uns gegenseitig zuhören, können auch wir wachsen.

Nachdem ich wiederholt erlebt hatte, welch große Wohltat das Zuhören für Eltern und Kinder sein kann, wollte ich meine Ideen anderen Eltern verfügbar machen. Also gründete ich 1989 mit Hilfe von Freunden und weiteren Fürsprechern das heutige „Hand in Hand Parenting" – eine von Eltern geleitete, gemeinnützige Organisation. Solange wir die Arbeit in unseren eigenen praktischen Erfahrungen verankerten, wuchs sie langsam. Heute aber unterstützen wir Eltern in großem Stil.

Tosha Schore stieß 2005 zu einer meiner fortlaufenden Elterngruppen. Mit dem „Hand in Hand Parenting" hatte sie meisterhaft viele familiären Herausforderungen bewältigt, darunter Krankheit, Trauma und Schulschwierigkeiten. Inzwischen Mutter von drei Söhnen, ist sie Ausbilderin bei „Hand in Hand" und arbeitet international als Elternberaterin, Fürsprecherin für Jungen und Bloggerin.

Ich mag ihren Sinn fürs Wesentliche, ihren Sachverstand, Mut und die Fähigkeit, in ihrer Arbeit guten Beziehungen weiterhin Priorität zu verleihen. Mir war Toshas Stimme in diesem Projekt wichtig.

„Hand in Hand" beruht auf all unseren Lernerfahrungen. Wir sind stolz darauf, dass wir Sie an unserer Erfahrung teilhaben lassen können, sowie an den Geschichten von über siebzig Eltern aus fünf Kontinenten. „Hand in Hand" ist ein auf „Hand in Hand" basierendes Gemeinschaftswerk, das Ihnen hervorragende Strategien vermittelt, damit Ihre Liebe zu Ihren Kindern auch wirklich durchdringt. Ich hoffe, Sie werden davon profitieren.

Patty Wipfler
Gründerin und Programmleiterin von „Hand in Hand Parenting"

Vorwort von Tosha

Bei meiner Geburt hieß ich Heather Megan Schore – benannt nach dem schönen lila Heidekraut, das die Hügel in meiner Heimat bedeckte. An meine frühe Kindheit habe ich verklärte Erinnerungen: Schaukeln, Beerenpflücken, in einem Beanbag [ein Sitzsack] gemütlich am Feuer sitzen und zum Schutz des paradiesischen Gemüsegartens den gefräßigen Schnecken mit Salz zu Leibe rücken.

Ich war gerade fünf Jahre alt, da ließen sich meine Eltern scheiden und mein geliebtes Zuhause wurde verkauft. Mein Vater verließ den Staat und meine Mutter und ich zogen weit, weit fort von all meinen Freunden. Daraufhin wurde ich ein sehr zorniges Mädchen. Meinen Vater „hasste" ich, auf meine Mutter war ich wütend, mich selbst nannte ich Tosha, wechselte während der Kindergartenzeit dreimal die Einrichtung und verbrachte mein erstes Schuljahr vornehmlich im Direktorat.

Zum Glück hatte ich eine Mutter, die immer meine guten Seiten im Blick behielt. Sie stand auch dann zu mir, wenn ich um mich trat, brüllte und in der Schule Ärger bekam. Weil Sie sich gut um ihr eigenes Gefühlsleben kümmerte, konnte sie meinen Wutanfällen zuhören, ohne diese persönlich zu nehmen oder die Fassung zu verlieren. Mama war mein starker Fels.

Heute bin ich die Mama. Ich bin verheiratet und habe selbst drei Söhne, von denen mich jeder auf seine Weise herausfordert. Die Entscheidung zur Elternschaft war bisher zweifellos meine beste. Ich bin gern Mama, aber es ist nicht immer leicht.

Als mein zweiter Sohn geboren wurde, reagierte ich auf alltägliche Herausforderungen zunehmend barscher als beabsichtigt, was mich belastete.

Ich brauchte wirklich Hilfe. Was konnte ich tun, wenn mein Zweijähriger nachts plötzlich wieder alle zwei Stunden gestillt werden wollte, ich aber in aller Frühe zur Arbeit musste? Wie konnte ich Grenzen setzen, ohne dabei zu brüllen? Ich wollte doch die Zeit mit meinen Kindern so sehr genießen, denn sie würden ja schneller, als mir lieb war, erwachsen sein.

Da schlug meine Mutter vor: „Ruf Patty Wipfler an. Sie kommt hier aus der Gegend und erreicht mit ihrer Familienarbeit Erstaunliches." Also tat ich wie geheißen.

Eine Woche später nahm ich das erste Mal an Pattys zweistündiger Elterngruppe teil und merkte, dass ich genau das brauchte. Wir waren eine kleine Gruppe, stahlen uns aus unserem geschäftigen Leben als Mütter, Lebenspartner und Erwerbstätige davon und gönnten uns zwei Stunden verbindenden Austausch. In dieser Gruppe erlebten wir unbedingte Liebe und Annahme. Dort wurde uns ein geschützter Raum angeboten, in dem wir weinen und vor Wut zittern durften. Sei es wegen unserer Kinder oder der Ungerechtigkeiten, denen wir als Eltern gegenüberstanden. Und wir teilten miteinander auch die Freude über Erfolge, da feuerte uns die ganze Gruppe an. Nie wurden wir beurteilt.

Seit diesem ersten Treffen ist ein ganzes Jahrzehnt vergangen. Meine Kinder sind weiterhin Kunstwerke in Arbeit. Inzwischen sind sie neun, elf und dreizehn Jahre alt. Ich stecke noch mittendrin in den täglichen Herausforderungen und verwende täglich die Zuhörstrategien aus diesem Buch. Wenn es hart auf hart kommt – und wie es das tut –, dann weiß sogar mein Teenie, dass ich für ihn da bin. Und wenn nötig, holt er sich bei mir tatsächlich Hilfe.

Mir graut bei der Vorstellung, was aus meiner Familie ohne die regelmäßigen Treffen mit meinen einfühlsamen Zuhörern geworden wäre, die mich dazu ermutigten, dem Weinen und Wutausbrüchen meiner Jungs zuzuhören, mich eng mit ihnen zu verbinden, Grenzen konsequent und liebevoll zu setzen und mit meinen Söhnen herumzutoben.

Die „Hand in Hand"-Strategien waren für mich richtungsweisend und haben meinen Erziehungsstil in einer Weise geprägt, dass ich darauf ziemlich stolz bin. Bin ich die perfekte Mama? Weit gefehlt. Sind meine Kinder Einserschüler, die unaufgefordert das Geschirr abspülen und nie pampige

Antworten geben? Ganz bestimmt nicht. Aber sie geben sich Mühe und wissen, dass ich nicht zulassen werde, dass sie sich wegen irgendwelcher Ängste von ihren Träumen abhalten lassen. Sie können natürlich das Geschirr spülen (und Wäsche waschen). Sie merken es, wenn sie Grenzen überschritten haben, und entschuldigen sich, wenn sie so weit sind. Aber am wichtigsten ist, dass sie sich bedingungslos geliebt wissen. Und wenn ich sie abends mit einem Gute-Nacht-Kuss ins Bett schicke, dann weiß ich, dass ich mein Bestes gegeben habe - und sie ebenso.

Ich hoffe, auch Ihnen hilft dieses Buch, Ihren eigenen Wert zu spüren, Ihr Selbstvertrauen zu steigern und die Veränderung zu erreichen, die Sie sich für Ihre Familie ersehnen.

Tosha Schore
Zertifizierte Ausbilderin bei „Hand in Hand Parenting"
Gründerin von „Your Partner In Parenting"

Einführung

Wenn zwischen uns und unseren Kindern die Liebe fließt, dann führen wir ein sinnerfülltes Leben. Und unsere Kinder gedeihen in dieser zufriedenen Atmosphäre. Wir haben dann genügend Energie, um dafür zu sorgen, dass ihr Leben gelingt. Wir schlafen dann (naja, manchmal schlafen wir) sorgenfrei.

Doch auch jedes viel geliebte Kind spielt manchmal verrückt und einige Kinder scheinen bereits von Geburt an unzufrieden. Wenn uns der Alltag schwerfällt, fragen wir unter den Eltern im Bekanntenkreis nach oder experimentieren mit uns vertrauten Erziehungsmethoden. Doch oft überlisten uns die Kinder oder sitzen am längeren Hebel. Sie machen uns weiterhin verrückt.

Erschwerend kommt hinzu, dass die elterlichen Strategien für Kinder unterschiedlichen Alters und in verschiedensten Situationen anwendbar sein müssen, angefangen von der Panik eines Kleinkinds, das die Mutter in der Dusche verschwinden sieht, bis zur Weigerung eines Zwölfjährigen, um zehn Uhr abends schlafen zu gehen. Dann gibt es Zank unter Geschwistern, Hausaufgabenstress und nächtliche Ängste, oder Tobsuchtsanfälle am Esstisch, wenn sich die Erbsen und Kartoffeln auf dem Teller berühren. Also bedarf es Strategien, mit denen man ein weites Verhaltensspektrum abdecken kann, und das achtzehn Entwicklungsjahre lang!

Wenn unsere Kinder Grenzen übertreten, verwenden die meisten Eltern auf Belohnung und Strafe basierende Strategien. Aber Drohungen, Time-out, eine kleine Belohnung für das rechtzeitige Erledigen einer Aufgabe, führt das denn zu dauerhaften Veränderungen? Unser Stresspegel steigt, und wenn wir unserem Kind heute etwas androhen, dann merken die meisten, dass Time-out heute zu Time-out morgen führt und dass die Belohnungen regelmäßig erhöht werden müssen. Reicht in diesem Jahr noch eine kleine Tüte Gummibärchen, wird sich das bis zur fünften Klasse gehörig steigern. Außerdem lässt sich spätestens Ihr fünfzehnjähriger Teenager von keiner dieser Strategien mehr beeindrucken.

Beim Einsatz von Belohnung und Strafe liegt der Fokus auf einem Tauschgeschäft: So lernt Ihr Kind, sich durch bestimmtes Verhalten Liebe und materielle Belohnungen zu erkaufen. Es lernt auch, dass Ihre Liebe nicht bedingungslos ist. Wenn sich Ihr Kind danebenbenimmt, werden auch Sie sich nicht liebevoll verhalten. Anstatt allmählich besseres Urteilsvermögen zu entwickeln, muss es sich darauf konzentrieren, was Sie ihm für sein Fehlverhalten abverlangen und was es durch Kooperation verdienen kann.

Das kann dem Leben mit Kindern jegliche Wärme rauben und zu einem endlosen Machtkampf auf niedrigstem Niveau führen. Das können wir besser!

Mit Hilfe der „Hand in Hand-Parenting"-Strategien können Sie das Verhalten Ihres Kindes umkrempeln. Sie lernen, wie Sie es dabei unterstützen, sein eifriges, hilfsbereites und liebevolles Wesen zurückzuerlangen. Die Ideen eignen sich für jede Altersstufe. Ihre Anwendung werden Sie beim Lesen der Erfahrungsberichte von Eltern aus fünf Kontinenten und vielen verschiedenen Kulturen lernen. Darunter sind Eltern mit einem oder bis zu acht Kindern. Sie sind Singles und Paare, Väter und Mütter, Homo- und Heterosexuelle. Afrikanische, Latino- und asiatische Eltern lassen uns an ihren Erfahrungen teilhaben, ebenso Adoptiveltern und Eltern, deren Kinder besondere Bedürfnisse haben. Sie lesen Berichte von Immigranten, Eltern, die unter materiell sehr ärmlichen Verhältnissen aufwuchsen, Eltern, die aus dem Teufelskreis von häuslichen Misshandlungen ausbrechen und viele andere mehr. Sie werden von ihren Erkenntnissen, ihrer Fürsorge und ihrem Humor inspiriert werden.

Der auf diesen Seiten beschriebene Ansatz basiert auf vierzig Jahren Arbeit mit Kindern und Familien aus der ganzen Welt und ist durch den neuesten Stand der Wissenschaft bestätigt. „Hand in Hand-Parenting" fußt auf der Hauptbeobachtung, dass Eltern und Kinder dann in Bestform sind, wenn sie sich einander nah und verbunden erleben. Die Schwierigkeiten, die Sie auslaugen und das Leben Ihres Kindes erschweren, können gelöst werden, indem Sie sich auf die *Verbindung* zwischen Ihnen beiden konzentrieren! Und weil es im Leben unglückliche Momente gibt, brauchen sowohl Sie als auch Ihr Kind unbedingt ein Ventil für schwierige Gefühle. Wenn zwischen Ihnen ein starkes Gefühl der Verbundenheit besteht, dann wird Ihr Kind in guten Zeiten aufblühen und sogar in schwierigen Phasen Fortschritte machen.

In diesem Buch lernen Sie konkrete, praktische Strategien kennen, mit deren Hilfe Sie sowohl das Stressniveau Ihres Kindes als auch Ihr eigenes senken. Das Leben mit Kindern ist harte Arbeit. Nun halten Sie ein Hilfsmittel in den Händen, das Ihnen diese Arbeit erleichtert. Endlich!

Zum Gebrauch dieses Buches

Wir haben dieses Buch in dem Wissen verfasst, dass Sie es aus Zeitgründen wahrscheinlich kaum in einem Zug durchlesen können. Wahrscheinlich haben Sie fast nie mehrere aufeinanderfolgende Stunden Zeit. Sollte es zufällig doch möglich sein, dann lesen Sie das Buch zu Ende. Das wird Ihnen ein gründliches Verständnis des „Hand in Hand Parenting"-Ansatzes und seiner Strategien vermitteln, mit denen Sie mehr Humor und Harmonie in Ihr Familienleben bringen. Bei chronischem Zeitmangel erreichen Sie jedoch das gleiche Verständnis und Wissen, indem Sie das Buch in Zehn-Minuten-Häppchen durcharbeiten.

„Hand in Hand" besteht aus vier Teilen:
1. Das Leben mit Kindern aus neuer Perspektive
2. Wirksame Strategien für das Leben mit Kindern
3. Strategien für tägliche Herausforderungen
4. Unsere Zukunft – Miteinander verbunden

Wir empfehlen, mit Teil I, *Das Leben mit Kindern aus neuer Perspektive*, zu beginnen. Dieser Abschnitt vermittelt Erkenntnisse darüber, wieso uns Eltern Energie und Geduld fehlen. Sie lernen unsere wirksamen neuen

Strategien für ein harmonisches Leben mit Kindern kennen, erfahren, weshalb sie funktionieren, und erhalten einen Vorgeschmack auf die zu erwartenden Veränderungen.

Teil II, *Wirksame Strategien für das Leben mit Kindern*, ist das Herzstück des „Hand in Hand"-Ansatzes. Die fünf Strategien des Zuhörens werden Ihr Leben und das Ihres Kindes verändern. Diese Strategien helfen Ihnen, im Einklang mit dem Instinkt des Kindes zu arbeiten, damit es störende Spannungen loslassen kann. Und eine der Strategien wurde nur für Sie entwickelt. Dies wird Ihnen bei der Abwehr von Sorgen, Schuldgefühlen, Ärger und der Erschöpfung helfen, die daraus entsteht, dass Sie so schwer arbeiten und sich so intensiv kümmern. Ihre gesamte Familie wird von den Strategien profitieren. Lesen Sie also Teil II möglichst komplett. Und dann experimentieren Sie! Machen Sie sich auf positive Veränderungen gefasst.

Wenn Sie jedoch das Gefühl haben, keine weitere schlaflose Nacht durchstehen zu können, oder Sie ein schwieriges Verhalten, das sich Ihr Kind angewöhnt hat, einfach nicht ertragen, dann schlagen Sie gleich Teil III auf, *Strategien für tägliche Herausforderungen*. Dort finden Sie unter den Überschriften *Kooperation aufbauen, Trennungssituationen erleichtern, Ängste auflösen* und *Aggressionen überwinden* konkret anwendbare Ideen. Wir bieten Ihnen eine einzigartige Perspektive für die Bewältigung jeder dieser Herausforderungen und zeigen anhand der Geschichten anderer Eltern, wie Sie die Zuhörstrategien anwenden können, um sich mit Ihrem Kind zu verbinden und Fortschritte zu machen. Danach können Sie in Teil II, *Wirksame Strategien für das Leben mit Kindern,* die Besonderheiten der jeweiligen Strategie kennen lernen.

Zu den Kennzeichen des „Hand in Hand"-Ansatzes gehört, dass wir Ihr Leben und Wohlbefinden mindestens ebenso wichtig nehmen wie das Ihres Kindes. In Teil IV schlagen wir Ihnen daher neue Strategien für Ihre schwierigsten Situationen als Eltern vor. Auch skizzieren wir, wie Sie für Ihre wichtige Arbeit als Eltern ein unterstützendes Netzwerk aufbauen. Und Sie bekommen einen kleinen Einblick, wie es heute den jungen Menschen geht, die mit „Hand in Hand-Parenting" aufgewachsen sind. Wir werfen auch einen Blick in eine Zukunft in Verbundenheit für engagierte Eltern, worauf wir hinarbeiten. Lassen Sie sich von diesen Kapiteln dazu ermutigen, auf andere zuzugehen und sich die Unterstützung zu holen, die Sie verdienen.

Sie haben bereits die richtigen Zutaten: Liebe, Zuwendung und Hingabe, damit Ihr Kind bekommt, was es braucht. Der „Hand in Hand"-Ansatz zeigt Ihnen, wie Sie diese auf neue Weise einsetzen können. Wir wünschen uns, dass Sie als Mutter aufblühen, dass Sie gern Ihre Vaterrolle leben! Ihre Familie soll freudvoll miteinander verbunden leben. Und wir glauben, Ihnen dabei helfen zu können.

Der leserfreundlichen Gestaltung des Buches wegen haben wir es aus der Ich-Perspektive geschrieben. Die Erfahrungsberichte beziehen sich natürlich nur immer auf eine von uns, aber jede Geschichte veranschaulicht den uns beiden wohlvertrauten Ansatz. Wir fühlen uns geehrt, dass Sie uns Ihre Zeit und Aufmerksamkeit schenken. Wir hoffen, unsere Ideen werden Ihnen zugutekommen und schließlich das Leben mit Kindern verändern.

TEIL I

Das Leben mit Kindern aus neuer Perspektive

KAPITEL 1

Kinder ins Leben zu begleiten ist eine unverzichtbare, aber schwierige Aufgabe

Eine der besten Dinge am Elternsein ist die Chance, unsere Kinder von ganzem Herzen zu lieben. Wie tief und vollkommen diese Liebe ist, lässt sich nur schwer in Worte fassen. Doch gibt es auch solche Momente, in denen wir Eltern alles andere als liebevolle Gefühle hegen. Wir reißen uns jedoch zusammen – und lieben wieder.

Im Blick auf Ihre eigene Familie haben Sie wahrscheinlich bemerkt, dass jede neue Elterngeneration ihren Kindern ein stärkeres, liebevolleres Fundament zu vermitteln versucht, als sie es selbst erhalten hat. Unter halbwegs günstigen Umständen gelingt das den meisten Eltern auch.

Sie spielen für das Wohlergehen Ihrer Kinder eine entscheidende Rolle. Sie brauchen Ihre Liebe, viel herzliche Aufmerksamkeit und Ihr Vertrauen darauf, dass sie gut sind. Jeder Versuch, sie zu verstehen und zu leiten, lohnt sich. Ihre Arbeit als Mutter und Vater geschieht in kleinen, alltäglichen Interaktionen. Sie putzen Ihrem Kind sanft die Nase. Sie spielen draußen Fangen, bis es dunkel wird. Sie sagen nichts, wenn Ihrem Kind der ketchuptriefende Hotdog auf den Fußboden fällt. Abends glauben Sie dann vielleicht, den ganzen Tag nichts geschafft zu haben. Wäre ich Ihnen jedoch heimlich gefolgt, so könnte ich hundert Taten Ihrer stillen Fürsorge aufzählen, die Ihnen vor lauter Müdigkeit nicht mehr einfallen.

Leider genießt Ihr elterliches Engagement so gut wie kein öffentliches Interesse. Wo gibt es eine Schlagzeile darüber, dass der Nachbarhund Ihrem Kind endlich keine Angst mehr einjagt oder Sie zwischen Geschwistern einen Streit geschlichtet haben, ohne selbst zu explodieren? Ohne jegliches Aufsehen und in zahllosen Interaktionen prägen Sie die Persönlichkeit Ihres Kindes. Ohne Ihre Liebe und Präsenz in der gemeinsam verbrachten Zeit würden Genialität, Neugier und Vitalität der Kinder verkümmern.

Durch jahrelange Erfahrung im Zuhören haben wir drei grundlegende Einsichten über das Elterndasein gewonnen:

- **Wir tun unser Allerbestes.** Väter besuchen direkt nach ihrer 24-Stunden-Schicht einen Elternabend. Trotz Grippe und 39° Fieber lassen Mütter ihre Kleinen nicht im Stich. Eltern ohne Krankenversicherung verkaufen all ihr Hab und Gut, damit ihr Kind medizinisch versorgt werden kann. Im Leben mit Kindern ist Mut nicht die Ausnahme, sondern die Regel.

- **Wir brauchen gute Unterstützung.** Damit wir unser Bestes geben können, brauchen wir herzliche, auf respektvoller Wertschätzung gründende Beziehungen. Wir benötigen die Bestätigung, dass unsere Kinder von Grund auf gut sind und sich ebenfalls bemühen, ihr Bestes zu geben. Und wir brauchen für den emotionalen Stress, der zum Leben mit Kindern gehört, eine gute Bewältigungsstrategie.

- **Über die Erziehung unserer Kinder entwickeln wir Führungsqualitäten.** Wenn unsere Kinder wiederholt nach dem „Warum" fragen, gibt uns das Gelegenheit, gründlich über alle wichtigen Menschheitsfragen nachzudenken: Gerechtigkeit, Mitgefühl, Integrität, Höflichkeit, Privateigentum, unser Umgang mit anderen Lebewesen, Frieden stiften, Wiedergutmachung, Förderung von Persönlichkeitsentwicklung und der Sinn des Lebens. Um Fürsprecher unserer Kinder zu sein, lernen wir, gute Beziehungen zu anderen aufzubauen und sie zur Mitarbeit zu gewinnen. Um in der Familie die „Leitwölfe" zu sein, lernen wir, schon am Esstisch oder morgens auf dem Schulweg zu leiten und zu inspirieren. Und wenn möglich, setzen wir unsere Führungsqualitäten zu positiver Veränderung unserer Gemeinden ein.

Ihre Bedeutung als Eltern ist offensichtlich – auf sich allein gestellt wären Ihre Kinder Gefahren und großem Leid ausgeliefert –, aber es ist offensichtlich schwer, Ihre wichtige Arbeit nicht als Selbstverständlichkeit zu betrachten. Als Hausmann oder Hausfrau spüren Sie bei der beiläufigen Frage nach Ihrer Arbeit den Mut sinken, wenn Sie erlebt haben, dass mit der Antwort, „Ich bin zu Hause bei meinen Kindern", das Gespräch beendet ist. Als Erwerbstätige hat man schnell das Gefühl, auf der Stelle zu treten, fühlt sich gestresst und unfähig, allen Anforderungen gerecht zu werden. In welcher Situation Sie sich auch wiederfinden, allzu leicht vergisst man seine Bedeutung als Eltern, obwohl man doch täglich für das Überleben der Familie sorgt.

Beim Zusammenkleben des Spielzeugfliegers Ihres Kindes oder wenn Sie eine Orange in mundgerechte Stückchen zerteilen, wird Ihnen nicht bewusst sein, dass sich Ihre Fürsorge noch über viele Generationen hinweg auswirken wird. Dennoch werden Sie durch Ihre unauffällige Güte dafür sorgen, dass Ihre Kinder eines Tages mit ihrem eigenen Nachwuchs sogar noch aufmerksamer und weiser umgehen werden.

Ob nun anerkannt oder nicht, wie Sie Ihre Kinder ins Leben begleiten, spielt eine entscheidende Rolle. Mit Ihrer Liebe und Ihrem Urteil prägen Sie Ihr Kind täglich unzählige Male und dieser Eindruck bleibt haften. Sie werden ihn als dauerhaftes Werk weitergeben.

Wir sind gute Menschen, wir erfüllen eine wichtige Aufgabe und unsere Kinder sind reizende und wertvolle Wesen. Warum also ist es so schwierig? Warum schleppen wir uns oft durch den Tag und erleben die Essens- und Einschlafrituale als so quälend?

Leicht werfen wir uns dann mangelnde Geduld vor oder tadeln die Kinder für ihr unausstehliches Verhalten. Doch diese Hemmnisse sind so universell, dass sich dahinter Faktoren vermuten lassen, die über unseren unmittelbaren Einflussbereich hinausreichen. Vor der Geburt unserer Kinder hatten wir doch Energie. Geduld war damals auch nicht gerade ein Fremdwort. Und selbst wenn wir Kämpfe auszufechten hatten, konnten wir daraus eher lernen und wachsen als heute. Also, was ist hier los?

Äussere Faktoren erschweren das Leben mit Kindern

Tatsächlich gibt es mächtigere Einflussfaktoren, die das Leben mit Kindern erschweren – gesellschaftliche Zwänge, die uns die so nötige Zeit für Geborgenheit mit unseren Kindern streitig machen. Hier folgt zusammengefasst die Situation in den USA:

- Man braucht über 200.000 USD und darüber hinaus unermesslich viel Nestwärme, Großzügigkeit und Weisheit, um in den USA ein Kind bis zum 18. Lebensjahr gut zu versorgen. Aber die Eltern erhalten keine Vorbereitung, finanzielle Unterstützung oder Schutz vor erdrückenden Lebensumständen. Die Kindererziehung hat damit den wirtschaftlichen Stellenwert eines Hobbys.

- Die üblichen Erziehungsgewohnheiten und arbeitsrechtlichen Regelungen halten Väter eher von ihren Kindern fern.

- Armut, Rassismus, Sexismus und andere diskriminierende Faktoren verschlimmern die Mühen und den Stress der Eltern und verletzen unsere Kinder.

- Eltern sind öffentliche Zielscheibe für Kritik.

Wir wollen nun jede dieser Belastungen genauer betrachten:
Das Aufziehen von Kindern ist Privatsache, ein 24-Stunden-Job, der schlagartig mit dreijähriger Intensivpflege des Kindes beginnt. Daran schließen sich noch mindestens 15 weitere Jahre an, in denen Folgendes von uns Eltern erwartet wird: Hingabe, Führung, Forschung, Fürsprache, Diplomatie, Nachtarbeit, Toilettentraining, Körperpflege, Nachhilfeunterricht, Kochen, Fahrdienst, Erste Hilfe und vieles mehr. Vor allem sollen wir täglich und jederzeit ein Vorbild an Fürsorge und Weisheit sein, im Großen wie im Kleinen.

Außerdem braucht Ihr Kind zum Gedeihen reichlich Aufmerksamkeit. Es braucht Spiel – und wie viel! Und Eltern, die von ihm hingerissen sind. Liebe steht im Mittelpunkt dieser Aufgabe und die von Ihrem Kind zurückfließende Liebe wird Ihr Leben bereichern. Dafür müssen Sie mit ihm bis zu seinem zweiten Lebensjahr aber auch mindestens zehn Erkältungen durchstehen. Es wird Sie nachts oft aufwecken, in endlose Sorgen treiben und zu guter Letzt wird es Ihnen wahrscheinlich eines Tages unverblümt sagen, für wie doof es Sie hält. Und doch braucht es weiterhin Ihre Liebe. Das eigene Kind aufzuziehen ist nun wirklich kein Hobby!

Hohe Arbeitsbelastung und die überholte Vorstellung, dass für Kinder hauptsächlich die Mutter zuständig sei, kann Väter von ihren Kindern entfremden, was beiden die elterliche Fürsorge erschwert. Spielt der Vater trotz seiner Anwesenheit nur eine untergeordnete Rolle, leiden alle darunter. Das heißt aber natürlich nicht, dass die Familie „zerrüttet" ist, wenn es Vater oder Mutter nicht gelingt, ihre Elternrolle voll und ganz einzunehmen. Die Resilienz-Forschung bestätigt den gesunden Menschenverstand: Dem Kind genügt eine liebende Person, damit es die für einen gelingenden Start ins Leben notwendige positive Beachtung erhält. Aber diese eine Person braucht unbedingt selbst Unterstützung!

Ungerechtigkeit zehrt an der Kraft vieler Eltern. In den USA gilt jedes fünfte Kind als arm (Anmerk. d. Verlags: in Deutschland in 2015 vergleichbar). Mit dieser Armut gehen das Aufwachsen in gefährlicher Umgebung, Hunger, schlechter Gesundheitszustand und niedrige Schulbildung einher. Eltern führen unter solchen Bedingungen ein aufreibendes Leben. Ihren Kindern fehlt oft die Gelegenheit, unbeschwert zu spielen und sich in der Freude der umgebenden Erwachsenen zu sonnen. Und wenn eine Familie auch noch zur Zielscheibe von Rassismus, Homophobie oder ähnlicher Diskriminierung wird, dann steht das Potenzial aller Familienmitglieder auf dem Spiel.

Schließlich haben Sie wahrscheinlich entdeckt, dass Sie wegen Ihrer Art der Kindererziehung von Bekannten und sogar völlig Fremden kritisiert werden. Erwachsene haben kleinen Kindern gegenüber oft wenig Geduld. In der Öffentlichkeit gehen viele von uns deshalb aus Angst hart mit den eigenen Kindern um und schelten beispielsweise die Sprösslinge lautstark, damit bloß nicht irgendjemand anderes auf diese Idee kommt oder wir als unfähig angesehen werden.

Wenn sich Kinder danebenbenehmen, werden die Eltern dafür verantwortlich gemacht. Auch wenn sich die Kinder in der Schule schwertun, wird die Schuld bei den Eltern gesucht. Aber alle Eltern, denen ich jemals zugehört habe, gaben ihr Bestes. Alle Eltern sind mit Herausforderungen konfrontiert, die sie nicht selbst zu verantworten haben.

Wir sind auch mit inneren Herausforderungen konfrontiert

Abgesehen von diesen gesellschaftlichen Hürden, stehen wir auch inneren Herausforderungen gegenüber. Unser Erziehungsstil wird teilweise von den besten Erfahrungen mit unseren eigenen Eltern geprägt. Unwissentlich werden wir zur Schlafenszeit zur liebenswürdigen Kopie unseres Vaters oder wir begleiten unser Kind beim Versuch, einen Nagel in die Wand zu schlagen, ebenso geduldig wie unsere Mutter. Aber manche unserer Erziehungsstrategien spiegeln auch den Druck der belastenden Lebensbedingungen unserer Eltern wider, den sie durch ihre Erziehung an uns weitergegeben haben. Also werden wir nach einem frustrierenden Tag so beißende Drohungen ausstoßen wie früher unser Vater oder unser Kind so am Arm zerren, wie das unsere Mutter mit uns gemacht hat. Und wahrscheinlich haben Sie bemerkt, dass Sie es nicht verhindern können, dass manchmal nackte Emotionen die Oberhand bekommen, obwohl Sie sich geschworen haben, weder zu brüllen noch zu prügeln oder ein Donnerwetter loszulassen. Wir sind gute Eltern, aber wir schleppen eben auch einigen Ballast mit uns herum.

Das leben mit Kindern ist Arbeit an den Emotionen

Sie können nicht vorhersagen, wie Sie sich fühlen, wenn Sie zu Eltern werden. Aber ausbleiben werden die Gefühle sicher nicht! Sie werden von außergewöhnlichen Hoffnungen und tiefsitzenden Ängsten hin- und hergerissen, von überfließender Dankbarkeit und bitterem Groll, Liebe und Hass. Da sind Sorgen, da ist Freude. Stolz und zuversichtlich beobachten Sie, wie Ihr Kind auf dem Spielplatz spontan Freundschaft schließt. Aber wenn es um zwei Uhr morgens wegen Ohrenschmerzen weint, werden Sie von Hilflosigkeit überfallen. Wenn Gefühle aufkommen, dann gleich heftig.

Allerdings werden diese von den Gefühlsausbrüchen unserer Kinder weit übertroffen! Gute Kinder weinen nicht bloß, sie werden von Schluchzern durchgeschüttelt. Sie legen keine Beschwerde ein, sie bekommen einen Wutanfall. Völlig normale Kinder kreischen und werfen mit Gegenständen um sich. Sie rennen schreiend durchs Haus, teilen Tritte aus und beben vor Zorn. Wenn Sie mit einem Kind leben, dann haben Sie es mit einem Beethoven der Emotionen zu tun, einem Genie in den Gefilden leidenschaftlichen Ausdrucks.

Die Arbeit an den Emotionen lässt sich im Leben mit Kindern nicht vermeiden. Ob Sie Ihren Ärger herunterschlucken und geduldig zu bleiben versuchen oder vor der Familie ausrasten, alles gehört zur emotionalen Arbeit. Sie können versuchen ruhig und vernünftig zu bleiben, aber Gefühle herunterzuschlucken tut uns Menschen auf Dauer nicht gut. Wir können die viel gepriesenen zehn tiefen Atemzüge nehmen und Ärger zurückhalten. Aber nach einer Weile reizt es uns, unter einem Vorwand die wahren Gefühle zu zeigen, und wir explodieren am Ende doch noch. Für den Umgang mit dieser emotionalen Arbeit haben sich bisher noch keine guten Strategien etabliert. Nur eines ist sicher: Wozu wir uns auch entschließen, keinesfalls dürfen wir unsere Gefühle ignorieren.

Was kann nun in einer Durchschnittsfamilie zu einer erheblich stressbelasteten Eltern-Kind-Beziehung führen? Was Eltern manchmal so alles begegnet, kann ich bereits anhand einiger Erfahrungen aus meiner Verwandtschaft demonstrieren: Im Kindesalter stieß mein Mann seinen Bruder auf der Golden Gate Bridge aus dem fahrenden Auto. Die Mutter musste mitten auf der Fahrspur anhalten, zurückrennen und ihren Sohn von der Schnellstraße auflesen. Meine Schwester fiel in ihrer Entwicklung bis zu schwerster geistiger Behinderung zurück und nach einem Jahr erkannte sie uns nicht mehr und konnte nicht einmal mehr willentlich ihre Körperglieder bewegen. Mein Bruder schoss mit einem Luftgewehr seinem Freund um Haaresbreite ein Auge aus. Meine Cousine erkrankte mit zwölf Jahren an einer chronischen Gelenkentzündung und saß monatelang im Rollstuhl. Mein Onkel, ein Pilot der Luftwaffe, kehrte so schwer traumatisiert aus dem Vietnamkrieg zurück, dass er es weder mit Frau und Tochter noch mit sonst jemandem aushielt. Nirgendwo fand er Trost und nahm sich schließlich das Leben.

Sie können sich vorstellen, wie jedes der betroffenen Familienmitglieder mit den Nerven am Ende war. Viele leiden noch heute sehr daran. Und das ist nur eine kleine Stichprobe aus einer Mittelschichtssippe, der es an nichts fehlte, außer an emotionaler Unterstützung.

Die wenigsten Eltern bleiben von ernsten Schwierigkeiten völlig verschont. Dann tasten wir uns oft Schritt für Schritt voran und wahren in der Öffentlichkeit das Gesicht. Aber das Leben mit unseren Kindern kann uns bis auf die Knochen zermürben, und zwar ganz unabhängig von unserem sozialen Status.

Sich der emotionalen Arbeit zu stellen – Ablademöglichkeiten für Stress zu suchen und die selbst errichteten Schutzwälle abzutragen –, das ist noch nicht zur allgemeinen Norm geworden. Wenn wir von Gefühlen überflutet werden, aber keine seelische Unterstützung bekommen, verlieren wir die Orientierung. Dann befinden wir uns auf unbekanntem Terrain. Wir fühlen uns schlecht und tun Dinge, die wir später bereuen. Aber wir fühlen uns zu isoliert oder schämen uns zu sehr, als dass wir über unsere Kämpfe reden. Eine kleine Minderheit von uns hat sich vielleicht kleinlaut zu einer Beratung oder Selbsthilfegruppe geschleppt. Dort haben wir uns vielleicht im geschützten Raum unseren Problemen gestellt und uns zur Arbeit an den Emotionen durchgerungen. Die Erfahrungen anderer in ähnlich schwierigen Situationen haben uns vielleicht gelehrt, dass wir mit unseren Kämpfen nicht alleine sind. Aber die meisten Eltern spüren den rumorenden Emotionen nicht wirklich nach. Uns fällt nur auf, dass wir umso gereizter reagieren, je älter die Kinder werden. Diese wirken dann umso weniger liebenswert. Wir reden uns ein, wahrscheinlich wäre alles in Ordnung, verpulvern aber, um des häuslichen Friedens willen, viel Energie beim Meiden der emotionalen Tretminen.

Innerlich arbeitet also jeder von uns hart. Wir müssen mit den Verstimmungen unserer Kinder und auch mit unseren eigenen fertig werden. Wir wollen unserem Sohn helfen, wenn er von einem Freund schroff abgewiesen wird, müssen aber auch unsere eigenen Isolationsgefühle bewältigen. Wir wollen unseren Kindern beim Lernen zur Seite stehen, haben aber in Sachen Kindererziehung auch viel zu lernen. Wohin sollen wir uns also wenden? Was können wir tun, wenn wir zu erschöpft oder zu streitsüchtig sind, um für unsere Familie genießbar zu sein?

Es gibt einen Ausweg

Wir haben gute Neuigkeiten: Es gibt gute und einfache Möglichkeiten, mit den emotionalen Belastungen des Elterndaseins fertigzuwerden. Sie können mehr Heiterkeit in Ihre Familie bringen. Und freuen dürfen Sie sich darüber, dass Probleme aufgrund *Ihres* Handelns als Mutter oder Vater verschwinden. Dafür gibt es hilfreiches Handwerkszeug.

Wenn Sie unsere Zuhörstrategien anwenden, können Sie Ihre seelische Standfestigkeit auf neue Weise stärken und Ihr unterstützendes Netzwerk ausbauen. Anstatt viel Kraft zur Kontrolle des kindlichen Verhaltens aufzuwenden, konzentrieren Sie sich auf den Aufbau einer stabilen Verbindung zu Ihrem Kind, die Sie bei Verschleißerscheinungen sofort reparieren. Elterliche Führung wird Ihnen auch ohne Zuckerbrot und Peitsche gelingen. Dabei bringen Sie Ihr Kind durch sinnvolle Grenzen sogar noch näher an sich heran! Auch werden Sie bisher unbemerkte Aspekte seiner Intelligenz entdecken. Und abends werden Sie sich mit größerer Gewissheit schlafen legen, dass Sie die wichtigsten Bedürfnisse Ihres Kindes erfüllt haben.

Auf Ihrem Weg werden Sie dennoch einigen Hindernissen begegnen. Denn aufgrund all der Schwachstellen in unserer Gesellschaft bleibt keiner völlig von Problemen verschont. Aber mit einer klareren Perspektive überstehen Sie und Ihr Kind schwierige Zeiten, ohne dabei alle Kräfte einzubüßen.

Wir skizzieren das Grundgerüst für ein harmonisches Leben mit Kindern und fünf einfache Strategien des Zuhörens, mit deren Hilfe Sie Ihren Kindern und Ihrem eigenen besten Selbst näherkommen.

KAPITEL 2

Verbundenheit ist der Schlüssel

Ihr Kind hat einen einzigartigen und erstaunlichen Verstand. Damit er jedoch gut funktioniert und sich entwickelt, braucht Ihr Kind das Gefühl der engen Verbundenheit mit Ihnen ebenso dringend wie Nahrung, Schutz, Sauberkeit und Schlaf.

Fühlt sich Ihr Kind mit Ihnen verbunden, dann werden im Gehirn die zum Lernen, Erinnern und Denken benötigten Nervenbahnen ausgebildet. Ebenso wie der Körper Ihres Kindes Nahrung zum Wachsen braucht, benötigt sein Verstand, dass Sie Ihr Kind mit Anteilnahme und Unterstützung füttern. Jede positive Interaktion hilft ihm bei seiner Potenzialentfaltung nicht nur heute, sondern auch in den folgenden Jahrzehnten. Wenn Ihr Kind spürt, dass Sie ihm zur Seite stehen, kann es lernen, kooperieren und sich mit anderen verbinden.

Sich sicher verbunden zu fühlen, hilft Ihrem Kind also beim *Aufbau* seiner Intelligenz und dem Gebrauch der bereits vorhandenen Intelligenzfunktionen.

- Wärme
- Respekt
- Augenkontakt
- Zuhören

- Vertrauen
- Respekt
- Kooperation

Die Nervenbahnen des Kindes wachsen

Hier nun geht es um die Strukturen des Gehirns und weshalb eine sichere Verbindung für das Wohlergehen Ihres Kindes lebenswichtig ist:

Der Hirnstamm befindet sich als ältester Teil des menschlichen Gehirns am oberen Ende der Wirbelsäule. Wie eine Art Wachposten und Betriebsleiter steuert er das körperliche Wohlbefinden Ihres Kindes. Zuständig für die Regulation von Reflexen, Herzschlag, Atmung und zahlreichen weiteren Körperfunktionen, reagiert der Hirnstamm auf jedes Anzeichen einer Bedrohung blitzschnell. Bei einem plötzlichen lauten Geräusch löst der Hirnstamm in Ihrem Kind zum Beispiel Erschrecken und Herzrasen aus. Zwar ist dieser Teil des Gehirns nicht an Denkprozessen beteiligt, aber dennoch hängt von seinen bedeutsamen Aufgaben das Überleben Ihres Kindes ab.

Das limbische System besteht aus mehreren komplexen Teilen, die das sozial-emotionale Zentrum des Gehirns bilden. Evolutionsgeschichtlich an zweiter Stelle, ist das limbische System für den Aufbau sozialer Beziehungen zuständig. Das limbische System Ihres Kindes sendet Signale aus, anhand derer Sie den Gefühlszustand Ihres Kindes von Augenblick zu Augenblick „deuten" können. Außerdem überprüft es wie ein unsichtbarer Radarstrahl alle eingehenden Daten - Bilder, Töne, Geschmacks-, Berührungsempfindungen und mehr – auf Informationen zur Sicherheit Ihres Kindes. Gefragt wird sozusagen: „Bin ich erwünscht? Gehöre ich dazu? Kann sich hier jemand um mich kümmern?"

Zu den Besonderheiten des limbischen Systems gehört die Auswertung körpersprachlicher Signale. Augenkontakt, Gesichtsausdruck, Tonfall, Körperhaltung und Bewegung, all das liefert dem Kind Informationen über die Gemütslage anderer Menschen. Signalisieren Sie oder ein anderer fürsorglicher Erwachsener: „Ich bin hier. Ich mag dich. Ich bin für dich da", dann kann die Psyche Ihres Kindes die angebotene Verbundenheit spüren. Das befriedigt sein angeborenes Bedürfnis nach Zugehörigkeit und Schutz.

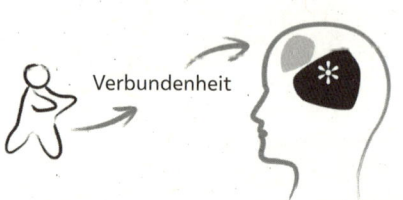

Verbundenheit

Limbisches System
- Nonverbale Signale
- Emotionen
- „Instinkt"-Reaktionen
- Abschätzen der Sicherheitslage
- Langzeitgedächtnis

Kinder mussten dieses feine Gespür für den Gemützustand der anderen entwickeln, weil ihr Leben davon abhing. Lange vor Beginn der Zivilisation überlebte ein Kind nur, wenn es spürte, welcher Erwachsene seine Bedürfnisse in einer unberechenbaren Umwelt erfüllen konnte. Bestimmt haben Sie die Vorliebe Ihres Kindes für gelassene und verbindende Erwachsene bemerkt. Wenn zum Beispiel Onkel Raymond zum Essen kommt und Ihr Kind in dröhnendem Tonfall mit Fragen überschüttet, wird es sich wahrscheinlich an Ihre Seite klammern. Obwohl Onkel Raymond es nicht böse meint, empfängt das limbische System Ihres Kindes nur die eine Kurzmeldung: „Achtung, dieser Erwachsene erkennt deine Signale nicht! Abstand halten!"

Wenn sich Ihr Kind sicher verbunden und beschützt fühlt, kann das limbische System eine sehr wichtige Aufgabe erfüllen: die Kommunikation zwischen allen anderen Gehirnbereichen koordinieren. Es öffnet den Zugang zum präfrontalen Kortex und dann arbeitet das Zentrum des logischen Denkens auf Hochtouren. Verbundenheit „knipst das Licht im Oberstübchen an".

Der präfrontale Kortex macht ihr Kind einzigartig menschlich. Als Teil der gefalteten grauen Masse hinter der Stirn gehört er zum entwicklungsgeschichtlich jüngsten Bereich des menschlichen Gehirns. Der präfrontale Kortex ist deswegen bedeutsam, weil er aktiviert sein muss, damit Ihr Kind denken kann. Erst dann kann es logisch denken und hat die nötige Aufmerksamkeit zum Experimentieren und Lernen. Je nach Alter und Entwicklungsstand kann es seine Impulse mehr oder weniger regulieren. Es kann etwas planen und durchführen. Auch erinnert es sich daran, was Sie ihm vor wenigen Minuten wegen des schlafenden Babys gesagt haben, oder dass es heute mit den Hausaufgaben früh anfangen soll. Und hier entwickelt sich mit der Zeit auch das Urteilsvermögen des Kindes.

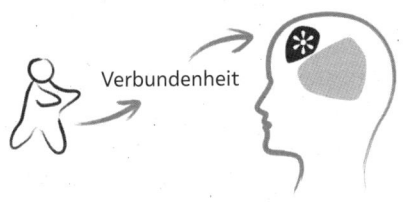

Verbundenheit

Präfrontaler Kortex
- Aufmerksamkeit
- Logisches Denken
- Urteilsvermögen
- Planen
- Impulskontrolle
- Kurzzeitgedächtnis

Wenn sich Ihr Kind verbunden fühlt, kann es denken

Wenn sich Ihr Kind verbunden fühlt, versteht es, dass die auskühlenden Plätzchen auf dem Küchentisch für den Besuch bei Tante Mae sind, und begnügt sich stattdessen mit Käsekräckern. In Verbindung mit Ihnen kann es friedlich abwarten, bis Sie zuerst das Baby eine Runde huckepack getragen haben. Wenn sich Ihr Kind verbunden fühlt, wird es bei seinen ersten Versuchen des Rollschuhfahrens über die Stolperer lachen und trotz der Herausforderung beharrlich bleiben. Wenn das Bedürfnis nach Verbundenheit befriedigt ist, dann lernt Ihr Kind.

Und während sein Gefühl der starken Verbundenheit zu Ihnen wächst, ist Ihre ständige Nähe irgendwann nicht mehr notwendig und Ihr Kind kann das Verbundenheitsgefühl mit ins Klassenzimmer nehmen, hin zu den spielenden Nachbarskindern oder ins Ferienlager, und wird dabei nicht aufhören, zu lernen und Spaß zu haben.

Unterbrochene Verbindung: der unsichtbare Ausschaltknopf

Hier geht es ja um Kinder, also kann nicht immer alles glattgehen! Die Verbindung zu Ihrem Kind wird oft unabsichtlich unterbrochen werden. Sobald es sich bedroht, oder frustriert fühlt oder von einer anderen Emotion überflutet wird, verliert es das Verbundenheitsgefühl. Und zack! Der präfrontale Kortex macht dicht. Ihr Kind kann dann wirklich nicht denken. Das geschieht blitzschnell und Sie haben es schon unzählige Male erlebt.

- **Sie erlauben vor dem Essen eine halbe Stunde Fernsehen,** weil sich Ihr Kind während des Fütterns des Babys engelgleich verhielt. Aber nach der Fernsehsendung reagiert es störrisch. Es weigert sich, beim Tischdecken zu helfen, und bleibt kaum eine Minute still sitzen. Es macht ein großes Theater.

- **Sie verlassen das Zimmer, um zu kochen,** nachdem die Kinder eine ganze Weile zufrieden in Ihrer Nähe gespielt haben. Wenige Minuten später haben sie miteinander Zoff.

- **Sie fahren mit Ihrem Kind kurz zum Supermarkt.** Den ganzen Vormittag über war es zufrieden. Vor dem Einkauf fahnden Sie nach Ihren Schlüsseln, füttern die Katze, telefonieren und tanken noch schnell. In der Gemüseabteilung angekommen, nörgelt Ihr Kind weinerlich und besteht auf Gummibärchen, die Sie ihm sonst nie kaufen.

Was solche Situationen schwierig macht, hat mit dem Aufbau des Gehirns zu tun. Dieses ist nämlich zur beständigen Kommunikation mit anderen bestimmt und braucht zum Funktionieren eine kooperative und förderliche Umgebung. Wenn das Kind zum Beispiel allein vor dem Fernseher sitzt oder ein Elternteil das Zimmer verlässt, kann sein Gefühl, gesehen zu werden und erwünscht zu sein, empfindlich gestört werden. Und sogar ein zufriedenes Kind kann durch den langen Verbindungsabbruch auf dem Weg zum Supermarkt völlig aus dem Gleichgewicht geraten.

- Verletzte Gefühle
- Unterbrochenes Denken

Ein sich verletzt fühlendes Kind kann nicht denken

Sobald die gefühlte Verbundenheit des Kindes zu Ihnen oder seiner Betreuungsperson unterbrochen wird, fühlt es sich sofort verunsichert. Das limbische System sendet ein Alarmsignal: Hier ist es gerade nicht sicher! Sofort schaltet der präfrontale Kortex ab – das Zentrum des logischen Denkens, Planens, der Impulskontrolle und Aufmerksamkeit.

Ein sich verunsichert oder verletzt fühlendes Kind, das nicht denken kann, zieht die Schwester vielleicht an den Haaren oder zerbricht bei Hausaufgabenbeginn seinen Bleistift aus Protest.

Hier sind einige einfache Signale, die Ihr Kind vielleicht sendet, wenn es sich verunsichert fühlt und nicht denken kann:

- Es kann Ihrem Blick nur sekundenlang standhalten.
- Es kooperiert nicht.
- Es wirkt teilnahmslos oder unglücklich.
- Sein Verhalten wirkt festgefahren. Es lutscht am Daumen, schnappt anderen die Sachen weg, kann trotz Müdigkeit nicht einschlafen, will Unerlaubtes haben, weist Hilfe ab, schlägt oder kränkt andere, zieht sich zurück und spürt ganz offensichtlich Ihre Liebe nicht.

Durch diese wichtigen Signale rufen unsere Kinder um Hilfe. Jetzt sind wir gefragt und müssen sie wieder auf den richtigen Kurs bringen, wo sie eigentlich auch selbst gern wären.

Ihr Kind will kein Theater machen

Wenn das Verhalten Ihres Kindes entgleist, dann ist es so, weil ihm etwas so schwer zu schaffen macht wie ein Beinbruch. Mit einem gebrochenen Bein kann Ihr Kind nicht laufen oder rennen, bevor der Bruch gerichtet wurde und abgeheilt ist. Ein Kind, dessen Gefühl der Verbundenheit zu Ihnen abgebrochen ist, verliert die Impulskontrolle und sein Kurzzeitgedächtnis funktioniert nicht. Logisches Denken ist nicht möglich. Ihr Kind will nicht absichtlich Theater machen. Seine Quengelei ist keine bewusste Manipulation. Lieber wäre es fröhlich und kooperativ, aber wenn es das Gefühl der Verbundenheit verliert, gerät sein ganzes System aus den Fugen.

Man könnte meinen, in Ihrem Kind gäbe es einen Ausschaltknopf. Ein denkendes Kind kann sich großzügig verhalten, doch wenn das Denken abgeschaltet ist, darf keiner seine Sachen anfassen. Mit der kleinen Schwester liebevoll umzugehen ist kein Problem, solange das Kind klar denken kann. Wenn nicht, wird seine Umarmung zu heftig oder sein Kuss wird zum Biss. Ein denkendes Kind kann ein wenig abwarten, bis es Ihre Aufmerksamkeit bekommt, wenn aber die Verbindung zu Ihnen unterbrochen ist, wird es sein Geschwisterchen sogar umrennen, um als Erster bei Ihnen zu sein. Wenn Kinder nicht denken können, versuchen sie verzweifelt, die Verbundenheit wiederherzustellen, und wir bekommen es an ihrem Verhalten zu spüren.

Ab und zu gelingt es einem Kind tatsächlich, seine Bedürfnisse noch in Worte zu fassen, bevor es das Gefühl der Verbundenheit verliert. Doch selbst das geschieht dann nicht gerade sehr höflich. Die Tochter einer Freundin war bei der Geburt ihrer Schwester vier Jahre alt. Mehrere Monate lang verhielt sie sich dem Neugeborenen gegenüber ausgesprochen liebevoll und aufmerksam. Doch schließlich wurde die gefühlte Verbundenheit zur Mutter aufgerieben. Da baute sie sich vor ihr auf und schrie: „Mami, leg das Scheiß-Baby weg und kümmere dich um *mich*!" So viel Geistesgegenwart besaß das Mädchen, dass sie noch ein Signal senden konnte, bevor ihr Denken ganz aussetzte.

Unterstützungsprozess
- Nähe suchen
- Entgleistes Verhalten stoppen
- Zuhören
- Verbindung anbieten

Heilungsprozess
- Weinen
- Wutanfall
- Zittern
- Schwitzen
- Lachen

Ihr Kind weiss instinktiv, wie es sich von Verletzungen erholt

Das Leben birgt viele Anlässe, die im Kind das Gefühl der Verbundenheit unterbrechen, seine Gefühle verletzen, sein Denken anhalten und es aus dem Gleichgewicht werfen. Zum Glück wurde Ihr Kind mit einem robusten seelischen Reparaturmechanismus geboren. Die aufgewühlten Gefühle brauchen ein Ventil und das Kind muss unbedingt wieder Ihre Fürsorge spüren. Es gibt nur eine einzige Handlung, die ihm einerseits erlaubt, seine Gefühle auszudrücken, und gleichzeitig Ihre liebevolle Zuwendung übermittelt: das *Zuhören*. Ja, Zuhören kann tatsächlich die Verletzung heilen.

Halten Sie einfach inne, suchen Sie die Nähe zum Kind und unterbrechen Sie sanft das unerwünschte Verhalten. Machen Sie dabei nicht viel Worte: Ihr Kind kann Anweisungen ohnehin nicht folgen, *wenn sein Denken nicht funktioniert!* Greifen Sie sanft, aber bestimmt ein, damit es keinen Schaden mehr anrichten kann oder nicht mehr einfach vor den Hausaufgaben wegrennt. Dann legen Sie Ihrem Kind sanft die Hand auf den Rücken oder setzen sich zu ihm auf den Boden, falls es dort liegt und Tritte verteilt. Hören Sie allem zu, was es sagt und zeigt. Nehmen Sie die Bedeutung seiner Körpersprache auf. Ihr Kind braucht jemanden, der seine schwierigen Gefühle versteht. Während Sie zuhören, werden die Gefühle des Verletzt-Seins durch Weinen, Wutanfälle, Lachen oder dem Angst abbauendem Schwitzen und Zittern geheilt.

Vielleicht dauert es eine Weile, bis sich Ihr Kind ausgetobt hat. Wahrscheinlich werden Sie die ersten Male, bei denen Sie Ihre üblichen Disziplinierungsmethoden durch das Zuhören ersetzen, sogar denken: „Wird mein Kind jemals zur Ruhe kommen? Das kann doch nicht gut tun!" Wir sind solch leidenschaftliche Zurschaustellung von Emotionen nicht gewohnt! Aber halten Sie durch. Das alles geschieht nicht ohne Ziel. Denn zum Vorschein kommen genau jene Emotionen, die das Verhalten Ihres Kindes beeinträchtigt haben! Zwar offenbart Ihr Kind damit, wie schlecht es sich fühlt, aber es wird mit dem Wüten trotzdem nicht aufhören, denn tiefer im Inneren spürt es Erleichterung, diese zerstörerische Spannung losgeworden zu sein. Sobald Ihr Kind seinen inneren Aufruhr herausgelassen hat, wird es Ihre Fürsorge wieder wahrnehmen. Es wird seine Welt besser verstehen, verhält sich flexibler und sein Vertrauen wird wachsen.

Noch ist nicht ganz geklärt, wie Weinen, Wutanfälle, Zittern, Schwitzen und Lachen die emotionale Spannung in der Psyche eines Kindes abbauen. Die Erkenntnis, dass diese Aktivitäten normal sind und zu einem angeborenen Heilungsprozess gehören, ist recht neu. Zwar wissen wir nicht, *wie* er funktioniert, aber *dass* er funktioniert. Was auch währenddessen im Gehirn in den Neuronen geschieht, ein weinendes Kind wird jedenfalls seine Denkfähigkeit wiedergewinnen, wenn ihm dabei jemand liebevoll zuhört. Und allmählich bewältigt es seine schwierigen Situationen immer besser. Indem Sie Ihrem Kind zuhören, werden Sie an ihm Veränderung und Wachstum erleben. Sein Verhalten wird seltener entgleisen. Auch wird es ihm immer besser gelingen, Ihnen seine Bedürfnisse *rechtzeitig* mitzuteilen.

Ganz allein kann sich Ihr Kind allerdings nicht von seinen Verletzungen erholen. Schließlich ist es vor allem ein soziales Wesen und Sie sind sein Fels, sein Anker, sein sicherer Hafen. Es braucht Ihre Hilfe, um die Folgen der Verletzung loszuwerden. Also lassen Sie die Bereitschaft zur Verbindung in Ihr Kind hereinströmen, während es die Gefühle herausströmen lässt, die seine Problemlösefähigkeit und Lebensfreude beeinträchtigen.

Die folgende Geschichte zeigt, was geschehen kann, wenn Sie Ihrem Kind während seines Gefühlsausbruchs liebevoll zuhören, anstatt es einfach zu beruhigen.

◀◉▶

Mein vierjähriger Enkel Reggie bekam Besuch von einem Kind aus seinem Kindergarten. Der Junge wollte das gar nicht und Reggie selbst passte der Besuch ebenso wenig, aber der Vater des Kindes brauchte eine Kinderbetreuung und die Eltern hatten es so vereinbart. Ich hielt mich unauffällig bei den Jungs auf. Sie hatten überhaupt keine Lust, miteinander zu spielen. Vergeblich versuchte ich, sie hin und wieder aufeinander zu zubewegen. Jeder spielte allein vor sich hin; sie redeten noch nicht einmal miteinander und das ging über eine Stunde lang.

Dann stieß der Freund zufällig an eine von Reggie und seinem Vater aufwendig konstruierte Murmelbahn und sie krachte zusammen. Da brach Reggie in verzweifeltes Weinen aus. Ich nahm ihn auf den Schoß. Er heulte: „Nie, nie mehr kann ich das wieder aufbauen! Sie war so gut. Jetzt ist sie *für immer* hin!" Ich sagte: „Ja, mein Schatz, da hast du wohl Recht", worauf er erst recht losheulte. Ich wollte ihm jedoch Gelegenheit geben, sein Werk vollständig zu betrauern. Der Freund spielte leise in der Nähe, hörte aber genau zu, ohne etwas zu antworten. Ich sagte: „Ethan hat deine Bahn nicht absichtlich angestoßen. Das war ein Unfall. Er wollte sie nicht umwerfen."

Reggie heulte etwa zwanzig Minuten lang. Als er sich ausgeweint hatte, bot ich den beiden einen Imbiss an. Da griffen Sie gerne zu. Dann hatte Reggie die Idee, Verstecken zu spielen. Kichernd und jauchzend rannten die zwei durchs Haus, weil es mir ja „so schwer fiel", sie aufzuspüren.

Nun waren die beiden doch noch vereint. Erst klemmten sie sich eng nebeneinander in einen kleinen Schrank, dann quetschten sie sich hinter eine Tür. Wir spielten das eine ganze Weile. Als schließlich Ethan abgeholt wurde, bat er seinen Vater: „Darf ich noch bleiben? Ich mag nicht nach Hause!" Auch Reggie wollte ihn noch dabehalten.

Weinen und Wutanfälle sind keine nutzlosen Verhaltensweisen! Ihr Kind tut das Allerklügste, wenn es einen Trotzanfall zulässt. Im Bemühen, wieder klar zu denken, schüttelt es so seine emotionale Spannung ab. Und während Ihr Kind weint, haben Sie direkten Zugang zu seinem wehen Herzen. Jetzt sind Sie am Zug! Was Sie für ein aufgebrachtes Kind tun, zeigt Ihre Liebe zehnmal stärker als zärtliches Knuddeln und Streicheln an guten Tagen. Ihr Kind sehnt sich sogar trotz ablehnender Worte nach Ihrer Hilfe: „Geh weg! Ich mag dich nicht." Wenn Sie seinen Gefühlen zuhören können und liebevolle Zuwendung anbieten, wird es nach seinem Wutanfall ein anderer Mensch sein.

Auch alte Verletzungen können ihr Kind aus der Fassung bringen

Was aber, wenn Ihr Kind plötzlich grundlos verrücktspielt? Nach einem vergnüglichen Tag sperrt es sich beispielsweise bockig gegen das Baden. Oder es spielt vollkommen zufrieden vor sich hin, bis Sie mit Ihrer Frau ein Gespräch beginnen. Dann springt es auf und geht lauthals dazwischen. Verhält es sich nicht einfach unreif oder vielleicht sogar manipulativ?

Nein, sogar sehr junge Kinder können beim Baden kooperieren oder ihre Eltern ungestört reden lassen, wenn sie sich sicher und verbunden fühlen. In solchen Fällen wird Ihr Kind wahrscheinlich von einer früheren Verletzung gequält.

Als Säugling und Kleinkind kann ein Kind seine verletzten Gefühle nicht vollständig abladen. Ungelöstes speichert es als emotionale Erinnerung. Die dort gespeicherten Verletzungen versucht es zu ignorieren und die meiste Zeit bleiben sie weggepackt. Doch können diese Gefühle auch unerwartet an die Oberfläche steigen. Sobald das Kind eine Situation erlebt, die dem früheren verletzenden Moment in irgendeiner Weise ähnelt, tauchen sie auf! Bilder, Geräusche und das Gefühl von damals überfluten die Psyche des Kindes erneut. Dann regieren die Emotionen. Ihr Kind kann eine Weile nicht denken und nimmt Ihre Hilfe nicht bewusst wahr.

Zum Beispiel entschloss sich eine mir bekannte alleinerziehende Mutter dazu, ihrer sechsjährigen Tochter dabei zu helfen, die Angst vor dem Schlafen im eigenen Bett zu überwinden. Dieses stand nur wenige Meter vom Bett der Mutter entfernt. Schon immer hatte sich die Tochter davor gefürchtet, in getrennten Betten zu schlafen. Nach ihrer Ankündigung saß die Mama nah bei ihrem Kind und hörte lange zu, während die Tochter schluchzte und sich an sie klammerte. Nachdem sich das Kind eine Stunde später noch immer nicht beruhigt hatte, schliefen die beiden wie gehabt in einem Bett. In der zweiten Nacht wurde aus dem Weinen Zappeln und Zittern. Irgendwann schrie das Mädchen: „Es tut weh! Es tut weh!" Als die Mutter nachfragte, antwortete sie: „Der Bienenstich!" In jenem Sommer war sie von einer Biene ins Bein gestochen worden, also schaute sich die Mutter diese Stelle an, aber ihre Tochter schlug angstvoll um sich und sagte: „Nicht da! Hier!", und deutete aufgeregt auf ihren rechten Handrücken. Genau an dieser Stelle wurde sie wenige Stunden nach der Geburt sieben Mal von einer unerfahrenen Klinikassistentin gestochen, bis endlich erfolgreich eine verordnete Infusion gelegt war. Der Vorschlag, im eigenen Bett zu schlafen, hatte riesige Angst ausgelöst, die vielleicht von diesem traumatischen ersten Tag ihres Lebens herrührte. Die Mutter hörte weiter zu, hielt ihre Tochter beruhigend fest, bis sich der Schrecken gelegt hatte. Nach diesem Ausweinen und dem zuversichtlichen Zuhören der Mutter schlief das Mädchen schnell im eigenen Bett ein. Später gab es mit diesem Thema keine Probleme mehr.

Wenn Ihr Kind gerade nicht denken kann, müssen Sie zum Glück nicht genau wissen, wodurch ihr Kind getriggert wurde und aus welchem Grund. Sie müssen es nur wahrnehmen, ihrem Kind nah sein, falls nötig Grenzen setzen und zuhören. Wie das geht, werden Sie auf den folgenden Seiten lernen.

Verbinden Sie sich mit ihrem Kind

Sie können Ihrem Kind besonders wirkungsvoll Ihre Liebe zeigen, wenn es seine Gefühle ausdrückt. Tatsächlich sind emotionale Ausbrüche eine gute Gelegenheit, sich mit Ihrem Kind zu verbinden. Dabei gibt es für jeden eine Aufgabe.

- **Ihre Aufgabe beginnt, sobald Sie bemerken, dass das Verhalten ihres Kindes entgleist.** Gehen Sie zu ihm, um schädigendes Verhalten zu unterbinden, und hören Sie zu. Wenn Ihnen die Schwierigkeiten Ihres Kindes früh genug auffallen und Sie sich sofort einschalten, teilt ihm das mit: „Ich sehe dich", und hält es von noch drastischeren Verhaltensweisen ab.

- **Ihr Kind hat die Aufgabe, seine emotionale Erregung abzuladen,** und es wird dies tun, sobald es Ihren fürsorglichen Blick bemerkt.

- **Sie haben die Aufgabe, Ihr Kind zu beschützen und sich mit ihm zu verbinden,** während die Gefühle heftiger werden. Vielleicht müssen Sie es davon abhalten, sich selbst oder Ihnen wehzutun, falls es um sich schlagen oder treten muss, um sich von aufgestauter Spannung zu befreien.

- **Ihr Kind hat die Aufgabe, Ihnen all seinen Schmerz zu zeigen.** Indessen nimmt es Ihr Angebot der heilenden Verbindung in sich auf.

Sie müssen Ihr Kind nicht kontrollieren, ihm nichts beibringen und auch keine Konsequenzen für sein Verhalten festlegen. Ihr Kind muss einfach diese bestimmte Emotion abladen können, damit es wieder klar denken kann. Bei der Verarbeitung hilft ihm Ihre unterstützende Nähe. Es benötigt Ihr Zuhören, damit es heilen und sich wieder erholen kann. Nachdem die in einem Gefühlswirrwarr eingeschlossene Emotion herausgeströmt ist, wird das Kind die Welt buchstäblich anders wahrnehmen. Es wird fähig, sich mit Ihnen zu verbinden, und kann wieder logisch denken. Und künftig wird es nicht mehr ganz so leicht getriggert werden.

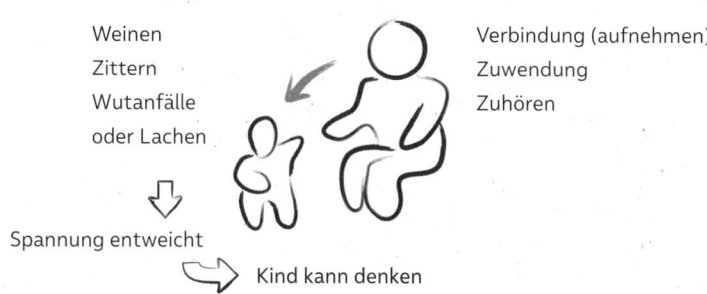

Weinen
Zittern
Wutanfälle
oder Lachen

Verbindung (aufnehmen)
Zuwendung
Zuhören

Spannung entweicht

Kind kann denken

Die Verwundung Ihres Kindes war heftig, und das wird es Ihnen zeigen!

Ihr Kind schleppt vermutlich schon einen ganzen Ballast an unverarbeitetem seelischem Verdruss mit sich herum. Wenn Sie ihm dann Ihre liebevolle Unterstützung schenken, sieht es vielleicht zuerst so aus, als ginge der Schuss nach hinten los. Denn Ihr Kind schlägt womöglich um sich, krümmt sich und schreit im Griff der Gefühle, die es aus dem Gleichgewicht gebracht haben. Ihr Zuhören bringt jedoch Heilung. Bleiben Sie einfach unterstützend und beschützend bei ihm. Nachdem Sie Ihr Kind durch seinen Gefühlsausbruch begleitet haben, entspannt es sich vielleicht für ein letztes Aufschluchzen in Ihren Armen oder nimmt ein paar zittrige Atemzüge und wird einfach still. Es wird sich erleichtert fühlen. Falls es nicht einschläft, wird Ihr Kind vielleicht eine Weile über Sie und seine Umgebung nachsinnen. Wenn es gähnt, zu kichern anfängt oder um ein Glas Saft bittet, als hätten Sie die letzte halbe Stunde locker miteinander geplaudert, dann haben Sie beide Ihre Aufgaben erfüllt. Der Tag kann nur besser werden.

Zuhören ist einfach, aber nicht leicht

Inzwischen denken Sie vielleicht: „Vergiss es! Ich will bei einem solchen Anfall meines Kindes keinesfalls in der Nähe sein!" Natürlich erfordert es eine große Portion Mut, Ihrem aufgebrachten Kind zum ersten Mal auf diese Weise zuzuhören. Ich würde hart arbeitenden Eltern nie etwas so Herausforderndes vorschlagen, wäre ich nicht von seiner Wirkung überzeugt. Wir haben gesehen, wie es bei zahlreichen Kindern aus allen Familientypen und unterschiedlichen Kulturkreisen funktioniert. Was den „Hand in Hand"-Ansatz so besonders macht, ist eine Strategie des Zuhörens für *Sie* ganz persönlich. Sie können sich mit anderen Eltern als Partner über Gegenseitiges einfühlsames Zuhören Unterstützung verschaffen. Auf diese Weise schaffen Sie einen Ort, an dem *Ihre* eigenen Gefühle gehört und respektiert werden. Dann werden Sie für das Gefühlsleben Ihres Kindes echtes Gespür entwickeln. Und es wird Ihnen helfen, Ihr Kind schließlich sogar gerne durch seine besonderen Gefühlsmomente hindurch zu geleiten.

Sobald Sie den Gefühlen Ihres Kindes wirklich zuhören, dürfen Sie die folgenden problematischen Methoden vergessen: Schimpfen, Strafpredigt, Forderungen, Bestrafung, Bestechung, die Stimme erheben, Drohungen, Konsequenzen, Sternchenlisten oder andere Belohnungen für erwünschtes Verhalten. Sie müssen Ihr Kind nicht einschüchtern. Sie werden nicht das Bedürfnis haben, all sein Treiben zu kontrollieren. Sie werden Grenzen setzen, ohne sich dabei wie ein Spielverderber zu erleben. Sie werden merken, wie segensreich sich sinnvolle Grenzen auf Ihr Kind auswirken, wenn es aus der Fassung geraten ist.

Wenn Sie sich mit Ihrem Kind über die Zuhörstrategien verbinden, dann wird in Ihre Familie Folgendes vermehrt einziehen: Lachen, Spaß, Kooperation, Vertrauen, Liebe, Kreativität und Herzlichkeit. Sie werden erleben, wie Ihr Kind seinem guten inneren Kern stärker vertrauen wird und auch Sie selbst mehr Vertrauen in Ihren eigenen gewinnen. Wir sind dafür geschaffen, miteinander verbunden in behaglicher Nähe zu leben.

Wie Sie die Hilferufe Ihres Kindes verstehen

Eltern, die gerade viel zu tun haben, erleben den Versuch ihres Kindes, Verbindung aufzunehmen, womöglich als bewusste Provokation. Aber solange es dem Kind nicht gelingt, mit einem fürsorglichen Erwachsenen Verbindung aufzunehmen, wird es sich weiterhin bemerkbar machen. Ein sich isoliert fühlendes Kind kann sich aufführen wie das dickköpfigste, pingeligste, weinerlichste, undankbarste, aggressivste und zappeligste Kind der Welt. Leider sieht ein einzelner Elternteil nicht, dass Kinder überall auf der Erde ihren erschöpften Eltern genau die gleichen Signale senden. Ihre Botschaft lautet: „Seelischer Notstand! Ich fühle mich von dir abgetrennt!" Diese Ansage kleidet sich eben in Verhalten statt Worte. Bevorzugen Sie jedoch eine schriftliche Nachricht, dann würde die Botschaft Ihres angriffslustigen und widerspenstigen Kindes in feinsäuberlichen Druckbuchstaben wahrscheinlich folgendermaßen lauten:

Liebe Mama oder lieber Papa!
Danke, dass du meine Nachricht liest. Ich strenge mich so an, deine Liebe zu spüren, aber es klappt nicht. Mich so weit weg von dir zu fühlen, ängstigt mich. Würdest du dich bitte baldmöglichst zu mir setzen und mich zu dir einladen? Können wir zusammen ein wenig Spaß machen, oder könntest du wenigstens den Arm um mich legen, damit ich deine Liebe spüren kann? Bitte halte mich freundlich auf, damit ich keinen Blödsinn mache. Ich will wirklich keine Schwierigkeiten machen. Mit deiner Hilfe wird bestimmt alles viel besser.

Ich liebe dich unendlich.
Dein (momentan) weit entferntes Kind.

Die echte Nachricht einer Erstklässlerin an ihre Eltern lautete so:

„Ich liebe euch, wenn ich verrückt, traurig, ärgerlich, enttäuscht, glücklich, stolz und all die anderen Gefühle bin. Ich liebe euch sogar noch mehr, als ich will. Ich liebe euch, wenn ich sage, ich hasse euch. Und das meine ich ernst. Ich liebe euch."

Zwar steht nicht gerade ein Übersetzer bereit, sobald Sie das Verhalten Ihres Kindes auf die Palme bringt, aber vielleicht finden Sie die folgende Liste praktisch. Mit diesen Notsignalen rufen nämlich alle Kinder um Hilfe:

Der „zerbrochene Keks"[1]

Manchmal genügt eine Kleinigkeit wie die abgebrochene Ecke eines Kekses und der Legostein im Heizungsgitter, um bei Ihrem Kind Tränen oder einen Wutanfall auszulösen. Wahrscheinlich ist das sogar der häufigste Ruf nach Hilfe und Aufmerksamkeit. Dieses Signal bedeutet: „In mir haben sich so viele Gefühle angestaut, dass ich nicht mehr kann. Jede Kleinigkeit macht mich unglücklich. Ich brauche dich in meiner Nähe, bis ich diesen Aufruhr in mir losgeworden bin. Er verdirbt mir alles."

Ein riesiger Gefühlsausbruch als Folge eines winzigen Auslösers wurzelt vermutlich größtenteils in einer problematischen Erfahrung aus der Vergangenheit. Der zerbrochene Keks oder verlorene Legostein erinnert Ihr Kind bloß an diese frühere, schwierigere Zeit. Der scheinbare Lärm um nichts ist für Ihr Kind aber eine wertvolle Gelegenheit zur Hilfe für seine Heilung. Sie können sein Gefühl für Verbundenheit mit Ihnen wiederherstellen und in ihm die Tendenz zu künftigem ausufernden Verhalten abbauen, indem Sie Verbindung und Zuhören anbieten. Seien Sie in diesem Gefühlssturm die Zuflucht Ihres Kindes und es wird seine Gelassenheit wiederfinden.

Der „verdorbene Ausflug"

Dieses Signal zeigt sich, wenn Sie Ihrem Kind extra Zeit und Aufmerksamkeit widmen, oder sich mit Freunden oder Verwandten treffen. Irgendwann während dieses besonderen Ereignisses wird sich Ihr Kind über eine Kleinigkeit aufregen. Das bedeutet: „Bei diesem gemeinsamen Spaß krieg ich ganz viel Hoffnung. Wir sind uns jetzt so nah, da mag ich dir von dem scheußlichen Gefühl erzählen, das ich manchmal spüre. Bitte hilf mir damit!" Fast wirkt es so, als würden durch die Geborgenheit und Freude des Augenblicks abgestandene Gefühle mit der Wucht eines Löschwasserstrahls nach draußen gespült. Natürlich geschieht das gerade dann, wenn Sie darauf hoffen, dass Ihr Kind kooperiert.

---

1 "Das zerbrochene Keksphänomen", in: „Spielen schafft Nähe – Nähe löst Konflikte" von Aletha J. Solter; Kösel Verlag 2015; Original: *Attachment Play: How to solve children's behavior problems with laughter and connection*, Shining Star Press.

Der „verdorbene Ausflug" ist ein so häufiges Phänomen, dass Sie direkt darauf warten können. Geburtstagsfeiern, Familientreffen, Festtage und Ausflüge zu Sehenswürdigkeiten lösen in fast jedem Kind solche Ausbrüche aus. Deswegen ist es jedoch nicht undankbar. Ihr Kind spürt einfach das Wohlwollen um sich herum, und sein Instinkt meldet, dass damit ein guter Zeitpunkt für seinen inneren Hausputz gekommen ist!

„Hilf mir aufzuhören!"

Noch so ein Klassiker. Angenommen, Sie sind mit tausend Dingen beschäftigt, besorgt, in Eile oder haben Besuch und verlieren Ihr Kind immer weiter aus den Augen. Vielleicht hat es Sie schon ein paar Mal um Aufmerksamkeit gebeten und Sie haben es abgewimmelt in der Hoffnung, sein Problem löse sich von selbst. Vermutlich hatten Sie aber einfach alle Hände voll zu tun und konnten nicht auf Ihr Kind eingehen.

Im verzweifelten Wunsch nach Verbundenheit schaut Ihnen Ihr Kind direkt in die Augen und tut etwas, das Sie ihm schon x-mal verboten haben. Es rupft von der Topfpflanze im Wohnzimmer Blätter ab oder wirft einen Holzklotz nach seiner Schwester. Dieses Signal bedeutet: „Ich fühle mich verloren – ich dreh durch, wenn ich dich direkt neben mir sehe und mich trotzdem so allein fühle. Hilf mir!"

Bricht ein Kind bewusst unsere Regeln, glauben wir Eltern oft an Wut oder einen Manipulationsversuch als Ursache. Aber Ihr Kind will Sie nicht ärgern. In seinem unerfüllten Bedürfnis nach Verbundenheit verzweifelt es so sehr, dass ihm lieber ist, Sie wenden sich ihm verärgert zu, als dass es noch länger in seiner Isolation ausharrt. Seine Psyche benötigt die Verbindung zu Ihnen, pronto! Also sucht es einen todsicheren Weg, um Sie in seine Nähe zu beordern.

Rückzug

Manchmal kapituliert ein Kind. Dann wendet es sich nach innen und probiert das schmerzliche Gefühl der Isolation oder Angst mit einem kleinen Ritual zu betäuben: Daumenlutschen, an einer Haarsträhne drehen oder verzweifelt eine Schmusedecke oder Spielfigur an sich klammern. Dieses Signal bedeutet: „Was soll ich bloß machen? Mir geht's nicht gut. Ich schalte in den Leerlauf, solange mir keiner hilft." Dieses Signal fällt nicht weiter auf. Aber Ihr Kind verliert währenddessen wertvolle Zeit zum Forschen und Lernen. Es riskiert damit noch keinen aktiven Aufruhr, fühlt sich aber doch so isoliert, dass es nicht den vollen Zugang zu seinen geistigen und körperlichen Fähigkeiten hat. Mit dem Schnuller im Mund kann es nicht reden, beim Umklammern der Puppe hat es nur eine Hand frei. Wenn es eine Haarsträhne dreht, kann es nicht rennen, lachen oder etwas erforschen. Es bittet solange schweigend um Hilfe, bis Sie kommen und mit ihm Verbindung aufnehmen.

Aggressionen

Wenn Ihr Kind mit seinem Verhalten andere oder sich selbst verletzt, bedeutet dies: „Verbundenheit: gleich null! Denken: Fehlanzeige! Ich hab' keine Ahnung, wieso ich um mich schlage, kann aber nicht aufhören!" Ein in aggressivem Verhalten gefangenes Kind hat Angst und braucht eine liebevolle, aber klare Grenze, von einem freundlichen Erwachsenen, der sich an den guten Kern des Kindes erinnert. Das Gefühl für Verbundenheit ist einfach versiegt. In Kapitel 11, *Ängste auflösen,* und Kapitel 12, *Aggressionen überwinden,* werden Sie erfahren, wie Sie bestimmte Zuhörstrategien anwenden, um Ihr Kind weg von angstgesteuertem Verhalten und hin zu echter Verbundenheit und Kooperation bewegen können.

Ablenkungsspiel

Ein Kind wirkt manchmal wie elektrisch aufgeladen, wenn in ihm schwache Angstgefühle rumoren. Den äußeren Schein kann es nur wahren, indem es von einer Tätigkeit zur nächsten springt und diesem Tun nur oberflächliche Aufmerksamkeit schenkt. Im Spiel kann es zu anderen keine Verbindung aufnehmen und ein Geben und Nehmen findet nicht statt. Schon bei der kleinsten Herausforderung sucht sich das Kind eine neue Beschäftigung. Diese Sprunghaftigkeit stört beim Lernen. Auch sind die

Beziehungen des Kindes nicht zufriedenstellend. Leicht reagiert es pingelig, rechthaberisch oder impulsiv. Seine Botschaft lautet: „Ich fühle mich unruhig und nichts, was ich tue, ändert etwas dran. Ich muss mich die ganze Zeit bewegen, denn ich finde keinen Zufluchtsort. Bitte hilf mir.“

Ihr Kind ist für keine dieser Verhaltensweisen zu tadeln. Diese entstehen, wenn es verletzt ist und nicht denken kann. Einige Kinder senden immer wieder dasselbe Signal, andere wechseln in ihrem Bemühen um Aufmerksamkeit vom einem zum nächsten. Der Umgang mit diesen Signalen fällt uns Eltern schwer. Wir wollen unsere Kinder anleiten, ertappen uns aber immer wieder bei den üblichen Reaktionen: Wir brüllen, schlagen, schimpfen und beschämen unsere Kinder oder zeigen ihnen die kalte Schulter, obwohl dies einem sich verloren und einsam fühlenden Kind in keiner Weise hilft.

Stattdessen können Sie nun mit tauglichen Strategien und dem Verständnis für die Bedeutsamkeit von Verbundenheit in Ihrer Familie die Tür zu mehr Herzlichkeit, Spaß, Lachen und angenehmeren Zeiten öffnen. Arbeit macht es schon, aber es ist keine Hexerei. Jeden Tag lernen Sie dazu. Dabei ist Verbundenheit der Schlüssel. Verbundenheit und Ihr starker Wille zur Liebe.

TEIL II

Wirksame Strategien für das Leben mit Kindern

Einführung

Jede der fünf vorgestellten „Hand in Hand"-Zuhörstrategien erfüllt für das Wohlergehen Ihrer Familie eine wichtige Rolle. In ihrem Zusammenwirken bauen sie Verbundenheit zwischen Ihnen und Ihren Kindern auf.

Wunschzeit ist ein einfacher Weg, Ihre Kinder mit Liebe und Aufmerksamkeit zu füllen. Sie reservieren einen begrenzten Zeitraum nur für Sie beide, und Ihr Kind bestimmt, was gemacht wird. Es wird Ihnen in dieser Zeit gerne zeigen, was ihm wichtig ist und womit es innerlich gerade kämpft. In der Wunschzeit erlebt sich Ihr Kind von Ihnen gesehen. Dabei wird sein Vertrauen in Sie gestärkt, während es Ihnen wiederum Einblick in sein Denken gewährt. Es entsteht ein kooperationsförderndes Gefühl der Sicherheit. Wunschzeit hilft Ihnen, sich mit Ihrem sehr kleinen Kind zu verbinden, funktioniert auch bei Teenagern, jungen Erwachsenen und auch noch darüber hinaus. Unter den fünf Strategien ist es immer dann erste Wahl, wenn Sie denken: „Was soll ich mit dem Kind bloß machen?"

Bleib-Ganz-Ohr übermittelt dem Kind gerade dann Ihre liebevolle Zuwendung, wenn es verletzt oder angsterfüllt seine heftigen Gefühle ausdrückt. Es lässt den Schmerz herausströmen, sie hören ihm zu und füllen Ihr Kind mit der stillen Zuversicht, dass es sich wieder erholen wird. Sie beschützen Ihr Kind, während es sich allein und verloren fühlt. Sie hören dem emotionalen Ausbruch Ihres Kindes ohne Bewertung seiner Gefühle zu. So baden Sie Ihr Kind während seiner heftigsten Kämpfe in liebevoller Zuwendung. Durch das Herausströmen der Gefühle, entledigt sich das Kind einer emotionalen Last und spürt anschließend nur noch Ihre Liebe und Unterstützung. Sie beide werden lernen, dass schmerzliche Gefühle dann heilen, wenn jemand teilnahmsvoll zuhört. Weil die meisten von uns diese Art des Zuhörens nicht selbst erfahren haben, kann Bleib-Ganz-Ohr für die Eltern sehr herausfordernd sein. Aber diese Strategie hat die Kraft, die Stimmung Ihres Kindes zu heben und lästiges Verhalten zu verwandeln.

Das **Grenzen-Setzen** gehört zu den wichtigsten elterlichen Aufgaben. Sobald sein Verhalten entgleist, braucht und verdient Ihr Kind eine sinnvolle Grenze. Diese ermöglicht ihm, die emotionale Spannung abzuladen, die sein Verhalten beeinträchtigt hat. Daraufhin lernt es wieder gerne und freut sich an den Menschen in seinem Umfeld. Wir helfen Ihnen, die ersten Warnzeichen bei Ihrem Kind zu erkennen, und zeigen, wie man liebevoll Grenzen setzt. Man kann dies sogar auf eine spielerische Weise tun, die Ihr Kind zum Lachen bringt.

Das **Ganz-Ohr-Spiel** ist die Kunst, Ihr Kind beim Spielen zum Lachen zu bringen, und zwar ohne Kitzeln. Mit dieser herzerwärmenden, kreativen Methode wird die Verbundenheit zwischen Ihnen gestärkt, indem Sie Raum für Lachen und vergnügliches Spiel schaffen. Lachen baut Stress sehr wirkungsvoll ab. Während Sie lernen, wie man Machtumkehrspiele und wohlwollend herausfordernde und liebevolle Spielideen anregt, wird in Ihrem Kind Vertrauen wachsen. Lachen wird in Ihrer Familie Herzlichkeit fördern.

Beim **Gegenseitigen einfühlsamen Zuhören** tanken schließlich Sie neue Energie für das Leben mit Ihren Kindern. Der regelmäßige Austausch und das gegenseitige Zuhören mit einem anderen Elternteil helfen, den Stress aus dem Zusammenleben mit kleinen Kindern abzuschütteln. Dieses gegenseitige einfühlsame Zuhören kann auch zur Lern-Oase werden. Sie bekommen einen sicheren, privaten Raum, an dem Sie Ihre Gedanken und Gefühle offen ausbreiten dürfen: Was wollen Sie bei der Erziehung Ihrer Kinder anders machen als Ihre Eltern? Welche Geschenke Ihrer Eltern wollen Sie weitergeben? Wenn Sie sich mit Ihrem Kind in einer bestimmten Sache abmühen, welche eigenen Kindheitserfahrungen spielen dabei eine Rolle? Auch haben Sie anschließend das Privileg, dem Denken, Fühlen und Lernen eines anderen Elternteils zuzuhören. Sie werden einander keine Ratschläge geben, aber bei jedem Treffen voneinander lernen. Da Sie zuhören und Ihnen einfühlsam zugehört wird, fällt es Ihnen jetzt leichter, sich an Ihren Kindern zu freuen und sich in ihren schwierigen Momenten liebevoll mit ihnen zu verbinden.

So, das war's im Wesentlichen!

Jede Strategie wirkt eigenständig, ist aber nicht dafür gedacht, isoliert eingesetzt zu werden. Das Grenzen-Setzen – die Anwendung elterlicher Macht – wird mit der Wunschzeit abgestimmt, die Ihr Kind für kurze Phasen zum Bestimmer erklärt. Das Ganz-Ohr-Spiel, die unbeschwerte Seite der Eltern-Kind-Interaktion, unterstützt Sie darin, den Emotionsansturm Ihres Kindes auszubalancieren, den es durchlebt, wenn Sie für seine verletzten Gefühle ganz Ohr bleiben. Das gegenseitige einfühlsame Zuhören dient Ihnen als wichtige Lernwerkstatt und Zufluchtsort. Dort werden Sie respektiert und verstanden. All Ihre Gefühle sind willkommen, jede Erfahrung zählt und jeder Gedanke ist wichtig.

Mit diesen fünf „Hand in Hand"-Strategien des Zuhörens haben Sie perfekte Ausdrucksmittel für die tiefe Liebe zu Ihren Kindern und stärken dadurch Ihr Familienleben. Viel Vergnügen!

KAPITEL 3

Wunschzeit

Ein Gefühl von Verbundenheit gibt Ihrem Kind Rückenwind für sein Leben. Es gewährt ihm die Fähigkeit, zu reflektieren, zu kooperieren und sich in der eigenen Haut und mit den Menschen in seiner Umgebung wohlzufühlen. Auch eröffnet es ihm den Zugang zum Lernen und hilft ihm bei der Entwicklung seines Urteilsvermögens. Soll Ihr Kind anderen ein guter Freund sein? Dann bauen Sie sein Gefühl der Verbundenheit auf. Soll es tapfer sein? Fördern Sie sein Gefühl der Verbundenheit. Soll es sich ab und zu gut allein beschäftigen können? Füttern Sie sein Verbundenheitsgefühl. Soll es zwischen Gut und Böse unterscheiden können? Erneuern Sie immer wieder sein Gefühl der Verbundenheit. Dann wird Ihr Kind lernen, sich noch rechtzeitig zu fangen, bevor es seinem Freund aus Wut eine knallt oder das Meerschweinchen heimlich mit aufs Zimmer nimmt, wo es ihm entwischt. Wunschzeit, die erste Zuhörstrategie, wird Ihnen helfen, dieses Band der Verbundenheit dauerhaft zu stärken.

Für die Wunschzeit legen Sie einen bestimmten Zeitraum zwischen drei Minuten bis zu einer Stunde fest, und Ihr Kind zeigt Ihnen, wie Sie den Zugang zu ihm finden. Sie geben vor, wann und wo Sie Zeit haben, sich mit ihm zu verbinden. Ihr Kind wird Ihnen das „Wie" mitteilen. Je nach den familiären Bedingungen kann Wunschzeit gelegentlich stattfinden oder zum täglichen Ritual werden. Auf jeden Fall dient sie dazu, „Die Tasse Ihres Kindes mit dem Gefühl der Verbundenheit zu füllen", wie Dr. Lawrence J. Cohen schreibt.

Was zeichnet Wunschzeit aus?

Sie denken vielleicht: „Aber meine Kinder bekommen doch schon viel Wunschzeit! An den Wochenenden gehen wir in den Park, in der Badewanne dürfen sie planschen und spielen; ich singe mit ihnen. Sie dürfen viel öfter herumtoben, als ich früher. Wir machen zusammen viel Spaß!" Sie haben Recht! Diese Zeiten sind wichtig. Sie haben aber nicht dieselben Auswirkungen wie die Wunschzeit. Sie freuen sich am Planschen Ihrer Kinder in der Badewanne, aber wenn das Telefon klingelt, nehmen Sie den Anruf entgegen. Wenn Ihre Lebensgefährtin das Badezimmer betritt, weil sie wegen der lauten Musik des Nachbarn Gesprächsbedarf hat, reden Sie mit ihr. Den ganzen Tag über gibt es potenzielle und tatsächliche Ablenkung. In der Wunschzeit lassen Sie das aber nicht zu. Sie sind nur bei einem einzigen Kind. Die anderen werden vorher versorgt und das Telefon ist tabu.

Im Gegensatz zum normalen Alltag übernimmt in der Wunschzeit das Kind die Führung. Sie aber setzen die Rahmenbedingungen fest, zum Beispiel: „Die Wunschzeit dauert fünfzehn Minuten, wir können drinnen oder draußen bleiben, fahren aber heute nicht mit dem Auto und geben kein Geld aus." Alles Übrige liegt beim Kind, und Sie werden merken, wie sein Einfallsreichtum im Scheinwerferlicht Ihrer Aufmerksamkeit wächst. Bei jedem Mal gibt es Neues, das seine Fantasie anregt. Wenn Ihnen an manchen Tagen die Geduld fehlt, können Sie eine kürzere Wunschzeit festsetzen und dafür an entspannten Tagen großzügiger sein.

Anfang und Ende der Wunschzeit sind immer festgelegt. Ihr Kind freut sich auf den Anfang. Viele Eltern freuen sich dagegen auf das Ende. Aber während einer begrenzten Zeit werden Sie sogar die besonders interessanten Vorschläge Ihres Kindes leichter ertragen können. Angenommen, Ihr Kind möchte im Garten Kekse zerkauen und dann Krümelschnee in die Luft pusten. Obwohl Sie sehr auf Ordnung pochen, gelingt Ihnen ein Kichern und Sie bestaunen den Einfallsreichtum Ihres Kindes. In weiser Voraussicht haben Sie ihm nur zehn Minuten Wunschzeit versprochen, also können Sie sich für den Kekskrümelschnee auf dem Rasen beinahe begeistern. Sie beglückwünschen sich – ja, Ihr Kind

Wunschzeit als tägliches Ritual!

matscht zwar gern, aber jedenfalls ist es kreativ! Und zehn Minuten lang halten das sogar Sie aus.

Stellen Sie sich das Zusammensein im normalen Erziehungsalltag als nährende Milch für Ihr Kind vor. Die Wunschzeit gleicht dann der Sahne obendrauf. Sie bereichert Ihre Beziehung um eine wichtige Qualität, nämlich um emotionale Sicherheit. Aber Sahne allein wäre auf Dauer für Sie beide zu reichhaltig!

Bald werden Sie entdecken, was Sie mit Wunschzeit alles erreichen können. In diesem Buch gibt es viele Beispiele, dennoch werden Sie mit Ihrem Kind einen ganz eigenen Weg gehen. Ich kenne Familien, da genügten fünf Minuten Wunschzeit und ein Kind mit anklammerndem Verhalten konnte anschließend auf einer Kinderparty problemlos mit den anderen Kindern spielen gehen. Fünf Minuten reichten aus, und die Faszination eines Kindes für Streichhölzer war ein für alle Mal befriedigt, was den Familienalltag wesentlich sicherer machte; auch die Gereiztheit eines Kindes auf einer Familienfeier wurde mit kurzer Wunschzeit vertrieben. Kindern wurde bei der Bewältigung ihrer Ängste geholfen; ein Kind kam wieder in Verbindung zu dem Elternteil, von dem es lange getrennt war, und kindliche Traumata wurden geheilt. Einem Kind wurde dabei geholfen, sich auf das Neugeborene einzustellen, ein aggressives Kind bekam über die Wunschzeit ein Ventil für überschüssige Energie und die Angst eines Kindes vor ärztlicher Behandlung wurde aufgelöst. Wunschzeit ist eine absolut flexible Möglichkeit. Sie können damit beinahe jedes verwirrende oder ärgerliche Verhaltensproblem mildern.

Hier lesen Sie, wie einer frustrierten Mutter mithilfe der Wunschzeit notwendige Veränderungen gelangen.

◄○►

Mir graute vor jedem Morgen. Täglich hinterließ er bei mir eine seelische Narbe. Niemand wollte sich beeilen. Null Kooperation. „Bitte geh Zähneputzen", bat ich. Als Antwort kam dann: „Ich gehe nicht in die Schule." - „Ich putze mir nicht die Zähne." Dann rutschten mir all die Sätze heraus, die ich unbedingt vermeiden wollte: „Du putzt dir jetzt die

Zähne, sonst …", „du gehst in die Schule – und zwar sofort – und ich will nichts mehr davon hören!" Worte und Tonfall meiner Mutter. Mir war zum Kotzen. Was machte ich da bloß?!

Nachdem ich jede mir bekannte Drohung und Strafe ausprobiert hatte, versuchte ich es schließlich mit dem „Hand in Hand"-Ansatz. Von nun an standen wir jeden Tag eine halbe Stunde früher auf, damit wir Zeit *zum Spielen* hatten! Und ich meine, *richtiges* Spielen! Wir fingen mit der Wunschzeit an. Mein Mann und ich wechselten uns bei den Mädchen ab, damit jede mit Mama und Papa Wunschzeit verbringen konnte. Wir beschränkten uns auf zwanzig Minuten, gleich nach dem Frühstück und noch vor den gefühlten endlosen Pflichten, die die Mädchen zu erledigen hatten. Es klappte tatsächlich! Sie putzten sich ohne Druck die Zähne und machten sogar selbständig ihr Bett. Ganz erstaunlich. Nur wenige Minuten mit jeder Tochter allein hatten genügt, ihnen den „Tank" neu mit Liebe und Aufmerksamkeit aufzufüllen. Klar muss man Mühe und Zeit investieren, aber die sind es wert! Diese morgendlichen zwanzig Minuten haben mir viele Stunden voller Frieden und Liebe verschafft.

Dies ist eine sehr einfache Strategie. Durch Ihren Einsatz werden Sie mit Verhaltensänderungen und größerem Vertrauen belohnt. Die Wunschzeit gewöhnt Ihr Kind an ein stabiles Gefühl der Verbundenheit. Zugleich werden auch Sie besser auf Ihr Kind eingestimmt, sodass Sie nach einer Weile schwierige Momente schneller vorhersehen können und sich darauf einzustellen lernen. Sie haben Ihr elterliches Ziel erreicht, sobald Ihr Kind es selbst merkt, wenn es sein Gleichgewicht zu verlieren droht und um Wunschzeit bittet, damit es sich wieder mit Ihnen verbinden kann, anstatt in eine Abwärtsspirale schwierigen Verhaltens zu geraten.

Abgesehen von ihrem praktischen Nutzen, bereichert diese Strategie Ihre gegenseitige Beziehung. Sie werden Ihr Kind damit durch und durch kennenlernen. Es wird Ihnen während der Wunschzeit zeigen, was ihm gefällt, was es nicht leiden kann und was ihm Angst einjagt. Es wird sich seinen persönlichen Fortgeschrittenenkurs für freudvollen Zeitvertreib ausdenken und Sie mit Spielideen versorgen, auf die Sie niemals gekommen wären. In der Wunschzeit mit Ihrem Kind werden Sie gemeinsam neue geliebte Rituale erschaffen, über die Sie noch Jahre später schmunzeln werden.

Im Blick nach vorn werden Ihnen die durch die Wunschzeit gebahnten Verbindungsmöglichkeiten auch noch bei Ihren fast erwachsenen Kindern zugutekommen. Manches wird regelmäßig gefragt bleiben, wie Ihre modischen Frisur-Ideen für die Tochter oder die genau auf seine Wünsche abgestimmte Rückenmassage für den Sohn. Aber selbst die Wunschzeitaktivitäten, auf die Ihre Teenager inzwischen lieber verzichten, werden sie wie ferne Leuchtfeuer an die hoffnungsvollsten Zeiten ihrer Kindheit erinnern und als Orientierung dafür dienen, was eines Tages ihre eigenen Kinder brauchen werden.

Wann ist die Wunschzeit sinnvoll?

Die Wunschzeit hilft bei folgenden Erziehungssituationen:

- **Das Morgenritual.** Einige Kinder wandern von einer Ablenkung zur nächsten, anstatt sich rechtzeitig für die Schule oder Kindertagesstätte fertig zu machen. Andere reagieren einfach bockig. Die Wunschzeit verbindet. Bieten Sie diese an, noch bevor Sie ein Wort über all die zu erledigenden Dinge verlieren, dann kann dadurch die Denkfähigkeit Ihres Kindes angekurbelt werden. Und es kooperiert! Für viele Eltern ist die Wunschzeit die erste Aktion am Morgen.

- **Vor anderen schwierigen Situationen.** Wenn das verhasste Haareschneiden oder -waschen ansteht oder ein Besuch bei der pingeligen Tante Tilly, die Kinder nicht gewohnt ist. Vor dem Essen und Schlafengehen, vor der Ankunft eines neuen Geschwisterchens, vor dem Gottesdienstbesuch, vor dem Eintreffen der Gäste bei einer großen Feier, vor dem Einkauf in einem Lebensmittelladen mit demonstrativem Angebot an Kaugummi und anderen Süßigkeiten. Wunschzeit im Voraus ist natürlich kein Allheilmittel, aber bei regelmäßigem Einsatz werden Schwierigkeiten nach einigen Monaten zumindest oft in Schranken gehalten.

- **Um nach der Schule oder Tagesstätte wieder Verbindung aufzunehmen.** Statt der Frage, „Was habt ihr heute gemacht?" - „Nichts!", geben Sie Ihrem Kind mit der Wunschzeit Gelegenheit, *zu zeigen,* wie es ihm geht. Sobald es sich mit Ihnen verbunden fühlt, wird alles, was Sie wissen müssen, aus ihm herausströmen.

- **Vor den Hausaufgaben.** Die Wunschzeit wirkt als starkes Gegenmittel zu schulischen Zwängen. Es bestätigt das Kind darin, dass Sie auf seiner Seite stehen.

- **Um für Sie unerträgliche Lieblingsaktivitäten Ihres Kindes zu begrenzen.** Dafür ist die Wunschzeit ein Segen! Wenn Ihr Kind begeistert Topfdeckel zusammenschlägt, stellen Sie den Timer auf fünf Minuten, verstöpseln sich die Ohren und halten durch! Wunschzeit ist auch eine prima Methode, wenn Ihr Kind gerne Insekten lebendig begräbt, im Barbie-Modenschau-Rausch steckt, seine Judo-Künste an Ihnen ausprobieren will oder Sie bittet, mit ihm die Legokiste nach einem vermissten Mini-Teil zu durchforsten. Wenn Sie gerade auf dem Zahnfleisch daherkommen, müssen Sie sich dem Vorschlag nicht sofort beugen, aber machen Sie mit Ihrem Kind einen späteren, für Sie günstigeren Zeitpunkt aus.

- **Wenn das Verhalten Ihres Kindes entgleist ist.** Wenn sich Ihr Kind nur noch beklagt. Wenn es außer Rand und Band ist, anderen die Sachen wegnimmt oder so nach Aufmerksamkeit hungert, dass es auf Ihnen herumturnt, während sie ein Gespräch führen wollen. In solchen Situationen hat sich die Wunschzeit als besonders hilfreich erwiesen. Ihr Kind fühlt sich dann wahrgenommen. Und Ihnen erleichtert Sie es, Ihr Kind wieder in vorteilhafterem Licht zu sehen.

- **Wenn sich Ihr Kind ängstigt.** Angenommen, in einem Monat geht die Schule los und Ihr Kind ängstigt sich davor, dann können Sie täglich einige Minuten Wunschzeit in der Schule abhalten. Vielleicht müssen noch weitere Strategien folgen, aber die Wunschzeit kann ihnen dabei helfen, an Orten oder in Situationen Sicherheit zu vermitteln, wo sich Ihr Kind schnell unbehaglich fühlt.

- **Wenn in der Familie der Stresspegel ansteigt.** Jede Familie kennt anstrengende Zeiten: Ein Kind wird krank, Ihnen wird gekündigt, die Katze wird vermisst, ein geliebter Opa oder Nachbar zieht weg. In Zeiten größter Anspannung wird die Wunschzeit Ihnen und Ihrem Kind helfen, sich Positivem zuzuwenden, anstatt nur den zermürbenden Stress wahrzunehmen. Diese Verbindung knüpft in schweren Zeiten für Sie beide eine stabile Rettungsleine.

Wie Wunschzeit abläuft

Hier nun die Grundzüge der Wunschzeit. Jeder davon ist bedeutsam. Zusammengenommen verhelfen Sie Ihnen zu positiven Veränderungen in Ihrer Familie.

- **Die Zeit benennen.** Sie braucht auf jeden Fall einen Namen, zum Beispiel: „Wunschzeit", „Papa-Anna-Zeit", „Kind-ist-Chef-Zeit". Der Name unterstreicht, dass diese Zeit den Kindern gehört und Sie ihnen Ihre ungeteilte Aufmerksamkeit widmen wollen. Ihnen hilft das, sich zu konzentrieren, und Ihrem Kind wird bewusster, dass ihm nun Ihre ungeteilte Aufmerksamkeit gehört.

- **Wenn möglich, legen Sie Datum und Uhrzeit fest.** Und halten Sie Ihr Wort. Vorfreude macht diese Zeit umso unvergesslicher. Außerdem kann sich Ihr Kind vorher überlegen, was es tun möchte. Doch in hektischen Zeiten oder wenn das Verhalten Ihres Kindes außer Kontrolle gerät, schieben sie die Wunschzeit einfach spontan ein.

- **Zu Beginn kündigen Sie an: „Jetzt fängt deine Wunschzeit an. Du bestimmst, was wir spielen!"** Diese Worte fallen den meisten Eltern schwer, sind aber wichtig. Sie eröffnen Ihrem Kind einen weiten Handlungsspielraum. Außerdem werden Sie aus Ihrer gewohnten Kontrollmentalität herausgeholt. Das kann eine erfrischende Abwechslung sein.

- **Programmieren Sie einen Timer.** Wunschzeit muss durch Anfang und Ende klar definiert sein. Durch die Schaltuhrsignale wird Ihre Aufmerksamkeit klar eingegrenzt. Das hilft Ihnen auch dann aus der Not, wenn Ihr Kind eine Wahl trifft, die Ihnen nicht gefällt. Angenommen, Sie begeistern sich nicht für Sport, aber Ihr Kind lässt Sie auf der Straße immer wieder bis zum Telegrafenmast rennen. Da geht nichts über dieses erlösende Timer-Signal!

- **Bieten Sie anfangs eine kurze Zeitspanne an, etwa fünf oder zehn Minuten.** Viele Eltern tun sich erstaunlich schwer damit, dem Kind im Spiel die Führung zu überlassen. Sobald Sie sich daran gewöhnt und regelmäßig kurze Wunschzeiten praktiziert haben, können Sie die Zeitspanne verlängern. Aber bieten Sie *nie* mehr als eine Stunde an. Denn irgendwann ermüden Sie, verspüren unwiderstehlichen Kaffeedurst oder müssen aufs Klo. Das Ende des „Mensch-ärgere-Dich-nicht!" kommt Ihnen nicht schnell genug, oder Sie glauben platzen zu müssen, wenn Sie Barbie noch eine Minute länger in ihre Pelze einkleiden sollen. Also bieten Sie lieber eine kürzere Zeitspanne an, die Sie am Ende gegebenenfalls verlängern, als vorzeitig die Konzentration zu verlieren. Ihr Durchhaltevermögen wird mit Übung zunehmen, vor allem dann, wenn Sie selbst mit einem einfühlsamen Zuhörer an den Gefühlen arbeiten, die durch die Spielauswahl Ihres Kindes ausgelöst werden.

- **Erwarten Sie Positives.** Erwarten Sie, über Ihr Kind Neues zu lernen. Wir bilden uns ein, unsere Kinder durch und durch zu kennen: Tatsächlich stecken wir sie oft unbewusst in Schubladen. Eine erwartungsvoll offene Haltung, „Was wird wohl heute geschehen?", ist für die Wunschzeit unerlässlich. Heute weicht Ihr Kind vielleicht kaum von seinen üblichen Spielgewohnheiten ab, aber bleiben Sie offen für Überraschungen. Ihre Einstellung zählt!

- **Freuen Sie sich an Ihrem Kind.** Bieten Sie ihm besonders viel Herzlichkeit und Augenkontakt an, und interessieren Sie sich für seine Spielauswahl, selbst wenn diese schon seit zwei Wochen immer gleich ausfällt. Bleiben Sie geduldig, wenn es nur langsam Vertrauen entwickelt.

- **Zeigen Sie am Ende Ihre Zuneigung.** Gerade haben Sie mit einem bewundernswert intelligenten jungen Menschen Zeit verbracht. Also umarmen Sie Ihr Kind zum Schluss oder klatschen Sie sich ab und kündigen den Termin der nächsten Wunschzeit an.

Diese achtfache Mutter schildert, wie heilsam es sein kann, selbst in einem höchst ungünstigen Moment Wunschzeit anzubieten:

◄◦►

Gerade war ich nach einer Acht-Stunden-Schicht nach Hause gekommen. Seit Kurzem musste ich abends anstatt vormittags arbeiten und das verkraften meine drei jüngsten Töchter ganz schlecht. Bei meiner Heimkehr sollten sie längst fest schlafen. Jedoch nicht an diesem Abend! Es war zweiundzwanzig Uhr und die Mädchen hatten auf mich gewartet. Shawneece, meine Neunjährige, wollte mir etwas aus der Schule erzählen. Sharille, sieben Jahre alt, fällt es schwer, Verbindung aufzunehmen, und wenn sie sich nicht verbunden fühlt, tickt sie aus und ist besonders zu ihren Schwestern sehr garstig. Meine zweijährige Tochter hätte nun wirklich längst schlafen sollen und wollte getragen und gestreichelt werden. Aber ich war müde und suchte nach einem langen Tag Entspannung. Ich brauchte unbedingt Hilfe. Da verschaffte mir mein Lebensgefährte eine kleine Ruhepause und anschließend widmete ich mich den Mädchen.

Also bat ich Shawneece um halb elf, sich um die Jüngste zu kümmern, und begann die Wunschzeit mit Sharille. Sie brachte ohne dieses laute, verärgerte Lachen kein Wort heraus und zum ersten Mal ermahnte ich sie nicht dafür. Ich hörte zu. Sie erzählte ein wenig von ihrem Schultag, von einem ärgerlichen Vorfall mit einigen Mitschülern. Sie weinte. Danach sagte sie deutlich: „Mama, ich mag es nicht, wenn du fort bist. Ich vermisse dich." Und dann flossen weitere Tränen. Ich hielt sie in den Armen und sagte ihr, wie sehr ich sie ebenfalls vermisste und dass ich mich beeilte, so schnell wie möglich zu ihr nach Hause zu kommen. Ich sagte ihr, dass ich sie liebte und mich über unser jetziges Beisammensein so sehr freute. Wir hielten uns gegenseitig in den Armen, und Sharille sagte mir, dass sie sich auch darüber freute.

Dann konnte ich zum ersten Mal ihre Wunschzeit beenden, ohne dass sie deswegen weinte. Als ich zur Wunschzeit mit Shawneece, ihrer älteren Schwester, überging, geschah jedoch das Außergewöhnlichste überhaupt! Sharille ging mit ihrer kleinsten Schwester im Schlafzimmer spielen, während ich mich um Shawneece kümmerte. Unsere Wunschzeit verlief somit ohne Unterbrechung. Das hatte es noch nie gegeben. Sharille würde niemals *freiwillig* mit ihrer kleinen Schwester spielen! Also bekam Shawneece ihre Zeit, und daraufhin legten sich die beiden mit den älteren Mädchen schlafen, während ich mich Baby Shaleas Wunschzeit widmete. An jenem Abend hatte Sharille ihren größten Erfolg erlebt und das hatte den Verlauf des Abends für uns alle verändert.

Was Sie vermeiden sollten

Weil wir Erwachsene oft Schwierigkeiten haben, der Führung eines Kindes zu folgen, hier einige Hinweise darauf, was nicht in die Wunschzeit gehört. Halten Sie sich genau an diese Richtschnur, selbst wenn Sie sich dabei zuerst unbehaglich fühlen.

- **Geben Sie Ihrem Kind keine Ratschläge.** Belehren Sie nicht; machen Sie aus der Zeit kein Lehrstück über Themen, die Sie wichtig finden. Versuchen Sie zum Beispiel nicht, im Gekritzel Ihres Kindes Buchstaben zu erkennen und es darauf hinzuweisen; bitten Sie es nicht, seine Schneckenhaussammlung zu zählen. Erlauben Sie Ihrem Kind, im Spiel seinen eigenen Zielen nachzugehen.

- **Bitte kein Multitasking.** Sammeln Sie während des Mau-Mau-Spiels nicht die Flusen vom Teppich. Tragen sie auf dem Weg ins Kinderzimmer nicht noch nebenbei die Handtücher ins Bad. Grübeln Sie nicht über schwierige Kollegen nach, während Ihre Tochter mit Ihnen Kaffeeklatsch spielt. In der Gegenwart eines bemerkenswerten Menschen werden Flusen, Wäsche und Probleme in der Arbeit hinten angestellt.

- **Führen Sie keine sonstigen Gespräche.** Schalten Sie das Telefon ab. Sie sollten noch nicht einmal ans Simsen *denken*! In der Wunschzeit erweisen Sie einem Lieblingsmenschen Ihre Achtung. Tun Sie das mit ungeteiltem Herzen.

- **Wandeln Sie die Ideen Ihres Kindes höchstens aus Sicherheitsgründen ab,** und versuchen Sie dann, das Problem zu umschiffen. Wenn Ihr Kind an einem Wochentag auf der Straße Fußball spielen will wie die Großen am Sonntagnachmittag, sagen Sie einfach: „Heute ist Dienstag. Da fahren zu viele Autos. Willst du stattdessen rüber in den Park gehen?" Wenn Ihr Kind aus seinem Zimmer im Erdgeschoss ins hohe Unkraut springen will, legen Sie waschbare Decken oder einen Stapel Handtücher unter das Fenster und halten es beim Springen an der Hand. Überlegen Sie, wie sein Traum auf sichere Weise in Erfüllung gehen kann.

- **Nehmen Sie sich während der Wunschzeit keine „persönliche Auszeit".** Gehen Sie auf die Toilette, bevor Sie den Timer einstellen, trinken sie etwas oder kauen einen halben Apfel, damit Sie loslegen können. Verspüren Sie nach nur wenigen Minuten Wunschzeit noch immer den Drang, es sich gemütlicher zu machen, sind vielleicht Ihre Energiereserven fast erschöpft. Ein Austausch mit Ihrem einfühlsamen Zuhörer wird Ihnen helfen, das Gefühl der eigenen Bedeutsamkeit zu erneuern.

- **Wunschzeit ist keine Belohnung.** Wenn Sie erleben, wie Ihr Kind die Wunschzeit schätzen lernt, dann liegt die Versuchung nahe, einfach zu sagen: „Schatz, du musst erst dein Zimmer aufräumen, dann können wir mit der Wunschzeit anfangen." *Tun Sie das nicht!* Ihr Kind braucht das Gefühl von Verbundenheit, das durch die Wunschzeit aufgebaut wird. Knüpfen Sie keine Bedingungen daran, so wie Sie auch freigiebig Obst und frisches Wasser austeilen. Für die am Fußboden verstreuten Spielsachen gibt es andere Zuhörstrategien und diese wirken nach der Wunschzeit weitaus besser.

Eine in Vollzeit erwerbstätige Mutter schildert, wie nur wenige Minuten Wunschzeit das Verhalten eines Kindes verändern können.

◄O►

Mein fünfjähriger Sohn und ich haben ein ziemlich geschäftiges Leben. Als alleinerziehende Mutter ertappe ich mich dabei, ihn nach unserer späten Heimkehr durchs Abendprogramm zu hetzen. Während ich sein

Bad vorbereite, darf er eigentlich spielen, aber dafür muss er sich dann nach dem Baden beeilen, wenn er vor dem Schlafengehen noch eine Geschichte hören will. Na ja, beim Heimkommen spielt er, dann meckert er, er wolle auch noch Fernsehen. Vor dem Baden verlangt er dann eine Portion Müsli und behauptet beharrlich, er wäre nicht müde. Von Woche zu Woche gab es mehr solches Theater.

Warum hörte er mir einfach nicht zu? Da wurde mir klar, dass er sich vor dem Schlafengehen gar nicht mit mir verbinden konnte, weil ich ihn so herumscheuchte. Also beschloss ich, ihn früher nach Hause zu bringen und dann Wunschzeit anzubieten. Ich kündigte an, dass ich auf dem Timer zehn Minuten einstellen würde und wir bis zum Klingeln tun könnten, was er wollte. Er strahlte mich an. „Mama, du sollst mich aufs Bett werfen, und dann wälzen wir uns auf dem Fußboden!"

Ich stellte also den Timer und raste mit ihm ins Schlafzimmer. Dort warf ich ihn acht Minuten lang immer wieder vergnügt aufs Bett und bewunderte, auf welch verschiedene Arten er dort landen konnte und wie viele unterschiedliche Flughaltungen er sich ausdachte. Er lachte und rief aus: „Noch mal, Mama!" Als nach den zehn Minuten der Timer klingelte, merkte er, dass wir das Wälzen vergessen hatten. Ich erinnerte ihn ans Ende der Wunschzeit und sagte, dass ich mich gern ein wenig am Boden wälzen würde, dann aber gleich aufstehen und sein Badewasser vorbereiten müsste. Er war damit einverstanden und wir wälzten uns und lachten noch mehr. Nach ein paar Minuten stand ich auf und erlaubte ihm zu spielen, bis ich die Wanne vorbereitet hatte.

Dann rief ich ihn ins Bad und wurde überrascht – der restliche Abend verlief nämlich völlig problemlos. Er badete, stieg auf mein Bitten prompt aus der Wanne, putzte die Zähne und zog den Schlafanzug an. Anschließend lasen wir ein Buch und er schlief bald ein. Er wirkte herzlich, freundlich und mit mir verbunden.

◄○►

Die Wunschzeit lohnt sich übrigens bis ins Teenageralter. Die Mutter eines vierzehnjährigen Jungen entschloss sich erstmals an einem Sonntag nach der Kirche, ihrem Sohn eine Stunde Wunschzeit anzubieten. Er wollte in der Stadt am Pier angeln. Zwar war das nicht gerade die Lieblingsbeschäftigung der Mutter, aber sie ließ sich darauf ein.

Sie kauften ein paar Würmer und er sagte: „Mama, du sollst die Würmer auf den Haken spießen." Sie protestierte, dass sie das bestimmt nicht schaffen würde. Er wusste um seine Provokation, also lachte er und forderte sie weiter heraus. Ein weiterer Angler lächelte ihnen zu und machte eine kurze Bemerkung auf Spanisch. Der Sohn antwortete ebenfalls auf Spanisch und die beiden erzählten sich ein paar Witze und unterhielten sich eine Weile. Dann kam der Angler zu ihnen herüber und erklärte der Mutter auf Spanisch, wie man einen Wurm am Angelhaken befestigte. Sie zeterte bei ihrem Versuch und alle lachten. Voller Bewunderung beobachtete die Mutter ihren Sohn. Nie zuvor hatte sie ihn Spanisch reden hören, und dass er sich so gelassen mit dem Mann unterhalten konnte, änderte vollständig das Bild von „ihrem kleinen Jungen". Schließlich warf der Sohn die Angel aus und sie lehnten beide am Geländer: Der Junge angelte und sie passte auf und hörte zu, falls er reden wollte.

Eine Stunde später packten sie das Angelzeug zusammen, verabschiedeten sich von ihrem neuen Anglerfreund und stiegen ins Auto. Unterwegs bat der Sohn um Erlaubnis, zu einem einige Meilen entfernten Park zu radeln, wo sich ein paar seiner Freunde trafen. Um seine Sicherheit besorgt, hatte sie ihm das bisher verboten. Heute jedoch hörte sie ihm aus einem neuen Blickwinkel zu. Am Pier erlebt zu haben, wie er eine für sie fremde Sprache meisterte und damit so leicht einen neuen Freund gewann, ließ sie erkennen, dass sie vielleicht ihr eigenes Urteil überdenken sollte. Also teilte sie ihm während des Gesprächs ihre Sorgen mit. Sie bat ihn, einige Sicherheitsregeln zu beachten, und er war damit einverstanden. Daraufhin erlaubte sie ihm, in diesen Park zu radeln, wann er wollte. Zu Hause angekommen, war ihr Sohn guter Laune und ja, auch er änderte sein Verhalten. Er räumte aus freien Stücken die Küche auf, etwas zuvor nie Dagewesenes. Die Mutter wollte ihn von nun an nie mehr als „ihren kleinen Jungen" betrachten und versprach bald eine Wiederholung der Wunschzeit.

Wenn Sie regelmässig Wunschzeit anbieten

Sobald Sie Ihrem Kind regelmäßig Wunschzeit ermöglichen, werden Sie es besser kennenlernen. Es zeigt Ihnen seine Sicht der Welt und wie es sich fühlt. An folgenden Zeichen werden Sie vermutlich erkennen, dass sich Ihr Kind in Ihrer Gegenwart sicherer fühlt:

- **Vielleicht werden Sie auf die Probe gestellt.** Ihr Kind sucht sich vielleicht Spiele aus, die Sie langweilig oder lästig finden. Dabei ist ihm schon irgendwie bewusst, dass es Sie damit aus Ihrer Komfortzone holt. Aber wenn Sie mitspielen, wird Ihr Kind sehr ermutigt. Sie können mit Ihrem Widerwillen konstruktiv umgehen, indem Sie zum Beispiel auf humorvolle Weise protestieren. Angenommen, Ihr Kind verspritzt Wasser auf dem Küchenboden, dann können Sie die Hände über dem Kopf zusammenschlagen und rufen: „Huch! Hier regnet's ja! Was ist denn da los?" Ihr Kind wird lachen, weil Ihre Reaktion seine Anspannung reduziert, und das Spiel geht nun erst richtig los! Das Vergnügen Ihres Kindes angesichts Ihres heraussprudelnden Gezeters wird die zwei Minuten Trockenwischen nach dem Timer-Signal voll aufwiegen. Vielleicht wird es dann sogar mithelfen. In Kapitel 6, *Ganz-Ohr-Spiel*, erfahren Sie mehr darüber, wie Sie Ihr Kind mit spielerischem Protest zum Lachen bringen können.

- **Ihr Kind erkundet vielleicht neue Beschäftigungen oder ein neues Gebiet.** Geborgen in der Anwesenheit eines aufmerksamen Erwachsenen, testen Kinder beispielsweise gerne ihre körperlichen Fähigkeiten. Es probiert vielleicht, wie man auf verschiedene Arten aufs Bett springen kann, quetscht sich ins winzigste, noch auffindbare Versteck, läuft so weit wie noch nie oder watet bis zu den Knien in ein nahe gelegenes Schlammloch. Ihr Einverständnis ermutigt es zu intensiven Ganzkörper-Lernerfahrungen.

- **Ihr Kind wirft vielleicht wichtige Themen auf.** Ihre herzlich entspannte Haltung ermöglicht es dem Kind, sich in geborgener Atmosphäre unangenehmen Erlebnissen zu stellen. Wenn es zum Beispiel kürzlich eine schmerzhafte Spritze bekommen hat, gräbt es in der Küche vielleicht die Bratenspritze aus und verpasst Ihnen im Spiel eifrig eine Spritze nach der anderen. Wurde Ihr Kind in der Schule ausgeschimpft, spielt es vielleicht „Lehrer", bestimmt über Sie und schickt Sie ins Time-out. Sie können spielerisch um Gnade flehen, wenn Ihr Kind die mächtigere Rolle einnimmt. Seien Sie nicht zu ernst – schließlich ist es ein Spiel! Und sobald Ihr Kind herzhaft lacht, baut es eifrig Spannung ab.

• **Ihr Kind erweist Ihnen vielleicht größere Zuneigung.** Ihnen fallen vielleicht einige positive Veränderungen auf wie wachsende Zuneigung, Zuversicht und Lebensfreude, auch erzählt Ihr Kind vielleicht öfter, was es denkt, und zeigt, was es kann. Vielleicht wünscht sich Ihr Kind sogar noch mehr von Ihrer heilsamen Aufmerksamkeit. Daher muss ich Ihnen leider auch sagen, dass Abhängigkeitsgefühle oder scheinbar überwundene Ängste Ihres Kindes erneut auftauchen können. Vielleicht ärgern Sie sich im Glauben, das wäre ein Rückschritt. Aber tatsächlich ist das Gegenteil der Fall! Inzwischen fühlt sich Ihr Kind bei Ihnen so geborgen, dass es Sie bittet, ihm bei noch Unerledigtem zu helfen.

• **Ihr Kind reagiert vielleicht am Ende der Wunschzeit aufgebracht** oder kurz danach. Sich bei Ihnen geborgener zu fühlen heißt auch, dass verdrängte Gefühle leichter an die Oberfläche steigen. Rechnen Sie damit. Wenn Sie theoretisch eine halbe Stunde für Ihr Kind freihalten können, bieten Sie ihm erst einmal zehn Minuten Wunschzeit an. Falls es am Ende völlig am Boden zerstört ist, weil die Zeit abgelaufen ist, zeigen Sie ihm Ihre Liebe über Ihr Zuhören. Versuchen Sie nicht, das Problem zu lösen. Tatsächlich braucht Ihr Kind diese kleine Enttäuschung, um lang angestaute Gefühle loszuwerden. Wenn Sie Ihrem Kind mehrmals zugehört haben, wird sein seelischer Nachholbedarf geringer und es wird fähig, das Ende der Wunschzeit ohne Protest zu akzeptieren.

Allmählich werden Sie mit Hilfe der Wunschzeit die Körpersprache und Signale Ihres Kindes genauer deuten lernen. Hier schildert eine Mutter, welche Veränderungen ihr auffielen, als sie die Wunschzeit in ihr Familienleben integriert hatte:

—◄o►—

Als ich gerade damit angefangen hatte, mochte ich die Wunschzeit überhaupt nicht – ich empfand es als eine lästige Pflicht. Doch mit der Zeit gefiel mir die Wunschzeit mit meinen Mädchen immer besser.

Ich erkannte häufiger bestimmte Muster in ihrem entgleisten Verhalten. Fast konnte ich vorhersagen, wann und weswegen es Zoff geben würde. Ich fühlte mich auf völlig neue Weise in meine Kinder ein. Es war einfach schön.

Besuchten wir beispielsweise Veranstaltungen, bei denen die Mädchen mit anderen Kindern spielten und wir Erwachsenen uns unterhielten, bemerkte ich, dass die Kinder austickten, sobald alles vorbei war. Aber während dieser Treffen spielten sie fröhlich und ausgelassen. Bevor wir die Wunschzeit kennen lernten, hatte ich ihre anschließenden Wut- und Heulanfälle nie einordnen können. Aber bald erkannte ich, dass die Mädchen während dieser Veranstaltungen zu uns Eltern die Verbindung verloren. Es leuchtete ein, dass sie sich von uns abgetrennt fühlten, da wir uns mehrere Stunden meist ohne sie unterhielten. Zwar hielten wir uns augenscheinlich „gemeinsam" am selben Ort auf, taten aber eben nichts *Gemeinsames*.

Also schob ich vor und nach solchen Festen oder Unternehmungen mit vielen Menschen wenige Minuten Wunschzeit ein. Das hatte auf unsere gemeinsame Zeit nach den Veranstaltungen große Auswirkungen! Eigentlich ganz einfach - und doch war mir diese Lösung lange nicht eingefallen.

—◄o►—

Zeit für die Wunschzeit erübrigen

Die Zeitfrage trifft bei Eltern eine empfindliche Stelle! Fast jeder von uns erlebt sich unter Druck. Aber es gibt keine Regel, die vorschreibt, wie lange die Wunschzeit dauern soll, oder wie man sie in einer Familie mit mehreren Kindern durchführt. Wenn Sie sich verzweifelt fragen, wie Sie diese Zeit erübrigen sollen, dann suchen Sie sich einen guten Zuhörer. Das wird Ihnen helfen. Sprechen Sie mit ihm darüber, was in Ihrem Leben gut läuft und was schwierig ist. Lassen Sie Gefühle zu, und wenn Ihnen danach ist, dann fluchen und schimpfen Sie über Ihren Stress. Wenn Sie das Gefühl haben, dass niemand Ihre schwierige Situation versteht, fällt das Probleme-Lösen nicht leicht. Ihren Gedanken und Gefühlen in Anwesenheit eines herzlichen und aufmerksamen Zuhörers freien Lauf zu lassen, wird dagegen einiges bei Ihnen in Gang bringen und die daraus folgenden Erkenntnisse sind Ihre eigenen – kein noch so kluges Buch kann einen aufmerksamen Zuhörer ersetzen! Und Sie bekommen die Sauerstoffmaske zuerst aufgesetzt. Dann und nur dann können Sie Ihrem Kind beistehen.

Abgesehen davon, bieten manche Eltern jeden Morgen fünf Minuten Wunschzeit an und wecken dafür ein Kind früher als die anderen auf. Manche planen Wunschzeit samstags oder sonntags ein, wenn sich ihre Lebensgefährten um die übrigen Kinder kümmern können. Ich als Alleinerziehende lud ein- oder zweimal pro Woche nach der Schule einen gemeinsamen Freund meiner Söhne ein. Der spielte abwechselnd mit einem meiner Jungs, während der jeweils andere seine Wunschzeit bekam. Nachdem meine beiden Söhne mit Wunschzeit versorgt waren, konnten sie gut miteinander spielen, während nun der Freund ebenfalls in den Genuss derselben Wunschzeitdauer kam. Das machte ihn fast zu einem Familienmitglied.

Eine Mutter mit zwei Arbeitsstellen sagte zu Ihrem Kind: „Wenn wir zum Kindergarten laufen, darfst du machen, was du willst! Das ist deine Wunschzeit." Dann strahlte sie ihr Kind an und ihm fiel jeden Tag Neues ein, um von ihrer Aufmerksamkeit zu profitieren. Zwischen den beiden wuchs das Gefühl der Verbundenheit im gleichen Maße wie die Kooperation des Kindes. Was für eine elegante Lösung bei extremem Zeitdruck!

Regelmäßige Wunschzeit ist einerseits der Schlüssel zu Aufbau und Pflege einer engen Verbundenheit zu Ihrem Kind, andererseits kann sie immer auch strategisch zur Erleichterung bei besonderen Problemen eingesetzt werden. In Teil III, *Lösungen für Herausforderungen im täglichen Leben*, lesen Sie von Eltern und Kindern, denen bei folgenden und vielen ähnlichen Problemen Wunschzeit zum Segen wurde: zum Beispiel bei Trennung, Aggression, Angst, Zank unter Geschwistern und Kooperationsthemen. Diese Erfahrungsberichte werden Sie ermutigen und dennoch wird Ihre Erfahrung einzigartig sein. Ihr Kind hält Gutes für Sie bereit. Also legen Sie los. Schlagen Sie das Buch zu und geben Sie der Wunschzeit eine Chance!

KAPITEL 4

Bleib-Ganz-Ohr

Wir Eltern wünschen uns wohl mit am meisten, es zum Besseren wenden zu können, wenn die Kinder harte Schläge einstecken müssen. Wir wollen wirklich helfen, wenn sie verletzt sind. Und versuchen es auch. Was wir dann aber tun, beendet nicht immer den Schmerz. Wir beschwichtigen unser Kind und bringen die Dinge in Ordnung, aber es bleibt oft trotzdem betrübt. Oder wir versichern ihm vielleicht, dass es keine Angst zu haben braucht, aber unser Kind kommt einfach nicht dagegen an.

Bleib-Ganz-Ohr heißt ganz einfach, dem Gefühlsausbruch Ihres Kindes von Anfang bis Ende zuzuhören. Sie begegnen Ihrem Kind aufgeschlossen und halten mit ihm so lange durch, bis es sich wieder erholt. Indem Sie ganz Ohr bleiben, ermöglichen Sie Ihrem Kind, Resilienz aufzubauen. Ihr Zuhören wird ihm nach einem herben Schlag helfen, wieder die Fassung zu gewinnen: Wenn der Hund die neue Marienkäfer-Tasche zerfetzt hat; wenn die Freundin sagt, sie möchte heute mit einem anderen Kind spielen; wenn Ihr Kind vom Rad stürzt und nicht mehr aufsteigen will. Bleib-Ganz-Ohr wird allmählich auch jenen ermüdenden Alltagsknatsch reduzieren, der an Ihrem Seelenfrieden nagt. Wenn Sie ganz Ohr bleiben, nehmen Sie Abstand von schnellen Lösungsvorschlägen. Stattdessen trauen Sie Ihrem Kind zu, dass es sich wieder erholt und die Sache selbst in Ordnung bringt. Auch halten Sie sich mit Belehrungen zurück: Sie unterstützen Ihr Kind beim Auflösen seiner Erregung, sodass seine Psyche besser funktioniert als vorher. Sie werden zuhören, weil es Verbundenheit schafft und Ihr Kind Ihre Fürsorge spüren kann. Sie werden merken, dass Zuhören ein wirkungsvolles Heilmittel ist, wenn Ihr Kind weint, einen Wutanfall hat oder vor Angst außer sich ist.

Wenn Sie ganz Ohr bleiben, dann segeln Sie *mit* Ihrem Kind durch seine von Gefühlsstürmen aufgewühlte See. Sein kleines Boot wird hin- und hergeworfen, Sie steigen zu und lassen Ihre Hand ruhig auf dem Steuerruder liegen. Ihr Kind fühlt sich verloren, Sie aber raunen ihm zu, dass bald der sichere Hafen auftaucht. Sie bleiben in der Nähe und sorgen dafür, dass ihm nichts geschieht, während in ihm der Aufruhr tobt. Wenn Ihr Kind sich ausgeweint oder seinen Wutanfall beendet hat, wird es merken, dass Sie schon die ganze Zeit bei ihm waren. Durchdrungen von einem tiefen Zugehörigkeitsgefühl, wird es sich entspannen. Die Heilung der Gefühle, die Ihr Kind aus der Fassung gebracht haben, wird zu einem Gemeinschaftswerk werden.

Bleib-Ganz-Ohr wird Ihnen das Setzen vernünftiger Grenzen erleichtern. Es ist eine hochwirksame Strategie für jene Momente, in denen das Kind auf Ihr „Nein" weiterhin mit hartnäckigem „Doch" reagiert. Mit seiner Kraft werden die giftigen Gefühle aufgelöst, die Ihrem Kind einreden, Sie stünden nicht auf seiner Seite, taugten nichts als Eltern und wären die schrecklichsten Eltern überhaupt.

Was zeichnet Bleib-Ganz-Ohr aus?

Verständlicherweise reagieren Eltern auf Weinen oft ungehalten und versuchen, ihr Kind mit allem Erdenklichen zur Ruhe zu bringen. In meiner Familie hieß die Standarddrohung: „Wenn du nicht gleich mit dem Geheul aufhörst, gebe ich dir Grund dazu!" Dies wurde durch Prügel bekräftigt. Andere Eltern überlegen vielleicht kurz, ob ihnen das Weinen begründet erscheint, und wenn nicht, darf geschimpft werden.

Am eher nachsichtigen Ende des Elternspektrums werden die Kinder gewiegt, geschaukelt oder auf dem Arm gehalten, bis die Tränen versiegen. Dann gibt es noch den Dauerbrenner: Time-out. Oder dem Kind wird eingeredet, dass es gar keinen Grund zum Weinen hat. Ganz annehmbar finden es die Kinder, wenn sie mit einer attraktiven Beschäftigung oder

Süßigkeiten abgelenkt werden. Und schließlich die kostspieligste Möglichkeit: Das Gewünschte, Verlorene oder Unbefriedigende wird einfach ersetzt. Leider funktioniert keine dieser Strategien sehr gut. Zwar schlagen wir uns irgendwie damit durch, aber oft erleben wir mit unseren Kindern dann Tag für Tag „immer dasselbe Theater". Über die Jahre zermürbt uns das.

Bleib-Ganz-Ohr ist insofern einzigartig, weil Sie mit der angeborenen Neigung Ihres Kindes, zu weinen, wütend zu werden und angsterfüllt zu schreien, zuhörend *mitgehen*. Weshalb? Weil genau das Ihnen beiden hilft, sich miteinander zu verbinden, und erst dann kann Ihr Kind die innere Balance zurückgewinnen!

Ich stellte die Strategie Bleib-Ganz-Ohr in einem Einführungskurs für Eltern von Kleinkindern vor. Da meldete sich eine Mutter: „Ich habe mein Kind so satt, ich mag heute Abend nicht mal nach Hause gehen. Seit Monaten gibt es Zoff! Schon morgens nach dem Aufstehen mag sie ihr Frühstück nicht. Sie zieht sich nicht an. Täglich komme ich zu spät zur Arbeit, weil sie wegen jedem Dreck Theater macht. Bevor ich sie ins Auto setzen kann, muss ich ihr die Finger gewaltsam vom Gartentor lösen, an das sie sich festgekrallt hat. Beim Abholen ist es das Gleiche. Gejammer und Bocken bis zur Schlafenszeit. Da werde ich ihrem Geheul doch nicht zuhören! Davon habe ich schon genug." Sie wirkte unglücklich, als sie den Kurs verließ.

In der Woche darauf kehrte sie jedoch zurück und erzählte: „Hätten Sie mir letzte Woche gesagt, meine Tochter würde sich in einen Engel verwandeln, hätte ich Sie ausgelacht. Aber am Freitag bekam ich die Grippe. Weil ich sowieso zu Hause war und nicht die Kraft hatte, mich das ganze Wochenende mit ihr herumzuärgern, dachte ich mir, ich könnte genauso gut diesen Bleib-Ganz-Ohr-Kram ausprobieren. Und das tat ich. Das ganze Wochenende saß ich im Schlafanzug herum. Jedes Mal, wenn sie aufgebracht war, setzte ich mich mit ihr auf den Boden und hörte ihr zu. Für irgendetwas anderes war ich zu krank. Samstag und Sonntag weinte sie sich ein paar Mal bei mir aus. Dann, am Montagmorgen, hüpfte sie zum Frühstück herein, aß es auf, zog sich an und konnte kaum die Abfahrt abwarten. Beim Abholen ging es ihr noch immer gut. Heute Morgen genauso! Küsse und Umarmungen! Ich fasse es nicht!"

Bereits diese eine Veränderung – die heftigen, auffälligen Gefühle Ihres Kindes willkommen heißen und unterstützen - kann für Sie und Ihr Kind eine riesige Wirkung haben. Ihr Kind wird allmählich besser schlafen, essen, abwarten, bis es an die Reihe kommt, besser mit seinen Geschwistern spielen und große und kleine Widerstände überwinden. Die traditionellen Methoden brauchen Sie nicht mehr.

Und langfristig wird sich Ihnen Ihr Kind vermutlich selbst in der Adoleszenz noch nah fühlen. Es wird seine Welt erweitern, aber Sie werden auch einen Platz darin bekommen. Ihr Kind wird viele Male getobt und dabei schlechte Gefühle aus seinem System gejagt haben und wird somit stabiler sein und weniger dazu neigen, risikoreich zu leben oder zu rebellieren.

Wenn Sie ganz Ohr bleiben, definieren Sie schließlich auch Fehlverhalten neu. Jemanden schlagen, verletzen, etwas grapschen, bocken und Süßigkeiten aus dem Küchenschrank mopsen, rechtfertigt weiterhin das Setzen einer Grenze. Aber Weinen, Wutanfälle und hässliche Worte während des Abschüttelns negativer Gefühle landen nicht mehr im Topf schlechten Benehmens. Sie bekommen ihren eigenen strahlenden Behälter mit der Aufschrift: Heilungsprozess. Dem fügen Sie nur noch das Zuhören bei. Da kommen Sie dann ins Spiel.

Viele Eltern erstaunt es, dass das Hören der leidenschaftlichen Gefühle Ihrer Kinder kein schlechtes Benehmen fördert. Vielmehr wird dadurch die Spannung aufgelöst, die schlechtes Benehmen erst *entstehen* lässt. Durch das Zuhören wird dem Kind sozusagen ermöglicht, seine Emotionen „auszuscheiden", eine Chance, übriggebliebene Gefühle aus verletzenden Situationen hinauszubefördern. Dem Kind diese Systemreinigung zu gestatten, wird seine Resilienz fördern und das Gefühl der Verbundenheit zu Ihnen stärken.

Zwar toleriert dieser Ansatz das Freisetzen von Emotionen, erlaubt aber *kein* entgleistes Verhalten. Sie werden lernen, rasch einzugreifen, wenn Ihr Kind zeigt, dass es sich nicht mehr regulieren kann. Ruhig werden Sie dazwischengehen, um Inakzeptables zu verhindern. Das könnte heißen, die Hand auf den Arm des Kindes zu legen, sobald es ihn zum Werfen erhebt, oder ihm den Arm um den Leib zu legen und es von der Schwester wegzuziehen, wenn es sie an den Haaren zu zerren versucht. Das ist keine

Bestrafung. Damit machen Sie nur die Situation für alle Beteiligten sicher und hören anschließend Ihrem Kind zu, damit es seine eigenen Gefühle wahrnimmt und sie loslassen kann. Eine sinnvolle Grenze gefolgt von Bleib-Ganz-Ohr unterstützt das Kind darin, wieder ins Spielen zurückzufinden und seine Emotionen regulieren zu können. Und mit der Zeit wird das Übermaß zurückgehaltener Gefühle in ihm abgebaut, sein Selbstbewusstsein schnellt nach oben und es glänzt mit Kreativität und Forschergeist.

Wann ist Bleib-Ganz-Ohr angebracht?

Wenn Sie die Wahl haben, dann versuchen Sie diese Strategie des Zuhörens erstmals, wenn Sie sich mit Ihrem Kind allein in einer geschützten Umgebung aufhalten. Denn Erwachsene sind ja nicht gerade für ihre Toleranz gegenüber weinenden Kindern bekannt. Sie werden sich aber die Freiheit wünschen, dem Kind Ihre ungeteilte Aufmerksamkeit zu schenken, und dabei wahrzunehmen, wie es Ihnen selbst die ersten Male geht.

Hier folgen einige Situationen, in denen Bleib-Ganz-Ohr nützlich ist:

- Wenn Ihr Kind wegen eines blauen Flecks oder Kratzers weint.
- Bei einem tränenreichen Abschied.
- Wenn es weint, weil ihm etwas verwehrt wird.
- Wenn es etwas schaffen will und dabei plötzlich einen Wutanfall bekommt.
- Wenn es vor lauter Angst in Tränen ausbricht.
- Wenn es angespannt und ärgerlich ist.
- Wenn seine Gefühle verletzt wurden.

Das sind längst nicht alle affektbeladenen Situationen in denen Bleib-Ganz-Ohr von Nutzen ist, aber bestimmt haben Sie verstanden, worum es geht.

Der Bericht einer stellvertretenden Schulleiterin zeigt, wie Bleib-Ganz-Ohr bei einem jungen Menschen sogar in schulischer Umgebung große Veränderung bewirken kann. Sie arbeitet schon lange in einer einkommensschwachen, seit Generationen von Bandenkriminalität gebeutelten städtischen Gemeinde.

◄○►

Eineinhalb Jahre hatte ich mit einem Schüler der Junior Highschool gearbeitet, der schon mehrmals wegen kleinerer Verhaltensauffälligkeiten zu mir geschickt worden war. Jedes Mal machte er völlig dicht und bezeichnete sich als einen „schlechten" Jungen. Ich glaube nicht an so etwas, also versicherte ich ihm immer wieder, dass mir viel an seinem schulischen Fortschritt lag und ich von seiner Leistungsfähigkeit überzeugt war. Bei nahezu jedem Besuch in meinem Büro hatte er etwas zu beweinen. Eines Tages fragte ich, was ihm wirklich zu schaffen machte, und weil ich mit Hilfe von Bleib-Ganz-Ohr allmählich sein Vertrauen gewonnen hatte, gestand er mir seine Befürchtung, niemand würde ihn lieben, und zählte angebliche Beweise dafür auf. Ich hörte ihm zu und beteuerte, er sei wertvoller, als er selbst es wüsste. Auch traf ich mich mit seiner Mutter und hörte ihr zu. Als sich die Gelegenheit ergab, erklärte ich ihr die Wunschzeit und ermutigte sie, damit zu experimentieren, was sie auch tat. Bis zum März letzten Jahres hatte sich bei der Mutter viel getan. Sie hatte eine positive Einstellung gewonnen, die auf den Jungen abfärbte.

Nach einigen Bleib-Ganz-Ohr-Sitzungen mit mir und Wunschzeit mit seiner Mutter konnte der Jugendliche spüren, dass er geliebt wurde, und erreichte gute Schulleistungen. Im März dieses Jahres erzählte er mir stolz, dass er seinen Notendurchschnitt deutlich verbessert hatte. Auch seine Körperhaltung hatte sich verändert. Statt missmutig mit hängenden Schultern dazustehen, begann er sich aufzurichten und zu lächeln. Ab und zu umarmte er sogar einen Lehrer.

Im Juni erfuhr er, dass er zum Jahresabschluss eine sehr begehrte Auszeichnung bekommen würde, die pro Jahrgangsstufe nur einem Schüler oder einer Schülerin für „besonders gute Fortschritte" verliehen wurde.

Es dauerte anderthalb Jahre, doch mit einer großen Portion Bleib-Ganz-Ohr meinerseits und Wunschzeit mit seiner Mutter gelang es uns, Vertrauen herzustellen und eine sehr positive Entwicklung in Gang zu bringen. Dies führte zu bleibender Veränderung bei diesem jungen Mann, der nun eine weitaus vielversprechendere Zukunft vor sich hat.

◄○►

Wie geht Bleib-Ganz-Ohr?

Das Ziel besteht darin, Ihr Kind in seinem aufgewühlten Zustand mit freundlicher Aufmerksamkeit und Unterstützung zu umgeben. Es wird Ihnen zeigen, wenn es so weit ist. Ihr Kind wird in Tränen oder einen Wutanfall ausbrechen, vor Angst schreien oder vor Zorn beben. Vermitteln Sie Ihrem Kind Halt, während es vor Emotionen überquillt. Hören Sie zu. Vertrauen Sie darauf, dass Ihr Kind gerade genau das Richtige tut, um wieder zu sich kommen zu können. Die ersten Male wird es sich wie die verrückteste Idee anfühlen, die Sie jemals ausprobiert haben. Aber konzentrieren Sie sich auf Ihr Kind und bieten Sie ihm Ihre liebevolle Zuwendung an. Seine Psyche funktioniert; es hat einen gesunden Instinkt! Hier folgt genauer, was zu tun ist:

- **Nähern Sie sich und gehen Sie in Augenkontakt.** Wendet sich Ihr Kind ab, so hören Sie weiter zu und bieten ihm nach einer Weile nochmals Augenkontakt an. Erinnern Sie es sanft an Ihre Anwesenheit: „Ich bin genau hier, mein Schatz. Schau, ein Küsschen für die Finger." Sie brauchen nicht drängen. Wenn es Augenkontakt aufnimmt, aber noch nicht fertig ist, wird es jetzt heftiger weinen. Sie zu sehen ist beruhigend und verstärkt den emotionalen Heilungsprozess.

- **Stellen Sie sich auf eine längere Sitzung ein.** Bleib-Ganz-Ohr ist oft zeitaufwändig. Große Gefühle tauchen geballt auf, und es dauert, bis sie sich aufgelöst haben. Wenn Bleib-Ganz-Ohr für Sie völlig neu ist, wird Ihr Kind wahrscheinlich einiges an Gefühlen durchzuarbeiten haben.

- **Sprechen Sie in sanftem Tonfall,** auch dann, wenn Ihr Kind Sie als schlechteste Mutter, schlechtesten Vater der Welt beschimpft. Vertrauen Sie einfach darauf, dass Sie genau die richtige Person an der Seite Ihres Kindes sind, während es diese schrecklichen Gefühle loswird.

- **Hören Sie zu. Sagen Sie wenig.** „Mir tut leid, dass es so schwer ist" oder „ich bin hier für dich da" oder „Schätzchen, ich merke, dass du ganz aufgewühlt bist", mag zwar hilfreich sein, das Zuhören ist jedoch der Schlüssel. Kim John Payne schreibt in seinem Buch *Simplicity Parenting:* „Je mehr Sie sagen, umso weniger hören Sie zu." Das sehe ich ebenso. Doch wenn Ihr Kind um sich schlägt, wird eine leise Litanei beruhigender Worte während seines Kampfes mit unsichtbaren Kräften zu seinem inneren Halt beitragen.

- **Sanfte Berührungen können hilfreich sein.** Probieren Sie es aus. Kinder unterscheiden sich stark in ihrem Wunsch nach Berührung. Ist sie hilfreich, werden dadurch wahrscheinlich die Gefühle verstärkt. Ist sie eher fehl am Platz, hören die Kinder mit dem Weinen auf oder reagieren ärgerlich. Sie müssen Ihre Aufmerksamkeit nicht über die Berührung oder Umarmung zeigen, obwohl Ihr Kind beim Freisetzen seiner Emotionen allmählich mehr Nähe suchen wird.

  Falls Ihr Kind einen Wutanfall hat, ist es meist am besten, ohne Tuchfühlung näher zu rücken, es sei denn, Sie müssen es davon abhalten, sich selbst zu verletzen. Lassen Sie Ihr Kind toben. Es braucht die Bewegung. Wenn Ihr Kind es mag, können Sie es in den Arm nehmen, wenn es fertig ist. Arbeitet es sich durch Ängste hindurch, dann wird das Im-Arm-Halten zu einer Herausforderung. Vielleicht braucht es Gerangel und Kampf mit Ihnen.

- **Sorgen Sie für seine und Ihre Sicherheit.** In den Fängen tiefsitzender Ängste reagieren die Kinder manchmal wild und mit dem Impuls, zu verletzen. Weil Sie zuhören, macht Sie das zum Hauptangriffsziel. Der Umgang mit diesen stürmischen Reaktionen ist nicht einfach. Nützliche Hinweise bekommen Sie in Kapitel 11, *Ängste auflösen,* und Kapitel 12, *Aggressionen überwinden.*

Lassen Sie Ihr Kind entscheiden, wann es fertig ist. Die kindlichen Gefühle sind von einer Größe und Tiefe, die Sie weder ermessen noch vorhersagen können. Manchmal genügt dem Kind ein dreiminütiges Ausweinen, um hinterher fröhlich und klar zu sein. Besonders wenn Bleib-Ganz-Ohr für Sie neu ist, werden anfangs die Ausbrüche Ihres Kindes wahrscheinlich länger dauern, da es seit seiner Geburt einiges an Heilung aufzuholen hat.

Ihrem Kind zu erlauben, sich ganz und gar auszuweinen, lässt sich damit vergleichen, es ausschlafen zu lassen. Beim Weinen wie auch beim Schlafen ist die Psyche mit wichtiger innerer Arbeit beschäftigt, sozusagen mit Hausputz. Alles wird ordentlich aufgeräumt, die Batterie wird aufgeladen. Das Gehirn sortiert Informationen und speichert sie ab. Und dieser Prozess vollzieht sich in einem bestimmten Tempo, das weder Ihr Kind noch Sie bewusst steuern können. Wenn Sie Ihr Kind vorzeitig wecken, werden Sie einen aus dem Gleichgewicht geratenen kleinen Griesgram vor sich haben, der Sie den ganzen Tag immer wieder an Ihren Fehler erinnern wird. Dasselbe gilt fürs Weinen. Wenn Sie Ihrem Kind nicht bis zum Ende seines inneren Aufruhrs zuhören können, hat es zunächst keine weitere Möglichkeit, die schwierigen Gefühle aus der Tiefe seiner Psyche zu entsorgen. Diese beeinflussen jetzt das Verhalten des Kindes und signalisieren, dass in ihm nicht alles in Ordnung ist.

Falls nötig, können Sie Bleib-Ganz-Ohr dennoch kurzfristig abbrechen. Sobald Sie selbst aus der Fassung geraten, sollten Sie sogar *unbedingt* damit aufhören. Sagen Sie dann einfach Ihrem Kind, dass Sie zwar momentan nicht länger zuhören können, aber dafür ein anderes Mal. Danach versorgen Sie Ihr Kind mit einem Imbiss, einem Bad oder einer seiner Lieblingsbeschäftigungen. Zwar wird es dann nicht in Bestform sein, aber Sie brauchen eine Pause und die Möglichkeit, sich Ihrer eigenen Gefühle zu entledigen. Ihrem Kind wird bald etwas Neues einfallen, um die unterbrochene Heilung neu anzustoßen.

Wie können Sie sichergehen, dass Bleib-Ganz-Ohr keine Form seelischen Zwanges ist? Während Sie seinem inneren Aufruhr zuhören, spürt Ihr Kind das Schlimmste, was es an Gefühlen in sich trägt! Hat es sich schon einmal bedroht, in Panik, in der Falle, hilflos, verlassen, manipuliert oder entsetzt gefühlt, dann wird es genau diese Gefühle erneut erleben, während es die schwierigen Momente in der Geborgenheit Ihrer Anwesenheit verarbeitet. Wie vermeiden Sie, Ihr Kind dabei unabsichtlich zu verletzen?

Vier Empfehlungen werden Ihnen dabei helfen, damit Bleib-Ganz-Ohr wirklich zu einer heilsamen *Partnerschaft* zwischen Ihnen und Ihrem Kind führt.

- **Lassen Sie Ihr Kind selbst Zeit und Ort wählen.** Entweder wird es Ihnen signalisieren, dass es aus dem Lot ist, indem es eine Grenze herausfordert, die den Heilungsprozess auslöst, oder es bricht ohne äußeren Anlass in Tränen oder Wut aus. All dem begegnen Sie mit Zuhören, bis Ihr Kind wieder im Einklang mit sich selbst ist.

- **Halten Sie zwischen sich und Ihrem Kind ein gesundes Kräftegleichgewicht aufrecht,** indem sie Bleib-Ganz-Ohr mit etwa ebenso langen Phasen an Wunschzeit und Ganz-Ohr-Spiel ausgleichen. Diese Strategien, in denen das Kind führt, überlassen ihm wieder die Zügel der gemeinsamen Beziehung.

- **Laden Sie eigene Gefühle regelmäßig bei einem einfühlsamen Zuhörer ab.** Dies vertieft Ihre Erkenntnisse, Sie entwickeln sich selbst weiter und vermeiden, Bleib-Ganz-Ohr dann einzusetzen, wenn Sie sich nur halbherzig mit Ihrem Kind verbinden können. Gehen Sie vor allem jeder Versuchung aus dem Weg, Bleib-Ganz-Ohr als Strafe oder Drohung einzusetzen.

- **Beenden Sie Bleib-Ganz-Ohr, sobald Sie ärgerlich werden.** Wie Ihnen die Erfahrungsberichte in Teil III zeigen werden, erleben Eltern, die Bleib-Ganz-Ohr mit den anderen vier Strategien des Zuhörens ausgewogen kombinieren, bei Ihren Kindern beispiellose Verhaltensänderungen. Ein vierjähriger Junge, der nicht für sich selbst einstehen konnte, weist auf einmal ein viel älteres Kind zurecht; eine Siebenjährige entwickelt Großzügigkeit gegenüber der kleinen Schwester. Kleinkinder und Vorschulkinder gehen direkt auf Menschen oder Situationen zu, die Ihnen zuvor Angst eingejagt hatten; ein Kind fährt nach einem schmerzhaften Fahrradsturz weiter und versucht noch einmal, den herausfordernden Berg zu bezwingen, und eine Fünftklässlerin schneidet hervorragend in einem Lernprojekt ab, obwohl sie zunächst überzeugt war, es nicht zu schaffen. Solche Veränderungen stammen nicht von jungen Menschen, die sich von Erwachsenen beherrscht fühlen. Sie stammen von Kindern, die von Spannung befreit sind und reichlich gelassene Unterstützung genießen durften.

Bedeutsame Verletzungen werden über Aufruhr wegen Kleinigkeiten geheilt

Sobald Sie sich daran gewöhnt haben, *dass unsere Kinder ihre tiefsten Gefühle an winzige Probleme heften*, werden Sie mit Bleib-Ganz-Ohr entspannter umgehen. Bemerkenswerte Verhaltensänderungen können sichtbar werden, nachdem Ihr Kind lange und heftig über einen zerbrochenen Lippenstift geweint hat, oder darüber, dass der Bruder den begehrten blauen Kindersitz ergattert hat.

Ihr Kind wird von winzigen Unstimmigkeiten getriggert, weil es von seinen eigentlichen verletzten Gefühlen, leicht derart betäubt wird, dass es diese nur indirekt abladen kann. Eine Vierjährige reagiert vielleicht während der Dienstreise ihres Vaters gereizt. Ihr Verhalten entgleist, doch auf die Frage, „Vermisst du den Papa, Schätzchen?“, folgen ausdrucksloser Blick und die Antwort „Nein“. In Wahrheit fühlt sie sich jedoch todunglücklich und davon so überwältigt, dass sie seine Abwesenheit nicht beweinen kann. Sie fühlt sich betäubt. Ihr Schmerz ist zu groß, als dass sie ihn offen angehen kann.

Dann kommt aber eine Freundin zum Spielen und probiert ohne zu fragen ihr blaues Tutu an. Das Mädchen bricht in Tränen aus. Diese leise Andeutung eines Verlusts – was, wenn die Freundin das Tutu behält? – löst die eingefrorenen Gefühle aus. Sie brechen nun an das blaue Tutu geheftet hervor! Je stärker der Schmerz des Kindes ist, umso geringer kann der Anlass fürs Ausweinen sein. Das Mädchen kann wegen des möglichen Verlusts des Tutu ausflippen. Aber sie erträgt es nicht, sich auf Papas Abwesenheit zu konzentrieren.

Man hat uns allen beigebracht, dass gute Eltern einschreiten, indem sie beispielsweise aushandeln, dass jedes der Mädchen das Tutu abwechselnd fünf Minuten tragen darf. Stattdessen ermöglicht Ihnen Bleib-Ganz-Ohr eine interessante Alternative: Die Eltern können den Heilungsinstinkt des Kindes unterstützen. Beim Näherkommen kann die Mutter sanft sagen: „Ja, sie hat dein Tutu angezogen. Bestimmt gibt sie es dir zurück, wenn sie fertig ist." Daraufhin kann das Kind seine große Traurigkeit fließen lassen. Über den Papa muss dabei kein einziges Wort fallen. Wir können darauf vertrauen, dass unsere Kinder ihre Gefühle an etwas für sie Passendes knüpfen werden. Das heftige Weinen über das Tutu deutet darauf hin, dass es dem Mädchen hier als perfektes und dringend benötigtes emotionales Ventil zur Freisetzung und Heilung der Gefühle dient.

Unterstützen Sie Ihr Kind sanft

Den meisten von uns begegnete man als Kind bei einem Wutanfall nicht wohlwollend. Somit folgen hier noch einige Details zum Ausprobieren, falls Sie dem Mitgefühl für ihr aufgebrachtes Kind erst langsam auf die Beine helfen wollen.

- **Gehen Sie schonend auf die schmerzhaften Einzelheiten ein.** Dies ist das Gegenteil des Versuchs, schnell alles in Ordnung zu bringen, und wirkt sich auf Ihr Kind zutiefst heilsam aus. Wenn Sie sanft, ohne einen Anflug Besorgnis, auf das Schmerzliche hinweisen, wird Ihr Kind eine neue Welle heftiger Gefühle freilassen: „Du wolltest ja wirklich die Teetasse, die sie genommen hat. Hm, ich sehe, sie hat sie immer noch." „Bald muss ich gehen. Wenn ich weg bin, habe ich dich immer noch lieb." „Das ist wirklich schwer." „Komm, wir schauen uns jetzt dein Knie an." „Jetzt sagen wir Tschüss." „Bruno hat das blaue Fahrrad." „Der Orangensaft ist alle." Und wenn die Kinder älter sind: „Die Party bedeutet dir wirklich sehr viel. Ich wünschte, ich könnte dir erlauben hinzugehen." „Er hat dich noch nicht mal angerufen." „Du wolltest das so sehr. Dein Plan war gut." Oft übermittelt ein einfacher Satz wie „Ich weiß" oder „Ich bin ganz nah bei dir" Ihre Liebe am besten.

- **Verweisen Sie darauf, dass Ihr Kind zum gegenwärtigen Zeitpunkt sicher ist.** „Ja, sie hat das Buch genommen, das du wolltest. Du kannst mit ihr reden, sobald dir danach ist." „Dein Körper weiß schon, wie er sich heilt." „Du bekommst ein andermal einen Keks." „Ich kann nicht zulassen, dass Du einfach so zugreifst. Bleib erst mal auf meinem Schoß." „Sie wollte dir nicht weh tun." „Ja, du willst das wirklich. Sobald er fertig ist, bist du dran." Und in den Teenagerjahren oder darüber hinaus zeigen Sie Ihren Kindern einfach, dass Sie an sie glauben: „Du wirst das schon herausbekommen." „Du bist doch eine gute Freundin, egal, was Sie heute gesagt haben." „Ich glaube, du kannst mit ihr darüber reden. Du wirst herausfinden, wie."

- **Wenn Ihr Kind gegen etwas Widerstand leistet, erlauben Sie ihm, sich erst ganz auszuweinen, bevor es nachgibt.** Kinder nehmen oft Tätigkeiten wie das Aufräumen, sich Anziehen, eine Wanderung, Hausaufgaben, oder einen Aufsatz schreiben als Vorwand, um tiefsitzende Verletzung, Verwirrung oder Hilflosigkeit auszudrücken. Wenn also nicht gerade das Haus in Flammen steht, dann lassen Sie Ihrem Kind die Gelegenheit, sich auszuweinen, während es Ihnen klarmacht, dass es niemals tun wird, was gerade von ihm erwartet wird. Geben Sie ihm so viel Zeit, wie es dazu braucht. Erinnern Sie es ab und zu besonnen an den nächsten Schritt, und fragen Sie sanft nach, ob es dazu bereit ist: „Gehen wir ein Stück näher zum Auto? Jetzt ist Zeit zum Losfahren.", „Der Tisch ist abgeräumt. Zeit für die Hausaufgaben!", „Serena hatte den Fanghandschuh. Bist du bereit, ihn zurückzugeben?". Ihr Kind darf sich angesichts des bloßen *Gedankens* an den nächsten Schritt ausweinen. Zeigen Sie ihm Ihr Vertrauen in seine Psyche. Bekommt es die Zeit, die es braucht, dann wird Ihr Kind am Ende zur Kooperation bereit sein. Geben Sie nicht nach. Geben Sie nicht auf. Geben Sie dem Kind Ihre Gegenwart. Es wird sich mit Ihnen verbinden und seine Sicht der Dinge wird sich verbessern.

- **Beginnen Sie an Ort und Stelle des Wutanfalls oder des Tränenausbruchs mit Bleib-Ganz-Ohr.** Wenn Sie ihr Kind sofort an einen anderen Ort tragen, wird es abgelenkt. Wenn möglich, hören Sie ihm da, wo es angefangen hat, mindestens fünf Minuten zu, bevor Sie mit ihm weggehen, um andere nicht weiter zu stören.

- **Umhüllen Sie Ihr Kind mit ruhiger Zuversicht.** Machen Sie vom Herzen kommende, sanfte und sachliche Aussagen. Ihr Kind fühlt sich verletzlich und aufgewühlt, aber es braucht kein Mitleid. Schließlich ist es auf dem Weg der Besserung! Sagen Sie zum Beispiel zu Ihrem untröstlichen Kind: „Er wird in einer Weile damit fertig sein.", nachdem ihm ein Freund den Ball weggeschnappt hat. Sagen Sie das sanft und ebenso gelassen zuversichtlich, als sagten Sie: „Der Himmel ist blau." Damit helfen Sie Ihrem Kind, sich auszuweinen und bald wieder zu erholen. Seien Sie Ihrem Kind ein stabiler Anker, indem Sie sich darauf konzentrieren, dass es in diesem hochemotionalen Augenblick Ihre ungeteilte Aufmerksamkeit bekommt. Somit hat es alles, was es wirklich braucht.

Es folgen Reaktionsweisen mancher Eltern auf weinende Kinder, die erfahrungsgemäß nicht wirklich hilfreich sind.

- **Benennen Sie nicht die Gefühle Ihres Kindes.** Erwiesenermaßen wird das Kind durch die Nennung des Gefühls beruhigt. Genauer gesagt, bringt es den emotionalen Reinigungsprozess zum Stillstand. Da meist das Weinen selbst für das Leid des Kindes gehalten wird, glauben Erwachsene, sie hätten ihm geholfen, wenn es damit aufhört. Aber das Weinen ist nicht der Schmerz selbst. Der Schmerz blockierte das Denken des Kindes bereits, *bevor* es überhaupt mit dem Weinen anfing. Oder es handelt sich um eine alte Verletzung, die noch immer nicht geheilt ist. Vielleicht weint das Kind auch, weil sein Denken zum hundertsten Mal durch etwas Winziges, das der Verletzung sehr ähnelt, blockiert wurde.

Das Weinen selbst ist der Heilungsprozess. Wird das Kind zum Beispiel davon abgelenkt mit: „Ich sehe, dass du ärgerlich bist. Du wolltest nicht, dass Opa beim Damespiel gewinnt.", dann ist eine Gelegenheit verpasst. Der präfrontale Kortex des Kindes wird in diesem Moment dazu aufgerufen, die Worte der Erwachsenen zu verarbeiten, und somit kann das Kind nicht länger das Gefühl des Schmerzes abladen.

Es wird aber am nächsten Tag zurückkehren und Verhaltensprobleme verursachen. Also benennen Sie das Gefühl nicht. Es gehört zu

Ihrem Kind. Seine Aufgabe ist es, dem Gefühl einen Namen zu geben, wenn es das möchte. Ihre Aufgabe ist allein das Zuhören!

- **Fragen Sie Ihr Kind nicht, was passiert ist, es sei denn, seine Gesundheit ist gefährdet.** Zeigen Sie Interesse, achten Sie aber darauf, dass Sie, außer in Ausnahmesituationen, nicht wissen müssen, was passiert ist. Sie werden gebraucht, um zuzuhören und die *Auswirkung* des Geschehens zu verstehen. Die Einzelheiten sind eben genau das – Einzelheiten. Wenn nötig, wird Ihr Kind später darüber sprechen.

Hier ein Beispiel:

Eines Tages, kurz nach dem Frühstück, fing meine zweijährige Tochter anscheinend grundlos zu weinen an. Sie weinte ununterbrochen und wanderte dabei von Zimmer zu Zimmer. Ich folgte ihr, sagte ein paar Worte und versuchte einfach, bei ihr zu bleiben. Ab und zu schaute sie mich an, die meiste Zeit aber machte sie ein trauriges Gesicht und vergoss dicke Tränen. Sie wirkte weder krank, noch hatte sie körperliche Schmerzen, also blieb ich fast zwei Stunden bei ihr, bis sie sich schließlich besser fühlte. Anschließend verlief unser Tag gut.

Am nächsten Tag geschah das Gleiche. Sie weinte wieder zwei Stunden und strich wortlos durchs Haus. Aber der restliche Tag verlief prima. Am dritten Tag weinte sie morgens noch einmal sehr lange. Danach kuschelte sie sich aber in meinen Schoß und fragte, „Wieso geht Papa arbeiten?". Jetzt ergab alles endlich Sinn. Der Papa ging jeden Tag nach dem Frühstück aus dem Haus und sie verstand das einfach nicht. Nach drei Tagen des Weinens war sie in der Lage, mich danach zu fragen. Ab da ging es ihr morgens gut. Sie hatte etwas für sich verarbeitet.

- **Nehmen Sie den Zorn Ihres Kindes nicht persönlich.** Beim Weinen streifen die Kinder unangenehme Gedanken und Gefühle ab. Also werden wir unser Kind früher oder später etwas Entmutigendes sagen hören wie: „Du hast mich nicht lieb!", „Ich will eine andere Mami!", „Ich kann dich nicht leiden, Papa.", „Mein Bruder stinkt. Ich mach ihn tot!".

Dann warten Sie ab! Ihr Kind tut nur, was es tun muss, damit es schädliche Gefühle loswird. Wenn Sie Ihre unterstützende Haltung bewahren (natürlich müssen Sie ihm nicht zustimmen), werden diese schrecklichen Gedanken an Schwung verlieren und die Bitterkeit Ihres Kindes schwindet. Versuchen Sie, Ihrem Kind zu sagen: „Egal, wie du dich fühlst, ich liebe dich immer." oder „Du musst mich jetzt nicht lieb haben, ich verstehe das." oder „Ich lass nicht zu, dass du Daryl wehtust, Schätzchen.". Ihr Kind hat nicht sein abschließendes Urteil über Sie oder sonst jemanden gefällt. Sobald es diese giftigen Gefühle losgeworden ist, wird es wieder wahrnehmen, wie gut Sie sind.

- **Tadeln Sie Ihr Kind nicht.** Viele wurden in solch einer Vorwurfs-Kultur erzogen, dass uns das Tadeln gar nicht auffällt. Aber Gedanken dieser Art behalten wir besser für uns: „Das ist doch keine Grund zum Heulen!", „Willst du denn kein großer Junge sein?", „Brave Kinder sagen so etwas nicht.", „Du solltest dich lieber beherrschen, kleines Fräulein!". Natürlich dürfen wir Eltern so denken und fühlen. Tatsächlich kann man viele Gefühle, die unsere Kinder in uns auslösen, in höflicher Gesellschaft gar nicht laut äußern! Aber wir untergraben durch scharfe Kritik das Wohlergehen unserer Kinder. Bei unserem einfühlsamen Zuhörer sind wir dagegen am richtigen Ort, um uns abzureagieren, weit weg von den leicht empfänglichen Ohren unserer Kinder. Diese Zuhörstrategie des gegenseitigen einfühlsamen Zuhörens werden wir im 7. Kapitel darstellen.

- **Diskutieren Sie nicht das Weinen oder den Wutanfall mit Ihrem Kind im Nachhinein.** Es ist langwierig und führt zu nichts. Da gibt es nichts herauszufinden. Sobald ein Kind hinderliche Gefühle abgeladen hat, ist es bereit, sich an seinem neu befreiten Geist zu erfreuen. Wenn Sie Ihr Kind nach jedem Gefühlsausbruch ausfragen, wird es Ihnen immer weniger anvertrauen. Hören Sie einfach nur gut zu. Und dann trauen Sie Ihrem Kind zu, dass es beim Spielen, Schlafen oder Essen die Dinge für sich klärt. Es wird wissen, dass es seinem Bruder nichts wegnehmen durfte. Es ist keine Belehrung nötig.

Vielleicht ist es an dieser Stelle hilfreich, die emotionale Arbeit Ihres Kindes mit dem Verdauungssystem zu vergleichen. Isst es beispielsweise eine Banane, dann werden dieser von seinem Verdauungssystem die Nährstoffe entzogen und kein Gedanke wird daran verschwendet! Ihr Kind ist gestärkt, obwohl die Banane nicht restlos verdaut werden kann. Der Körper nimmt sich, was er braucht, und hat für den Rest ein ausgeklügeltes Entsorgungssystem. Der unverdauliche Teil wird ausgeschieden. Die ersten Jahre erfolgt dieser Prozess sehr häufig und ist lästig, für uns Eltern nicht gerade eine angenehme Beschäftigung. Aber wir machen für diese Notwendigkeit alle möglichen Zugeständnisse.

Nun betrachten Sie die täglichen Erlebnisse Ihres Kindes. Sie bieten ihm die besten Lebensumstände, die Sie möglich machen können. Ihr Kind lernt und gedeiht. Aber jeden Tag gibt es Momente, in denen sein empfindliches System angegriffen wird. Es wird von der Katze gekratzt. Mama ist schwanger, müde und genervt. Es wird vom Nachbarkind beschimpft. Abends ist ihm sein Zimmer unheimlich. All diese Erlebnisse sind emotional aufgeladen. Um weiterhin klar denken zu können, diese Erlebnisse zu verarbeiten und daraus zu lernen, muss Ihr Kind diese Ladung entschärfen. Und es hat eine Methode dafür! Sie spielen nach dem Essen mit ihm Fangen und es schüttet sich vor Lachen aus, lässt dabei Spannung ab und nährt seine Gewissheit, dass Sie es wertschätzen. Als Nächstes verschwindet ein winziger Puppenschuh im Abfluss der Badewanne und Ihr Kind nimmt das zum Anlass, sich ordentlich auszuweinen. Voilà! Ihr Kind hat in seinem Inneren gut aufgeräumt und ist für einen guten neuen Tag gerüstet.

Wenn Ihr Kind pinkelt oder Stuhlgang hat, macht Ihnen das in der Regel keine Sorgen. Und gewiss fühlen Sie sich nicht dazu gezwungen, diese Ausscheidungen genauer zu untersuchen und zu diskutieren. Sie werden in die Toilette gespült und fertig. Bestimmt werden Sie Ihrem Kind das Freisetzen emotionaler Spannung gern auch so unkompliziert ermöglichen wollen. Es lacht, hat einen Wutanfall, weint oder zittert und windet sich in Angst. Sie geben ihm dabei den nötigen Halt. In seinem eigenen Tempo wird ihr Kind fertig und dann ist der Spaß dran!

Schließlich noch ein wichtiger Punkt:

- **Drängen Sie weder Ihr Kind noch sonst jemanden zum Weinen.** Sobald Sie merken, wie gut es Ihrem Kind und seiner Denkfähigkeit tut, wenn es sich ausweint, wollen Sie jeden missionieren, und zwar besonders Ihr Kind! Allerdings ist das eine schlechte Idee. Aufforderungen wie diese: „Lass diese Gefühle raus", „Na komm, mach dir mal richtig Luft, das hilft.", „Bestimmt tut es dir gut, wenn du dich richtig ausweinst – das war doch schwer für dich.", machen Ihr Kind dem emotionalen Reinigungsprozess gegenüber befangen. Sein Gefühlsleben wird sozusagen unter dem Vergrößerungsglas betrachtet. Und zwar unter Ihrem!

Der emotionale Reinigungsprozess ist Sache Ihres Kindes. Sie können diesen weder befehlen noch steuern. Am besten helfen Sie Ihrem Kind, indem Sie Bedingungen schaffen, unter denen es wirklich Ihre Fürsorge *spürt*. Genau dafür sorgen die Zuhörstrategien – mit deren Hilfe übermitteln Sie Ihre liebevolle Zuwendung. Verbinden Sie sich mit Ihrem Kind über Wunschzeit und Ganz-Ohr-Spiel, beschrieben in Kapitel 6. Lassen Sie sich noch mehr Vergnügliches einfallen, wenn Sie Zeit haben. Kuscheln. Spielen. Umhertollen. Und was vielleicht am wichtigsten ist, lassen Sie selbst bei einem guten Zuhörer regelmäßig Dampf vom stressigen Alltag ab. Konzentrieren Sie sich auf *liebevolle Zuwendung* und überlassen Sie *Ihrem Kind* die Verantwortung für alles Weinen.

Achten Sie nach einer gelungenen Runde Bleib-Ganz-Ohr bei Ihrem frisch erleichterten Kind auf neue Erkenntnisse, Herzlichkeit und Kreativität.

Bleib-Ganz-Ohr als Heilmittel bei Kummer

Unsere vorstehenden Hinweise und Ideen treffen auch auf ein Kind zu, das sich von Kummer befreit. Dabei ist noch anzumerken, dass selbst viel geliebte Kinder in guten Lebensverhältnissen eine ganze Menge davon abzuladen haben. Das Leben ist so neu und es gibt so vieles zu verarbeiten. Den Schmerz über kleine unvollkommene Augenblicke auszuweinen ist in der Kindheit eine wichtige Aufgabe. Jedes Mal, wenn Ihr Kind einen Gefühlsausbruch vom Stapel lässt, hat es dafür gute Gründe. Es will klar denken, und Weinen wird ihm dabei helfen.

Es kann zum Beispiel so laufen:

◄○►

Meine siebenjährige Tochter und mein fünfjähriger Sohn haben vor Kurzem die Schule gewechselt. Eines Tages, in der zweiten Schulwoche, eilte meine Tochter zusammen mit einer neuen Freundin aus dem Klassenzimmer und wollte das Mädchen gleich zum Spielen mit nach Hause nehmen. Gerne sagte ich zu und wir machten uns auf den gemeinsamen Heimweg. Mein Sohn fand das aber nicht gerecht und klagte: „Ich habe keinen Freund zum Mitnehmen, ich will aber, und geh jetzt nicht ohne Freund mit." Ich blieb ganz Ohr, und er weinte heftig, wiederholte, dass er auch einen Freund wollte, aber keinen hatte. Ich hockte mich auf Augenhöhe zu ihm, ermöglichte ihm Blickkontakt und blieb nah bei ihm. Er wandte sich ab und weinte weiter, mit Blick auf eine Mauer. Ich sagte ihm, dass es mir leid tat, wie schwer es gerade für ihn war und dass ich wüsste, wie sehr er sich einen Freund wünschte. Er war mit einem Jungen aus seiner alten Schule besonders befreundet, und ich hatte den starken Eindruck, dass er deswegen trauerte. Ich spürte großes Mitgefühl, und so fiel es mir leicht, ganz Ohr zu bleiben und seine Tränen zuzulassen.

Wenige Minuten später wandte er sich mir zu, ich umarmte ihn fest und dann schauten wir uns an. Er weinte weiter, sagte, er wolle auch einen Freund. Ich hörte weiter zu. Nach zehn bis fünfzehn Minuten war er soweit, dass wir nach Hause laufen konnten. Dort wirkte er vergnügt und spielte zufrieden nebenan, während ich in der Küche Essen machte und die Mädchen eine Etage über uns spielten.

Am nächsten Morgen fragte er: „Ist heute ein Schultag oder Wochenende?" Als ich ihm bestätigte, es sei ein Schultag, jubelte er, was mich völlig überraschte. Als ich ihn an diesem Nachmittag von der Schule abholte, hatte er einen neuen Freund dabei, den er zum Spielen nach

Hause einlud! Was für ein wunderbares Ergebnis, das mich mit Dankbarkeit für die Praxis mit Bleib-Ganz-Ohr erfüllte.

◄o►

Mit Bleib-Ganz-Ohr den Frust Ihres Kindes abbauen

Wutanfälle bieten keinen schönen Anblick, aber Sie werden sie schätzen lernen, sobald Sie erlebt haben, wie ein Trotzanfall die Fähigkeit Ihres Kindes, zu denken und zu lernen, ankurbeln kann. Zuerst ist es vielleicht schwierig, dabei ganz Ohr zu bleiben. Aber sobald es Ihnen gelingt, werden Sie bestimmt von der positiven Kraft eines Trotzanfalls beeindruckt sein!

Es ist wichtig zu erkennen, was nicht zu einem Trotzanfall gehört. In einem echten Trotzanfall will ein Kind niemanden verletzen. Er ist eher mit einer explodierenden Knallfroschkette vergleichbar als mit einem verletzenden Geschoss.

Trotzanfälle setzen Frustration frei. Sie treten plötzlich auf. Ein frustriertes Kind ist laut, ihm wird heiß und sein Bewegungsdrang ist enorm. Es will diese hitzige Energie *jetzt* loswerden! Frustration entsteht, weil Ihr Kind eifrig lernt und seine Wunschvorstellung manchmal seine *tatsächlichen* Fähigkeiten überholt. Es möchte schon laufen, noch lange bevor es überhaupt den ersten Schritt getan hat, und es möchte sprechen, noch bevor es sein erstes Wort gesagt hat. Was es sich in den Kopf gesetzt hat, muss es über Tage, Wochen oder vielleicht sogar Monate durch Versuch und Irrtum lernen. Und weil es dabei so oft probieren und scheitern muss, fährt es vor lauter Frust am liebsten aus der Haut. Es kann nicht mehr denken. Verbieten Sie dem Kind, wie oftmals üblich, einen Trotzanfall, dann wird es sein Lernprojekt auf der Stelle aufgeben müssen, denn jedes Mal, wenn es einen neuen Versuch wagt, drängt sich ihm wieder der Frust auf und blockiert ihn.

Doch ein kräftiger Trotzanfall löst das Problem. Sobald der Frust zuschlägt, hüpft das Kind zum Beispiel auf und ab, haut gegen Türen und Schränke oder wirft sich auf den Boden und krümmt sich dort. Vielleicht gibt es Tränen und Schweiß. Vielleicht wird Ihr Kind zehn bis fünfzehn Minuten so weiter machen – viel länger dauert ein Trotzanfall normalerweise nicht. Am Ende wird Ihr Kind sich entspannen. Und wenn es danach zu seiner Aufgabe zurückkehrt, wird es einen kleinen Fortschritt erreichen. Einige Aufgaben werden eine ganze Reihe Trotzanfälle auslösen, denn Ihr Kind erwartet viel von sich, aber seine Fertigkeiten entwickeln sich erst allmählich. Wie viele Trotzanfälle es auch braucht, Bleib-Ganz-Ohr ist für das Lernen Ihres Kindes die beste Unterstützungsstrategie.

Meistens ist es besser, Ihr Kind bei einem Trotzanfall nicht in die Arme zu nehmen. Es muss sich bewegen können! Also kommen Sie näher, bieten freundlichen Augenkontakt an und heben es nur dann hoch, wenn seine Sicherheit gefährdet ist oder Sie es lieber an einen abgeschiedenen Ort bringen wollen. Ihr Kind braucht jetzt kaum beruhigende Worte. Es weiß, was es tun muss. Ihr kontinuierliches, tröstliches Zuhören wird ihm helfen, aus dem Anfall wiederhergestellt und aufgeweckt hervorzugehen.

Kinder neigen oft kurz vor Entwicklungsschüben zu Trotzanfällen. Typische Zeiten für deren heilende Wirkung sind kurz bevor ein Kind mit dem Krabbeln und Laufen beginnt, kurz bevor es zu sprechen anfängt oder eine neue Fertigkeit lernt wie das Schuhe-Binden, das Radfahren, das Lesen und kurz vor oder während der ersten Monate in der Tagesstätte oder Schule. Trotzanfälle bewahren die Intelligenz Ihres Kindes. Sie bringen stockende Lernprozesse wieder zum Laufen.

Diese Mutter erzählt, wie Ihre Tochter mit Hilfe eines Trotzanfalls Entwicklungsfortschritte machte:

An einem heißen Sommernachmittag war ich mit meinen sechsjährigen Zwillingstöchtern zu Hause und wir suchten eine Beschäftigung. Ich dachte an Papierbasteleien und forschte nach einer Anleitung für Ketten aus Papierfiguren und Schneeflocken. Warum gerade Schneeflocken? Alles, was bei über 42°C Außentemperatur an Kühle erinnert, tut gut.

Ich skizzierte auf dem Papier die Umrisse von Buben oder Mädchen und meine Töchter schnitten sie aus. Das war zunächst ein ganz netter Zeitvertreib, aber sehr bald reagierte eine meiner Töchter sehr frustriert. Das geschieht jedes Mal, wenn sie etwas nicht so fix lernt, wie sie es gern möchte. Sie gibt dann oft gleich ganz auf und bezeichnet sich als Dummkopf. Mir tut es weh zuzuschauen, wenn dieses aufgeweckte Kind das Handtuch wirft. Ich hatte schon im Gespräch mit einem einfühlsamen Zuhörer meine eigenen Gefühle zu diesem Thema bearbeitet und allmählich zahlte sich das aus.

Das Ausschneiden der Papierfiguren war schwierig, weil wir durch acht Papierlagen schneiden mussten. Meine Tochter bestand darauf, dies alleine zu tun, was ihr mit der Kinderschere und den kleinen Händen nicht gelang. Ihr Frust war so groß, dass sie die Bastelei mit den Worten, „Ich hör auf!", auf den Tisch warf.

Ich erkannte ihr übliches Verhaltensmuster, und statt sie zu trösten, damit es ihr besser ging, oder die Aufgabe für sie zu erledigen, wartete ich ruhig ab. Sie ließ sich auf den Boden fallen und bekam dort einen Trotzanfall. Schreiend und weinend zeigte sie mir ihre Hilflosigkeit. Zehn bis fünfzehn Minuten blieb ich ganz Ohr für sie.

So rasch das Ganze angefangen hatte, war es wieder vorüber. Ich beobachtete, wie sie sich beruhigte, und obwohl ich davon überzeugt war, dass es ihr nun besser ging, glaubte ich nicht, dass sie die Bastelei fortsetzen würde.

Aber ich irrte mich. Sie setzte sich wieder an den Tisch, bat um die Schere und setzte ihr Werk fort. Sie stellte nicht nur diesen Satz Papierfiguren fertig, sondern schnitt noch eine weitere Stunde lang Figuren aus. Am Schluss hatte sie ein Mädchen, einen Buben, Mama, Papa und noch zwei weitere Figurenketten ausgeschnitten. Ich war überrascht und erleichtert zugleich!

Sie war nun richtig stolz auf sich und ihre Fingerfertigkeit. Und ich lernte etwas Wichtiges. Die Strategien funktionierten tatsächlich wie versprochen. Ich fühlte mich befähigt, ihr zu helfen. Endlich wusste ich, wie ich sie erreichen konnte, wenn sie dicht machte: einfach zuhören.

◄O►

Ihrem Kind zu erlauben, ein heftiges Gefühl von Schmerz herauszu-schmettern wie diese Mutter, ist eine Möglichkeit, wie Sie durch Bleib-Ganz-Ohr Ihre Geduld schonen können. Dann versuchen Sie sich nicht länger an der nahezu unlösbaren Aufgabe, ein frustriertes oder unglückliches Kind zufrieden zu stellen. Stattdessen sind Sie aufmerksam und unterstützen Ihr Kind beim Abladen seines Ärgers und der Klärung seines Denkens. So gehen Sie sorgsam und wirkungsvoll mit Ihrer Energie um und wecken die Selbstheilungskräfte Ihres Kindes.

Hoffentlich erleichtert es Sie, zu erfahren, dass ein Trotzanfall eigentlich eine kluge Idee Ihres Kindes ist. Es will lernen und weiß genau, wie es sich selbst helfen kann, wenn Hoffnung und Geduld ihren Tiefpunkt erreicht haben.

Bleib-Ganz-Ohr zur Heilung der Angst Ihres Kindes

Wenn Ihr Kind schreit, zittert und schwitzt, Gegenstände zerschmettert oder in sich den unwiderstehlichen Drang verspürt, zu schlagen, zu kratzen und andere zu verletzen, dann ist es dazu bereit, innere Ängste zu heilen. Angst ist eine unnachgiebige, Ihr Kind bis ins Mark erschütternde Emotion. Sobald Angst ausgelöst wird, fühlt es sich in seiner ganzen Existenz bedroht und entweder flieht es oder greift jeden an, der sich ihm zu nähern wagt. Obwohl der Umgang damit heikel ist, gehört auch das Ablassen von Angst zum emotionalen Heilungsprozess. Angst wird über Schwitzen und Körperwärme freigesetzt (oder im Falle blanken Entsetzens über feuchtkalte Haut), über Zittern, lautes Schreien, sich winden, um sich schlagen, Panik oder Gezappel.

Arbeitet sich ein Kind durch Angst hindurch, wird es meistens die Augen zusammenkneifen und laut schreien, aber ohne viele Tränen. Wenn Kinder um ihr Leben fürchten, ist die Angst viel zu groß, um Kummer zuzulassen. Die Aufmerksamkeit richtet sich aufs Überleben. Aber wenn Sie Ihrem Kind bei diesem tief gehenden emotionalen Prozess beigestanden haben, wird schließlich das Angstgefühl vergehen, Ihr Kind lehnt sich am Ende vielleicht sogar ganz entspannt an Sie, wird schließlich gewahr, dass Sie es die ganze Zeit über beschützt haben. Es wird erleichtert schluchzen, wenn es endlich Ihre Fürsorge in sich aufnimmt. Dann wird es vielleicht einschlafen oder wieder lebhafter werden, sich umschauen, einen Grund zum Lachen finden und munter und hoffnungsfroh in seinen Tag gehen.

Sie dagegen werden sich wie durch die Mangel gedreht fühlen. Wenn sich ein Kind zutiefst bedroht erlebt, löst das in den Eltern die höchste Alarmstufe aus. Man braucht Mut, um daran festzuhalten, dass die Gefühle Ihres Kindes Überbleibsel längst vergangener Schwierigkeiten sind. Sie brauchen selbst regelmäßig Termine mit einem einfühlsamen Zuhörer, wenn Sie ein Kind haben, dass Ihnen Hilferufe sendet, weil es unbedingt Unterstützung beim Loswerden seiner Angst benötigt. Bitte lesen Sie die Abschnitte *Was Sie wissen müssen* in Kapitel 11, *Ängste auflösen,* und Kapitel 12, *Aggressionen überwinden,* für eine Zusammenfassung von Elternerfahrungen mit den Ängsten ihrer Kinder und wie sie ihnen dabei helfen, sich wieder davon zu erholen.

•◆•

Geduldig und liebevoll angewandt, wird Bleib-Ganz-Ohr helfen, die Basis für ein angenehmes Familienklima zu legen. Sie werden die starke Heilwirkung Ihrer zuhörenden Fürsorge erleben. Dabei ist es wichtig, den Einsatz von Bleib-Ganz-Ohr mit den anderen Zuhörstrategien auszugleichen, damit Grenzen, Lachen und die Zeit im Einzelkontakt ebenfalls ihren Platz im Familienalltag einnehmen. Sie werden merken, dass Ihr vorgelebtes Beispiel des Ganz-Ohr-Bleibens allmählich dazu führt, dass auch Ihr Kind anderen respektvoll und herzlich begegnet. Die heilende Wirkung dieser Zuhörstrategie wird Sie zum Staunen bringen.

KAPITEL 5

Grenzen-Setzen

K inder brauchen auch Grenzen! Sie vermitteln ihnen Sicherheit und bieten einen Rahmen für respektvolle Beziehungen, echten Spaß und Lernen. Wie stünde es wohl um die Zahngesundheit, die Sauberkeit, die Ernährung, den Schlafrhythmus, die Ordnung im Spielzimmer und die Freundschaften Ihres Kindes ohne wohlgesetzte Grenzen gegenüber seinen starken Wünschen! Ein „Nein" ist manchmal das freundlichste Wort und oft unverzichtbar. Ein sinnvolles „Nein" zur rechten Zeit kann Ihr Kind weiterbringen und Ihre Nerven schonen. „Hand in Hand Parenting" ist ganz klar kein Laissez-faire-Erziehungs-stil. Allerdings ist er respektvoll.

Öfter, als es Ihnen vielleicht bewusst ist, setzen Sie Ihrem Kind problemlos Grenzen. Ihnen fallen nur die Male auf, in denen Sie vom Verhalten Ihres Kindes überfordert werden. Ihr Kind tickt aus, und sanftes Eingreifen mit dem Vorsatz, es gut behandeln zu wollen, hilft nichts. Also warnen Sie Ihr Kind, was es überhört, weil es gerade aus dem Lot ist. Ziemlich bald kommt es zu einem heftigen Auftritt. Ihr Kind fühlt sich angegriffen, Sie sind ärgerlich und versetzen ihm einen Klaps, brüllen oder schicken es auf sein Zimmer, bis sich beide Seiten beruhigt haben. Da muss es doch Besseres geben!

Und ob. Es gibt einen Weg, Ihrem Kind Grenzen zu setzen und es gleichzeitig mit der nötigen Liebe zu versorgen, bevor Sie vor Wut überkochen. Wenn Sie dem „Nein" Ihr Zuhören folgen lassen, wird sich das Urteilsvermögen Ihres Kindes allmählich verbessern. Dann können Sie gemeinsam daran arbeiten, seine unangenehmen verletzten Gefühle zu heilen. Die Begrenzung des ausufernden Verhaltens lädt Ihr Kind dazu ein, die Gefühle freizulassen, die es zuvor so geplagt haben. Und von dieser Verletzung befreit, wird Ihr Kind am nächsten Tag nicht so leicht austicken. Eltern, die zum ersten Mal auf diese Weise Grenzen setzen, überrascht am meisten, dass dadurch zwischen Ihnen und dem Kind größere Nähe entsteht.

Grenzen mit Zuhören zu kombinieren, verwischt diese nicht. Das Kind wird nicht aus seiner Verantwortung gelassen und wird Ihre Grenzen ebenso verabscheuen wie zuvor, ganz sicher. Aber weil Sie seinen Gefühlsreaktionen zuhören, wird sich diese Abscheu auflösen. Weil Sie zuhören, wird das Kind seine Sichtweise ändern. Es wird merken, dass es trotz Ihres „Neins" geliebt ist. Und darauf kommt es an.

Was zeichnet Grenzen-Setzen aus?

Die meisten Disziplinierungsansätze gehen davon aus, dass allein die Erwachsenen Intelligenz und Beurteilungsvermögen haben und das Kind dressiert werden muss. Man betrachtet es im Grunde als unzivilisiert. Das Kind hat die Aufgabe, rasch zu gehorchen, und die Erwachsenen sollen auf unerwünschtes Benehmen mit negativen Konsequenzen reagieren. Viele Eltern haben heute eine großzügigere Auffassung vom Wesen und der Intelligenz Ihrer Kinder. Aber auch sie verlieren die Geduld. Spätestens dann, wenn die Kinder in der Schule die Mittelstufe besuchen, sind wir Eltern erschöpft. Wir stehen am Scheitelpunkt einer herausfordernden Erziehungsphase, aber unzählige Machtkämpfe zuvor haben uns ausgelaugt, ohne dass wir damit etwas erreicht haben.

Es wird Zeit, die Annahmen über die kindliche Intelligenz zu korrigieren. Wenn Sie davon ausgehen, dass Ihrem Kind Liebe angeboren ist, es sich nach Kooperation sehnt und einen ausgeprägten Gerechtigkeitssinn hat, ersparen Sie sich Unmengen von Arbeit und Verwirrung. Unsere Kinder können zwischen Gut und Böse unterscheiden – oft fällt ihnen unser verächtlicher oder ärgerlicher Tonfall sogar schon auf, bevor wir es selbst merken! Unkooperatives oder liebloses Verhalten weist nicht auf die angeblich „unzivilisierte Veranlagung" eines Kindes hin. Solches Verhalten wird durch Trennung und verletzte Gefühle gespeist.

Mit dieser großzügigeren Ausgangsbasis entfällt eine ganze Menge Arbeit. Anstatt Ihrem Kind den Unterschied von Gut und Böse beizubringen und sich darum zu sorgen, ob es auch alles begreift, können Sie vor allem auf die Verbindung zu Ihrem Kind achten. Der Fokus auf die Verbindung wird Ihrem Kind helfen, seine Intelligenz öfter einzusetzen. Wenn es nicht kooperieren kann, führen Sie eine Grenze ein und sind anschließend für seine Gefühle ganz Ohr. Dann wird Ihr Kind sich wieder sammeln, sich entspannen und wieder auf Kurs kommen.

Anstatt zum Beispiel bei Spielen zu überwachen, wer an der Reihe ist, oder Strafen für ungerechtes Teilen zu erfinden, setzen Sie voraus, dass Ihre Kinder wissen, wie sie sich gut vertragen. Stibitzt nun ein Kind dem anderen einen geschätzten Gegenstand, legen Sie einfach eine Hand auf diesen Schatz und sagen: „Das gehört Annie. Du wirst es wohl zurückgeben müssen." Dann bleibt Ihre Hand auf dem Gegenstand und Sie lassen zu, dass Ihr Kind deswegen explodiert, weil Sie so blöd sind und es daran hindern, das Spielzeug zu verwenden. „Du willst es wirklich sehr gern haben, aber du musst es zurückgeben", ist alles, was Sie sagen müssen, während sich Ihr Kind ausweint oder einen Wutanfall hat. Nachdem Sie seinen Gefühlen zugehört haben, wird es wieder zur Besinnung kommen, das Spielzeug zurückgeben und im weiteren Spielverlauf flexibler reagieren. Keine Belehrung ist nötig, keine moralische Beurteilung Ihres Kindes, kein diplomatisches Verhandeln. Und sie erzwingen nichts. Sie unterbinden nur die Handlung und hören zu, bis Ihr Kind zur Besinnung gekommen ist. Das dauert etwas, aber Ihr Kind wird es schaffen und Sie ersparen sich fruchtlose Belehrungen und Sorgen. Sie haben prima Kinder, die wissen, wie sie miteinander gut umgehen. Nur das Auflösen der emotionalen Spannung braucht etwas Zeit. Anschließend werden die Kinder wissen, was zu tun ist.

Diese Art, Grenzen zu setzen, kombiniert mit achtsamem Zuhören, verhilft Ihnen zu einem harmonischeren Alltag mit zufriedeneren Kindern. Wenn sich Ihr Kind danebenbenimmt, signalisiert es damit deutlich, dass es gerade aus dem Lot ist. Das Fehlverhalten stoppen und zuhören ist das Liebevollste, was Sie in so einem Moment für Ihr Kind tun können. Dann wird die emotionale Spannung entweichen und durch Ihre Fürsorge ersetzt. Damit ist schon alles getan.

Beim Einsatz von Belohnungs- und Bestrafungsmethoden verstehen die Kinder schließlich, dass wir ihr Verhalten manipulieren, und lernen selbst diese Methode anzuwenden. Bei häufiger Bestrafung stumpfen sie irgendwann ab oder leisten offenen Widerstand. Grenzen zu setzen und anschließend dem Kind zuzuhören bedarf keiner Härte, Bestechung oder Drohung. Es bringt in Ihrem Kind und Ihnen selbst das Beste zum Vorschein.

Bestimmt werden alle Eltern, die den „Hand in Hand"-Ansatz verwenden, aus ihrer Erschöpfung heraus gelegentlich Belohnungen anbieten oder ein Time-out anordnen. Aber in einem ausgeglichenen Zustand lautet die Parole: „Verbindung aufnehmen, die Grenze setzen und zuhören." Wir tun das, weil es sowohl für das Kind als auch für uns positive Folgen hat.

Bei dem „Hand in Hand"-Erziehungsstil gibt es noch eine weitere Besonderheit des Setzens von Grenzen. Wir ermutigen Sie nämlich zum *spielerischen* Grenzen-Setzen. Das ist ein wirksames Mittel zur Entschärfung von Machtkämpfen und ein Weg, ihr Kind zu entzücken und darin zu bestärken, dass Sie ihm auch dann liebevoll zugewandt sind, wenn Sie die Grenze setzen. Sie erfahren mehr darüber im 6. Kapitel, *Ganz-Ohr-Spiel.*

Wann Grenzen setzen?

Ihr Kind wird es Sie deutlich wissen lassen, wenn es Zeit wird, eine Grenze zu setzen. Wenn Sie das Signal nicht erkennen, wird es ein zweites senden, und wenn Sie noch immer nicht reagieren, dann fallen ihm Hinweise ein, die Sie ganz bestimmt nicht übersehen. Ihr Kind wurde nicht dafür geschaffen, einen chaotischen Geisteszustand auszuhalten. Wenn es sich isoliert und verletzt fühlt, wird es ihm daher lieber sein, Sie wenden sich ihm ärgerlich zu als gar nicht. So sehr benötigt es Ihre Aufmerksamkeit.

Während sein Denken von innerem Aufruhr überflutet wird, kann es weder Sie noch andere lieben. Es weiß nicht mehr, dass Sie auf seiner

Seite stehen. Momentan ergibt kaum etwas Sinn. Dennoch registriert Ihr Kind sehr genau Ihren Gemütszustand und welche Gefühle Sie ihm gegenüber hegen. Das kommt ganz tief innen bei ihm an.

Hier folgen einige Signale, die häufig schwierigem Verhalten vorausgehen, das Grenzen unumgänglich macht. An diesen Warnzeichen können Sie erkennen, dass sich Ihr Kind isoliert fühlt:

- Es kann mit Ihnen nicht in entspanntem Augenkontakt bleiben.

- Es will nicht berührt werden.

- Es ist nicht offen für Veränderung.

- Es lässt andere nicht mitspielen oder will nur mit ganz bestimmten Kindern spielen.

- Seine Aufmerksamkeit ist auf das Spielzeug fixiert und es nimmt mit niemandem Verbindung auf.

- Es besteht auf einem bestimmten Handlungsablauf. Jede Variation bringt es aus der Fassung.

- Es ist lustlos, unkonzentriert oder in einer Wiederholungshandlung gefangen, wie zum Beispiel Haarsträhnen eindrehen, Daumenlutschen, Umklammern eines Trostobjekts.

Ein Kind, das sich von Ihnen getrennt fühlt, kann nicht klar denken und somit auch nicht sehr flexibel handeln. Jeder ernsthafte Versuch, sein Handeln zu verändern, ruft bei ihm Protest und unangenehme Gefühle hervor. Am Ende des 2. Kapitels finden Sie eine kurze Liste von sechs weiteren geläufigen Verhaltenssignalen, die Isolation andeuten. Dem Einfallsreichtum der Kinder sind allerdings keine Grenzen gesetzt. Hoffentlich wird es Sie beruhigen, dass Kinder auf der ganzen Welt dieselben verrückten Sachen machen, wenn sie aus dem Gleichgewicht geraten sind.

Es folgt das Beispiel eines Verhaltenssignals, das leicht zu übersehen gewesen wäre. Die richtige Deutung führte jedoch zu einem echten Durchbruch.

◄○►

Eine Mama kam mit ihrem Sohn zum ersten Besuch in einen unserer Wunschzeit-Kurse. Er war dreieinhalb und seine Mutter zeigte sich beunruhigt über zunehmend aggressives Verhalten. Ich begrüßte die beiden mit einem stillen, freundlichen Lächeln.

Nach einer Weile trat er ins Zimmer und spielte ein wenig mit seiner Mama, dann lief er wieder zur Tür hinaus. Sie hatte ihn gebeten, wie die anderen Kinder, die Schuhe auszuziehen. Einen Schuh stellte er ab, aber den zweiten warf er quer durchs Zimmer. Er landete abseits von der Gruppe. Zwar wurde niemand verletzt, aber der Wurf war ein Signal. Der Junge brauchte eine Grenze.

Ich brachte ihm den Schuh, hockte mich neben ihn und sagte ruhig: „Ich kann nicht zulassen, dass du deinen Schuh durchs Zimmer wirfst." Daraufhin brach er in Tränen aus und fing an zu schreien. Seine Mutter setzte sich neben ihn und er stürzte sich auf ihren Schoß. Er weinte, krümmte sich, schwitzte und hasste weiterhin seinen momentanen Aufenthaltsort. Immer wieder bettelte er, heimgehen zu dürfen.

Da sich die Mutter ein wenig mit Bleib-Ganz-Ohr auskannte, bewahrte sie die Ruhe: „Nein, uns geht es gut hier. Ich bin bei dir. Wir gehen heim, wenn die Stunde aus ist." Ganz außer sich von dem Wunsch, nach Hause zu gehen, hörte er lange nicht auf zu weinen. Ich blieb bei den beiden und murmelte ebenfalls ab und zu: „Du bist hier sicher. Ganz bestimmt geht ihr nach Hause. Eben später."

Eine Kollegin hielt das Spiel für die anderen Teilnehmer in Gang, während der Junge weinte und schwitzte und dabei die ungeteilte Aufmerksamkeit seiner Mutter und meiner selbst hatte. Gegen Ende des Kurses wischte er sich die Tränen fort, bat um etwas Wasser und erkundete mit seiner Mama das Zimmer. Sie holten sich ein paar Kissen zum Spielen. Beim Abschied erwiderte er meinen Blick und sagte ein herzliches „Auf Wiedersehen". Ich begab mich auf seine Augenhöhe und versicherte ihm, dass ich gern mit ihm zusammen gewesen war. Daraufhin sagte er zu seiner Mutter: „Mami, ich glaub jetzt hab ich zwei Daheims. Das eine ist Zuhause und das andere ist hier." Von seiner Mama erfuhr ich später, dass sich sein Verhalten in dieser Woche sehr verbesserte.

◄○►

Dem Jungen einfach seinen Schuh zurückzugeben, diente als Auslöser für einen inneren Aufruhr, den er sehnlichst abschütteln wollte. Bestrafung brauchte er keine. Da wir ihm klar signalisierten, dass wir seine Schwierigkeit sahen, konnte er uns offenbaren, wie schlecht es ihm ging. Er weinte sich so lange aus, bis er klar denken konnte, und erkannte dann, dass er an Ort und Stelle tatsächlich sicher aufgehoben war. Anschließend erweiterte sich seine Welt in erstaunlicher Weise. Ihr Spürsinn für entgleistes Verhalten macht Sie zum Experten für die Alarmsignale Ihres Kindes, sodass Sie mit dem Setzen einer Grenze eingreifen können, bevor sozusagen der zweite Schuh durchs Zimmer fliegt.

Wie geht Ganz-Ohr, Grenze, Ganz-Ohr?

Sie werden in der Absicht, sich mit dem Kind *zu verbinden*, Grenzen setzen, aber nicht als Bestrafung, Vergeltung oder Beweis, dass Sie das Sagen haben. Zum erfolgreichen Grenzen-Setzen müssen Sie nicht in Bestform sein, aber falls Sie selbst vom Ärger erfüllt sind, dann wird es Ihnen nicht gut gelingen. Kapitel 13, Verbindung schaffen, wenn Sie nicht mehr weiter wissen, enthält einige Ideen, was Eltern tun können, wenn ihr eigenes Denken blockiert ist. Aber mittlerweile sind wir zu dem

Schluss gekommen, dass Gegenseitiges einfühlsames Zuhören mit anderen Eltern die besten Voraussetzungen schafft, um vernünftig Grenzen zu setzen. Ihr Kind muss seine Gefühle abladen dürfen, um in Bestform zu sein, und dasselbe gilt auch für Sie!

Gern betrachte ich das Grenzen-Setzen als drei zusammenhängende Schritte: ganz Ohr, Grenze, ganz Ohr.

Schritt 1: Zuhören und Denken. Wir halten das Grenzen-Setzen oft für ein Mittel, um bestimmte Regeln durchzusetzen. Nach herkömmlichem Denken sind Kinder wie Welpen, die von Ihrer Mutter klares und konsequentes Verhalten benötigen. Aber das stimmt eben nicht. Für ein Kind ist es viel ermutigender und lehrreicher, gut *mitdenkende* Eltern zu haben, als solche, die unerbittlich auf das Befolgen von Regeln bestehen. Natürlich braucht man bei wichtigen Themen wie Schlafenszeit, Körperpflege und dem Umgang untereinander bestimmte Normen und Grundsätze. Dennoch wird es gelegentlich gute Gründe dafür geben, etwas normalerweise Erlaubtes abzulehnen und etwas zu erlauben, was in der Regel tabu ist. Dagegen werden Ihr gutes Urteilsvermögen und Ihre Fürsorge Ihrem Kind die nötige Sicherheit vermitteln. Hartnäckig und um ihrer selbst willen an jeder Regel festzuhalten, beschränkt Ihre Denkfähigkeit. Kindererziehung verläuft in sanfteren Bahnen, wenn wir uns nicht länger als Regelvollstrecker, sondern eher als eine Art Notfallhelfer verstehen. Zuerst geht es darum, die Lage korrekt zu erfassen: Ist jemand in Gefahr? Wenn nicht, können Sie einen Moment überlegen, ob jetzt eine Grenze sinnvoll wäre.

Versuchen wir ständig, das Verhalten der Kinder nach unseren Regeln im Zaum zu halten, macht das Leben keinen großen Spaß. Und ich wüsste ehrlich keinen Vater und keine Mutter, die davon träumten, dass aus ihrem Kind ein Erwachsener werden sollte, der immer tut, was man ihm sagt. Das Leben mit Kindern macht mehr Freude, wenn wir in unserem Denken beweglich sein können und die Besonderheiten jeder neuen Erfahrung in unsere Entscheidung mit einfließen lassen. Auch lernen unsere Kinder dadurch, klar zu denken und unsere Sichtweise zu respektieren. Wenn die Regel heißt, „Süßes nur am Wochenende", aber Ihr Nachbar bringt am Dienstag einen Teller frisch gebackener Plätzchen vorbei, dann kann man vielleicht eine Ausnahme machen. Was nicht heißt, dass die Keksdose ab jetzt jeden Abend geplündert werden darf. Aber es leuchtet doch ein, die frischen Kekse noch am selben Abend gemeinsam zu genießen. Vielleicht leuchtet es Ihnen auch nicht ein. Entscheidend ist, dass Sie sich die Zeit zum Überlegen nehmen.

Flexible Reaktionsweisen während der emotionalen Momente Ihres Kindes werden Sie erst allmählich erlernen, weil wir oft nicht zwischen den uns antreibenden eigenen Gefühlen und denen unseres Kindes unterscheiden können. Je öfter Sie das Thema Grenzen vor Ihrem einfühlsamen Zuhörer zur Sprache bringen, umso rascher werden Sie diese Fertigkeit meistern. Vertrauen Sie Ihrem Zuhörer an, wie Sie Grenzen in der Kindheit erfahren haben. Schimpfen Sie darüber, wie man Sie behandelt hätte, wenn Sie sich wie Ihr Kind benommen hätten. Erforschen Sie, weshalb Sie zwanghaft Grenzen setzen müssen oder wieso Ihnen allein schon der Gedanke, eine einzige Grenze zu setzen, riesige Angst einjagt. Im kontinuierlichen Abladen der Gefühle zu all diesen Schwierigkeiten werden Sie merken, dass es Ihnen immer leichter fällt, herauszufinden, ob und wann eine Grenze nötig ist.

Sobald das Verhalten Ihres Kindes aus dem Gleichgewicht geraten scheint, unterbrechen Sie Ihre Tätigkeit, hören zu und denken nach. Begeben Sie sich auf seine Augenhöhe, zeigen Sie Interesse. Kein Tadel, kein Anschnauzen, keine Ermahnungen! Sie mögen Ihr Kind fragen, weshalb es brüllt oder weshalb es unbedingt das blaue Hemd will, das gerade in der Wäsche ist. Ab und zu irren wir uns Eltern auch einmal und unser Kind ist gar nicht aus dem Gleichgewicht. Zuhören signalisiert ihm einen Vertrauensbonus.

Wahrscheinlich finden Sie dann auch sehr schnell heraus, was los ist.

- **Benötigt Ihr Kind Information oder Unterstützung?** Wenn Ihr Kind zum Beispiel ärgerlich ist, weil es den zweiten Socken nicht findet, können Sie ihm ein paar Suchvorschläge machen. Wenn Ihre Kinder Fangen spielen, das Baby aber gerade schläft, können Sie ihnen helfen, draußen weiter zu spielen. Geben Sie dem Ganzen nur einen kleinen Anstoß in eine bessere Richtung.

- **Müssen Sie Ihre Erwartungen neu überdenken?** Ihr Kind könnte wie aus dem Gleichgewicht wirken, weil Ihre Erwartungen nicht seinem Alter oder seinen Fähigkeiten entsprechen. Wenn Sie zum Beispiel von Ihrem Dreijährigen erwarten, dass er in der Abteilung für Motorfahrzeuge eine halbe Stunde lang still an Ihrer Seite steht, wird er Sie zwangsläufig enttäuschen. So ein Kleinkind hat einen unbändigen Bewegungsdrang! Oder wenn Ihr Sohn bereits seit Jahren Leistungsschwierigkeiten hat, dann können Sie von ihm nicht erwarten, dass er wie alle anderen Siebtklässler jeden Abend eine Stunde lang selbstständig seine Hausaufgaben erledigt. Er kann seine schulischen Fähigkeiten steigern, aber sein Zutrauen ist geschwächt. Er wird zusätzliche Unterstützung benötigen. Holen Sie sich professionellen Rat, wenn Ihr Kind Ihre Erwartungen häufig enttäuscht. Vielleicht bekommen Sie somit nützliche Informationen und eine neue Sichtweise.

- **Fühlen Sie sich ausgelaugt?** Manchmal tun Ihre Kinder einfach, was lebhaften Kinder gut tut – quer durch die Wohnung Fangen spielen, Herumkichern, wenn abends das Licht ausgeknipst wird, unterwegs den anderen Autofahrern vom offenen Fenster aus laut „Hi" zurufen – und es macht Sie verrückt. So ein alltäglicher Spaß wird dann zu viel, wenn Sie einen anstrengenden Tag hatten. Ihr Gleichgewicht zu bewahren ist ein guter Grund für eine Grenze. Aber stehen Sie ehrlich dazu. Sagen Sie Ihrem Kind, dass an seinem Spiel eigentlich nichts auszusetzen ist, dass es aber momentan *Ihren* Bedürfnissen in die Quere kommt.

- **Ist Ihr Kind aus dem Gleichgewicht geraten?** Sie kennen die Signale. Je mehr Erfahrung Sie mit den Zuhörstrategien sammeln, umso genauer können Sie Ihr Kind einschätzen. Oft werden Sie blitzschnell wissen, was los ist. Wenn Ihr Kind ärgerlich herumschreit und durchs Haus rennt, anderen Sachen stibitzt oder sich weigert, das Stockbett der Schwester zu räumen, und Sie nicht gerade selbst vor Wut überkochen, dann fällt die Entscheidung leicht: Zeit für eine Grenze!

Schritt 2: Bringen Sie die Grenze. Härte ist nicht nötig. Anstatt zu schreien, zu befehlen oder Ihr Kind für schlechtes Verhalten auszuschimpfen, stellen Sie sich einfach zwischen Ihr Kind und den Blödsinn, den es anstellt. Anstatt viele Worte zu machen, steht beim Grenzen-Setzen Ihr Handeln im Vordergrund.

Die meisten Eltern sagen oder schreien die Grenze: „Hör auf, Sissy an den Haaren zu ziehen!" oder „Wehe, du wirfst den Schuh!". Dastehen und reden frustriert aber nur, denn das Kind kann Ihre Worte nicht verarbeiten. Es kann sein Verhalten gerade nicht steuern. Sonst würde es ja niemanden an den Haaren ziehen oder mit Schuhen werfen.

Bringen Sie ihm stattdessen die Grenze. Gehen Sie zu ihm. Nehmen Sie rasch, aber respektvoll Körperkontakt auf. Legen Sie beispielsweise Ihre Hand über die Ihres Kindes und befreien Sie in Ruhe Sissys Haare aus dem Griff der Finger. Oder legen Sie Ihrem Kind Ihre Hand so auf den Arm, dass es nichts mehr werfen kann. Sollte der Schuh bereits geflogen sein, nehmen Sie Ihr Kind sanft an den Handgelenken, damit es keinen zweiten werfen kann. Unterbrechen Sie sein Fehlverhalten mit einer körperlich erfahrbaren Grenze und so wenig dazwischenfunkenden Gefühlen von Ihrer Seite wie möglich.

Hier folgt die Geschichte einer Mutter, die das Kaufen von Fanartikeln begrenzt hat. Es ist ein schönes Beispiel dafür, wie ein Streitthema verschwindet, sobald das Kind anstelle der Dinge, die es scheinbar ersehnt, die elterliche Aufmerksamkeit bekommt.

Wir waren alle ganz aufgeregt, dass die Läufer die olympische Fackel an unserem Haus vorbei tragen würden. An dem großen Tag war mein sechsjähriger Sohn total aufgedreht und wollte unbedingt auf der Straße zuschauen. Wir fanden einen guten Platz auf einer Mauer. Schließlich eilten die Fackelträger unter unserem Klatschen und Winken vorüber. Meine Kinder wollten ein wenig hinter der Fackel herlaufen und so folgte ich ihnen. Dann bat mich mein Sohn wiederholt um einige olympische Fanartikel, die andere Kinder schwenkten und um den Hals trugen – eine grüne Schleife an einem Stock und eine unechte Goldmedaille. Ich hatte jedem Kind eine Flagge zum Schwenken gekauft und hatte weder das Geld noch die Absicht, mehr zu kaufen.

Also setzte ich eine Grenze. Ich begab mich auf seine Augenhöhe und sagte liebevoll: „Nein, wir kaufen jetzt nichts mehr." Zu diesem Zeitpunkt standen wir in einem Einkaufszentrum. Mein Sohn hatte sich gegen den Eingang eines Sportgeschäfts gedrückt, das lauter Olympia-Artikel anbot.

Er reagierte ärgerlich und drohte, mich zu beißen, wenn ich seinen Wunsch nicht erfüllte. Seine Heftigkeit überraschte mich, aber ich entgegnete, dass ich mich nicht von ihm verletzen lassen würde. Er versuchte, mich zu treten, und ich hielt ihn sanft am Bein und wiederholte, dass ich mich nicht von ihm verletzen lassen würde. Er bestand darauf, dass ich ihm etwas kaufen *müsste*. Sanft entgegnete ich, dass ich heute keine Olympia-Artikel mehr kaufen würde. Sein Ärger verwandelte sich in Tränen. Er weinte und sagte: „Ich will was, zum Behalten, für immer!" Bei diesen Worten hörte ich genau hin. Ich konnte mich in seine Aufregung, und vielleicht Enttäuschung, dass alles so schnell vorbei war, einfühlen. Bewusst übte ich das liebevolle Bringen einer Grenze im Vertrauen darauf, dass ihm das auf lange Sicht mehr helfen würde als ein billiger Fanartikel. Er weinte und ich blieb zuhörend bei ihm. Allmählich war er bereit zu gehen und bekam gute Laune.

An jenem Abend hatte ich einen Kurs und verabschiedete mich von ihm mit einer herzlichen Umarmung und einem Kuss. Er folgte mir nach unten und wollte mich noch einmal umarmen. Er warf mir unzählige Kusshändchen zu und winkte mir hinterher. In dem herzlichen Abschied meines Sohnes spürte ich unsere Verbundenheit, die entstanden war, weil ich eine Grenze gesetzt und sie liebevoll aufrechterhalten hatte.

➤◦➤

Wenn Sie eine Grenze bringen, dann handeln Sie zuerst und reden erst danach. Ziehen Sie ein um sich tretendes und schlagendes Kind zum Beispiel erst weg von seinem Opfer und nehmen es auf den Schoß, bevor Sie mit ihm reden. Oder, wenn eines Ihrer Kinder im Auto bereits „Erster" ruft und den beliebten Kindersitz für sich reserviert hat, das zweite aber hineinklettert, dann legen Sie ihm eine Hand aufs Knie und zupfen es sanft. „Es wird Zeit, Platz zu machen. Deine Schwester ist dran."

Sie müssen Ihr Kind nicht aus dem Sitz herausziehen; Sie müssen ihm auch nicht versprechen, dass es nächstes Mal darin sitzen darf. Zupfen Sie nur ab und an, damit Ihr Kind sich derart ausweinen kann, dass es sich schließlich an sein freigiebiges Wesen erinnert.

Sobald Sie eine Grenze eingebracht haben, versuchen Sie zu entspannen und auf Ihr Kind zu achten. Solange es aus dem entgleisten Zustand heraus agierte, konnte es seinen quälenden Schmerz nicht spüren. Sobald Sie aber die Grenze bringen und Ihrem Kind zeigen, dass Sie zuhören, hat es eine viel größere Chance, endlich die Spannung loszuwerden, von der es angetrieben wurde. Vielleicht dreht und windet es sich im Wunsch, seinem inneren Gefühlsaufruhr zu entkommen, oder es schreit oder rennt weg. Harren Sie bei ihm aus. Es braucht Ihre Liebe und Aufmerksamkeit.

Unseren Erfahrungen nach wirkt Bestrafung für das Einbringen gesunder Grenzen kontraproduktiv. Sobald Sie einem Kind drohen, es schlagen, oder im Time-out isolieren, haben Sie der Verletzung, die ohnehin schon sein Denken blockiert, eine weitere hinzugefügt: ihm Angst gemacht, es angegriffen oder isoliert. Sein Gehirn macht dicht, somit ist jede Lektion, die Sie dem Kind erteilen wollen, fruchtlos. Es war bereits verletzt, als es sich danebenbenahm und Bestrafung wird es zusätzlich verwirren. Ihr Kind ist nicht absichtlich ausgetickt und sehnt sich nach der Verbindung zu Ihnen. *Sie* müssen für Ihr Kind das überdrehte Verhalten stoppen und sich dann so schnell wie möglich mit ihm verbinden.

Schritt 3: Zuhören. Dieser ist von allen drei Schritten der wichtigste. Sobald Sie die Grenze eingebracht haben und dem Aufruhr des Kindes zuhören, kann es sich von seiner Verletzung erholen. Dabei können Sie sich an den Informationen aus Kapitel 4, *Bleib-Ganz-Ohr*, und Kapitel 6, *Ganz-Ohr-Spiel* orientieren.

Erwarten Sie von Ihrem Kind keine rasche Änderung seiner Perspektive. Ist Ihr Sohn ausgerastet, weil die Schwester sein Malpapier bekritzelt hat, dann freuen Sie sich über diese Chance zum Abladen seiner Gefühle. Ihre Grenze, den Jungen auf eine Armeslänge von der Schwester entfernt zu halten, damit er nicht wutentbrannt auf sie einschlägt, und dazu all sein Schwitzen und Weinen, während Sie für ihn ganz Ohr bleiben, kann den Geschwistern viel weiteren Zank ersparen.

Offenbar testen Kinder manchmal anhand eines kleinen Ärgers die Stimmung. In völliger Unkenntnis des Riesenärgers, den Ihr Kind gebunkert hat, werden Sie daraufhin eine anscheinend normale Grenze setzen. Reagieren Sie dann während der ersten Minuten achtsam auf sein Weinen, wird Ihr Kind anfangen, auch an seinem größeren Problem zu arbeiten. Eine Mutter teilte uns dazu ihre Erfahrung mit:

Schon längst war Schlafenszeit, aber meine Tochter lag noch wach. Schon wieder. Schon seit mehreren Wochen fiel ihr das Einschlafen sehr schwer. Ich vermutete, dass irgendwelche Ängste dahintersteckten, und traf mich jetzt öfter mit meinem einfühlsamen Zuhörer, damit ich mit meiner Tochter die Arbeit an diesem emotionalen Projekt beginnen konnte.

Einige Tage vorher hatten wir ein Wochenende bei Verwandten verbracht. Dort hatten wir ihr in einem Secondhandladen einen hellbraunen Teddy gekauft. Sie nannte ihn Goldie. Es gilt die Regel: Alles, was wir bei den Verwandten kaufen, bleibt für unseren nächsten Besuch dort. Sie hatte Goldie unbedingt mit nach Hause nehmen wollen, aber ich gab nicht nach.

Sobald wir zu Hause waren, konnte sie ohne Goldie nicht schlafen. Übrigens leidet dieses Kind nicht gerade an akutem Kuscheltiermangel. Tatsächlich wissen wir gar nicht mehr, wohin mit diesen. Das war mein großer Aha-Moment! Früher hätte ich geglaubt, sie weinte wirklich über die Sache, die sie als Grund nannte. Dann hätte ich sie so gut wie möglich zu trösten versucht. Diesmal war es anders. Ich merkte, es ging gar nicht um Goldie.

Der Teddy (Trommelwirbel bitte!) war nur ein *Vorwand*. Tatsächlich weinte meine Tochter wegen dem, was ihr nachts zu schaffen machte. Na klar! Jetzt war der Groschen gefallen. Ich setzte mich zu ihr und blieb ganz Ohr. Sie schluchzte heftig. Ich erklärte ihr, dass Goldie gut aufgehoben war und bis zum nächsten Besuch auf sie wartete. Da weinte sie noch mehr.

Zwar hatte ich mich auf eine ziemlich lange Bleib-Ganz-Ohr- Sitzung eingestellt, aber meine Tochter war in fünf Minuten fertig. Dann beruhigte sie sich und schlief schnell ein. In jener Nacht wachte Sie kein einziges Mal auf und seither ist Goldie kein Gesprächsthema mehr. Auch schläft sie weiterhin rasch ein. Mich erstaunt immer noch, wie leicht das gegangen war. Und sollte sie Goldie doch wieder vermissen, weiß ich genau, was zu tun ist.

◄o►

Setzen Sie die Grenze, bevor Sie ärgerlich werden

Unser häufigster Fehler beim Grenzen-Setzen ist, darauf zu hoffen, ein sich vor unseren Augen zusammenbrauender Streit würde sich einfach in Luft auflösen. Obwohl alles dagegen spricht, hoffen wir, dass sich unsere Kinder heute nicht wie die letzten sechs Wochen am Abendbrottisch gegenseitig treten! Also verkrampfen wir uns schon vor dem Essen, erwarten ein Wunder und fühlen uns bei seinem Ausbleiben schrecklich entmutigt und wütend.

Rechnen Sie mit mindestens fünfzig Prozent Planung, um eine vernünftige Grenze zu setzen! Wenn Sie sich mit Ihrem Kind schon beim kleinsten Hinweis auf Ärger verbinden, werden Sie liebevoller und flexibler reagieren, und dasselbe gilt für Ihr Kind. Schnell ein paar Minuten zu knuddeln, zu entspannen oder herumzualbern, bevor die Stimmung den Bach hinuntergeht, kann den ganzen Tagesverlauf ändern. Ihr Kind ist lieber mit Ihnen verbunden, als gegen Sie in den Kampf zu ziehen. Doch damit dies gelingt, müssen Sie gut vorausplanen, damit sie wiederkehrenden Problemen mit Grenzen begegnen können, bevor Ihr Kind Sie öfter als einmal darauf hinweist.

Versuchen Sie spielerisches Grenzen-Setzen!

Humor kann beim Thema Grenzen-Setzen sehr zur Ermutigung beitragen, vorausgesetzt, Ihr Kind ist nicht zu sehr aufgebracht. Kinder tun nichts lieber als herzhaft zu lachen, und sie humorvoll aus Ihrem eingefahrenen Verhaltensmuster zu locken, kann die gute Laune der ganzen Familie fördern. Während Sie beispielsweise Ihre vorpubertäre Tochter aus dem Badezimmer schieben, könnten Sie sagen: „Ah, da ist also mein süßes Mädchen. Wie hübsch du aussiehst! Ich rette dich jetzt aus diesem Gefängnis. Auf geht's, zum Spiegel im Flur!" Ihre Tochter wird die Augen verdrehen und Sie für die seltsamsten Eltern halten, aber sie wird das Bad frei geben, vielleicht unter spielerischem Widerstand, und das darauffolgende Lachen wird ihr gut tun. Sie wird Ihren liebevollen Tonfall in ihr Herz aufnehmen.

„Das energische Knuddeln" ist eine weitere Möglichkeit, humorvoll Grenzen zu setzen. Es spielt mit der Gewohnheit vieler Eltern, bei Fehlverhalten der Kinder Konsequenzen festzusetzen. Ihr Kind übertritt eine Grenze, und anstatt daraus ein Staatsvergehen zu machen, sprechen Sie eine absurde Konsequenz aus. Das klappt am besten, wenn Sie dann Ihren jungen „Übeltäter" mit fröhlichem Eifer einzufangen suchen.

Hier erzählt eine Mutter, wie sie diese Strategie an einem besonderen Familientag ausprobierte, als eine ihrer Töchter kleinlich reagierte. Es kam nicht bis zum Knuddeln, aber der Familientag wurde durch Gelächter gerettet.

Am Muttertag nahmen mein Mann und ich unsere Kinder im Alter von elf, zehn und sieben Jahren auf eine Wanderung mit. Meine Mädchen laufen gerne barfuß. Ich erlaubte es meiner Jüngsten unter der Bedingung, die Schuhe in meinen Rucksack zu packen. Als meine ältere Tochter ihre Schuhe nicht fand, erlaubte ich ihr trotzdem mitzugehen. Als wir eine Weile unterwegs waren, entdeckte meine Jüngste, dass ihre Schwester keine Schuhe dabei hatte, und wurde stinksauer. Sie beklagte sich, das wäre nicht gerecht. Ich stimmte ihr zu und sagte, es täte mir leid. Aber nachdem sie ihre Schuhe weder selbst schleppen noch anziehen müsse, spiele es doch keine Rolle. Dieser Vernunftappell funktionierte leider nicht. Ich ärgerte mich, dass ich den Muttertagausflug nicht mehr genießen konnte.

Dann erinnerte ich mich an die Strategien des Zuhörens. In übertrieben strengem Tonfall sagte ich: „Hör zu. Du musstest natürlich deine Schuhe mitnehmen, aber deiner Schwester war das verboten. Ich bin nämlich Königin Fieseline und bei mir gelten für jeden andere Wanderregeln." Meine Tochter schaute interessiert auf. „Genau, deine Schwester durfte auf keinen Fall ihre Schuhe mitnehmen. Sonst hätte sie schrecklichen Ärger bekommen. Und du … tja, zwar musstest du deine Schuhe einpacken, du darfst sie aber auf keinen Fall anziehen. Und dein Bruder muss seine Schuhe mindestens bis zur Hälfte der Wanderung anbehalten, erst dann darf er sie ausziehen, aber nicht wieder anziehen." Jetzt hatte sie angebissen und fragte: „Und Papa?"

„Ach, der Papa muss seine Schuhe unbedingt anbehalten, sonst bekommt er den Zorn der Königin Fieseline zu spüren."

Das gab dem Ausflug eine neue Wendung. Sie verbrachten die restliche Zeit damit, die Regeln der Königin Fieseline zu brechen, und ich jagte ihnen dann jedes Mal hinterher, ohne sie tatsächlich zu erwischen. Einmal, nachdem ich meinen Sohn verfolgt hatte, der es gewagt hatte, seine Schuhe wieder anzuziehen, schaute ich zurück und sah meine Jüngste in den großen Schuhen meines Mannes. Da war die Königin Fieseline aber ärgerlich auf all ihre Untertanen! Ein wenig später machte ich ein „Schläfchen", während die Mädchen mir die Schuhe auszogen und versteckten. Was war ich sauer! Der ganze Nachmittag war ein einziges Gelächter und Gequietsche. Hinterher fühlten wir uns einander sehr nah. Ich glaube, diese Königin-Fieseline-Strategie mit ihren absurden Regeln war deswegen so erfolgreich, weil sie das Thema Gerechtigkeit, das meine Tochter so aufgebracht hatte, spielerisch behandelte.

Wenn Sie spielerisch Grenzen setzen, wird Ihr Kind diese immer wieder testen wollen, damit es Ihr spielerisches Eingreifen genießen kann. Sie lernen alle möglichen Ausdrucksarten wilder Zärtlichkeit, gehen auf spielerische Verfolgungsjagden, sprechen bombastische Drohungen aus und lassen sich auf spielerisches Raufen ein, um abweichendem Verhalten Ihres Kindes zu begegnen.

Dabei lautet Ihre Botschaft: „Du bist in Ordnung, ganz egal, welchen verdammten Mist du gerade wieder verzapfen willst! Ich komme jetzt!" Diese Botschaft lässt Kinder gedeihen.

Nach herkömmlichem Denken ermutigt spielerisches Grenzen-Setzen erst recht zu schlechtem Benehmen. Wir beobachten dagegen, dass Kinder, spielerisch Dinge tun, die ein „energisches Knuddeln" herausfordern, wenn sie spüren, dass sie die Verbindung verlieren, oder die Erfahrung brauchen, dass sie ihren Eltern wichtig sind.

Auf andere mag das wie schlechtes Benehmen wirken, aber in der sich entwickelnden Liebessprache zwischen Ihnen und Ihrem Kind gilt es als Einladung, sich zu verbinden und miteinander zu spielen. Wenn Ihnen der Hunger Ihres Kindes nach spielerischen Grenzen über den Kopf wächst, dann setzen sie eine nüchterne Grenze. Fangen Sie ihr Kind ein, und harren Sie mit ihm aus, bis ihm eine andere Tätigkeit einfällt. Wenn es weinen muss, wird es das tun, und das wird sie beide verbinden.

Geben Sie Ihrem Kind einen Entwicklungsimpuls, indem Sie Erwartungen setzen

Wenn Ihr Kind bereits längere Zeit in schwierigen Verhaltensmustern gefangen ist, müssen Sie eine neue Erwartung setzen, um es daraus zu befreien. Dafür muss man kein Genie sein, aber Sie werden nur dann Erfolg haben, wenn Sie Zeit in eine herzliche Verbindung zu Ihrem Kind investiert haben. Wenn es Ihnen die großen Gefühle anvertrauen soll, die es in diesem Verhalten gefangen halten, dann muss es Ihre echte Unterstützung spüren!

Die folgenden Hinweise helfen Ihnen, vernünftige Erwartungen zu setzen. Probieren Sie dies ruhig zuerst in einfachen Situationen aus, zum Beispiel, wenn Sie Ihr Kind bitten, seinen Teller nach dem Essen an der Spüle abzustellen oder sein Spielzeug aufzuräumen.

- **Arbeiten Sie an Ihren Gefühlen gegenüber der Erwartung, die Sie setzen wollen.** Wenn Sie eine Erwartung für ein bestimmtes Verhalten ankündigen müssen, dann hat Ihr Kind dieses wahrscheinlich schon viele Male verfehlt. Und jede dieser Situationen hat in Ihnen Gefühle hervorgerufen. Sie können dem Kind besser beistehen, wenn sie zunächst Ihren eigenen Frust abladen. Dabei kann Ihnen ein guter Zuhörer helfen, wie, das erklären wir im 7. Kapitel, *Gegenseitiges einfühlsames Zuhören.*

- **Teilen Sie Ihrem Kind die Erwartung im voraus mit.** Am besten, Sie betrachten das Setzen einer neuen Erwartung als ein gemeinsames *Projekt* mit Höhen und Tiefen. Ihr Kind benötigt Hilfe, aber vielleicht muss es mehr als einmal gegen Ihre Erwartung rebellieren und sich darüber aufregen. Also geben Sie ihm genügend Vorlauf. Formulieren Sie die Erwartung positiv: „Nächste Woche werde ich dich abends darum bitten, deine Spielsachen aufzuräumen. Vielleicht magst du das nicht, aber ich werde dir dabei helfen. Und dann wird es zu deinen normalen Aufgaben gehören, ebenso wie Einkaufen gehen zu meinen normalen Aufgaben gehört."

- **Verbinden Sie sich mit Ihrem Kind mit Hilfe der Strategien des Zuhörens.** Sie können es mit ein wenig Wunschzeit versuchen, bevor Sie vorbildliches Verhalten erwarten.

  Oder Sie wenden das Ganz-Ohr-Spiel an, wie in Kapitel 6 beschrieben. Auf diese Weise könnte Ihr Kind seinen Widerwillen spielerisch lösen und mit einer humorvollen Reaktion bringen Sie es zum Lachen. Macht sich Ihr Kind beispielsweise aus dem Staub, sobald es seine Spielsteine aufräumen soll, könnten Sie es einfangen, zurückbringen und dabei sagen: „Du *magst* doch deine Steine? Schau, wie schön die sind. Heb doch einfach einen auf und leg ihn auf dieses hübsche Regal." Ihr Kind wird wieder davonrennen, diesmal lachend, während Sie es zurückholen und davon schwärmen, aus seinen schönen Steinen einen tollen Stapel zu bauen. Wunschzeit und Ganz-Ohr-Spiel werden Ihnen dabei helfen, sich mit Ihrem Kind zu verbinden. Außerdem senden Sie ihm die Botschaft, dass Sie über Ihrer Bitte nie vergessen, Ihr Kind zu lieben. Nach dem Lachen können Sie zu Ihrer ernsteren Erwartung zurückkehren und den nächsten Schritt tun.

- **Setzen Sie Ihre Erwartung, wenn Sie mit Ihrem Kind gut verbunden sind.** Anschließend bleiben Sie ganz Ohr. Auf das Beispiel bezogen, sagen Sie vielleicht gut gelaunt: „Jetzt werden die Steine weggeräumt.", und hoffen, Ihr Kind wird sich daraufhin ausweinen können. Falls es ausreißt, könnten Sie es einfangen, auf den Schoß ziehen und sagen: „Heute räumst du deine Steine auf. Wenn dir das schwerfällt, bleib ich bei dir." Harren Sie bei Ihrem Kind aus, erlauben Sie ihm, sich zu winden und zu jammern, bis es einen Weg zu seinen Tränen findet oder zu einem schweißtreibenden Kämpfchen. Zwingen Sie Ihr Kind jedoch zu nichts, noch nicht einmal dazu, einen Stein anzufassen. Helfen Sie ihm nur, sich auf seine gegenwärtigen Gefühle zu konzentrieren. „Hier sind die Steine." „Hier ist das leere Regal." „Das ist nur eine kleine Aufgabe. Es dauert nicht lange." „Wenn du soweit bist, helfe ich dir auch." Indem Sie die Aufmerksamkeit Ihres Kindes auf die bevorstehende Aufgabe lenken, bleiben seine Gefühle im Fluss. Hören Sie zu. Fragen Sie ab und zu sanft nach: „Bist du bereit?" Früher oder später wird es soweit sein. Ein Kind, das sich mit Unterstützung ausweinen konnte, wird die erwartete Aufgabe dann gerne erfüllen, vielleicht sogar auf kreative Weise. Sich verbunden zu fühlen ändert alles.

Es folgt eine Geschichte über das Setzen von Erwartungen, um einen Lernfortschritt anzubahnen. Mein neunjähriger Sohn nimmt Klavierunterricht und spielte gern für seine Freunde. Schon ein halbes Jahr lang übte er jedoch zu Hause nicht mehr gern und seine Fortschritte stagnierten.

Eines Tages legte uns sein Klavierlehrer das häusliche Üben ans Herz. Daraufhin hielt ich meinem Sohn auf dem Nachhauseweg eine Strafpredigt. Sichtlich betreten, fiel er ins Schweigen. Da merkte ich selbst, dass sich diese Belehrung nicht richtig anfühlte. Es fiel mir schwer, den Mund zu halten, aber ich entschuldigte mich und schwieg bis wir zu Hause ankamen. Das beruhigte mich wieder etwas.

Zu Hause fragte ich meinen Sohn, ob wir über die Klavierstunden reden könnten. Widerstrebend willigte er ein. Diesmal versuchte ich, folgenden Satz zu vermeiden: „Wenn du nicht üben kannst, dann solltest du mit dem Unterricht aufhören." Diesen bekam ich als kleines Mädchen von meiner eigenen Mutter zu hören. Ich setzte mich neben ihn, suchte den Blickkontakt und fragte ihn so ruhig wie möglich, wie ich ihm helfen könnte, täglich zu üben. Da klagte mein Sohn über die Störungen durch seinen kleinen Bruder oder wie ungerecht er es fand, dass sein Bruder spielen durfte, während er üben musste. Ich hörte zu und widerstand dem Drang, so etwas zu sagen wie: „Das stimmt doch gar nicht!"

Wieder fragte ich sanft: „Was könnte dir helfen? Ich bin sicher, du kannst das." Da wurde mein Sohn richtig ärgerlich und antwortete: „Halt doch einfach den Mund! Geh weg!"

Ich antwortete: „Ich will wirklich einen Weg finden, Dir beim Üben zu helfen. Ganz bestimmt kannst du üben." Ich blieb an seiner Seite, fragte mich aber gleichzeitig, ob mich immer noch mein eigener Ärger motivierte oder ich ihm ein echtes Hilfsangebot machte. Ich beschloss, zuzuhören und Zutrauen zu vermitteln, anstatt ihn, in Erwartung einer Änderung seines Verhaltens, zu belehren. Ich dachte: „Er weiß, was er tun soll, und es macht ihm eigentlich auch Spaß, aber aus irgendeinem Grund kann er es gerade einfach nicht."

Bald weinte mein Sohn. Er weinte sehr heftig, sagte, es sei ungerecht und alles meine Schuld. Ich blieb weiter ganz Ohr. Er weinte, während er sich, mit mir an der Seite, zum Keyboard setzte. Nach etwa einer Viertelstunde hatte ich anderes zu tun und sein Weinen hatte etwas nachgelassen. Also sagte ich ihm, dass ich gehen müsse, und stand auf. Zu meiner Überraschung fing er kurz danach von selbst mit Klavierüben an. Unglaublich.

Seit jenem Abend übte er fast täglich Klavier, manchmal spontan, manchmal mit meiner Ermutigung, die früher nie gewirkt hatte. Verhasst war ihm das Klavierüben jedenfalls nicht mehr. Vielmehr war eine Last von ihm gewichen. Jetzt spielte mein Sohn, weil es ihm Freude machte. Diese Erkenntnis hat auch mein Denken über die Musik verändert. Ich sage nicht mehr, „Jetzt ist das Klavierüben dran", sondern „Ich höre so gern deine Musik. Kannst du jetzt spielen?". Ich sehe, dass ich ihm dabei helfen konnte, sich durch das hindurchzuarbeiten, was ihn am Klavierüben gehindert hatte.

◄o►

Unsere Kinder sind für Liebe, Respekt und Gerechtigkeit geschaffen. Unsere wohl überlegt gesetzten Grenzen und das Zuhören im Anschluss geben ihnen genau, was sie brauchen. Allerdings ist dieser Weg insbesondere anfangs sehr zeitaufwändig. Denn das emotionale Gedächtnis der Kinder ist meist randvoll mit Emotionen, die bisher kaum heraus gelassen werden konnten. Vielleicht müssen Sie einige Posten auf Ihrer Aufgabenliste vertagen, während Sie mit dem Kind die angehäuften Gefühle abarbeiten. Aber die Zeit, die sie jetzt ins Zuhören und Grenzen-Setzen investieren, wird Ihnen später zugutekommen. Ihr Kind entwickelt mehr Nähe zu Ihnen, ist von Verletzungen befreit und fühlt tiefere Geborgenheit.

•◆•

Es ist in Ordnung, mit Ganz-Ohr, Grenze, Ganz-Ohr langsam zu beginnen. Honorieren Sie jeden Erfolg. Jeder kleine Schritt ist wichtig. Und in Teil III, *Strategien für tägliche Herausforderungen*, lesen Sie von einer großen Bandbreite an Situationen, in denen ähnlich gestresste Eltern wie Sie Grenzen-Setzen und Bleib-Ganz-Ohr mit bemerkenswertem Erfolg verknüpft haben.

KAPITEL 6

Ganz-Ohr-Spiel

Spiel ist für Kinder ein sicherer Hort, um zu experimentieren, um sich und die Welt zu erkunden. Egal, was Ihr Kind gerade auch tut, es wird zum Spiel, sobald das Kind spontan handelt, seine Rolle selbst bestimmt und kein bestimmtes Ziel erreichen muss. Spiel trägt die Belohnung in sich selbst und ist für Ihr Kind zutiefst befriedigend. Dennoch ist es keine banale Beschäftigung. Darin wird der Verstand Ihres Kindes, Urteilsvermögen, die Kraft, die Koordination und der Charakter entwickelt. Tatsächlich ist das Spiel für die Kindesentwicklung so bedeutsam, dass es von der UN-Kinderrechtskonvention in die Liste der Grundrechte (für Kinder) aufgenommen wurde.

Jegliches Spiel nährt unsere Kinder, aber das Ganz-Ohr-Spiel entfaltet eine besondere Kraft. Es steigert das kindliche Selbstvertrauen und stärkt seine Verbundenheit mit Ihnen und anderen. Das Ganz-Ohr-Spiel ist eine Strategie, die Ihr Kind darin unterstützen kann, sich nach Herausforderungen wieder zu erholen und bislang gefürchteten Situationen die Stirn zu bieten. Und das alles mit Freude!

Dies sind die beiden Kennzeichen des Ganz-Ohr-Spiels: Lachen und die Wahrnehmung Ihres Kindes, dass es der Bestimmer ist. Ihr Kind macht jedes Mal Fortschritte, wenn es spontan loskichert und riesigen Appetit auf Spaß hat. In sicherer Spielatmosphäre mit Ihnen verbunden, baut Ihr Kind mit jedem Lachen kleinere Spannungen ab. Jedes Lachen befreit Ihr Kind ein bisschen mehr von Ängsten und Sorgen. Es wird mutiger, kreativer und experimentierfreudiger, während Sie ihm weiterhin herzhaftes

Lachen entlocken. Kinder mögen das Ganz-Ohr-Spiel! Und indem Sie Ihre Begabung fürs Spielen wiederentdecken, werden Sie darin ebenfalls ein Ventil für Ihre Kreativität finden.

Angenommen, Ihre Tochter lacht, wenn Sie Ihnen auf den Rücken klettert und von Ihnen sanft geschaukelt wird. Beim Ganz-Ohr-Spiel sorgen Sie dann dafür, dass ihr Lachen nicht versiegt, indem Sie sich gerade so viel bewegen, dass Ihre Tochter weiter kichert. Zeigen Sie Zuneigung und Interesse über Ihren Tonfall und verbinden Sie sich so mit Ihrem Kind. Bieten Sie Augenkontakt an, kichern Sie mit und lesen Sie aus der Körpersprache Ihrer Tochter heraus, wie das Spiel läuft. Dies ist der Aspekt des Ganz-Ohr-Seins beim Ganz-Ohr-Spiel. Erlauben Sie der Tochter die Entscheidung darüber, wie und wann sie das kleine Spiel verändert. Vielleicht möchte sie herunterklettern, Ihnen Kuscheltiere auf den Rücken legen und sich kaputtlachen, während Sie die Tiere herunterschaukeln. Oder sie möchte eine Decke über Sie ausbreiten, um Sie in eine Schildkröte zu verwandeln, und dann ausprobieren, wie es sich anfühlt, auf Ihrem Rücken zu stehen. Ihr werden gute Ideen einfallen, damit Lachen und Spaß nicht aufhören, und Sie werden sich daran freuen, wie die gute Laune Ihrer Tochter zunimmt.

Hier geben wir Ihnen einen Vorgeschmack auf das Ganz-Ohr-Spiel. Eine Mutter berichtet, wie es ihrer Tochter half, auffälliges Verhalten nach dem Kindergarten abzubauen.

Meine Tochter besuchte erst seit wenigen Wochen den Kindergarten, als ich merkte, wie sehr sie beim Abholen am Ende des Tages unter Spannung stand. Sie weigerte sich zu gehen und es dauerte lange, bis wir das Gebäude verließen. Auch vermied sie den Abschied von ihren Freunden und der Erzieherin.

Eines Tages beim Abholen fing sie damit an, sich in den Arm zu beißen. Das erschreckte mich. Ich machte mir Sorgen, sie würde sich selbst verletzen, und bei der Vorstellung, was andere von uns denken könnten, wurde mir unbehaglich. Am Auto angelangt, fiel mir ein, dass ich meine Gefühle mit meinem einfühlsamen Zuhörer bearbeiten konnte. Dies half mir, wieder einen klaren Kopf zu bekommen und mich daran zu erinnern, das Verhalten meiner Tochter spielerisch anzugehen.

Beim Festschnallen im Kindersitz, biss sie sich immer noch in den Arm, und so tat ich, als würde ich auch daran knabbern und sagte spielerisch: „Lecker! Der schmeckt ja wie Erdbeeren!" Daraufhin kicherte sie. Dann knabberte ich an dem zweiten Arm und gab vor, er schmecke nach Schokolade. Sie hörte mit dem Lachen gar nicht mehr auf. Ich knabberte an ihren Fingern, worauf sie mir das Bein anbot und fragte: „Was ist das für ein Geschmack?" Bei diesem Herumalbern lachten wir beide. Auch hörte sie mit dem Armbeißen auf.

Zu Hause angekommen, zwinkerte sie mir beim Aussteigen zu und nahm als Einladung zum Weiterspielen, wieder den Arm in den Mund. Ich knabberte auch wieder daran, zog ihn von ihrem Mund weg und bestätigte, wie lecker er schmeckte. Drinnen rannte sie dann zu ihrem Papa, wiederholte meine Worte und erklärte welche Geschmäcker ihre Arme hatten. Er griff das Spiel auf, hob sie hoch und trug sie zum Esstisch. Dort setzte er sie auf der Tischplatte ab und sagte: „Lecker! Ich esse dich heute zum Abendessen." Sie schüttete sich vor Lachen aus, als er so tat, als ob er Sie verspeiste.

Am nächsten Tag wirkte sie beim Abholen aus dem Kindergarten viel fröhlicher. Sie begann mit einem Versteckspiel, und ich gab vor, sie nicht zu entdecken. Dann sprang sie mir vor die Nase. Über dieses spielerische Verbindungsangebot konnte sie einen Teil der Anspannung des Tages als Lachen abschütteln.

—◄o►—

Was zeichnet das Ganz-Ohr-Spiel aus?

Wir Eltern haben eine schwierige Aufgabe, wenn wir unsere Kinder aus angsteinflößenden oder heiklen Situationen befreien. Uns frustriert, wenn sie stur bleiben. Auch Belohnungen, Strafpredigten oder negative Konsequenzen hinterlassen bei uns und den Kindern einen schlechten Beigeschmack. Und dann treten ihre Probleme erneut auf, weil die darunterliegenden Gefühle noch immer nicht befreit sind.

Das Ganz-Ohr-Spiel eröffnet Ihnen eine elegante Strategie: Sie können Ihr Kind beim Spannungsabbau unterstützen, indem Sie ein Spiel beginnen. Natürlich zwingen Sie ihm nichts auf. Das ist ja das genaue Gegenteil von Spiel. Aber probieren Sie es einfach mit etwas Humor, kombiniert mit Ihrer Zuneigung und einer Prise Fantasie, und lassen Sie sich dann überraschen, was als Nächstes geschieht. Ein Lacher genügt und die Welt sieht ein wenig freundlicher aus. Und weil uns Lachen verbindet, kann das Ganz-Ohr-Spiel auf Sie ebenso regenerativ wirken wie auf Ihr Kind.

Diese Methode ist gerade für Eltern mit mehreren Kindern und für die Gruppenarbeit ein Segen. Die Anzahl der Kinder spielt dabei keine Rolle. Angenommen, ein Kind wird aus einer Gruppe ausgeschlossen. Dann können Sie allen Beteiligten helfen, indem Sie Ihre Zuneigung anbieten und anschließend spielerisch die schwächere Rolle annehmen. „Lasst euch doch mal von mir knuddeln. Richtig feste knuddeln! Ich habe ganz viele Knuddler für euch! Wer will zuerst?" Dann breiten Sie erwartungsvoll strahlend die Arme aus und beginnen eine eher gemächliche Jagd durchs Haus oder über den Spielplatz. Sie schaffen es vielleicht hier und da, an einem Pulli zu ziehen oder einen Hemdzipfel zu erwischen, tun aber so unbeholfen, dass alle Kinder entwischen. Vielleicht belustigt es die Kinder noch mehr, wenn Sie versehentlich dem Sofa oder der Rutsche auf dem Spielplatz einen Knuddler verpassen. Sie als der nette, vertrottelte Gegner vereint die Kinder. Und Sie lassen sich von der Gruppe spielerisch ausschließen. Das gemeinsame Lachen wird dagegen die Kinder untereinander verbinden und sie daran hindern, erneut jemanden aus ihrer Mitte auszuschließen.

Im Ganz-Ohr-Spiel werden kooperative Beziehungen aufgebaut und durch Machtumkehrspiele wird ein wenig der Umstand ausgeglichen, dass die Kinder tagaus, tagein von Erwachsenen belehrt, angewiesen und geführt werden. Mein Enkel spielte beispielsweise in einer Baseballmannschaft für Jungen im Alter von sieben bis neun. Beim Training selbst verhielt sich der Coach den Jungen gegenüber zwar herzlich und geduldig, dennoch gehörte zu seiner Rolle das Erteilen vieler Anweisungen. Zum Ende jedes Trainings und Spiels versammelte er das Team und anschließend wurden die Rollen getauscht. Er sagte dann: „Okay, Leute, jetzt fangt den Coach!" Dann stürmte er zum Außenfeld und versuchte, den hinterherjagenden Jungs zu entwischen. Schließlich brachten sie ihn zu Boden und türmten sich vergnügt auf ihm auf, damit er nicht aufstehen konnte. Das ist ein Beispiel für ein Ganz-Ohr-Spiel. Es lockerte ihr Training auf und stärkte den Teamgeist.

Sobald Sie mit Ihrem Kind eine stabile Beziehung aufgebaut haben, können Sie mit Ganz-Ohr-Spiel individuelle Ängste auflösen und konflikthafte Beziehungen ausgleichen. Vor einem Arztbesuch können Sie beispielsweise das Selbstvertrauen Ihres Kindes stärken. Sie können die Beziehung zu einem seltenen Gast aus der Verwandtschaft festigen und die täglichen Mühen durch Geschwister, häusliche Pflichten, Hausaufgaben und vielleicht sogar ungeliebte Speisen ein wenig leichter machen. Diese und andere praktische Beispiele zum Einsatz des Ganz-Ohr-Spiels werden in Teil III, *Strategien für tägliche Herausforderungen,* erläutert.

Einer Mutter fiel bei einem Familientreffen ein, wie das Ganz-Ohr-Spiel als Ventil für störendes Verhalten dienen konnte. Sie investierte eine Viertelstunde und alle Beteiligten wurden mit einem bemerkenswert entspannten Abend belohnt.

─◄O►─

Auf einem Familientreffen gab es zu viele Kinder, um den hohen Erwartungen für gesittetes Verhalten gerecht werden zu können. Die Kinder, insbesondere mein Sohn, gerieten außer Rand und Band. Da zog ich mich mit meinem Sohn zur Erholung in ein anderes Zimmer zurück und dort schwelgten wir in einem Gelage schlechter Manieren. Wir rülpsten, bliesen einander schlechten Atem ins Gesicht, produzierten Furzgeräusche und lachten uns schlapp. Ein paar Cousins und Cousinen stießen dazu und gemeinsam erlebten wir eine fabelhafte Viertelstunde, bevor wir zum Essen ins Speisezimmer gehen mussten.

Die Kinder verhielten sich dann unbeschwert und kooperativ. Die ganze Mahlzeit über zeigten sie sich von ihrer besten Seite. Zusätzlich hatten wir nun durch unseren Insiderwitz ein geheimes Bündnis geschmiedet.

─◄O►─

Und schließlich ermöglicht Ihnen, das Ganz-Ohr-Spiel auf ermutigende Weise, Grenzen zu setzen. Oft bleiben wir Eltern in der Rolle des „Spielverderbers" stecken, wenn das Verhalten unserer Kinder entgleist. Wir können unseren eigenen Tonfall nicht leiden, und schnell ist vergessen, wie gut unsere Kinder von Grund auf sind. Aus dieser Klemme hilft Ihnen das Ganz-Ohr-Spiel. Spielerisch Grenzen zu setzen ist zeitintensiv, aber währenddessen bauen Sie an der Verbindung zu Ihrem Kind, und das nicht vergebens.

Mein Enkel verspottete als Viertklässler beispielsweise häufig seine jüngere Schwester. Jedes Mal, wenn mich die beiden besuchten, machte er sich über sie lustig. Auf seine allererste Bemerkung hin, griff ich ein und rang ihn in einem spielerischen Kämpfchen zu Boden. Ich tat so, als sei ich wütend, und sagte: „Na warte! Was hast du denn da über deine hübsche Schwester gesagt! Dafür setzt es was!" Weil ich nicht wirklich aufgebracht war und wir derbe Spiele miteinander gewohnt waren, lachte er, während ich ihm spielerisch den Hintern versohlte. Wir hatten einen ordentlichen Ringkampf, dann zwinkerte er mir zu und verspottete wieder seine Schwester, sozusagen als Köder, für einen weiteren Angriff meinerseits. Diesmal wählte er jedoch keine verletzenden Worte. Egal, was er sagte, man konnte leicht folgenden Wunsch dahinter erkennen: „Zeig mir, dass du mich magst!" Und das tat ich. Nach einigen Minuten Gerangel und Gelächter, hatte er eine andere Beschäftigung gefunden und konnte problemlos mit seiner Schwester spielen. Bald werden Sie mehr über das spielerische Grenzen-Setzen erfahren.

Kurz gesagt, das Ganz-Ohr-Spiel ist eine Strategie zum Aufbau von Vertrauen und Nähe, ein Gegenmittel zur Angst und ein gewaltfreier Weg, um Grenzen zu setzen. Sein wohl größter Vorzug ist die humorvolle Auflockerung des Familienlebens.

Wann ist spielerisches Zuhören sinnvoll

Diese Methode ist nahezu unendlich flexibel. Es folgen einige Situationen, die durch das Ganz-Ohr-Spiel aufgelockert werden.

- Ein Kind wirkt schüchtern.
- Ein Kind quengelt.
- Kinder streiten miteinander.
- Zu Beginn eines Spieltreffens oder Familientreffens.
- Aggressives Verhalten eines Kindes.
- Ein Kind lutscht am Daumen oder Schnuller.
- Ein Kind benutzt Schimpfwörter.
- Ein Kind kämpft mit einer Lernaufgabe.
- Ein Kind hat Angst.

Diese Methode funktioniert bei Kindern aller Altersstufen, vorausgesetzt, der Erwachsene ist relativ gelassen und bereit, seine Fantasie spielen zu lassen.

Wie fängt man das Ganz-Ohr-Spiel an?

Bisher besitzt Ihr Kind in seinem kurzen Leben trotz seiner Intelligenz weit weniger Wissen und Fähigkeiten als Sie. Beim Meistern neuer Fertigkeiten und in der Begegnung mit unvertrauten Situationen macht es täglich unzählige Fehler. Auch muss es die vielen Belehrungen der Erwachsenen verarbeiten. Kein Wunder, dass sich Ihr Kind dann bisweilen unzulänglich fühlt.

Das Ganz-Ohr-Spiel ist Ihr Reparaturwerkzeug für sein Selbstvertrauen. Wenn Sie humorvoll ein Machtumkehrspiel inszenieren, hat Ihr Kind die Chance, flink, selbstsicher und mächtig zu sein. Sein ganzes Wesen wird vor Freude strahlen, während sich Anspannung in Lachen auflöst.

Sie spielen schwer von Begriff und Ihr Kind weiß Bescheid. Sie tun Dinge in der falschen Reihenfolge, aber Ihr Kind macht es richtig. Sie strengen sich an und versagen, dagegen gewinnt Ihr Kind immer und immer wieder! Sie wollen eine tolle Show vorführen, aber das „klappt" nicht, weil Ihnen das Kind kleine Streiche spielt. Mit jedem Kichern wird seine Last, sich so anstrengen zu müssen und so klein zu sein, ein wenig leichter. Lachen und Ihr gutwilliger Humor werden das Selbstvertrauen Ihres Kindes beflügeln.

Angenommen, Ihr Kind kichert, wenn Ihnen beim Essen eine Erbse vom Löffel fällt; dann nehmen Sie noch einen Löffel voll und sagen beispielsweise mit verstellter Stimme eines bekannten Comic-Helden: „Hey, Ihr frechen Erbsen, hiergeblieben!" Daraufhin lassen Sie noch ein paar fallen. Machen Sie ein verblüfftes Gesicht. Bringt das Ihr Kind zum Lachen, dann kämpfen Sie mit Ihrem Essen noch einige Minuten länger. Halten Sie den Erbsen eine vergebliche Standpauke und fuchteln Sie mit den Armen. Und ernten Sie damit das Entzücken Ihres Kindes, einen Erwachsenen zu erleben, der ein wenig mit seinem Besteck kämpft.

Auch mit einer kleinen körperlichen Herausforderung (in sicheren Grenzen) können Sie Ihr Kind zum Lachen bringen. Hat es diese überstanden, dann wird es in Lachen ausbrechen! Sie liegen vielleicht am Boden, lassen Ihr Kind auf den erhobenen Füßen Flugzeug fliegen. Sie sagen: „Aufgepasst! Windböen! Jetzt!" und lassen Ihr Kind ein wenig auf und ab wippen, während es „fliegt". Das Spiel wird dadurch sicher, dass Sie die Böen vorher ansagen. Wenn Ihr Kind lacht, ist die Herausforderung genau richtig. Nach einigen Runden können Sie fragen, ob es ab jetzt von den Böen überrascht werden will. Wenn ja, dann traut sich Ihr Kind inzwischen schon ein bisschen mehr zu.

Wenn Sie auf diese Weise spielen, erschaffen Sie kurze spielerische „Überlebensdramen". Eingebettet in Ihre liebevolle Zuwendung, lassen Sie etwas Kleines, Unerwartetes geschehen. Sie erfinden genau die passende Herausforderung, in der Ihr Kind all seine zurückgehaltenen Ängste im Kichern freisetzen kann. *Aber lassen Sie bitte das Kitzeln bleiben*, denn das ist ein Lachen auslösender, mechanischer Reiz. Weil beim Kitzeln Ihr Kind nicht die Oberhand hat, stärkt es wahrscheinlich nicht sein Selbstvertrauen und löst auch keine aufgestaute Spannung.

Mit der Zeit wird Ihr Kind mehr Zutrauen in seine körperlichen Fähigkeiten entwickeln, und ebenso mehr Kraft und Koordination. Es lernt seine körperlichen Fähigkeiten kennen und erweitert seine Grenzen. Währenddessen wird es beim Ganz-Ohr-Spiel über die körperliche Nähe zu Ihnen, bis in die kleinste Zelle hinein, Bestätigung dafür bekommen, dass es gewollt und geliebt ist.[1]

Sie werden merken, dass das Ganz-Ohr-Spiel umso besser funktioniert, wenn Sie eine Grundlage mit regelmäßiger Wunschzeit aufbauen. Sollte Ihr erster Versuch, Ihrem Kind ein Lachen zu entlocken, missglücken, lassen Sie sich nicht entmutigen. Warten Sie einfach auf eine Gelegenheit, in der Ihr Kind spontan zu lachen beginnt, und finden Sie Wege, dieses ein wenig am Laufen zu halten.

Hier folgen noch ein paar Hinweise:

- **Bieten Sie Körperkontakt an und sprechen Sie in liebevollem Tonfall.** Meist ist der Körperkontakt mit unseren Kindern sanft oder zweckgebunden, wie Haare kämmen, das Hemd zuknöpfen oder der Abschiedskuss auf die Wange. Wenn ein liebender Elternteil seinem Kind liebevoll nachjagt, dann gibt es oft viel Gelächter. Sich aneinander schmiegen, intensives Kuscheln, gemeinsam über den Fußboden rollen, Umhertollen, Kissen- oder Sockenschlacht und Ringkampf – all das versichert den Kindern, mit Haut und Haar geliebt und gewollt zu sein, und macht großen Spaß.

---

1 Es gibt ein ansprechend illustriertes Buch zum Thema Körperspiele von Lawrence J. Cohen Ph.D. und Anthony De Benedet, *The Art of Roughhousing*, das Ihnen und Ihrem Kind Anregungen geben kann, wenn Sie noch keine Erfahrung damit haben.

- **Überrumpeln oder besiegen Sie Ihr Kind nicht.** Bieten Sie Ihrem Kind nur dann eine spielerische Herausforderung an, wenn es sich diese zutraut und weiterhin lacht. Dabei halten Sie sich nach jedem Mal kurz zurück, damit Ihr Kind wieder die Führung des Spiels übernehmen kann. Bei einem Baby oder Kleinkind bleiben Sie einfach auf dem Rücken liegen und geben ein paar überraschte Töne von sich, wenn es sein Hinterteil auf Ihren Bauch plumpsen lässt. Bei einer Kissenschlacht mit einem älteren Kind protzen Sie humorvoll übertrieben mit Ihrer Geschicklichkeit, sorgen aber dafür, dass Ihr Kissen anfangs einen guten Meter von Ihrem Kind entfernt landet. Nach und nach gehen Sie zu direkteren Würfen über. Ein selbstsicheres Kind hat vielleicht Freude daran, wenn Sie sich tapfer schlagen und ein paar Treffer landen, bevor Sie verlieren. Jedes Kind hat eine andere Toleranz für körperliche Herausforderung, also stellen Sie sich bei Ihrem Kind auf das passende Maß an körperlicher Nähe und Tempo ein, um sein Lachen zu fördern.

  Wenn Sie zu ungestüm vorgehen, dann wird Ihr Kind hektisch lachen, kreischen oder Sie erschrocken anschauen. Lassen Sie es möglichst nicht so weit kommen. Zeigt es die ersten Anzeichen von Angst, dann reagieren Sie tollpatschig und lassen sich beispielsweise auf die Knie fallen. Vielleicht locken Sie damit wieder ein Lachen hervor. Ihr Kind soll vergnügt und mit siegesgewisser Genugtuung lachen. Fast immer ist es am besten, wenn Ihr Kind als Gewinner hervorgeht.

- **Drängen Sie sich nicht mit eigenen Themen auf.** Manchmal sind wir Eltern versucht, eigene Themen ins Spiel einzubringen oder es von ungeliebten Aktivitäten abzulenken. Ihr Kind möchte zum Beispiel, dass Sie es fangen. Daraufhin entwickelt sich ein lebhaftes Spiel unter häufigem Gekicher. Dann aber sagen Sie: „Ich bin Tyrannosaurus Rex! Und hungrig!" Sie lecken sich die Lippen und geben unheimliche Laute von sich, aber bald starrt Sie Ihr Kind erschrocken an. Hoppla! Der Dinosaurier war Ihre Idee und hat das Spiel gefährlicher gemacht. Kehren Sie zum Fangenspiel des Kindes zurück!

- **Wenn Ihnen das Spielen schwerfällt, wird es Ihnen helfen, sich öfter mit einem einfühlsamen Zuhörer auszutauschen.** In Kapitel 7, *Gegenseitiges einfühlsames Zuhören*, werden Sie mehr darüber erfahren, wie Sie Sorgen, Gereiztheit und Langeweile loswerden. Erzählen Sie Ihrem Zuhörer, wie Sie das Spielen als Kind erlebt haben. Wie reagierten Ihre Eltern, wenn Sie mit ihnen spielen wollten? Was gefällt Ihnen beim Spielen mit Ihrem Kind? Was mögen Sie nicht? Woher kommt Ihrer Meinung nach jene Abneigung? Welcher innere Dialog läuft während des Spielens in Ihnen ab? Diese Themen helfen Ihnen, eigene Ängste und Abneigungen auszudrücken und Anknüpfungspunkte für Ihre spielerische Seite zu entdecken.

Ganz-Ohr-Spiel bei herausfordernden Problemen

Verschreckte Kinder ziehen sich oft auf schablonenhafte, isolierende Verhaltensmuster zurück, die Erwachsene ratlos machen. Hier ein kurzer Überblick wie das Ganz-Ohr-Spiel diese Arten der Verletzung lindern kann.

- **Helfen Sie Ihrem am Daumen oder Schnuller lutschenden Kind mit spielerischen Liebkosungen.** Vielleicht knabbern Sie ein wenig an seinem Haar und äußern begeistert, wie gut es schmeckt. Oder Sie küssen sein Bein von unten nach oben ab, dann küssen Sie ihm über den Kopf und über das andere Bein von oben nach unten wieder zurück. Manchmal hilft schon ein wenig Gekicher, damit ein Kind nichts mehr zum Lutschen braucht.
- **Ihrem weinerlichen Kind können Sie in ähnlicher Weise helfen.** Angenommen, es jammert: „Ich will Keeeeeks …", dann tun Sie voller Eifer etwas völlig Abwegiges, zum Beispiel indem Sie sagen: „Und ich will dein Ohr anknabbern!" Dann küssen Sie sein Bein von unten nach oben ab. Küssen Sie ihm den Arm ab und täuschen mit zufriedenen Kaugeräuschen vor, an seinem Ohr zu knabbern. Oder Sie hängen sich Ihr Kind wie einen Sack Kartoffeln über die Schulter und marschieren unter monotonem Singsang durchs Haus: „Wir wollen einen Keks! Wir wollen einen Keks!" Verhält sich ein älteres Kind störrisch

und quengelt, dann umschlingen Sie es wohlwollend mit den Armen und gestehen, dass Sie auch ein paar Minuten Pause wollen. Dann täuschen Sie einen fürchterlichen Schluckauf vor. Nehmen Sie also möglichst Körperkontakt auf, verblüffen Sie Ihr Kind auf liebenswürdige Weise und seien Sie albern. Letztlich wird Ihr herzlich unbekümmerter Tonfall ausschlaggebend sein. Und sobald Sie Ihre eigene Kreativität angekurbelt haben, werden Sie beide Freude daran haben.

- **Stehen Sie Ihrem Kind bei seinen Ängsten bei.** Versteckt sich Ihr Kind unter Ihrem Mantel oder Rock, wenn es Fremden vorgestellt werden soll, dann wickeln Sie es schnell gut darin ein und befühlen den Stoff darüber, während Sie mit der Freundin reden: „Rebecca ist irgendwo da drin!" Wenn Ihr Kind sich scheut, unbekannte Speisen zu probieren, dann seien Sie selbst wählerisch. Spießen Sie die Erbsen auf die Gabel und verziehen das Gesicht: „Soll ich die essen? Die sind ja runzlig! Igitt!" Da wird Ihr Kind das Spiel begreifen und Ihnen befehlen, sofort die Erbsen zu essen. Ziehen Sie jede angewiderte Grimasse, die Ihnen einfällt. Nehmen Sie eine Erbse in den Mund und (huch!) spucken Sie sie aus. Dehnen Sie die Szene so lange aus, wie Ihr Kind darüber lachen kann. Wahrscheinlich werden Sie dieses Spiel sehr oft wiederholen müssen – Kinder, die überempfindlich auf Geschmack und Beschaffenheit von Speisen reagieren, schütteln dies nicht schnell ab. Aber das Spiel macht Spaß und befreit Ihr Kind von der Last, als einzige Person am Tisch bestimmte Speisen abzulehnen. Das ist viel wert! Bei anderen individuellen Ängsten spielen Sie einfach die ängstliche Rolle.

- **Helfen Sie Ihrem Kind oder anderen, den Impuls, Schimpfnamen zu benutzen, unter Kontrolle zu bekommen.** Für Erwachsene ist das eine schwierige Aufgabe. Leicht reagieren wir empört, so als deute das Benutzen von Schimpfwörtern auf eine Charakterschwäche. Aber bis zum Alter von drei Jahren hat das fast jedes Kind ausprobiert. Der Drang wird davon gespeist, dass Ihr Kind selbst oder andere bereits gehänselt wurden. Dieses Verhaltensmuster setzt sich fest, weil Ihrem Kind während der Beschimpfung niemand beim Abladen seiner Angst geholfen hat. Aus der heraus Angst, selbst beschimpft zu werden, erwächst die Faszination für Schimpfwörter. Vergleichen Sie, *Aggressionen: Schlimme Wörter von guten Kindern*, in Kapitel 12, *Aggressionen überwinden*, um dem Thema auf spielerische Weise zu begegnen.

• **Versuchen Sie es mit dem Ganz-Ohr-Spiel, wenn Sie mit Ihrem Kind in einem Machtkampf feststecken.** Weigert sich Ihr Kind, seinen Schneeanzug anzuziehen, dann quälen Sie sich nicht durch einen Kampf. Nehmen Sie stattdessen die schwächere Position ein. Sobald es Zeit ist, Ihr Kind einzupacken, spielen Sie „verwirrt" und ziehen sich das Oberteil über den Kopf. Dann fragen Sie ganz erstaunt, weshalb es plötzlich so dunkel ist. Wenn Ihr Kind daraufhin lacht, machen Sie weiter. Bekleiden Sie eifrig den Sessel, schließen die Druckknöpfe am Anzug usw., bevor Sie merken, dass da wieder etwas nicht stimmt.

Oder falls Ihr Kind kein Shampoo mag, shampoonieren Sie sich die Hände und seifen hingebungsvoll den Wasserhahn ein und sagen dabei: „Na, fühlt sich das nicht gut an? Schöner, weicher Schaum. Und das riecht so gut! Ah!" Dann schauen Sie sich den eingeseiften Wasserhahn an, danach Ihr Kind und rufen: „Na sowas, das sind ja gar nicht Tessies Haare. Was ist denn da passiert?" Bestimmt sprudelt aus Ihrer Tochter das Lachen nur so heraus. Bei einem weiteren Versuch, die Haare zu waschen, seifen Sie ihr den Fuß ein, den Ellbogen und schließlich den Bauchnabel. Wieder und wieder weiß Ihr Kind es besser, während Sie den eifrigen, aber begriffsstutzigen Erwachsenen spielen.

Das Lachen Ihres Kindes signalisiert die Freisetzung von Spannung aus weniger erfreulichen Interaktionen – als Sie frustriert waren, als Sie beide über jede Kleinigkeit stritten. Jeder lausige Augenblick hinterließ Spuren. Während einer Ganz-Ohr-Spiel-Runde, wird diese Spannung durch das Lachen aufgelöst und Ihr Kind gestärkt.

Das Ganz-Ohr-Spiel eröffnet oft Zugang zu tieferen Gefühlen

Nachdem ein Kind ausgiebig gelacht hat, fühlt es sich sicher und geliebt. In diesem Moment wird es oft verborgene Gefühle ans Tageslicht bringen. Vielleicht reagiert es aufgebracht, traurig oder frustriert, meist über eine Nichtigkeit. Es will unbedingt seinen roten Pulli, der gerade in der Wäsche ist, oder es braucht einen ganz bestimmten Bleistift mit passendem Radiergummi und kein anderer wird es zufriedenstellen. In solchen Momenten ist Ihr Kind bereit, lang aufgestaute Gefühle freizulassen, die inzwischen fehl am Platz wirken, aber nicht von allein verschwinden.

In gewisser Weise bittet Ihr Kind so um das Setzen einer Grenze. Beruhigen Sie es nicht, oder versuchen Sie nicht, es „zur Vernunft zu bringen". Es braucht jetzt diese Gelegenheit zu einem Wutanfall oder heftigen Tränenausbruch. Das sind echte Herausforderungen für das Nervenkostüm der Eltern – so starke Gefühle wegen Belanglosigkeiten! Aber dieser Ausbruch ist segensreich. Somit kann Ihr Kind eine schwere Last abwerfen. Sobald Sie ihm zugehört haben, wird es sich entspannt und erfrischt fühlen und Ihnen viel näher sein als zuvor.

Einige Kinder erwärmen sich nur langsam für das Ganz-Ohr-Spiel, viele brechen mittendrin in Tränen aus

Ein ängstliches Kind nimmt das Ganz-Ohr-Spiel vielleicht erst nach einigen Monaten Wunschzeit an und nachdem es ein wenig bei zahmeren Spielen gelacht hat. Und kleine Kränkungen – ein unabsichtlicher Ruck am Handgelenk oder eine Schwester, die ein Spiel „total falsch macht" – können große Ausbrüche hervorrufen. Ein kleineres Kind oder eines mit schwieriger Lebensgeschichte erlebt sich dann schnell als Opfer. Beschuldigen oder schelten Sie niemanden aus der Familie, selbst wenn Sie glauben, sie spielten ein wenig zu grob. Ihr Kind heilt diese inneren Stellen, wo sein Selbstvertrauen noch wachsen muss. Versichern Sie ihm, dass es geliebt wird, hören Sie zu und spielen Sie weiter, wenn sich der Sturm gelegt hat. Ihr zartbesaitetes Kind wird bei häufigen Gelegenheiten zum Weinen allmählich Resilienz aufbauen. Ich habe diese Entwicklung bei manch einem Kind beobachtet, meine Enkelin eingeschlossen, die zweieinhalb Jahre jünger ist als ihr Bruder. Über die Jahre hatte sie Hunderte von Tränenausbrüchen, weil sie im Spiel mehr oder weniger zufällig einige Blessuren einstecken musste. Auch ihrem Bruder wurde oft lange einfühlsam zugehört, wenn wir eine Grenze einbrachten, um ihn vom

Piesacken seiner Schwester abzuhalten. Heute, im Alter von elf und vierzehn Jahren, lachen, spielen und ringen die beiden ausgiebig, ohne dass es Probleme gibt. Obwohl viel zierlicher, kann ihm die Schwester das Wasser reichen. Sie ist furchtlos und er kommt ihr da fast gleich. Zahlreiche Familien berichten ähnliche Wunder – die Mädchen werden stark und die Jungen behalten ihre sanfte Seite, wenn sie mit körperorientiertem Ganz-Ohr-Spiel und Bleib-Ganz-Ohr aufgewachsen sind.

Mit dem Ganz-Ohr-Spiel Grenzen setzen

Kinder, die sich angespannt und isoliert fühlen, werden Grenzen herausfordern. Anhand des Ganz-Ohr-Spiels können Sie die Spannung auflösen, indem Sie ihm dabei so viel Zuneigung schenken, dass es sich wieder an die Verbundenheit mit Ihnen und sein Geliebt-Sein erinnert.

Um zu beginnen, ist es wichtig, dass Sie einen wirklich spielerisch-federleichten Tonfall entwickeln, in dem Sie gut „Nein" sagen können. Leider hat kaum je einer von uns ein solches spielerisches „Nein" erlebt, und so können wir es uns nicht ohne drohende und harsche Zwischentöne vorstellen. Experimentieren Sie mit der Tonhöhe, dem Wortlaut und einigen übertriebenen, ernsten, erwachsenen „Neins", um Ihr Talent zu entdecken. Ich verwende gerne ein sanftes, melodisches „Na, na, na-aah" oder eine hohe piepsige Stimme für „Ah-oh! Jetzt bist du in Schwierigkeiten!", beides äußerst liebevoll gesagt. Oder Sie wählen ein tiefes, getragenes „Neeeein" in ehrwürdigem Tonfall. Es gibt einen freundlichen „Ich werde dich kriegen!"-Ton, wenn Sie sagen: „Ich hab's gesehen! Du warst ja wieder an der Keksdose!", was eine Jagd durchs Haus mit fliegenden Krümeln entfachen kann, einer Roadrunner-Verfolgungsjagd ebenbürtig. Sie können auch Absurdes androhen: „Ich werde jedem Frösche ins Hemd stecken, der diese frisch gebackenen Kekse nur berührt!" Erfinden Sie Ihre eigenen abwegigen Drohszenarien!

Wenn Sie Ihr „Nein" mit energisch-liebevollem Körperkontakt oder einem Fangenspiel kombinieren, das mit zärtlichem Kuscheln endet, dann heißt das bei uns „energisches Knuddeln". Damit holen Sie Ihr Kind aus der Isolation, von der es ursprünglich aus dem Takt gebracht wurde. Ihr

Kind versucht, mit dem Verbotenen davonzukommen, schüttelt dann im Lachen die Spannung ab, während Sie die Grenze aufrechterhalten.

Sobald Ihr Kind zum Beispiel nach dem hochgeschätzten Spielzeugroboter seines Bruders greift, nehmen Sie es rasch auf den Arm und rennen ins nächste Zimmer. Ihr Kind lacht, macht sich los und stürzt sich wieder auf das Spielzeug. Sie fangen es viele Male mit Feingefühl ein. Es lacht und spürt Ihre Zuneigung. Es bekommt zwar nicht den Roboter, aber es bekommt Sie.

Nach solch einem Spiel weint sich ein Kind öfter wegen Kleinigkeiten in Ihren Armen aus. Damit setzt es das tiefere Bedürfnis frei, das eigentlich unter dem Verlangen nach etwas Verbotenem saß. Es wird sich entspannen und kooperieren, sobald durch Lachen und Tränen sein besseres Urteilsvermögen wiederhergestellt ist.[1]

Das Ganz-Ohr-Spiel wird Ihr Kind sehr ermutigen. Es will eine enge Beziehung zu Ihnen. Es suchte jede Menge freudvoller Begegnungen. Es hofft, dass Sie von ihm begeistert sind, davon, wie es denkt, was es ausprobiert – begeistert von seinem ganzen Wesen eben. Das Ganz-Ohr-Spiel kommt ihm da gerade recht; also wird es sich gern mit Ihnen zusammentun, wenn es dabei viel zu lachen gibt.

Für einige Eltern grenzt das, was ihren Kindern einfällt, um das Ganz-Ohr-Spiel anzuregen, vielleicht an Respektlosigkeit: zum Beispiel Ihnen auf den Rücken zu springen oder Sie mit einer Spielzeugpistole abzuschießen. Respekt erfordert nach traditioneller Auffassung eine Kluft zwischen Eltern und Kind, wobei das Kind den Eltern sehr ehrerbietig begegnen soll. Aber diese Kluft tut einem Kind nicht gut.

Klar kennen Erwachsene mehr Fakten als Kinder. Sie verfügen über besondere Fertigkeiten und Urteilsvermögen, das in der Kindheit noch nicht vervollkommnet werden kann. Natürlich brauchen kleine Kinder auch täglich Anleitung. Aber wenn Erwachsene daraufhin so handeln, als

---

1 Das Buch *Playful Parenting* von Lawrence J. Cohen, Ph.D. wird Ihnen zeigen, wie Sie das Ganz-Ohr-Spiel in den Mittelpunkt Ihrer Kindererziehung stellen können. Es ist ein Fundus zahlreicher Ideen, wie Sie sich über das Spielen mit Ihren Kindern verbinden können. Einer der warmherzigsten Elternratgeber, die ich kenne.

seien sie höhere Wesen und die Kinder ihnen unterlegen, dann trägt das nicht zur Stärkung des kindlichen Selbstvertrauens bei und erkennt dem Kind auch nicht die umfassende Intelligenz und seine gesunden Instinkte an, über die es vom ersten Augenblick an verfügt. Zu spielen und von einer Minute auf die andere vernünftige Grenzen zu setzen, das funktioniert. Nach unserer Beobachtung respektieren und lieben die Kinder ihre Eltern gerade in den Familien ohne besondere Aufforderung, in denen viel Wert auf Verbindung und Zuhören gelegt wird. Auch versuchen die Kinder dann oft selbst das Spiel mit ihnen anzuregen!

Wir gewinnen die Herzen unserer Kinder, indem wir auf Hände und Knie gehen und spielen. Über Kirschkern-Weitspucken und Wasserpistolenschlachten können wir uns mit unseren Kindern verbinden. Lachen verringert zwar die Kluft zwischen Eltern und Kind, aber es untergräbt nicht seinen Respekt für die Eltern. Ganz im Gegenteil. Wie es ein nach dem „Hand in Hand"-Prinzip aufgewachsener Teenager beim Abschied von seiner Familie formulierte, bevor er zum Studieren sein Zuhause verließ: „Weißt du, Mama, mit dir und Papa war es so anders als in den meisten Familien. Noten oder Regeln haben nie eine Rolle gespielt. Du und Papa, ihr habt euch Zeit für die Beziehung zu mir und meiner Schwester genommen. Was wir miteinander haben, ist etwas Besonderes."

•◆•

In Teil III, *Strategien für tägliche Herausforderungen*, lesen Sie viele Beispiele von häufig vorkommenden Ängsten und Verhaltensschwierigkeiten, die man mit dem Ganz-Ohr-Spiel angehen kann. Sie vermitteln Ihnen ein Gefühl dafür, wie sehr Sie Ihrem Kind mit Sinn für Humor, Zuneigung und den heilsamen Kräften des Lachens zu helfen vermögen.

KAPITEL 7

Gegenseitiges einfühlsames Zuhören

K inder ins Leben zu begleiten ist nicht immer leicht! So manch ein Tag beginnt mit einem widerspenstig auf dem Boden hockenden Kind, das sich weigert, die Schuhe anzuziehen, während das andere beleidigt abzieht, ohne, wie gebeten, den Müll rauszutragen. Bereits vor dem Frühstück reagieren wir gereizt und von da an geht es nur noch bergab. Im genervten Zustand macht Elternsein keinen Spaß. Wir spüren dann noch nicht einmal, wie viel uns unsere Kinder bedeuten. Wir alle kämpfen mit schwierigen Tagen, während wir als Eltern unser Bestes tun.

Gegenseitiges einfühlsames Zuhören kann helfen, den unvermeidlichen Stress im Leben mit Kindern zu bewältigen. Die Methode ist ganz unkompliziert: Sie und eine andere Person Ihrer Wahl, die ebenfalls Kinder hat, hören einander gegenseitig zu. Sie bestimmen, was Sie mitteilen wollen. Sie drücken die Gefühle aus, die täglich in den für Sie ermüdenden Situationen entstehen. Der andere Elternteil hört einfühlsam und respektvoll zu. Ratschläge werden keine erteilt, denn Sie selbst kennen Ihr Leben und Ihre Kinder am besten. Das Ziel besteht darin, Sie beim Abladen von Anspannung zu unterstützen. Danach werden die Rollen getauscht. Das Ganze ist einfach und kostenlos.

Indem Sie und Ihr einfühlsamer Zuhörer, sich immer mehr auf gegenseitige ungeteilte Aufmerksamkeit und Respekt verlassen, wird Vertrauen aufgebaut. Daraus folgen positive Veränderungen. An diesen Zeichen erkennen Sie, dass emotionale Belastung abnimmt:

- **Reden,** Nachdenken und der Rückblick auf Ihre Erfahrungen werden in Anwesenheit eines einfühlsamen Zuhörers leichtere Spannung auflösen.
- **Lachen** wird Sie beide besser verbinden und Ängste wegwischen.
- **Weinen** wird zu Ihrem Trauer- und Schmerzventil und schenkt Ihnen gelassene Offenheit für neue Erkenntnisse.
- **Zittern und Schwitzen** beim Erzählen von schwierigen Lebensabschnitten werden Ihnen helfen, Ängste zu überwinden.
- **Wutanfälle** helfen Ihnen, Frust abzuschütteln, und so fällt es Ihnen leichter, immer wieder neu anzufangen.
- **Gähnen** könnte darauf hinweisen, dass sich der Körper entspannt und Ihr System allmählich von „Achtung!" zu „alles bestens!" umschaltet.

Sie haben erlebt, wie Ihre Kinder auf diese Weise Schmerz und Spannung abreagieren. Darin sind sie Naturtalente! Sobald etwas Herausforderndes geschieht, stürzen sie sich darauf, um dadurch die Spannung loszuwerden. In Gegenwart eines einfühlsamen Zuhörers sind nun Sie an der Reihe. Sie werden merken, dass sich durch den gegenseitigen Austausch Ihre Energiereserven wieder auffüllen. Auf diese Weise erholt, fällt Ihnen die Verbindung zu Ihrem Kind leichter. Lösungen für Ihre belastenden Probleme werden sich daraufhin von selbst ergeben.

Hier ein Beispiel:

—◀○▶—

In der Geschichte geht es um Kacka. Mein Sohn war bereits als Zweijähriger sauber. Bis zu seinem dritten Geburtstag klappte das wunderbar. Und dann, Peng! Er kotete und nässte ein. Das überraschte und frustrierte uns unglaublich. Es machte mich sogar richtig wütend. Wieso fing er gerade jetzt damit an? Er wusste genau, wie er sein Geschäft verrichten sollte – auf gar keinen Fall in die Hose! Dennoch ging es Monat für Monat so weiter, egal, was wir probierten.

Mein Mann und ich ärgerten uns immer mehr und offensichtlich gaben wir diese Spannung auch an unseren Sohn weiter. Ich tauschte mich mit Freunden über das Thema aus und probierte jede Idee aus. Nichts änderte sich.

Schließlich gestand ich mir ein, dass ich zu dem Problem meinen einfühlsamen Zuhörer brauchte. Wieso machten mich die vollgekackten Hosen so verrückt? Oh, ja, da war diese kleine Sache, als man mir meine vollgekackten Unterhosen ins Gesicht rieb, weil ich im Alter von fünf Jahren selbst Probleme mit Einkoten hatte. Meine Mutter war so außer sich geraten, dass Sie mir das Gesicht mit Kacke vollschmierte. Was für eine demütigende, schmerzvolle und peinliche Erinnerung. Und doch musste ich sie noch einmal hervorholen und durchleben, um davon geheilt zu werden. Ich weinte und tobte darüber bei meinem einfühlsamen Zuhörer.

Im Anschluss reagierte ich sofort entspannter, wenn die Kacke meines Sohnes wieder in der Hose statt im Klo landete. „Oh, du hast in deine Hose gekackt? Kein Problem. Mami kann sie waschen. Nächstes Mal probierst du wieder das Klo, okay?" Wohltuend. Und wissen Sie was, das Thema hatte sich dann in weniger als einem Monat erledigt.

In jahrzehntelanger Erfahrung als einfühlsame Zuhörerin zahlreicher Eltern habe ich beobachtet, dass positive Entwicklung in Gang kommt, sobald ein Elternteil Spannung abladen kann. Scheinbar Unmögliches wird leichter und die Kinder entspannen sich allmählich. Gegenseitiges einfühlsames Zuhören unterstützt Eltern darin, Folgendes zu überwinden: die Unfähigkeit, zu spielen, die Angewohnheit, ihr Kind ständig zu korrigieren; die Angst vor starken Gefühlen ihres Kindes; die Unfähigkeit, Hilfe zu erbitten; das Gefühl, ihr Kind einfach nicht aushalten zu können; die Lähmung angesichts eines Konflikts; die Schwierigkeiten beim Grenzen-Setzen; häufiges Brüllen und das Entfremdungsgefühl anderen geliebten Menschen gegenüber. Gegenseitiges einfühlsames Zuhören hat Eltern in der Bewältigung zahlloser Ängste unterstützt.

Daraufhin konnten Eltern ihre Kinder anleiten, sich untereinander zu vertragen oder sie halfen ihrem übermäßig wettbewerbsorientierten Kind, gelassener zu werden. Sie haben Spaß ins Familienleben gebracht, haben gelassen Grenzen gesetzt und unterstützten ihr Kind bei Lernschwierigkeiten in der Schule und bei vielem mehr.

Was zeichnet Gegenseitiges einfühlsames Zuhören aus?

Nichts geht über Gegenseitiges einfühlsames Zuhören! Diese Unterstützungsmethode hilft uns Eltern in den täglichen Interaktionen mit unseren Kindern und untereinander, unser bestes Selbst zu aktivieren. Um damit zu beginnen, braucht man auch keine besonderen Vorkenntnisse.

Ein guter Zuhörer muss nicht wissen, was die andere Person tun „sollte". Es genügt zu wissen, dass Ihr Partner Ihre ungeteilte Aufmerksamkeit wert ist. Seine oder ihre Situation müssen Sie nicht vollends erfassen. Sie schenken Wärme und Respekt, während Ihr Gegenüber die Dinge für sich klärt. Sie können einander tagsüber oder abends anrufen, aber jeder entscheidet für sich, wie erreichbar er oder sie sein will, und respektiert die Grenzen der anderen. Ein Austausch von drei Minuten für jeden Partner kann erstaunlich hilfreich sein und eine Stunde für jeden wird wahrscheinlich die Obergrenze sein. Die Beziehung zueinander mag von kurzer Dauer sein, oder jahrzehntelang halten. Der ausgewählte einfühlsame Zuhörer kann zu einem nahen Vertrauten werden, aber es wird nicht erwartet, dass Sie einander zum Geburtstag gratulieren, auf Feste einladen oder im Krankheitsfall gegenseitig die Kinder hüten. Obwohl Sie einander vielleicht Ihre intimsten Gedanken und Gefühle mitteilen, sind Sie Ihren Partnern nichts schuldig. Diese Beziehung besteht nur zu dem Zweck, einander einfühlsam zuzuhören.

Im Folgenden schildert eine Mutter, wie ihr das gegenseitige Zuhören bei einem Beziehungsproblem mit ihrer vorpubertären Tochter half.

◄O►

Meine Zwölfjährige machte mir gerade viel zu schaffen. Nie waren wir uns einig. Da regte mich mein einfühlsamer Zuhörer an zu erzählen, wie ich mich in diesem Alter gefühlt hatte. Damals verließ uns meine Mutter und wir waren knapp bei Kasse. Vor mir lag täglich ein riesiger Berg an Arbeit! Oft weinte ich über den Schock und unser hartes Leben. Kein Wunder, dass so viele Gefühle in mir geweckt wurden, weil meine Tochter es so viel besser hatte. Vor meinem einfühlsamen Zuhörer konnte ich toben – „Was fällt dir ein zu behaupten, du hättest *nichts*! Ich hatte wirklich nichts!" - und heftig weinen.

Das hat mir wohl wirklich geholfen, denn inzwischen haben meine Tochter und ich zusammen viel Spaß. Wir verbinden uns auf spielerische Weise. Ich brülle nicht mehr solche Sachen wie: „Mach endlich mal dein Zimmer sauber! Wieso beschwerst du dich? Du hast doch alles!"

Sie lebt so ganz anders als ich in ihrem Alter und kann nichts dafür, dass ich all die Sachen nicht besaß, die sie heute hat. Ich kann ihr nur das Beste wünschen und hoffen, dass sie mit ihrem Reichtum weise umgeht. Am wichtigsten ist die Verbindung zwischen uns. Wir gehen zusammen spazieren, und ich komme mit ihr viel besser zurecht als vor der Arbeit an meinen Kindheitsgefühlen.

◄o►

Wann kommt das Einfühlsame Zuhören zum Einsatz?

Sobald Sie sich gestresst fühlen, kann Gegenseitiges einfühlsames Zuhören helfen. Dabei muss das Problem nicht groß sein. Beispielsweise meckert Ihre Tochter über das Fußballtraining und will nicht mehr hingehen. Sollen Sie ihr erlauben, damit aufzuhören? Was könnte los sein? Sie will nicht darüber reden. Wie können Sie mehr herausfinden? Oder aber Ihr Problem wirkt überwältigend: Sie haben keine Ersparnisse, eine anstrengende Arbeit, Frau und kleine Kinder und Ihre Mutter ist krank geworden. Sie benötigt Hilfe, aber Ihre Frau wünscht sich, dass Sie mehr Zeit zu Hause verbringen. Die Lage ist angespannt. Wie können Sie den vielen Bedürfnissen in Ihrer Familie gerecht werden?

Gegenseitiges einfühlsames Zuhören kann Ihnen helfen, in allen Familienbelangen mehr Klarheit zu schaffen.

Diese Methode kann auf zwei Arten funktionieren. Sie planen einen regelmäßigen Termin für das gegenseitige einfühlsame Zuhören ein, um sich darin zu üben, um die momentane Lage zu besprechen und um zu lernen, den Stress im Leben mit Kindern abzuladen, anstatt anzuhäufen. Sobald Sie dann zu einem oder zwei einfühlsamen Zuhörern Vertrauen gefasst und einige Fertigkeiten im einfühlsamen Zuhören erlernt haben, können Sie einander nach Bedarf zuhören. Sie können sich zu zweit darauf einigen, einander anzurufen oder eine Textnachricht zu schreiben, wenn Sie jemanden zum Zuhören brauchen, bevor Sie wütend auf Ihre Kinder oder andere Familienmitglieder losgehen. Ob Sie sich nun mit Ihrem einfühlsamen Zuhörer zu festen Terminen treffen oder zusätzlich im Notfall Kontakt aufnehmen, achten Sie auf jeden Fall auf einen ausgewogenen Austausch. Sie geben jedes Mal selbst Zeit als Zuhörer zurück, selbst wenn der Rollentausch nicht unmittelbar erfolgt.

Hier ist der Bericht einer Mutter, die im gegenseitigen einfühlsamen Zuhören ihre frühesten Kindheitserfahrungen aufarbeitete und daraufhin im Alltag überraschende Entlastung erlebte.

Bereits ein Jahr lang hatte ich mich mit einer anderen Mutter zum gegenseitigen einfühlsamen Zuhören getroffen, als wir für jede Woche einen Zusatztermin vereinbarten, um einander unsere Lebensgeschichte zu erzählen. Wir wollten uns mit den Lebensaspekten befassen, die unsere gewohnheitsmäßigen Reaktionen und hartnäckigen Schwierigkeiten geprägt hatten.

Diese zusätzliche Zeit erlaubte mir allmählich, Gefühle aus sehr frühen Herausforderungen zuzulassen. Als Frühgeborenes lag ich einige Wochen im Brutkasten auf der Neugeborenen-Intensivstation. Ich war ein untergewichtiges Frühchen mit Gelbsucht, und es war schwierig gewesen, mich die ersten Lebenswochen durchzufüttern. Meine ersten Lebenserfahrungen waren also von Unwohlsein geprägt, und vermutlich wurde ich auch von äußeren Reizen, einschließlich andere Menschen, überwältigt. Ich habe keine deutlichen Erinnerungen an damals, aber als ich erzählte, wie es wohl gewesen sein musste, tauchten viele solche Gefühle auf, wie ich sie oft spüre, wenn ich überarbeitet bin oder viel Zeit mit anderen Menschen verbringe.

Als ich diese Gefühle abgestreift hatte, merkte ich, dass meine Erschöpfung nachließ. Zeit mit meinen Freunden zu verbringen, laugte mich weniger aus. Ich hatte mich selbst immer für ziemlich introvertiert gehalten, weil mich das Zusammensein mit Menschen anscheinend viel Energie kostete. Das veränderte sich allmählich. Ich konnte mich mit anderen gut länger unterhalten und benötigte anschließend nicht mehr so viel Zeit zum Auftanken.

Einem aufmerksamen Zuhörer meine Lebensgeschichte ohne Zeitdruck zu erzählen hat bereits jetzt zu Erstaunlichem geführt, dabei habe ich die Zeit im Krankenhaus noch gar nicht verarbeitet!

—◖o◗—

Und viele Eltern rufen ihren einfühlsamen Zuhörer mehrmals in der Woche an, um sich fünf Minuten lang ihre Anspannung von der Seele zu reden. Das kann Ihren Tag völlig umkrempeln, und ebenso lohnend ist die Erfahrung, dies ebenfalls einem anderen Elternteil zu ermöglichen, der einem inzwischen ans Herz gewachsen ist. Hier folgt das Beispiel einer Mutter, die auf diese Weise ein Vertrauensverhältnis zur Rettung ihres Urlaubstages nutzte.

—◖o◗—

Es war am Neujahrsmorgen. Unsere Familie wollte los, um zwei Tage in den verschneiten Bergen zu verbringen. Mein Mann schrie mich an, weil ich schon Lärm gemacht hatte, bevor er aufgestanden war. Das löste in mir eine heftige Reaktion aus: Ich zitterte verängstigt – die Szene hatte mich wohl an das gegenseitige Anschreien und Streiten meiner Eltern aus Kindheitstagen erinnert.

Ich versicherte meinem Sohn, alles würde gut werden, beruhigte mich etwas und verkündete meinem Mann, dass ich nicht mit ihm im Auto sitzen wollte, wenn er ärgerlich würde. Noch nie hatte ich ihm so die Stirn geboten und fühlte mich nun aufgebrachter als je zuvor. Ich verzog mich ins Gartenhaus und reagierte mich in einem Wutanfall ab. Dabei weinte ich und hämmerte gegen die Wand. Dann rief ich meine einfühlsame Zuhörerin an, die aber nicht abhob. Ich fasste aber in einer dreiminütigen Nachricht alles zusammen, was mich ärgerte, und ergänzte es mit Kraftausdrücken, die normalerweise nicht zu meinem Wortschatz gehörten. Ich wusste, sie würde mich anhören.

Danach war mein Zorn verraucht und ich legte mich schluchzend auf den Boden. Jetzt fühlte ich die Verletzung und den Frust unter der Wut. Einige Minuten später konnte ich wieder klar denken und verstand, weshalb ich so wütend gewesen war. Ich erkannte, dass dies zu einem größeren Projekt gehörte, das ich an jenem Tag nicht abarbeiten konnte. Dennoch war ich erleichtert.

Indem ich mir zugestand, meiner Zuhörerin in einer Nachricht die akuten Gefühle anzuvertrauen, rettete ich unseren Ausflug. Ich konnte meine Emotionen so weit loslassen, dass ich mich entspannte. Anschließend ging ich dann auch gelassen mit dem verspäteten Aufbruch um und fühlte mich nicht genötigt, Ehemann oder Sohn zur Eile anzutreiben. Schließlich verliefen Fahrt und das Wochenende in guter Stimmung. Ich bin wirklich froh über meinen kurzen Anruf.

$$\blacktriangleleft\hspace{-2pt}\circ\hspace{-2pt}\blacktriangleright$$

Wie funktioniert das Gegenseitige einfühlsame Zuhören? Suchen sie sich einen einfühlsamen Zuhörer

Gegenseitiges einfühlsames Zuhören zu praktizieren ist einfach. Sie suchen sich jemanden, mit dem Sie sich gerne austauschen würden. Wählen Sie eine Person, der sie vertrauen oder von der sie glauben, dass sie gut zuhören kann. Sie müssen sie dafür nicht erst gut kennen; sie sollte sich nur ebenfalls für ein harmonisches Leben mit Kindern interessieren. Eine gute Wahl könnte ein Freund sein, Eltern, denen der „Hand in Hand"-Ansatz ebenfalls zusagt, ein Elternteil aus der Schule oder Tagesstätte Ihres Kindes oder Arbeitskollegen. Fragen Sie einfach nach, ob die betreffende Person Lust auf eine neue Methode gegenseitiger Unterstützung im Leben mit Kindern hat.

Es gibt nur eine zusätzliche Bedingung: Grundsätzlich ist es keine gute Idee, Ehemann oder -frau, eigene Eltern, Geschwister, Vorgesetzte oder Untergebene als einfühlsame Zuhörer erster Wahl auszusuchen, es sei denn, Ihre Beziehung verläuft besonders stressfrei. Damit Gegenseitiges einfühlsames Zuhören funktioniert, muss jede Person der anderen ohne jegliche Verwicklung in deren Belange zuhören können und soll weder Rat geben noch darum bitten.

Nachdem die Bitte zum gegenseitigen Zuhören nicht gerade alltäglich ist, wird die angefragte Person dem Unternehmen erst einmal mit Vorbehalt zustimmen. Wahrscheinlich geht es Ihnen ja selbst so! Sie könnten einen Testlauf von zwei oder drei Treffen vorschlagen, bevor Sie sich endgültig zu mehr entschließen.

Konzentrieren Sie sich aufs Zuhören

Ihr Gegenseitiges einfühlsames Zuhören wird vermutlich gewinnbringender, wenn Sie die Beziehung nicht wie eine normale Freundschaft behandeln. Konzentrieren Sie sich auf das Wesentliche, das gegenseitige Zuhören zweier engagierter Eltern ohne zusätzliche Verpflichtungen. Ihre Beziehung wird sich um das wechselseitige Zuhören drehen, Ihren Einsatz für die Erziehung der eigenen Kinder und das wachsende Vertrauen. Setzen Sie diese Klarheit nicht durch gemeinsamen Kaffeeklatsch aufs Spiel – beschränken Sie sich aufs gegenseitige Zuhören. Wo sonst haben Sie die Chance, den ganzen Stress im Leben mit Kindern abzuladen? Wenn zwischen Ihrem Zuhörer und Ihnen jedoch bereits eine Freundschaft besteht, brauchen Sie diese nicht zurückzustellen! Aber vielleicht ist es am besten, während der vereinbarten Zeit des einfühlsamen Zuhörens keine Themen zu bearbeiten, die Streitpunkte zwischen Ihnen sind. Erwarten Sie auch nicht, dass sich Ihr Zuhörer anhört, was Sie gerade an ihm ärgerlich finden. Schneiden Sie diese Themen bei einem Zuhörer an, zu dem Sie größeren Abstand haben.

Ein geeigneter Treffpunkt

Wenn sich die Eltern persönlich treffen, begeben sie sich meist ins Schlafzimmer, auf den Dachboden, in den Keller oder an einen sonstigen kleinen und ungestörten Ort. Sie könnten sich auch in ein ungenutztes Büro am Arbeitsplatz zurückziehen oder bei passendem Wetter in Ihr Auto. Sich im Freien zum gegenseitigen einfühlsamen Zuhören zu treffen löst bei den meisten ein mulmiges Gefühl aus und sich dabei auf das Abladen von Emotionen zu konzentrieren wird als schwierig erlebt. Ein geschützter, geschlossener Raum begünstigt offenbar das *Fühlen* unserer Geschichte beim Erzählen.

Nehmen Sie bei Ihrem Treffen auf jeden Fall Taschentücher und einen Timer mit. Mehr brauchen Sie nicht.

Folgen Sie diesen einfachen Richtlinien

Hier sind die Richtlinien zum Zuhören.

* Hören Sie einfühlsam und respektvoll zu.
* Vertrauen Sie darauf, dass Ihre Aufmerksamkeit etwas bewirkt.
* Vertrauen Sie auf die Intelligenz Ihres Partners.
* Geben Sie keine Ratschläge und urteilen Sie nicht.
* Bewahren Sie Stillschweigen über alles Ihnen Anvertraute.

Anfangen

Vereinbaren Sie einen passenden Termin für ein persönliches Treffen, ein Telefonat oder eine Videokonferenz. Ein persönliches Treffen kann gewinnbringender und herzlicher sein, aber ein Telefonat oder eine Videokonferenz funktioniert bei vielen Eltern ebenfalls erstaunlich gut. Begrenzen Sie die Gesamtdauer, teilen Sie die Zeit gleichmäßig auf und bestimmen Sie, wer als Erster zuhört. Stellen Sie einen Timer und machen Sie es sich bequem.

Ein Partner beginnt mit einfühlsamem und respektvollem Zuhören. Der andere kann über seine Herausforderungen im Leben mit Kindern oder jedes andere wichtige Thema reden und nachdenken. Wenn Sie zuhören, bleiben Sie mit Ihren Gedanken bei der anderen Person: *Was* erzählt sie Ihnen und *wie* tut sie das? Achten Sie auf damit einhergehende Gefühle. Zuerst wird es Ihnen schwerfallen, mit ungeteilter Aufmerksamkeit bei der *anderen Person* zu bleiben. Sie wollen das Problem lösen. Ihnen fällt eine ähnliche Geschichte ein. Vielleicht haben Sie eine Cousine, die im selben Betrieb angestellt ist wie Ihr Partner, und Sie fragen sich, ob sich die beiden kennen. Registrieren Sie diese Ablenkungen und kehren Sie dann mit Ihrer Aufmerksamkeit zu Ihrem Partner zurück und der Frage, wie es *ihm* geht. Tauchen beim Erzählen sichtbare Gefühle auf? War da ein Schmunzeln? Von welchem Gedanken wurde es ausgelöst? Bei welcher Einzelheit brachen Tränen hervor? Registrieren Sie dies im Stillen, und freuen Sie sich darüber, dass sich Ihnen Ihr Partner anvertraut.

Wenn die vereinbarte Zeitspanne abgelaufen ist, helfen Sie Ihrem Partner, sich nun von seinen Themen zu lösen, damit er auch Ihnen gut zuhören kann. Tun Sie das mit kleinen „Quizfragen", die die Aufmerksamkeit Ihres Partners auf Sachliches und Neutrales lenken. Sparen Sie dabei alle Themen aus, die Ihr Partner soeben angesprochen hat. Hier ein paar Beispiele:

- Beschreibe dein ältestes Paar Schuhe.
- Welche drei Dinge weißt du über Regenwürmer.
- Bilde mit diesen drei Wörtern einen Satz: Segelschiff, Ballon, Zebra.
- Nenne mir einige Städte mit dem Anfangsbuchstaben „M".

Sie verstehen das Prinzip. Vermeiden Sie Rechenaufgaben, die bei vielen Menschen Stress erzeugen. Lassen Sie jede Antwort gelten. Sollten Sie zufällig eine Frage erwischen, die negative Gedanken hervorruft, wählen Sie einfach etwas anderes. Ihr Ziel soll sein, Ihren Partner von allem Beschwerlichen abzulenken, damit er anschließend gut zuhören kann.

Jetzt tauschen Sie die Rollen. Jetzt ist der erste Zuhörer mit Reden an der Reihe. Wir empfehlen Ihnen, in den ersten Treffen einander Ihre Lebensgeschichte zu erzählen. Beginnen Sie mit Ihrer allerersten

Erinnerung. Wie alt Sie damals genau waren, spielt keine Rolle, aber erzählen Sie alle Einzelheiten, die Ihnen einfallen. Falls Sie keine Erinnerungen an Ihre frühe Kindheit haben, erzählen Sie, was man Ihnen darüber berichtet hat, und von Ihrer Vorstellung darüber, wie Ihre Säuglings- und Kleinkindzeit eventuell gewesen sein könnte. Wenn möglich, greifen Sie auf echte Erinnerungen zurück. Achten Sie beim Erzählen auf emporsteigende Gefühle.

Bei diesen ersten Treffen gewöhnen Sie sich an die Rolle des einfühlsamen Zuhörers und daran, dass man Ihnen zuhört. Sie lassen Ihr Leben Revue passieren – was Sie erlebt haben, alle präsenten Einzelheiten und die Gefühle, an die Sie sich erinnern. Das ist alles. Sie bauen gegenseitiges Verständnis füreinander und die Verbindung untereinander auf.

Sollten Sie gedanklich allerdings zu sehr an Ihre momentanen elterlichen Herausforderungen gefesselt sein, dann sprechen Sie zuerst darüber. Ich empfehle Eltern dennoch, bei jedem Treffen das Erzählen mit etwas Positivem zu beginnen, mit einem erfreulichen Moment der vergangenen Woche. Wir machen uns über vieles Sorgen, deswegen tut es gut, auch darauf zu achten, was leicht ging oder lustig war, selbst wenn Ihnen nicht sofort etwas einfällt!

Um eines klarzustellen: Hier geht es nicht um Geplauder. Sie haben beschlossen, einander einfühlsam zuzuhören. Ihre ungeteilte Aufmerksamkeit wird die Fähigkeit Ihres Gegenübers, seine eigenen Gedanken und Gefühle wahrzunehmen, vertiefen. Obwohl Sie vielleicht nicht sofort eine Veränderung wahrnehmen, wird Ihre Aufmerksamkeit in ihm oder ihr wahrscheinlich noch die folgenden Tage nachwirken. Umgekehrt wird es Ihnen wahrscheinlich ebenso gehen. Dieses einfache Einströmen von konzentrierter Herzenswärme und Aufmerksamkeit signalisiert dem limbischen System, dass wir nicht allein sind. Wie es der amerikanische Psychiater Daniel J. Siegel formuliert: „Was wir brauchen, ist, uns gefühlt zu fühlen". Dies erweist sich als wirksame Hilfe, um sich seiner selbst bewusst zu werden, und stärkt die Fähigkeit, schwierige Zeiten gut zu überstehen.

Bewahren Sie über alles Anvertraute Stillschweigen

Eine solche Partnerschaft funktioniert langfristig nur unter der Bedingung, dass über alles Gesagte Stillschweigen bewahrt wird. Wenn Sie beim Frust-Abladen alles Hässliche sagen, das Ihnen durch den Kopf geht, müssen Sie darauf vertrauen können, dass es nicht als Tratsch weitererzählt wird! Und ebenso wichtig ist es, dass die Zuhörer sich nicht über das Gesagte lustig machen oder einander damit hänseln. Am besten ist es sogar, beim nächsten Treffen gar nicht nachzufragen, wie sich die Dinge entwickelt haben, von denen Ihr Partner erzählt hat, selbst dann nicht, wenn es Sie ungeheuer interessiert. Lassen Sie Ihren Partner bestimmen, was er loswerden will. Das Ziel ist es, einander beim Freisetzen emotionaler Spannungen zu helfen, und nicht über jedes Detail des aktuellen Themas auf dem Laufenden zu bleiben.

Unterstützen von Gefühlsausbrüchen

Konzentrieren Sie sich als Zuhörer nicht darauf, ob Ihrem Gegenüber Lösungen einfallen oder ob er positive oder negative Gefühle erlebt. Die Gefühle Ihres Partners kommen und gehen und Lösungen werden ihm in ihrer Zeit einfallen. In Ihrer Zuhörer-Rolle achten Sie darauf, *wie Sie ihm beim Freisetzen emotionaler Spannung helfen können*, indem er erzählt, lacht, zittert, schwitzt, Wutanfälle zulässt, weint oder seltsamerweise auch gähnt. Achten Sie auf die Gedanken und Erinnerungen, die Ihren Partner dicht an seine Gefühle heranführen. Diese zeigen den Weg, die entsprechenden Emotionen zuzulassen. Und das wird das Leben mit Kindern in Zukunft erleichtern.

Durch Erzählen kann man leichte Spannung abbauen. Oft ist das die notwendige Einleitung, damit es leichter fällt, Emotionen zu zeigen und sie vollständiger freizulassen. Also, sobald Sie an der Reihe sind, reden Sie einfach drauflos. Lassen Sie Ihren Gedanken freien Lauf. Sie brauchen keine zusammenhängende Geschichte zu erzählen, bei einem Thema zu bleiben oder den Zuhörer ins Bild zu setzen, damit er Ihren Gedankengängen folgen kann. Sie reden zu Ihrer eigenen Erleichterung, nicht zur Unterhaltung Ihres Zuhörers. Sie können auch jederzeit eine

Pause einlegen und einfach Ihre Gefühle beobachten. Manchmal unterstützt das die Auflösung von Spannung. Wenn es Ihnen hilft, können Sie auch Töne erzeugen oder umhergehen. Bleiben Sie locker! Wenn Sie sich anstrengen, um wie in der Schule planvoll und zusammenhängend zu erzählen, wird das Abladen der Spannung schwieriger.

Lachen steckt an und löst sowohl Angst als auch Verlegenheit auf. Wenn Sie bei einem bestimmten Gedanken lachen müssen, gehen Sie ihm ein wenig nach. Vielleicht rufen ähnliche Gedanken oder Einzelheiten weiteres Gelächter hervor. Vielleicht steckt das Lachen oder Lächeln auch Ihren Zuhörer an. Wenn Sie zuhören und Ihr Partner lacht, dann ist es in Ordnung, mit einzustimmen, falls es ihm hilft, dabei zu bleiben. Sie können sogar bitten, dass er den auslösenden Satz wiederholt: „Sie hat *was* gesagt?" oder „*Müsli* in seiner Hose?". Damit animieren Sie die andere Person dazu, ihr Lachen ganz und gar auszukosten und auszudehnen.

Schwitzen und Zittern lösen unsere Ängste. Das befremdet Sie vielleicht, aber wahrscheinlich haben Sie es schon erlebt. Hatten Sie schon einmal einen Unfall, und sobald Sie in Sicherheit waren, fing ein schier unkontrollierbares Zittern an? Oder waren Sie schon einmal nassgeschwitzt, als Sie vor einer Gruppe reden sollten? Zitterten Ihnen die Hände? Hatten Sie wacklige Knie? Wenn ja, dann haben Sie damit Angst abgebaut.

Beim Reden über Ihre Sorgen erleben Sie vielleicht noch einmal unmittelbar die dazugehörige Angst. Ihr einfühlsamer Zuhörer kann Sie daran erinnern, dass Sie gerade Vergangenes aufleben lassen und dabei Angst abladen. Bewegen Sie sich zur Beschleunigung des Heilungsprozesses. Vielleicht stehen Sie auf, lockern die Schultern, schütteln die Hände aus, heulen auf wie beim Achterbahnfahren oder machen Geräusche und stampfen mit den Füßen. Schließlich lernen wir, loszulassen, und die Tränen dürfen fließen. Wenn Sie das bloße Erzählen durch energische Bewegungen unterstützen, kann das vor allem im Stehen Zittern, Schwitzen oder Tränen hervorrufen. Auf jeden Fall ist es eine willkommene Alternative zu dem ruhigen Beschreiben der eigenen Ängste, das einen wie betäubt zurücklassen kann.

Weinen befreit Kummer. Manchmal tröpfeln die Tränen nur, dann wieder wechseln wir zwischen Unterdrücken und Laufenlassen der Tränen. Schließlich lernen wir loszulassen, und die Tränen fließen ungehindert. Wir können das Weinen aufrechterhalten, indem wir uns auf die lebhaften Einzelheiten oder Gedanken konzentrieren, die das Gefühl verstärken.

Wut ist häufig ein Zeichen dafür, dass Kummer und Angst in einer harten Schale eingepfropft sind. Die zarteren Gefühle erhalten keinen Raum, da man sich in der Wut allein, misstrauisch und ungeliebt fühlt. Weil Zorn andere Menschen auf Abstand hält, gelangt man in seiner Wut nur schwer an das Zentrum der Verletzung, die man freisetzen und heilen möchte.

Um von Zorn befreit zu arbeiten, muss man zuerst darüber sprechen, wie man sich gerade fühlt, welches die Trigger sind und wie sich die Wut zum zentralen Problem entwickelt hat. Zuerst braucht man die Erlaubnis, die Wut ganz auszudrücken, um wahrzunehmen, ob daraufhin Trauer und Angst frei werden. Als Zuhörer ermutigen Sie vielleicht Ihren Partner, die innere Hitze durch Gesten und derbe Sprache auszudrücken oder indem er im Zimmer auf und ab stampft. Vielleicht kann er dann schließlich die hinter der Wut versteckten Gefühle im Weinen, Zittern oder Schwitzen auflösen.

Neigt Ihr Partner allerdings dazu, die Wut an den Menschen in seinem Umfeld auszulassen, braucht er vielleicht alternative Anregungen. Ermutigen Sie ihn beispielsweise zu Worten, die ein verletzliches, gekränktes Kind vielleicht ursprünglich sagt, bevor Misstrauen in ihm geweckt wird. Zum Beispiel: „Hilf mir, ich habe Angst" oder „Bin ich dir denn egal?" oder „Wieso tust du mir das an?". Dies kann Ihrem Partner die verletzten Gefühle zugänglich machen, die er so lange vergraben musste.

Auch **Gähnen** kann während des gegenseitigen Zuhörens plötzlich auftreten. Eine Minderheit von Menschen gähnt oft dann, wenn sie sich sicher fühlt. Manche Erwachsene gähnen sogar während des Weinens. Das deutet nicht auf Langeweile oder Sauerstoffmangel hin. Durch Gähnen wird tatsächlich körperliche Spannung losgelassen. Damit wird signalisiert, dass der Körper entspannt, sich regeneriert und Emotionen freier fließen können.

Zusätzliche Strategien für einfühlsame Zuhörer

In der Rolle als Zuhörer werden Sie hauptsächlich respektvoll und einfühlsam zuhören. Aber Sie denken auch über Ihren Partner nach und können dann und wann einige zusätzliche Anregungen einsetzen, um ihn dabei zu unterstützen, seine Gefühle leichter freizusetzen. Und wenn Sie die Rollen tauschen und Ihnen selbst das Freilassen Ihrer Gefühle schwerfällt, dann können Sie diese Anregungen zu gegebener Zeit für sich selbst ausprobieren.

Zeigen Sie Wertschätzung für Ihren Partner. Eltern vergessen schnell, wie gut sie sind und wie sehr sie sich anstrengen! Also äußern Sie vielleicht eine knappe, konkrete Wertschätzung, die ein negatives Gefühl ausgleicht, in dem Ihr Partner gefangen ist. Dabei reichen schon wenige Worte. Zum Beispiel: „Du bist wirklich tapfer", für den Elternteil, der sich davor ängstigt, die Lehrerin des Kindes auf ein Problem anzusprechen. Sie können auch jedes Treffen mit einer Wertschätzung abschließen, ohne auf die Gefühle Bezug zu nehmen, an denen Ihr Partner gerade gearbeitet hat.

Schenken Sie Ihrem Partner Gewissheit. Vielleicht erinnern Sie Ihren Partner daran, dass er ein guter Mensch ist und auch seine Kinder von Grund auf gut sind, dass sein Verstand klar ist und er immer sein Bestes getan hat. Diese einfachen Wahrheiten wirken vielleicht den Gefühlen des Versagens entgegen, die Tränen, Lachen und unverbrauchtes Denken blockieren.

Ermutigen Sie Ihren Partner, stolz auf sich zu sein. Zufriedene Eltern, die stolz dastehen und über sich und ihre Kinder Positives sagen, können Gefühle aufsteigen lassen und freisetzen, was oftmals mit Lachen beginnt. Auf uns selbst und unsere Kinder stolz zu sein ist eine hilfreiche Strategie gegen die ständig tadelnden inneren Stimmen.

Ermutigen Sie Ihren Partner dazu, über seine Erinnerungen an Liebe und Akzeptanz zu sprechen. Angenommen, eine Mutter ist über ihre vorpubertäre Tochter verärgert, dann regen Sie sie dazu an, sich an jene liebevollen Gedanken und Worte zu erinnern, die sie für ihr Kind im Babyalter verwendete, und sich vorzustellen, sie würde heute in diesem Stil mit ihr reden. Einem Vater, der sich wegen dem Wiedersehen mit seinem Kind sehr große Sorgen macht, von dem er drei Jahre lang getrennt war, schlagen Sie vielleicht vor, sich an gute Zeiten vor der Trennung zu erinnern, oder sich vorzustellen, seinem Kind zu sagen, dass er es liebt, und ihm dann weitere Dinge zu erzählen, die es erfahren soll.

Die Aufmerksamkeit der Eltern auf das Positive zu lenken, kann wirken wie das Bearbeiten harter Erde mit einer Schaufel. Sie können diese Ideen bei tief vergrabenen Gefühlen ausprobieren. Das Ausdrücken oder Erinnern von Liebe, Zuwendung, Selbstvertrauen und sogar spielerischer Ausgelassenheit kann Gefühle der Hoffnungslosigkeit, Angst und Isolation lockern, sodass sie schließlich losgelassen werden können.

Pausieren Sie vom Versuch, das Problem zu lösen

Wir ermutigen Eltern, sich von dem Anspruch zu befreien, während des Gegenseitigen einfühlsamen Zuhörens nach Problemlösungen zu suchen. Neue Erkenntnisse zu finden, während Sie in den Ärgernissen der vergangenen Woche herumstochern und nach Schuldigen suchen, das ist schwierig. Lenken Sie lieber die Aufmerksamkeit auf *Ihr Gefühl* in der Situation, die Sie aus der Fassung gebracht hat, und trauen Sie Ihrem Verstand zu, gute Lösungsstrategien später zu entdecken. Es kann auch hilfreich sein, sich ähnliche Situationen aus der Vergangenheit zu vergegenwärtigen, die Sie ebenso ratlos gemacht haben.

Es folgen einige Fragen für Sie selbst oder Ihren einfühlsamen Zuhörer, die darauf hinweisen, wie vielleicht die schwierigen Gefühle entstanden sind. Dabei konzentrieren Sie sich auf das Loslassen der entdeckten Gefühle und darauf, zu dem erinnerten Unrecht Ihre eigene Meinung zu sagen.

* Woran erinnert mich diese Situation?
* Wann habe ich mich zum allerersten Mal so gefühlt?
* An wen erinnert mich diese Person?
* Was geschah in *meinem* Leben, als ich so alt war wie mein Kind?
* Wie hätten mich meine Eltern behandelt, wenn ich getan hätte, was mein Kind jetzt tut?

- Was würde ich in dieser Situation *gefühlsmäßig* sagen oder tun wollen?
- Was war anders, als ich mich *nicht* so gefühlt habe?
- Welches sind meine schlimmsten Ängste? Sind solche Dinge schon einmal passiert?
- Wann lief es das letzte Mal in dieser Angelegenheit *gut* für mich?

Die Gefühle der Vergangenheit zu erforschen, anstatt momentane Frustrationen und Sorgen ausführlich zu erzählen, hat vielen Eltern geholfen, ihre Gefühle zu entladen, was für eine bessere Verbindung zu ihren Kindern nötig war, damit sie ihnen dann wirklich beistehen konnten.

Vermeiden Sie die Gewohnheiten, die manchmal als Zuhören gelten

Es gibt einige Praktiken, die manchmal als „Zuhören" gelten, aber tatsächlich das gegenseitige Vertrauen untergraben. Zwar steht dahinter die Absicht zu helfen, aber das Resultat leugnet das. Vereinbaren Sie mit Ihrem Partner ein Signal – etwa ein leichtes Antippen des Knies, um einander wissen zu lassen, sobald Sie sich auf solche Abwege begeben haben.

Psychologisieren Sie nicht: „Oh, das klingt, als sei da einiges an Ärger aus der Beziehung mit deiner Mutter eingeflossen." Fragen Sie stattdessen: „Was hättest du damals deiner Mutter gesagt, wenn du Unterstützung gebraucht hättest?"

Liefern Sie keine Zusammenfassung der Aussagen Ihres Partners ab: „Oh, ich glaube, du hast gesagt, du seist zu aufgebracht, um jetzt überhaupt deinen Zwillingen Grenzen zu setzen. Stimmt das?" Helfen Sie stattdessen Ihrem Partner beim Entwickeln seiner Geschichte: „Erzähl mir mehr davon. Was geht dir durch den Kopf, wenn sie miteinander streiten?"

Geben Sie keine Ratschläge: „Also *ich* kenne mich mit kleinen wählerischen Essern aus! Ich sag dir mal, was bei meinem Neffen prima geklappt hat ..." Konzentrieren Sie sich stattdessen darauf, wie Sie Ihrem Partner beim Freisetzen seiner Gefühle helfen können, was ihn dann wiederum zu eigenen konstruktiven Gedanken führen wird.

Bitte denken Sie daran: Das Vertrauen, das Sie während des Gegenseitigen einfühlsamen Zuhörens aufbauen, wird zum wirksamsten Mittel der Veränderung. Also konzentrieren Sie sich aufs Zuhören. Bauen Sie eine herzliche und respektvolle Beziehung zu Ihrem Partner auf. Die Feinarbeit kommt später.

Mehr müssen Sie für den Anfang nicht wissen! Sie müssen dieses Kapitel nicht auswendig lernen, lesen Sie nur ab und zu die wichtigsten Stichpunkte, während Sie eigene Erfahrungen sammeln. Mit mehr Unterstützung wird Ihr Leben besser verlaufen, also denken Sie darüber nach, appellieren Sie an Ihren Pioniergeist, greifen Sie zum Telefon und probieren Sie das einfühlsame Zuhören aus!

Manchmal ist ein Besuch beim Psychotherapeuten sinnvoll

Es gibt Zeiten, in denen Gegenseitiges einfühlsames Zuhören unter Eltern nicht die passende Strategie für Ihren Spannungsabbau ist. Wenn die Umstände Sie überfordern und Sie nicht die Rolle des Zuhörers erfüllen können oder wenn Sie etwas sehr Vertrauliches beschäftigt, ist ein zugelassener Psychotherapeut eine gute Alternative. Suchen Sie sich jemanden, den Sie respektieren. Sie wollen einen Therapeuten, der sie darin unterstützt, Ihre Integrität zu wahren, die aufgestauten Gefühle zu entladen und die Themen auf für Sie passende Weise zu bearbeiten.

•◆•

Für Ihre Arbeit als Eltern verdienen Sie hilfreiche Unterstützung! Mit diesen Erkenntnissen und ein wenig gesundem Menschenverstand können Sie Ihr Netz fürsorglicher Beziehungen erweitern. Die daraus resultierende Energie wird Ihr Leben bereichern und Ihrer ganzen Familie zugutekommen.

KAPITEL 8

Emotionale Projekte

Nachdem Sie die Strategien des Zuhörens einige Monate lang ausprobiert haben, werden Sie merken, dass einmal richtig ausweinen oder eine Runde Ganz-Ohr-Spiel voller Lachen für eine stabile Verhaltensänderung Ihres Kindes nicht in jedem Fall ausreicht. Lachen oder ein heftiger Gefühlsausbruch schenkt vielleicht vorübergehende Erleichterung, aber wie die Gezeiten stellt sich auch die Spannung mitsamt eines bestimmten Verhaltensmusters immer wieder ein. Beispielsweise hat Ihr Kind einen Gefühlsausbruch beim Anziehen und das jeden Morgen. Nachdem Sie eine Grenze gesetzt haben, wird Ihr Kind fröhlich und kommt mit Ihnen in Verbindung, aber der nächste Tag startet ebenso schwierig.

Dies geschieht, wenn Ihr Kind in einer tief wurzelnden Verletzung gefangen ist. Diese frisst an seinem Sicherheitsgefühl. Das Bedrohungsgefühl hat meist ein oder zwei wiederkehrende Auslöser in alltäglichen Situationen, die Ihr Kind einfach nicht erträgt. Oft sind das Übergänge vom Spiel zu den Mahlzeiten, der Gebrauch eines Kindersitzes im Auto, der Anschluss an eine Gruppe spielender Kinder oder das abendliche Schlafengehen. Ausweinen oder eine Runde lebhaftes Ganz-Ohr-Spiel kann jedes Mal einen Gefühlsbrocken lösen, doch bei einer tief gehenden Verletzung, die Ihr Kind gerade bearbeitet, wird vielleicht nur ein sehr kleiner Teil davon geheilt. Das Problem wird wiederkehren, weil das Kind die Tür zu einem langfristigen Genesungsprozess geöffnet hat – sozusagen zu einem *emotionalen Projekt*. Es wird oft daran arbeiten müssen, um sich von dessen Einfluss auf sein Verhalten zu befreien.

Hier sind weitere Zeichen, dass Ihr Kind ein emotionales Projekt zur Bearbeitung bereithält:

- Andere sind versucht, Ihr Kind mit einem Etikett zu versehen. Sie betrachten eine bestimmte Eigenschaft als verhaltensbestimmend.
- Das Kind erlebt heftige Gefühle. Es hat oft Angst.
- Wenn Sie ihm zuhören, macht es seinen Gefühlen ausgiebig Luft.
- Immer wieder drückt es dieselben Gefühle aus: „Das ist nicht gerecht!" oder „Das kann ich nicht." oder „Du hast mir nichts zu sagen.".
- Wenn Sie während des Gefühlsausbruchs durchgehend ganz Ohr bleiben, verschwindet das Verhalten.
- Wenn Sie oft und ausgiebig ganz Ohr bleiben, werden die Pausen zwischen den Verhaltensepisoden länger.

Das wiederholte Freisetzen von Emotion befreit Ihr Kind aus seinem festgefahrenen Verhalten. Unter dem einen oder anderen Vorwand – vielleicht wacht es nachts angstvoll auf oder reagiert im Beisein anderer Kinder extrem schüchtern – bekommt es die hundert notwendigen Gelegenheiten, um die Verletzungen schließlich zu heilen und sich wohler zu fühlen.

Was zeichnet ein emotionales Projekt aus?

Das Konzept emotionaler Projekte ist sehr wirksam, denn dadurch lernen Sie, dem Urteilsvermögen Ihres Kindes in Situationen zu vertrauen, in denen Sie sonst vor Sorge oder Frust verrückt würden. Es ist eine Vorstellung, welche die dem Gefühlsausbruch innewohnende Weisheit Ihres Kindes anerkennt. Ihr Kind verhält sich nicht „unreif", „manipulativ" und will Ihnen auch nichts „auswischen", wenn es schon wieder ausflippt, nachdem zur Schlafenszeit ein Tropfen Wasser auf seinem Schlafanzug gelandet ist. Ihr Kind arbeitet methodisch – und zwar allabendlich – an der Panik, die es spürt, wenn etwas nicht ganz nach seinen Erwartungen läuft. Und wenn Sie dem Kind heute Abend während eines weiteren Ausbruchs Halt vermitteln, dann wird es morgen beim Spiel mit den

Freunden toleranter reagieren, und zwar auch dann, wenn nicht alles nach seinen Vorstellungen läuft. Es wird nicht sofort mit Schlagen anfangen, nicht sofort davonrennen mit der Behauptung, dass es nicht mehr mit den anderen spielen will. Sein emotionales Projekt wird ihm und Ihnen den Weg zu einem insgesamt entspannten Alltag weisen.

Ich habe beobachtet, wie sich die Persönlichkeit vieler Kinder mit der Zeit veränderte, während sie sich durch längerfristige emotionale Projekte hindurcharbeiteten. Ängstliche Kinder werden selbstbewusster, aggressive Kinder öffnen sich und werden tolerant und besitzergreifende Kinder teilen schließlich gern mit anderen ihre Spielsachen. Nach meiner Erfahrung kann die angebliche „Persönlichkeit" oder das angebliche „Temperament" eines Kindes einfach eine Verhaltensreaktion auf Situationen sein, die für das Kind schwierig zu bewältigen waren. Nun wird es Ihnen sehr helfen, sich klarzumachen, dass so ein emotionales Projekt von wenigen Wochen bis hin zu Jahren dauern kann. Dabei wird die Bereitschaft, in dieser Zeit zu Ihrem Kind zu stehen, sein Selbstvertrauen wiederherstellen und ihm die unerschütterliche Erkenntnis liefern, dass es geliebt und unterstützt wird.

Wann ist ein emotionales Projekt sinnvoll?

Weil emotionale Projekte Geduld, Hingabe und einiges an Zuhören erfordern, hängt der Erfolg von Ihrer eigenen seelischen Verfassung ab. In erschöpftem Zustand können Sie Ihrem Kind nicht helfen, sich in der Welt sicherer zu fühlen. Zwar werden sich Zeit und Energie, die Sie mit Zuhören aufwenden, vielfach auszahlen, wenn Ihr Kind Fortschritte macht und sein Leben ins Gleichgewicht kommt. Aber zu erleben, wie erschrocken oder tieftraurig es sich fühlt, wird in Ihnen heftige Emotionen auslösen. Und vielleicht müssen Sie die Erwartungen an Ihr Kind herunterschrauben, schwierige Momente einkalkulieren, es vor Kritikern in Schutz nehmen und zeitweise von den Situationen fernhalten, die es momentan überfordern.

Somit besteht Ihr erster Schritt darin, mit all Ihren Gefühlen über das zukünftige emotionale Projekt zu einem einfühlsamen Zuhörer zu gehen. Fürchten Sie sich davor, von Ihrem Kind verletzt zu werden, während es beim Durcharbeiten seiner Ängste um sich schlägt? Sorgen Sie sich, dass es niemals über diese Verhaltensauffälligkeit hinwegkommen wird? Ist Ihnen das Verhalten Ihres Kindes peinlich? Haben Sie das Gefühl, durch seine Ausbrüche entsteht zwischen Ihnen beiden eine unüberwindbare Kluft? Solche Gefühle wahrzunehmen ist der erste Schritt, um die Dinge wieder ins Lot zu bringen. Es gibt keine richtigen oder falschen Gefühle, aber wenn Sie Ihr Kind bei seiner Selbstheilung unterstützen wollen, versetzt es Sie in eine stärkere Ausgangsposition, wenn Sie sich über die eigenen Gefühle klar sind.

Ihr einfühlsamer Zuhörer kann Sie darin unterstützen, jene Gedanken zu identifizieren, die in Ihnen die Gefühle gegenüber Ihrem Kind freisetzen. Sie können sich gegen jede einzelne unfaire Bedingung auflehnen, unter der Sie leiden. Fluchen Sie und erzählen dann weiter. Dass Sie so gestresst sind, *ist* unfair! Wie empörend, dass Ihr Kind so viel braucht und Sie so erschöpft sind. Sie haben Kapazitäten, die Sie noch nicht spüren, aber diese können Sie erst dann anzapfen, wenn Ihnen selbst etwas liebevolle Aufmerksamkeit und bedingungslose Unterstützung zuteilwurde.

Die Zeit für das emotionale Projekt Ihres Kindes ist dann reif, wenn Sie Ihren einfühlsamen Zuhörer an Ihrer Seite wissen, Gefühle frei fließen können und Sie sich nach jedem Austausch mit ihm erholt fühlen.

Wie steuert man ein emotionales Projekt?

Schritt 1. Stärken Sie Ihrem Kind noch mehr den Rücken und reduzieren Sie seinen Stress. Damit fahren Sie zweigleisig. Zeitweise werden Sie mehr Wunschzeit und Ganz-Ohr-Spiel mit Ihrem Kind einplanen wollen. Es muss Ihre Aufmerksamkeit spüren, braucht den Spaß am gemeinsamen Spiel und die herzliche Atmosphäre, die beim Lachen entsteht. Vielleicht bieten Sie ihm morgens sowie nach der Schule oder Kindertagesstätte Wunschzeit an und nach dem Abendessen Ganz-Ohr-Spiel, um für genügend Lachen, Körperkontakt und Zuneigung zu sorgen. Vielleicht fallen Ihnen noch andere Arten der Rückenstärkung ein. Täglich zusammengekuschelt ein Buch lesen, sich vor dem Schlafengehen mit Ihrem Kind hinlegen und ein oder zweimal täglich spielerisches Raufen für Kinder, die zu Aggressionen neigen, können folgende Botschaft an das Kind verstärken: „Du bist in Sicherheit. Ich bin hier. Du bist mir wichtig." All das sind wirksame Gegenmittel bei aufgestauter Verletzung.

Kombinieren Sie diese, das Selbstvertrauen stärkenden Maßnahmen mit ein wenig taktischem Verwöhnen. Tun Sie Ihr Möglichstes, um die Auslösemomente von Angst oder Gefühlsausbrüchen pro Tag zu verringern, die Ihr Kind aus dem Gleichgewicht bringen. Dazu müssen Sie vielleicht auch Dinge ändern, die Ihnen lieb sind.

Wenn Ihr Kind sehr verschüchtert ist, müssen Sie vielleicht Ihre beiden großen, leicht reizbaren Hunde für einige Monate in Pflege geben. Ihr Kind kann nicht verhindern, dass deren häufiges, plötzliches Gebell eine Angstreaktion in ihm auslöst und sein Gefühl ständig lauernder Gefahr vergrößert. Wenn in der Kita der morgendliche Abschied von Ihnen zur großen Qual wird, dann bringen Sie Ihr Kind vielleicht für ein oder zwei Monate nicht jeden Tag dort unter oder nehmen sich morgens Zeit für die lange, tränenreiche Trennungsarbeit, damit Ihr Kind seine Angstgefühle abladen kann. Wacht Ihr Schulkind nachts schreiend und weinend aus seinen Träumen auf, lassen Sie es vielleicht einige Wochen bei sich im Bett schlafen, bis sich sein System wieder beruhigt hat und Sie vorschlagen können, dass es wieder ins eigene Bett zurückkehrt und Sie mit Bleib-Ganz-Ohr auf seine Ängste antworten. Sie verstehen das Prinzip: Geben Sie eine Weile bedingungslose Unterstützung. Später, wenn sich Ihr Kind wieder gut genug verbunden fühlt, um erfolgreich an seinen Gefühlen zu arbeiten, können Sie wieder eine Erwartung oder Grenze einführen.

Jeden Morgen vor der Schule sträubte sich der neunjährige Sohn einer alleinerziehenden Mutter gegen das Anziehen. Das führte an jedem Schultag zu erbitterten Kämpfen. Damit sich etwas änderte, überlegte sie sich Strategien, Ihrem Kind zwei Wochen extra den Rücken zu stärken. Sie beschloss, Ihrem Sohn täglich vor dem Abendessen Wunschzeit anzubieten und ihn in der Frühe so zärtlich wie ein Kleinkind anzuziehen. Sie wollte genau an der Stelle ansetzen, wo morgens zwischen ihnen liebevolle Verbindung fehlte.

Schon am allerersten Morgen fiel ihr eine bemerkenswerte Veränderung auf. Sie hatten beide gekichert, als die Mutter beim Ankleiden des

Jungen liebevoll mit ihm sprach, und sie hatten sich beim Frühstück nett unterhalten. Zufrieden brachen Sie anschließend zu Schule und Arbeit auf. Nach der zweiten Woche ähnlichen Verlaufs schlug ich vor, dem Jungen beim Anziehen eine kleine Aufgabe zu geben, zum Beispiel, sich selbst die Socken überzustreifen, damit die großen Gefühle ausgelöst werden konnten, die mit dem selbständigen Anziehen zusammenhingen. Das wollte die Mutter allerdings noch einige Wochen aufschieben – so gern nahm sie ihm das Anziehen noch eine Weile ab! Sie genossen beide dieses kleine beziehungsstärkende Ritual. Während dieser Zeit hatte ihr Sohn zweimal über Probleme mit seinem Vater geweint und Gefühle abgeladen, an denen er sie nie zuvor hatte teilhaben lassen. In dem Maß, wie seine Fähigkeit wuchs, große Gefühle abzuladen, löste sich auch das Problem mit dem Anziehen auf.

Schritt 2. Beziehen Sie Gegenseitiges einfühlsames Zuhören in Ihre Routine ein. Um den Aufwand an zusätzlicher Aufmerksamkeit und See-lenarbeit auszugleichen, organisieren Sie regelmäßigen Austausch mit Ihrem einfühlsamen Zuhörer, damit Sie nicht schon nach einer Woche ausgelaugt sind. Denn Sie haben ja schon vor Beginn dieses Projekts hart gearbeitet. Und jetzt erst recht! Also tanken Sie seelische Unterstützung und zusätzliche Auszeit für sich!

Schritt 3. Kalkulieren Sie Schwierigkeiten ein und bereiten Sie sich darauf vor. Schwierige Momente rechtzeitig vorwegzunehmen ist die Schlüs-selstrategie, um mit unseren Kindern nicht die Beherrschung zu verlieren. Wenn Ihre Tochter allmorgendlich ausrastet, weil sie zur Schule muss, dann wecken Sie sie einfach früher zum Morgenprogramm. Wenn sie dann explodiert, haben Sie Zeit, sich um sie zu kümmern und ganz Ohr zu blei-ben. Streiten Ihre Zwillinge gerade zehnmal täglich, dann kürzen Sie den Besuch bei den Großeltern ab, damit deren Nerven geschont werden und Sie Ihre Kinder nicht anschreien. Verhält sich Ihr Kind beim Besuch seiner Freundin abweisend, dann planen Sie das Ganz-Ohr-Spiel mit Fangen ein oder lassen beide in der ersten Viertelstunde in einer Sockenschlacht gegen Sie gewinnen. Verlieren Sie auf dramatische und komische Weise. Dann werden sich die Kinder verbünden und vielleicht den Rest der Zeit unbe-schwerter miteinander spielen. Und falls es doch zu Schwierigkeiten kommt, werden sich die Kinder vielleicht eher ausweinen, als sich untereinander an den Haaren zu ziehen, zu schubsen oder einander Sachen wegzunehmen.

Schritt 4. Setzen Sie Grenzen und bleiben Sie ganz Ohr. Sobald Sie das Sicherheitsgefühl Ihres Kindes nach den oben beschriebenen Schritten gesteigert haben, werden ihm Ihre Grenzen die nötigen Gelegenheiten geben, sich immer wieder seiner großen Gefühle zu entledigen. Wenn Ihre Tochter das neugeborene Brüderchen ständig so fest an sich drücken muss, dass es ihm weh tut, dann würdigen Sie herzlich ihre Liebe, halten Ihre Tochter aber so weit zurück, dass sie das Baby nicht ganz umschlingen kann. Wenn Ihre beiden Jüngsten nicht friedlich miteinander spielen können, während Sie kochen, dann müssen Sie eines der Kinder jeden Abend mit in die Küche nehmen und den beiden, wenn nötig, gut zuhören, wenn Sie sie trennen. Tun Sie, was nötig ist, damit jedes Kind unversehrt bleibt, und hören Sie ihren Gefühlen zu. Wenn Sie mit Hilfe liebevoller, aber klarer Grenzen vorausschauend für Sicherheit sorgen, werden Ihre Kinder recht schnell die Gefühle ablassen und sich wieder mehr ihres Lebens freuen.

Wie lange dauert ein emotionales Projekt?

Leider lässt sich nicht messen, wie tief die Gefühle Ihres Kindes bei seinem hartnäckigen Problem sitzen. Es gibt kurze und klar umrissene Projekte, wie dieses zum Thema Frustration.

Meine Tochter ist zwanzig Monate alt und will alles *selbst* machen. Ihr gelingt dann vieles noch nicht, weshalb sie oft sehr frustriert ist. Bislang hatte ich versucht, sie dazu zu bringen, mit dem Weinen aufzuhören, oder ihr gut zuzureden. Jetzt versuche ich einfach nur, für sie präsent zu sein in dem Wissen, dass auch dann Gutes geschieht, wenn sie ratlos wirkt. Das kann ich jetzt viel länger mit ihr durchstehen als zuvor.

In letzter Zeit frustriert sie der Versuch, meine oder ihre Schuhe anzuziehen. Sie findet Schuhe und probiert, deren Schnallen zu schließen und zu öffnen, aber die Schuhe auch anzuziehen gelingt ihr nicht ganz. Ich habe gedacht: „Vielleicht will sie die Schuhe einfach an den Füßen haben." Aber wenn ich mich helfend einmischen will, regt sie sich sogar noch mehr auf, als wenn ich sie selbst kämpfen, weinen und probieren lasse. Auch lässt sie sich nicht von den Schuhen abbringen. Sie will unbedingt lernen, die Schuhe alleine anzuziehen, möchte das selbst bestimmen, und die Wutanfälle gehören dazu. Diese können ihr nicht allzu unangenehm sein, denn sie lässt sich deswegen nicht von ihrem Vorhaben abhalten. Das ist eine wirklich schwierige Phase, aber sie schafft es, ganz bestimmt.

➤◄○►

Das folgende emotionale Projekt zum Thema Schlafen war zwar nervenaufreibend, aber fast in einer Woche überstanden.

➤◄○►

Unseren zweijährigen Sohn ins Bett zu bringen, erschöpfte uns allmählich. Es dauerte jeden Abend fast zwei Stunden, und meine Frau musste sich dabei immer neben ihn legen, bis er endlich eingeschlafen war. Und sofern erreichbar, verlangte er immer die Mama. Reichte die Kraft meiner Frau nicht aus, ihn zu Bett zu bringen, täuschten wir Ihre Abwesenheit vor, als müsste er zwangsläufig mit dem Papa vorliebnehmen.

Also stellten wir uns in der ersten Nacht auf einen großen Gefühlsausbruch unseres Sohnes ein. Wir lasen ihm Gute-Nacht-Geschichten vor, küssten ihn und kuschelten und sagten ihm, wir säßen gleich draußen vor der Tür. Daraufhin setzten wir uns so an die Tür, dass er uns sehen konnte. Wie erwartet, kletterte er aus dem Bett und wollte die Mama neben sich liegen haben. Er weinte, als sie die Grenze setzte und ihn wieder ins Bett brachte. Mit wachsender Verzweiflung schlug er zudem mit dem Kopf gegen die Wand. Da hielten wir ihm zu seinem Schutz vorsichtig den Kopf. Wir konnten seine Angst hören. Wir blieben ganz Ohr. Er trat um sich und stieß laute Schreie aus. Wir taten weiterhin, was in unserer Macht stand, damit er unversehrt blieb und seinen Gefühlen freien Lauf lassen konnte. Nach zwei Stunden schlief er endlich ein.

In der folgenden Nacht brachte ich ihn allein zu Bett, ohne dass wir die Abwesenheit meiner Frau vortäuschten. Nachdem sie ihm Gute Nacht gewünscht und das Zimmer verlassen hatte, kletterte unser Sohn aus dem Bett, lief zur Tür und bat wiederholt, ich sollte sie öffnen. Daraufhin kniete ich mich neben ihn auf den Boden und sagte, es sei jetzt Schlafenszeit. Er stampfte mit den Füßen auf und weinte dabei, während seine Angst und Verzweiflung wuchsen. Er schrie Gründe heraus, weshalb ich die Tür öffnen müsste. Sogar seine Zähne musste er angeblich putzen. Er schrie laut und voller Angst und Panik. Nach etwa einer halben Stunde zog ich ihn auf meinen Schoß. Er hatte die Augen fest zusammengekniffen und sein Heulen kam tief aus seinem Inneren. Den Kopf hatte er die ganze Zeit an meiner Brust vergraben. Nachdem ich ihm eine weitere Stunde so zugehört hatte, rief ich meine Frau herbei und sie nahm ihn in die Arme. Wir blieben für weitere dreißig Minuten ganz Ohr, dann endlich schlief er ein.

Diese Nächte wühlten in uns viele Gefühle auf. Wir holten uns Unterstützung bei unseren jeweiligen Partnern aus dem Gegenseitigen einfühlsamen Zuhören, um mit Ängsten und Traurigkeitsgefühlen umzugehen, die aufstiegen, wenn wir unseren Sohn so verzweifelt und verängstigt erlebten.

In der dritten Nacht brachte ihn meine Frau ins Bett und wir saßen draußen vor seiner Tür. Er kletterte aus dem Bett und wir brachten ihn wieder hinein. Nachdem das eine Weile so hin und hergegangen war, fing er zu weinen an und wir blieben ganz Ohr. Dieses Mal wirkten seine Schreie anders. Sie klangen nicht länger panisch oder verzweifelt. Diesmal wirkten sie eher heilend. Wir blieben beide an seiner Seite. Meine Frau hielt ihn, und jedes Mal, wenn sein Weinen nachließ, wies sie ihn auf die Schlafenszeit hin und darauf, dass sie vor der Tür sitzen würde. Daraufhin weinte er wieder. Und dann kam der Durchbruch. Er schaffte es dieses Mal tatsächlich, sich ganz und gar auszuweinen. Er beruhigte sich, fing mit uns zu plaudern an und kicherte ein wenig. Dann verließen meine Frau und ich das Zimmer. Unser Sohn rollte sich auf die Seite und schlief ein. Das hatte eineinhalb Stunden gedauert.

Die darauffolgende Nacht gab es ein kleines Hin und Her, bevor er seine heftigen Gefühle loslassen konnte. Es lief so ab wie die Nacht zuvor. Als er sich ausgeweint hatte, verband er sich wieder mit uns, gab jedem einen Kuss, drückte uns und schlief ein. Diesmal hatte es nur eine Stunde gedauert.

Nach dieser einen Woche des Grenzen-Setzens und Ganz-Ohr-Bleibens zur Schlafenszeit hat sich unser Junge sogar tagsüber völlig verwandelt. Er wirkt nun selbstsicherer und unabhängiger. Gegenüber den anderen Kindern aus der Tagesstätte verhält er sich sozialer – sogar seinen Betreuern fiel eine Veränderung auf. Vor diesem Einschlafprojekt hatte er im Anschluss an sein Nickerchen immer nach Mama oder Papa geweint. Seit unserer abendlichen Unterstützung hat das auch aufgehört. Unser Sohn spielt jetzt auch öfter allein, ohne unsere Aufmerksamkeit zu benötigen. Er ist gesprächiger und stellt viel mehr Fragen!

Dieses Projekt hat sich für uns als ganze Familie gelohnt. Wir hatten alle einiges an Gefühlen durchzuarbeiten und es wendete sich alles zum Guten!

Einige emotionale Projekte dauern weitaus länger. Das hört sich gewiss nicht gerade erfreulich an, aber ohne eine leise Andeutung von Erfolg würden Sie sich auch nicht weiter abmühen. Kinder zeigen bei jedem Lachen, Koller oder Weinen subtile Hinweise auf Fortschritte. Ab und zu erleben Sie nach nur einem oder zwei großen Gefühlsausbrüchen eine bemerkenswerte Verhaltensveränderung. Daniels Geschichte ist ein Beispiel für kaum merkliche Hinweise und allmählichen Fortschritt mit einem letzten großen Durchbruch.

Daniel besuchte den aus einer Eltern-Kooperative hervorgegangenen Kindergarten, den ich leitete. Bei seinem Eintritt war er drei Jahre alt und ein stiller Junge. Allerdings trommelte er gern und spielte meist auf einem bestimmten Instrument, seiner Lieblingstrommel. Eines Tages entriss ihm ein anderes Kind die Trommel, und eine Erzieherin bemerkte, dass er nur ausdruckslos dahockte. Weder protestierte er, noch suchte er sich eine andere Beschäftigung. Sie setzte sich neben ihn und fragte, ob ihm gefiel, was geschehen war. Schweigend schaute er sie an und begann zu weinen. Er weinte ziemlich lange, brachte aber kein einziges Wort heraus.

Wir beschlossen, ihn auf ähnliche Interaktionen hin zu beobachten, und stellten fest, dass er einfach nicht für sich selbst einstehen konnte. Also unterstützten wir ihn mit einem emotionalen Projekt: Er sollte lernen zu sagen, was er wollte, und für sich selbst einstehen.

So manches Mal musste er sich heftig ausweinen, bevor er verbalisieren konnte, was ihm missfiel, aber schließlich schaffte er es. Fortschritt! Als Nächstes sollte er bei einer schlecht laufenden Interaktion aufstehen oder, wenn er schon stand, auf das Kind, das ihn verletzt hatte, einen Schritt zugehen. So wollten wir ihm helfen, selbst ins Tun zu kommen. Auf ein Kind zuzugehen, um es anzusprechen, war ihm zu schwer. Er musste erst noch weitere Male heftig und lange weinen. Als er schließlich seine Hilflosigkeit oft genug abgearbeitet hatte, stand er auf. Er machte auch ein oder zwei Schritte. Natürlich war das betreffende Kind längst weg, aber das machte nichts. Wir wollten keine Entschuldigung erreichen oder das Teilen der Spielsachen erzwingen. Uns kam es vor allem darauf an, dass er seine Lähmung überwand, wenn ihm Unrecht zugefügt wurde. Als Nächstes sagten wir: „Ich werde dich begleiten, um mit dem anderen Kind zu reden." Und er weinte wieder einige Male, bevor er zu diesem nächsten Schritt bereit war. Wir bestanden auf kein bestimmtes Ergebnis. Wir zeigten ihm einfach den nächsten Schritt und ermutigten ihn sanft: „Du kannst mit ihr reden" oder „Arianna ist deine Freundin. Du kannst zu ihr hinübergehen." Sein Gefühl der Hilflosigkeit saß sehr tief, daher zog sich das Projekt über viele Monate hin, in denen er ein- oder zweimal pro Woche weinte. Wir hörten ihm jedes Mal zehn bis zwanzig Minuten zu, dankten ihm anschließend für seinen Mut, den nächsten Schritt zu bedenken, und fragten, was er spielen wollte. Selten konnte er sich wirklich bis zum Ende ausweinen, denn wir mussten uns auch um andere Kinder kümmern. Zwar blieb bestehen, was er bisher gelernt hatte, aber sein Fortschritt war langsam.

Sobald er das Aufstehen geschafft hatte und ein oder zwei Schritte ging, bestand die nächste Stufe darin: „Komm, wir gehen zu dem Kind rüber." Und als er das geschafft hatte: „Was willst du ihm sagen?" Aber bald unterteilten wir das in noch kleinere Schritte: „Kannst du ihm sagen: Mir hat das nicht gefallen?" oder „Kannst du ihr sagen: Ich will das wiederhaben?" oder „Willst du sagen: Tu das nicht mehr!?". Jedes Mal stand der Junge da und weinte ziemlich lange. Das beteiligte Kind ging oft weg, was wir nicht verhinderten. Wir ermutigen ihn, dem Kind zu folgen, und dann gab es noch mehr Hilflosigkeit als Tränen davon. Als seine Arbeit an diesen Gefühlen Fortschritte machte, beteiligte er sich aktiver an unseren Angeboten. Er lachte öfter, spielte intensiver und trieb mit den Erzieherinnen sogar ab und zu kleine Scherze. Und er feierte seinen vierten Geburtstag.

An einem der letzten Tage des Schuljahres schließlich warf ein Fünfjähriger aus dem Nebenraum einen Apfelrest in unser Zimmer. Daniel sah das und sagte zu mir: „Das sollte er nicht machen." Ich antwortete: „Genau! Was willst du machen?" Er sagte: „Ich will mit ihm reden." Ich fragte, ob ich ihn begleiten solle, und er bejahte. Er hob das Kerngehäuse auf und wir gingen gemeinsam in das andere Zimmer. Dort waren wir beide noch nie gewesen. Daniel öffnete die Tür, entdeckte den Jungen, marschierte auf ihn zu und sagte: „Das sollst du nicht in unser Zimmer werfen." Er reichte dem Schüler den Apfelrest, machte kehrt und schritt wieder hinaus. Ich war etwa einen Meter hinter ihm, hatte weder Vorschläge gemacht noch etwas erzwungen. Sein emotionales Projekt war somit abgeschlossen! Im Alter von vier Jahren fürchtete er sich nicht mehr für das einzustehen, was er für richtig hielt, und das bei einem fremden Kind an einem völlig neuen Ort!

‑◄O►‑

Kinder aller Altersstufen machen uns darauf aufmerksam, dass sie von großen Gefühlen in eine Zwangsjacke aus Frust, Angst oder Trauer gesteckt wurden. Anstatt nachts einmal aufzuwachen, kommen sie jetzt stündlich, oder anstatt sich einmal täglich aufzuregen, wenn es ums Teilen geht, geschieht das nun jede Viertelstunde. Übergangszeiten lösen oft ein emotionales Projekt aus: Da gibt es Wutanfälle, bevor ein Kind mit dem Sprechen anfängt; einen heftigen Frustausbruch an der Schwelle zum Kleinkindalter; oder im Kindergarten muss es die Herausforderung bewältigen, Dinge zu teilen, Besitzverhältnisse zu klären und zu warten, bis man an die Reihe kommt. In der Grundschule können Lernschwierigkeiten auftreten. Vor und während der frühen Pubertät geht es dann oft um die Selbstannahme: „Bin ich okay?" Außerdem ringen viele Kinder mit Trennungsängsten. Zudem gilt es während jeder dieser Phasen, die unzähligen, den Eltern gegenüber auftretenden Gefühle zu bewältigen. Wenn wir Eltern emotionale Projekte erkennen, können wir die notwendigen Schritte unternehmen, um unsere Kinder darin zu unterstützen.

Auch wir bearbeiten emotionale Projekte

Wir Eltern haben mit unseren Kindern vieles gemeinsam, denn wir können auch knietief in einem emotionalen Projekt stecken. Wir reagieren empfindlich, wenn es um die Sicherheit unserer Kinder geht. Auch ertragen wir es nicht, wie sie miteinander kämpfen. Wir fühlen uns manchmal so einsam, dass wir uns erst recht isolieren. Wir reißen uns zusammen und arbeiten noch härter, bis unsere Gesundheit darunter leidet. Wenn Sie sich regelmäßig zum gegenseitigen Zuhören treffen und jede Woche mit sehr ähnlichen Gefühlen kämpfen, dann stecken Sie vielleicht mitten in Ihrem eigenen emotionalen Projekt. Ihre Gefühle werden zwar durch momentane Bedingungen ausgelöst, sind aber tatsächlich Überreste aus Ihrer Vergangenheit.

Man muss von zwei Seiten ansetzen, um Herz und Verstand aus allmählich festgefahrenen emotionalen Reaktionsmustern und Verhaltensweisen zu befreien – einerseits bedarf es der Freisetzung von Emotionen und andererseits des positiven Handelns. Wenn Sie sich einfach zu vorwärts gerichtetem Handeln zwingen, wird sich langfristig wenig verändern. Genauso wenig erreichen Sie, wenn Sie angesichts der Herausforderungen nur Ihrem Ärger Luft machen. Wir müssen sowohl die schmerzhaften Gefühle zulassen als auch vorwärts gerichtet handeln, um uns aus festgefahrenem Verhalten herauszuarbeiten.

Hier folgt, wie eine Mutter Ihr eigenes emotionales Projekt angeht, den Kampf mit ihrem eigenen Geschrei.

Wir alle wollen doch gelassene Eltern sein. Ich jedenfalls schon! Meine Tochter ist sechs Jahre alt. Wir adoptierten sie vor dreieinhalb Jahren. Kurz bevor ich die Geduld verliere und sie anschreie, flüstert jedes Mal eine innere Stimme: „Ruf eine Freundin an! Hol dir jemanden zum Zuhören, jetzt!" Ich höre das. Aber dann gerate ich in Panik und denke: „Nee, kann ich nicht…auf keinen Fall!" Und schon geht das Gebrüll los. Eines Abends brüllte ich meine Tochter so mächtig an, dass uns beiden angst und bange wurde. Ich wusste, dass es nicht so weit gekommen wäre, wenn ich den Mut aufgebracht und zum Telefon gegriffen hätte. Aber der Gedanke, jemanden um Hilfe zu bitten, löst in mir riesige Angst aus.

Also untersuchte ich beim gegenseitigen Zuhören diese Angst, eine Freundin oder Zuhörerin um Hilfe zu bitten. Meine Partnerin fragte mich sanft: „Was ist früher passiert, wenn du um Hilfe gebeten hast?" Mir fiel ein, dass ich den Eindruck hatte, man verurteilte mich dafür, Hilfe zu benötigen. Daraufhin fragte mich meine Zuhörerin: „Was wäre das Schlimmste, was passieren könnte, wenn du jemanden in einer Notlage anrufst?" Ich antwortete: „Das scheint so banal, aber ich fände es am schlimmsten, wenn er oder sie sagen würde, dass sie jetzt nicht telefonieren könnte." Beim Nachdenken über diese Möglichkeit weinte ich und nach einer Weile merkte ich: na verflixt! Wieso sollte ich denn nicht einfach einem Freund von der Angst erzählen und dann meine Bitte äußern? Später sprach ich mit einigen Freunden und meiner Zuhörerin und alle waren sofort zu meiner Unterstützung bereit. Ich spürte, das war mein eigenes emotionales Projekt.

Kurz danach waren meine Tochter und ich alleine zu Hause und vor uns lag ein langes, gemeinsames Wochenende. Mein Mann war dienstlich unterwegs und ich fühlte mich isoliert und überfordert. Ich merkte, dass ich durch den Wind war. Und dann schrie sie mich gellend an, sie schrie mir direkt ins Gesicht! Mit den gleichen Worten und ebenso gellend schrie ich ihr direkt zurück ins Gesicht. Daraufhin floh ich aus dem Zimmer und dachte nur noch: „Ich kann das nicht! Ich hab nicht das Zeug zur Mama!" Und dann hörte ich das Flüstern: „Ruf eine Freundin an."

Meine Tochter weinte und hämmerte gegen die Tür, hinter der ich mich verbarrikadiert hatte. Ich kam heraus, hockte mich neben sie und sagte so sanft wie möglich: „Mein Schatz, ich muss mir Hilfe holen. Ich will dich nicht anschreien. Ich rufe eine Freundin an. Ich gehe jetzt für zehn Minuten in mein Zimmer." Danach saß ich auf meinem Bett und starrte das Telefon an. Traute ich mich? Ich schrieb eine SMS: „Hast du zehn Minuten Zeit für mich?" Ich schluckte meine Angst herunter und verschickte die Nachricht.

„Ah! Jetzt gibt es kein Zurück mehr", dachte ich, und Panik stieg in mir auf. Meine Zuhörerin antwortete beinahe sofort: „Soll ich dich anrufen?" Sobald ich ihre Stimme hörte, kamen mir die Tränen, mich überfiel ein tiefes, heiseres Weinen. „Ich bin da.", sagte sie einfühlsam. Ich weinte noch etwas und erzählte ein wenig. „Mir tut leid, dass es für dich gerade so schwer ist.", hörte ich sie sagen. Ich spürte ihre Wärme, Annahme und ihr Verständnis. Nach fünf Minuten hörte ich meine Tochter an der Schlafzimmertür und beendete somit das Telefonat. Aber wow! Was für eine Erleichterung, einfach nur zu weinen, nichts ergründen zu müssen, die Gefühle laufen zu lassen. Genau das hatte ich gebraucht.

Ich hatte es geschafft! Ich fühlte mich leichter, weniger gestresst und wieder fähig, mich meiner Tochter zuzuwenden. Diese wenigen Minuten mit meiner einfühlsamen Zuhörerin öffneten mein Herz, ich spürte jetzt Empathie für meine Tochter. Unser Wochenende war dadurch völlig umgekrempelt. Ich werde das nächste Mal wieder anrufen und freue mich auf eine Gelegenheit, mich zu revanchieren.

Zunächst hört sich ein emotionales Projekt nach viel Arbeit an. Aber Ihr Projekt wird Stück für Stück Fortschritte machen. Und dies anzupacken ist besser als die Alternative. Bedenken Sie, wie entmutigend es ist, wenn

Sie sich wegen eines ständig wiederkehrenden Problems immer wieder verbiegen müssen. Beim Einsatz herkömmlicher „Disziplin", müssen Sie sich bei jedem Ausbruch Ihres Kindes von ihm distanzieren. Damit wächst zwischen Ihnen beiden eine Geschichte negativer Gefühle.

Beim Einsatz der Zuhörstrategien dagegen bewegen Sie sich Schritt für Schritt auf Ihr aufgewühltes Kind zu, um sein Verbundenheitsgefühl mit Ihnen wiederherzustellen. Aber zuerst organisieren Sie Unterstützung für sich selbst. Sobald Sie dann ein hilfreiches Ventil für Ihre Gefühlsausbrüche haben, planen Sie, wie Sie dem Kind Ihre Fürsorge vermitteln und ihm in herausfordernden Zeiten Beistand leisten können.

Zahlreiche Eltern ändern ihr Leben und befreien ihre Kinder aus hartnäckigen Schwierigkeiten, indem sie sich auf *Unterstützung und Verbindung* konzentrieren, damit aus ihren Überlegungen und Anstrengungen dauerhafte Lösungen werden.

•◆•

Wenn Sie in Teil III, *Strategien für tägliche Herausforderungen*, weiterlesen, werden Sie die Berichte finden, die sich um emotionale Projekte drehen. Lesen Sie, lassen Sie sich inspirieren und entscheiden Sie sich für Ihr erstes Projekt.

TEIL III

Strategien für tägliche Herausforderungen

Einführung

In diesem Teil lesen Sie die Erfahrungsberichte etlicher Eltern, die wahrscheinlich auch Ihnen geläufigen Situationen gegenüberstanden. Diese Eltern setzten die Zuhörstrategien ein, um sich mit ihren Kindern zu verbinden und für sich selbst Unterstützung zu erhalten, damit Sie herausfinden konnten, wie sie den Kindern am besten ihre Liebe übermittelten. Wir empfehlen nicht, ihr Handeln zu kopieren, denn jede Familie ist einzigartig. Aber vielleicht werden Sie durch diese Geschichten inspiriert. Obwohl Ihre eigene Geschichte anders sein wird, vertrauen wir darauf, dass sich Ihr Kind mit Ihnen verbinden will und Sie einen Weg entdecken werden, wie Sie das ermöglichen können.

Wir haben vier Bereiche ausgewählt, mit denen die meisten Eltern Schwierigkeiten haben, und diese in Herausforderungen aufgegliedert, mit denen Eltern täglich zu tun haben. Wir zeigen, wie die fünf Zuhörstrategien angewendet werden können, um Streitigkeiten aufzulösen und Eltern und Kinder einander näher zu bringen. Jeder Erfahrungsbericht wird von einem kurzen Kommentar ergänzt, der Ihnen erklärt, weshalb die jeweiligen Strategien funktioniert haben. Sie werden merken, wie Eltern und Kinder selbst während harter Zeiten weise handeln. Auch in Ihnen und Ihrem Kind liegt solche Weisheit. Suchen Sie danach. Hören Sie zu. Experimentieren Sie.

KAPITEL 9

Kooperation aufbauen

Was Sie wissen müssen

D er Versuch, unsere Kinder zur Kooperation zu motivieren, endet oft sehr frustrierend. Offenbar gibt es zu diesem Thema unter uns Eltern zwei Lager. Die eine Gruppe hat es so satt, dass sie die Kinder nicht kontrollieren kann, dass sie kapituliert. Wir räumen dann die Spielsachen oder den Tisch selbst auf, doch mit der Zeit wächst der innere Unmut und schafft zwischen uns und den Kindern eine Kluft. Wir fühlen uns unzureichend. Und unser Mangel an Selbstvertrauen überträgt sich auf die Kinder dergestalt, dass sie ihre Welt als instabiler erfahren. Als Eltern aus dem zweiten Lager fühlen wir uns durch die fehlende Kooperation so gereizt, dass wir die Kinder so lange anschreien, beschämen oder bestrafen, bis sie die Aufgabe unter Zwang erledigen. Auch damit geht es uns nicht gut, denn dann haben Ärger und Frustration das Sagen. Unsere Kinder können gar nicht anders als die Botschaft zu verinnerlichen, dass sie nicht genügen, worauf ihre Fähigkeit, zu lernen und Freunde zu gewinnen, gehemmt wird.

Beim Streben nach Kooperation sollten wir unsere Kinder als *Beziehungspartner* wahrnehmen. Wenn wir die Aufmerksamkeit zuerst auf die Verbindung zu unserem Kind richten, bevor wir es um Kooperation bitten, ist das wie das Grüßen des Nachbarn und der Smalltalk, bevor wir erwähnen, dass der Gartenzaun zwischen den Grundstücken auf seiner

Seite reparaturbedürftig ist. Auf diese Weise zeigen Sie Ihre Wertschätzung für die Beziehung, da diese die Basis für jede folgende positive Handlung ist.

Beispielsweise besuchte mich einmal eine Mutter, die auf ihre jungen Kinder wütend war, weil sie nach der Rückkehr aus der Schule nicht gleich die Ranzen ausleerten und die Brotbüchsen in die Küche trugen. Sie hatte angeblich „alles" versucht, aber die Kinder hörten einfach nicht zu. Stattdessen betraten sie das Haus, ließen ihre Sachen an der Eingangstür fallen und rannten zum Spielen ins Wohnzimmer. Jeden Nachmittag fühlte diese Mama in Erwartung der eingefahrenen Situation, Frust in sich aufsteigen.

Ich machte sie darauf aufmerksam, dass die Kinder den ganzen Tag von ihr getrennt waren und den Anweisungen ihrer Lehrer folgen mussten. Anstatt sie also gleich mit einer Anforderung zu begrüßen, wäre es vielleicht besser, einfach ein paar Minuten mitzuspielen. Danach könnte sie immer noch um das Ausleeren der Ranzen bitten. Und es funktionierte. Dies war ein gutes Beispiel dafür, wie Eltern den Erfolg ihrer Bitte wahrscheinlicher machen, indem sie zuerst Verbindung herstellen. Wenn sich Kinder mit ihren Eltern verbunden und von ihnen wirklich wahrgenommen fühlen, kooperieren sie von allein. Anstatt sich aufgebracht auf eine Machtprobe mit einem unwilligen Kind vorzubereiten, zeigen wir Ihnen, wie Sie mit Hilfe der Zuhörstrategien die ersehnte Kooperation aufbauen.

Ein kooperationsförderndes Klima herstellen

Was wir wissen:

- Ihr Kind will kooperieren.
- Wenn das Kind sich Ihnen nah und verbunden fühlt, kann es sich für Kooperation entscheiden.
- Wenn sich Ihr Kind bedroht oder unsicher fühlt, ist es kooperationsunfähig.

Wir Eltern spüren oft den Drang, etwas sofort erledigen zu müssen, ein Gefühl, das vor allem dann aufsteigt, wenn wir uns belastet und allein fühlen. Wir wollen uns besser *fühlen*, also versuchen wir, die Kinder *jetzt* an den Esstisch zu rufen, *jetzt* das Schlafzimmer aufzuräumen oder sie *jetzt* ins Auto zu drängen. Natürlich gibt es Gefahrenmomente, in denen sofortige Kooperation zwingend ist. Wenn Ihr Kind auf eine belebte Straße flitzt, dann müssen Sie es sofort festhalten, egal, wie gekränkt es sich vielleicht fühlt! Aber ansonsten braucht es zu freiwilliger Kooperation erst ein wenig Zeit für die Verbindung zwischen Ihnen und Ihrem Kind.

Für ein kooperatives Klima werden Sie am besten ein Gleichgewicht zwischen großzügigem „Ja" und dem Geschenk des „Nein" schaffen. Wenn Sie herzlich „Ja" sagen, dann wird die Bindung zwischen Ihnen wachsen. Wunschzeit ist eine gute Möglichkeit, zu Ihrem Kind „Ja" zu sagen. Genauso wie Sie ihm erlauben, Ihnen seine Interessen zu zeigen, wird Ihre großzügige Haltung wiederum auf das Kind abfärben. Wunschzeit lässt Ihnen die Freiheit, Ihr „Ja" mit einem Timer zu begrenzen und die Häufigkeit dieses Angebots zu bestimmen. Somit müssen Sie sich nicht darum sorgen, von den Launen Ihres Kindes beherrscht zu werden. An einem guten Tag können die meisten von uns die Lieblingsbeschäftigungen unserer Kinder zumindest fünf bis zehn Minuten lang toll finden. So wird das Fundament für Kooperation gelegt. Mit der Zeit wird Ihr Kind auf Sie und andere viel wahrscheinlicher mit Großzügigkeit antworten, weil Sie zuverlässig mit Ihrem starken „Ja" hinter ihm stehen.

Im folgenden Beispiel hat eine Mutter mit dem „Ja" der Wunschzeit die Dinge zum Besseren gewendet:

◄o►

Morgens hatte ich ständig Mühe bei dem Versuch, meine Kinder dazu anzuspornen, sich rechtzeitig für die Schule bereitzumachen. Jeden Tag verlor ich die Beherrschung, weil sie nicht kooperierten. Also vereinbarte ich ein Treffen mit meinem einfühlsamen Zuhörer, um wieder einen klaren Kopf zu bekommen, und beschloss daraufhin, morgens für die beiden irgendwie Wunschzeit einzuschieben.

Eines Morgens stand eine meiner Töchter früher als gewöhnlich auf. Sie wirkte ausgeruht, und wir waren ungestört, also schlug ich ihr fünf

Minuten Wunschzeit vor. Sie wollte ausmalen, eine ihrer Lieblingsbeschäftigungen. Wir besorgten ihre Spezialstifte, und fünf Minuten lang folgte ich ihren Anweisungen und entwarf Ausmalvorlagen. Als der Timer klingelte, malten wir die letzte fertig, räumten auf und sie zog sich für die Schule an. Wir hatten unseren Spaß. Ich fühlte mich ermutigt, mit ihr verbunden und sie wirkte zufrieden.

Dann weckte ich meine andere Tochter und schlug ihr auch gleich Wunschzeit vor. Sie war in eine Decke gehüllt. Ruhig fragte ich, ob sie mein kleines Baby sein wolle. Sie stimmte zu. Also nahm ich sie auf den Schoß, und wir kuschelten. Ich sang unsere Lieblingswiegenlieder, schaute ihr in die Augen, hielt ihren schlaksigen Körper in den Armen und zeigte ihr, wie sehr ich mich an ihr freute.

Zeitlich gesehen, war dies eine minimale Investition, die sich dennoch auszahlte! Der restliche Morgen verlief ruhig. Beim Frühstück aßen die beiden anstatt zu trödeln. Schnell schlüpften sie in Socken und Schuhe. Statt im ganzen Haus nach dem perfekten Spielzeug für die Autofahrt zu suchen, schnappten sie ihre Rucksäcke, stiegen ein und los ging's. Wir erreichten die Schule sogar rechtzeitig! Kein Herumschreien, keine Drohungen. War das ein schöner Morgen!

Wenn Sie zu Ihrem Kind eine gute Verbindung aufgebaut haben und es noch immer nicht kooperiert, dann sind Grenzen-Setzen und Bleib-Ganz-Ohr die entsprechenden Strategien, womit Sie das Geschenk des „Nein" übermitteln können. Damit können Sie ihrem Kind helfen, die Gefühlsregungen durchzuarbeiten, die es störrisch reagieren lassen. Daraufhin kann es sich wieder mit Ihnen verbinden. Nehmen wir uns zuerst das Grenzen-Setzen vor.

Stellen Sie sich vor, dass Ihr Zweijähriger die Bausteinkiste auf dem Teppich ausgeleert hat, während Sie das Essen vorbereiten. Er hat einen Mordsspaß dabei, die Klötze aufeinanderzuschlagen und immer neue Geräusche zu entdecken; aber inzwischen ist es Zeit zum Aufräumen und Essen.

Sie rufen aus der Küche, er soll die Bausteine aufräumen, aber der Krach hört nicht auf. Anstatt ein zweites und drittes Mal zu rufen, gehen Sie ins Wohnzimmer, um sich mit Ihrem Sohn zu verbinden. Sie bewundern ihn, als er Ihnen ein Lied vorspielt, das wahrscheinlich keinen Preis bekäme, aber auf seine kleinkindhafte, lärmende Weise Charme hat. Dann sagen Sie gelassen: „Okay, jetzt werden die Klötze aufgeräumt." Weil er jedoch so von sich und seiner Musik hingerissen ist, hört er nicht auf damit. Also knien Sie sich auf den Teppich, legen die Hand sanft über die seine, damit er nicht weiter Krach machen kann, und sagen liebevoll: „Essenszeit. Jetzt werden die Klötze aufgeräumt."

An diesem Punkt könnte sehr wohl Ärger aufkommen. Wenn Sie liebevollen Augenkontakt aufnehmen und eher zuhören, als ihr Kind zu belehren und zu beschwatzen, dann wird es sich bald sicher genug fühlen, um zu schreien oder zu weinen. Zwar werden es die übrigen Anwesenden vielleicht nicht verstehen, aber die Situation hat sich verbessert. Sie müssen nur auf der Grenze bestehen und liebevolle Zuwendung anbieten. Wenn sein Weinen nachlässt, bitten Sie erneut: „Kannst du jetzt die Steine aufräumen?" Ihr Kind wird so lange Gefühle abladen, bis es wieder mit Ihnen verbunden und mit sich selbst in Einklang ist.

In Anbetracht der kleinen Bitte erscheint die Reaktion Ihres Kindes wahrscheinlich übertrieben, aber es lässt damit vermutlich die Spannung aus anderen Tagen und aufgrund anderer Grenzen ab. Wenn es fertig ist, können Sie abwechselnd mit ihm die Klötze in die Tonne werfen, was ihm zeigt, dass auch Sie gerne kooperieren.

Auch das Ganz-Ohr-Spiel bewirkt Wunder, wenn ein Kind zur Kooperation ermutigt werden soll. Angenommen, Ihr fünfjähriger Sohn verweigert das Zähneputzen, obwohl er gerade eine süße Nachspeise verzehrt hat. An diesem Abend führt also kein Weg am Zähneputzen vorbei. Anstatt die Aufforderung ständig zu wiederholen, überlegen Sie etwas, das ihn zum Lachen bringt.

„Was, du willst nicht Zähne putzen? Na gut. Dann bürstest du halt mal den Ellbogen." Sie ernten einen schrägen Blick von der Seite. „Ach, jetzt weiß ich's, probiere doch die Nase." Jetzt hören Sie ein kleines Kichern. Er merkt, dass sich da ein Spiel anbahnt.

„Und die Poritze?", bricht es mit herzhaftem Lachen aus ihm hervor. Er ist fünf Jahre alt, und da ist das ein interessantes Thema.

„Krass!", antworten Sie. Aber Sie schnappen sich seine Zahnbürste und täuschen vor, ihm die Poritze zu schrubben.

Sie merken, worum es geht. Nach ein paar Minuten Gelächter, harmlosem Gerangel und weiteren unerhörten Ideen, sagen Sie: „So, mein Lieber, jetzt sind aber die Zähne dran. Aber halt! Erst müssen wir die Zahnbürste waschen. Den Ellbogendreck und Popo-Bäh willst du doch nicht im Mund haben!" Anschließend putzen Sie ihm die Zähne oder er macht es selbst und Sie bringen ihn ins Bett. Inzwischen hat dieses Ganz-Körper-Bürsten Anhänger unter Eltern vieler Länder, die damit ihr Abendritual von Geschrei in Alberei verwandelt haben. Die Zähne ihrer Kinder sind meist geputzt, und jeder geht mit dem Gefühl von Nähe und Verbundenheit zu Bett.

Wenn Sie liebevoll Grenzen-Setzen und Bleib-Ganz-Ohr oder Ganz-Ohr-Spiel anschließen, wird das Ihrem Kind helfen, sich mit Ihnen zu verbinden und die Gefühle loszuwerden, die es in seiner Kooperation blockieren. Es wird Sie in seinem Kampf als unterstützenden Partner wahrnehmen. Zweifellos erfordern diese Strategien Zeit und liebevolle Zuwendung. Aber sie zahlen sich auf wohltuende Weise aus. Wenn Sie Ihre Zuwendung in den Vordergrund stellen, annehmbare Bitten äußern und Ihr Grenzen-Setzen mit regelmäßiger Wunschzeit ausgleichen, dann werden Sie in Ihrem Kind eine Veränderung beobachten. Sie werden bemerken, dass sein Gefühl für Verbindung gestärkt wird. Das Thema Kooperation wird immer seltener zum Auslöser für Gefühlsausbrüche.

Die folgenden Beispiele illustrieren, wie Eltern ihre Kinder über die Zuhörstrategien für Kooperation gewonnen haben. Das sind keine Rezepte, die Sie mit Ihren Kindern eins zu eins umsetzen sollen. Eher sind es Geschichten, die Sie ermutigen, sich auf Ihre eigene Weise mit Ihrem Kind zu verbinden und ihm das Abladen von Emotionen zu erlauben. Mehr Kooperation und Verbundenheit werden die Folge sein.

Kooperation: Morgenritual

Wenn wir selbst am kämpfen sind

Strategie: Gegenseitiges einfühlsames Zuhören

Im Alter von fünf Jahren war mein Sohn fit für den Schuleintritt. Im Laufe des Schuljahres gewöhnte er sich jedoch an, mich morgens nach dem Duschen zu rufen und zu behaupten, er könne sich nicht selbst abtrocknen. Das frustrierte mich allmählich, weil ich dafür zuständig war, dass jeder zur rechten Zeit loskam, und er sich sehr wohl allein abtrocknen und anziehen konnte.

Schließlich redete ich mir den Frust und die allmorgendlich wiederkehrenden Gefühle in einem Treffen mit meinem einfühlsamen Zuhörer von der Seele. Da fiel mir ein, dass ich im Alter meines Sohnes auch nach dem Duschen von meinen Eltern abgetrocknet werden wollte. Ich erinnerte mich, dass ich mich einfach nach ihrer Nähe sehnte; mit ihnen machte es Spaß, aber mein älterer Bruder hatte mich dann als großes Baby beschimpft. Nun war Gelegenheit, die damit verbundenen Gefühle zuzulassen, und ich verstand, dass mein Sohn die Verbindung mit mir brauchte. Jetzt kann ich mit völlig neuer Einstellung und Geduld auf jeden neuen Morgen zugehen.

Wie es gelang

Diese Mutter bemerkte, dass der morgendliche Frust mit eigenen frühen Verletzungen zu tun hatte. Nachdem sie diese bei einem liebevollen Zuhörer freilassen konnte, entdeckte sie in sich neue Geduld für Ihren Sohn und ihre Beziehung wurde gefestigt.

Einem Kind ständig eine Aufgabe abzunehmen, die es selbst schafft, kann seine Entwicklung verzögern; aber manchmal entspringt eine solche Bitte einfach dem Bedürfnis nach Verbindung, und es ist dann wichtig, darauf einzugehen. Wie unsere nächste Geschichte zeigt, funktioniert das Setzen einer notwendigen Grenze meist besser, wenn man zuerst eine Basis aus Spiel und Verbindung legt.

Sich anziehen lassen

STRATEGIEN: GANZ-OHR-SPIEL

 GRENZEN-SETZEN

 BLEIB-GANZ-OHR

Als mein Sohn vier Jahre alt war, weigerte er sich eine Weile hartnäckig, sich ankleiden zu lassen. Einige Wochen lang dachte ich mir alle möglichen Spiele aus, um die Spannung zu lösen. Ich ließ die Kleidungsstücke zu ihm sprechen und sich vor ihm verstecken, versuchte sie selbst anzuziehen, tat so, als wüsste ich nicht, wie ich ihm beim Anziehen helfen könnte, und vieles mehr. Trotz meiner Bemühungen blieb das Anziehen ein täglicher Kampf.

Schließlich sagte ich ihm einfach eines Tages, es sei jetzt Zeit zum Anziehen. Als er wegrennen wollte, zog ich ihn auf den Schoß und sagte erneut: „Jetzt ist Anziehen dran." Daraufhin weinte er und schlug um sich. Ich hielt ihm die Arme fest, damit er mich nicht schlagen oder kratzen konnte, und blieb ganz Ohr. Sobald er sich allmählich beruhigte, sagte ich ihm, dass jetzt Anziehen dran war, und hörte zu, während er noch etwas weinte.

Nach einer gefühlten Ewigkeit hörte er mit dem Kämpfen auf, setzte sich in meinem Schoß auf, schaute mich direkt an und fragte, ob ich ihn auch als Erwachsenen noch erkennen würde. Ich versicherte ihm, dass ich ihn immer kennen und lieben würde, selbst wenn er anders aussähe. Mein Sohn war wie ausgewechselt. Nachdem er diese Angst losgeworden war, gab es beim Anziehen keine Probleme mehr.

Wie es gelang
Diese Mutter versuchte klugerweise, den Widerstand ihres Sohnes über das Ganz-Ohr-Spiel zu lösen. Manchmal ist das Ganz-Ohr-Spiel einfach der erste Schritt. Es schafft Nähe zwischen Ihnen und Ihrem Kind, signalisiert ihm, dass Sie nicht über ein bestimmtes Verhalten

von ihm verzweifeln, und wirkt entspannend. Zwar fungiert dies als Türöffner für Gefühle, löst aber noch nicht den notwendigen tiefen Heilungsprozess aus. Daher benötigt ein Kind oft als zweiten Schritt eine feste, aber liebevolle Grenze. Mit diesem klaren „Nein" kann es seinen inneren Aufruhr verarbeiten und wieder kooperieren.

Anstatt ihrem Jungen zu erlauben, vor ihr und seinen verstörenden Gefühlen zu flüchten, setzte diese Mama eine Grenze, indem sie ihren Sohn auf dem Schoß behielt. Sie wusste bereits, dass er in seiner Hilflosigkeit stecken geblieben war. Hätte sie ihn laufen lassen, hätte es beim Anziehen vermutlich weiterhin Kämpfe gegeben. Indem sie ihn nahe bei sich behielt und die Grenze wiederholte, „Jetzt ist Anziehen dran.", fühlte er sich sicher genug, ihr seine Ängste zu offenbaren. Diese Mutter machte eine überraschende Entdeckung, die schließlich das Ende eines lange währenden Kampfes herbeiführte.

Von zu Hause aufbrechen

STRATEGIE:  BLEIB-GANZ-OHR

Meinem fünfjährigen Sohn fiel es wirklich sehr schwer, morgens aufzustehen und sich für die Schule fertigzumachen. Zugegeben, ich hetze auch nicht gern durch meinen Morgen.

Ich gab mein Bestes, die Morgenroutine vergnüglich zu gestalten. Eines Morgens weigerte er sich aufzustehen, egal, was ich mir einfallen ließ. Als ich ihn schließlich aus dem Bett bekam, schleppte er sich in die Küche, spielte jedoch, anstatt zu frühstücken. Ich bot an, sein Spielzeug zu halten, damit er essen konnte, und als ich danach griff, streifte ich mit dem Fingernagel seinen Arm. „Autsch! Warum hast du das gemacht?" Wütend warf er sich auf den Boden und behauptete, ich hätte ihn absichtlich gekratzt. „Nein, mein Schatz, das war ein Versehen", antwortete ich ruhig. Er fing einen Streit an und drehte auf. Sofort merkte ich, dass er nicht mehr klar dachte und vermutlich einfach wegen des Kratzers wütend werden musste, also legte ich ihm eine Hand auf den Rücken, hörte liebevoll zu und bot ihm Blickkontakt an. „Es tut mir leid, dass ich dich gekratzt habe", sagte ich, als er weinend meinen Blick erwiderte. Kurz darauf gestand er, dass er eigentlich deswegen so aufgebracht war, weil er nicht in die Schule gehen wollte. Dort würde man ihm nicht zuhören, und er fühlte sich alleine. Ich hörte einfach zu. Als er mit Weinen fertig war, setzte er sich an den Frühstückstisch. Dann zog er sich für die Schule an. Wir putzten uns die Zähne. „Vielleicht wird es ja ein guter Tag", sagte mein Sohn schließlich. Er zog seine Jacke an, nahm seinen Rucksack, und wir setzten uns ins Auto.

Wie es gelang
Kinder nehmen oft versehentlich zugefügte Beulen oder Kratzer zum Vorwand, um wegen etwas ganz anderem zu weinen oder zu wüten. Diese Mutter erkannte scharfsinnig, was los war! Anstatt sich über seine „unverhältnismäßige Reaktion" auf ihre Berührung aufzuregen, hörte sie einfach zu. Als Belohnung bekam sie die wirkliche Erklärung, weshalb für ihn die Schulmorgen so schwierig waren. Nachdem er über seine Schwierigkeiten geweint hatte, entdeckte dieser Junge in sich eine optimistische Haltung und ging zufrieden zum Auto.

Kooperation: Mahlzeiten

Händewaschen

Strategien: Grenzen-Setzen

 Bleib-Ganz-Ohr

Meinem fünfjährigen Sohn fiel der Start in der Vorschule äußerst schwer. Davor hatte er einen kleinen Kindergarten besucht, aber jetzt ist er in einer öffentlichen Einrichtung mit vielen Kindern in der Klasse und wenigen Lehrern. Seither kommt er jeden Tag seltsam gelaunt nach Hause. Ich arbeite Vollzeit und somit kehren wir beide etwa zur Essenszeit nach Hause zurück.

Einmal war er zwar beim Abholen gut gelaunt, aber ich spürte, dass irgendetwas nicht stimmte. Ich fragt nach, wie sein Tag war, und daraufhin wirkte er etwas enttäuscht, antwortete aber: „Gut". Zu Hause angekommen, folgte er mir in die Küche. „Wasch die Hände, Schatz, wir essen in fünf Minuten", sagte ich munter.

„Ich mag nicht Händewaschen. Ich wasch mir nicht die Hände!", verkündete er und fing an zu spielen. Sofort ging ich zu ihm und schaute ihn direkt an. „Wir waschen uns jetzt die Hände. Mit schmutzigen Händen können wir nicht essen", sagte ich und dirigierte ihn sanft zum Waschbecken. „Nein", sagte er mit lauter, aber zittriger Stimme, während er mir zu entwischen suchte. Ich ging ihm nach, legte wieder den Arm um ihn und erinnerte ihn ans Händewaschen. Auf dem Weg zum Waschbecken meckerte er wegen der Seife. „Ich mag zum Händewaschen keine Seife!" Weil mir dieses Verhalten an ihm völlig neu war, fragte ich mich, was dahinter steckte.

„Wir nehmen auch ein wenig Seife", beharrte ich, stand direkt hinter ihm und half ihm beim Waschen. Er fing zu weinen an: „Ich mag keine Seife! Ich mag keine Seife!" Ich drehte ihn zu mir herum, nahm Blickkontakt auf und hörte zu. „Heute war kein guter Tag", fing er an und weinte weiter. „Magst du mehr darüber erzählen?", fragte ich liebevoll und blieb dabei in Augenkontakt. Da erzählte er mir, dass ihn andere Schulkinder oft geprügelt und sich über ihn lustig gemacht hätten. Während er ausgiebig über seinen schlimmen Tag weinte, hielt ich ihn im Arm, und wir setzten uns hin, bis er sich ausgeweint hatte und widerstandslos das Thema wechseln konnte. Ich merkte, dass er sich nun erleichtert und fröhlicher fühlte, und zu meinem Erstaunen wusch er sich unaufgefordert die Hände und setzte sich zum Essen hin.

Wie es gelang

Die Weigerung eines Kindes, etwas Alltägliches zu tun, wie beispielsweise das Händewaschen vor dem Essen, weist normalerweise darauf hin, dass es mit etwas kämpft und Verbindung braucht. Diese Mutter brachte liebevoll eine Grenze und blieb dann ganz Ohr für die daraufhin aufsteigenden Gefühle Ihres Sohnes. Sie ermutigte ihn zum Weitererzählen, als er seinen schlechten Tag in der Schule erwähnte. Sie führte ihn zu seinen schwierigen Gefühlen, sodass er sie, von ihrer Liebe eingehüllt, ausweinen konnte.

Hätte sich die Mutter wegen des Händewaschens einfach auf einen Machtkampf eingelassen, dann wäre ihrem Sohn die Gelegenheit verwehrt geblieben, von den Verletzungen des Tages zu heilen. Stattdessen wurde er fröhlicher, wusch sich die Hände und setzte sich unaufgefordert zu Tisch.

Ein unbekanntes Gericht wird lecker

STRATEGIEN: WUNSCHZEIT

 GANZ-OHR-SPIEL

Als unser Sohn nicht da war, hatten wir die Gelegenheit, unserer dreijährigen Tochter Wunschzeit mit Mama und Papa zugleich anzubieten. Sie kostete das wirklich aus. Als Erstes gab es einen Ringkampf und wir ließen uns dramatisch auf den Boden fallen. Danach spielten wir „Das Kind gehört mir" und jagten uns gegenseitig die Tochter ab. Dann mussten wir uns hintereinander stellen und als Rentiere einen imaginären Schlitten ziehen. Sie ritt auf dem Papa-Rentier und kommandierte. Dann war sie das Rentierbaby, kuschelte sich zwischen uns, und wir streichelten sie. Wir spielten eine halbe Stunde lang, überschütteten sie dabei mit unserer Liebe und ließen sie bestimmen. Sie nutzte das Angebot wunderbar aus und nahm alles in sich auf. Danach durfte sie allein mit ihrem Papa zum Schwimmen gehen. Bei ihrer Rückkehr hatte ich ein Abendessen zubereitet, worüber sie sonst die Nase rümpfte. Diesmal langte sie aber tüchtig zu! Sie sagte sogar: „Der Quinoa ist lecker", obwohl sie ihn sonst immer abgelehnt hatte. An diesem Abend war sie so kooperativ und süß. Sie räumte sogar Karten auf, die ihr Bruder am Boden verstreut hatte, und ließ sich problemlos ins Bett bringen.

Wie es gelang
Manchmal braucht ein Kind nur Verbindung, um starre Verhaltensweisen loslassen zu können. In diesem Fall aß ein Mädchen ein bisher verschmähtes Gericht sogar mit Vergnügen, nachdem sie viel Wunschzeit und das Ganz-Ohr-Spiel genossen hatte. Als Krönung verhielt sie sich den ganzen Abend über kooperativ und unbekümmert.

◄○►

Hilfe für wählerische Esser

STRATEGIEN: GRENZEN-SETZEN

 BLEIB-GANZ-OHR

Mein vierjähriger Sohn war schon immer ein sehr wählerischer Esser. Das verstärkte sich in den Monaten vor seinem vierten Geburtstag. Auch Speisen wie Lachs und Eier, die er vorher gerne gegessen hatte, strich er nun von seiner Liste. Wir waren im Wesentlichen bei reinen Kohlenhydraten gelandet.

Ich beschloss, bei nächster Gelegenheit eine Grenze zu setzen. Bisher hatte ich gezögert, ihm Essen aufzudrängen, weil ich als Kind selbst eine wählerische Esserin gewesen war und es gehasst hatte, wenn man mir bestimmte Speisen aufgezwungen hatte. Also schwor ich mir, ihn nicht zu zwingen, aber stattdessen eine Grenze und eine Erwartung zu setzen.

Zwei Tage später hatte ich Gelegenheit dazu. Mein Sohn folgte mir in die Küche, als ich mit der Zubereitung des Essens anfing, und wirkte rastlos. Er bat mich um einen Imbiss. Ich erwiderte, es sei Essenszeit und ich wollte, dass er etwas Gesundes, Eiweißreiches essen sollte, wie Bohnen oder Ei. Darüber war er sehr aufgebracht und fing zu weinen und zu protestieren an. Optimistisch und zuversichtlich wiederholte ich, dass ich Bohnen und Eier zubereiten würde, und stellte ihm diese zur Auswahl. Das Weinen hörte nicht auf. Er wälzte sich auf dem Küchenboden und wiederholte, dass er keine Eier wollte. Ich blieb ganz Ohr.

Nachdem er sich eine Viertelstunde durch seinen Frust hindurchgearbeitet hatte, beruhigte er sich, holte sich Kochbücher aus den Küchenregalen, blätterte darin und stellte Fragen zu den Bildern darin. Ich erinnerte ihn, dass ich Eier kochen würde, aber es schien ihn nicht zu kümmern. Als ich seinen Teller auf den Tisch stellte, setzte er sich und aß alles zufrieden auf. Inzwischen hat er die letzten zwei Wochen bei jeder Hauptmahlzeit kräftig zugelangt. Noch sind wir nicht bis zu Brokkoli gekommen, aber ich bin optimistisch.

Wie es gelang
Diese Mutter brachte eigene Kindheitserfahrungen als wählerische
Esserin in Einklang mit den „Hand in Hand Parenting"-Strategien,
um eine knifflige Situation zu entschärfen. Sie zwang ihren Sohn nicht
zum Essen, weil sie diese Erfahrung als Kind selbst gehasst hatte. Statt-
dessen bestand sie weiter auf der Erwartung, er solle etwas Gesundes
essen. Sie blieb während seiner Tränen und dem Wutanfall ganz Ohr.
Nur eine Viertelstunde später saß ihr Sohn am Tisch und verspeiste
zufrieden seine gesunde Mahlzeit.

Zwar können fünfzehn Minuten während eines Wutanfalls Ihres
Kindes zur gefühlten Ewigkeit werden, aber das nimmt man vielleicht
gern in Kauf, anstatt Tag für Tag die gleichen Auseinandersetzun-
gen ums Essen durchzumachen. Diese Viertelstunde Bleib-Ganz-Ohr
half dem Jungen, seine Mahlzeiten auch an vielen weiteren Tagen zu
genießen.

Große Gefühle zur Essenszeit

STRATEGIEN: GRENZEN-SETZEN

 BLEIB-GANZ-OHR

Unsere Familie erlebte am Wochenende einen Tagesausflug, den wir
alle sehr genossen. Auf der Rückfahrt hielt mein Sohn ein Nickerchen
im Auto, wachte danach aber mürrisch und reizbar auf. Zur Essenszeit
sagte er, er wäre nicht hungrig und wollte nichts essen. Ich entgegnete,
wir würden uns jetzt alle zum Essen an den Tisch setzen. Er trottete in
die Küche und meckerte dabei, er wollte noch spielen. „Und ich habe
keinen Hunger!", jammerte er.

Als er sah, was es zu essen gab, wimmerte und jammerte er noch mehr und sagte, er wollte kein Hähnchen mit Gemüse. „Das sieht eklig aus!" Er weinte. Dann holte er aus dem Kühlschrank einen Laib Brot. Ich sagte ihm, es gäbe heute kein Brot. Wir äßen jetzt alle Hähnchen mit Gemüse. Er aber brachte das Brot zum Tisch, weinte und versuchte die Verpackung zu öffnen. Sanft legte ich meine Hand über die seine und wiederholte: „Sorry, Schätzchen, heute Abend gibt es kein Brot." Er weinte weiter und warf den Laib auf den Boden. Dann stieß er seinen Teller mit Hähnchen und Gemüse von sich und sagte, ich sollte ihn in Ruhe lassen. Ich antwortete, dass ich ihn mit diesen Gefühlen nicht allein lassen wollte. Seine Schwester legte das Brot wieder in den Kühlschrank und er weinte noch mehr.

Ich beschloss, mit ihm ins andere Zimmer zu gehen, damit die übrige Familie in Ruhe essen konnte. Auf meinem Schoß weinte er dann noch mehr. Ich war hungrig und wollte essen, also gab ich ein wenig nach, als sein Weinen allmählich versiegte, und bot ihm als Alternative zu dem Mischgemüse auf seinem Teller Avocado an. Er ließ sich darauf ein und folgte mir an den Esstisch.

Dort aß er die Hälfte der Avocado und probierte dann von dem zurückgewiesenen Hähnchen. Einige Minuten später hatte er es ganz verschlungen, ebenso die andere Avocado-Hälfte und zwei Portionen Mischgemüse – unglaublich, wie viel er verspeiste! Bei Tisch war er gesprächig und entspannt, ebenso im Verlauf des restlichen Abends.

Wie es gelang

Wer mit wählerischen Essern Erfahrung hat, kennt die Bitten oder gar Forderungen nach „etwas anderem". Unnachgiebigkeit beim Essen signalisiert ebenso wie Rigidität bei anderen Themen ein Bedürfnis nach Hilfe. Oft müssen wir eine Grenze setzen, wenn das Kind entgegen unserer Vorstellungen seine eigene Speiseauswahl trifft – in diesem Fall Brot. Das Kind muss seinen Ärger mit jemandem abreagieren, der weder seiner Unbeweglichkeit nachgibt noch ihm die Speise auf seinem Teller aufzuzwingen sucht.

Liebevoll brachte diese Mutter weiterhin die Grenze – kein Brot –, indem sie die Hand sanft auf die ihres Sohnes legte. Und als der

Gefühlsausbruch ihres Sohnes die übrige Familie beim Essen störte, schickte sie ihn nicht allein weg, sondern verließ gemeinsam mit ihm den gedeckten Tisch. Nur weil ein Kind seine Gefühle spüren muss, sollte nicht die ganze Familie darunter leiden müssen. Es ist in Ordnung, so etwas zu sagen wie: „Ich will dich mit den schlechten Gefühlen nicht allein lassen, aber wir müssen deine Schwester und Papa in Ruhe essen lassen. Ich gehe mit dir in das andere Zimmer." Wenn Sie nicht auf diese Weise Grenzen setzen, kann Unmut zwischen Geschwistern wie auch den Eltern entstehen.

Als diese Mutter für den Gefühlsausbruch ihres Sohnes ganz Ohr blieb, ignorierte sie dennoch nicht ihr eigenes Bedürfnis. Als sie den Eindruck gewann, ihr Sohn habe das meiste von dem, was ihn aufgebracht hatte, abgeladen, lockerte sie ein wenig die Grenze der Speisenwahl, damit sie selbst nicht zu kurz kam. Wir Eltern können unseren Kindern mit knurrendem Magen nicht gut helfen, also sollten wir auch für uns selbst sorgen! Am Ende nahm er ihre Avocado-Alternative an. Dies erlaubte ihr selbst weiter zu essen. Und ihr Sohn fand die Avocado attraktiv genug, um sich ebenfalls mit an den Tisch zu setzen. Schließlich aß der Junge alle Speisen auf seinem Teller, weil er seine Gefühle abladen konnte und die Mutter beim Grenzen-Setzen Flexibilität gezeigt hatte.

Kooperation:

Teilen, Abwarten und Gerechtigkeit

Was Sie wissen müssen

Wenn sich Kinder mit einem liebevollen Erwachsenen verbunden fühlen und es ihnen seelisch gutgeht, dann teilen sie von sich aus. Sogar ein Kleinkind wird sein neues Spielzeug mit einem Freund teilen. Weigern sich Kinder, zu teilen, geschieht das meistens aus zwei Gründen: Sie haben sich in den letzten Stunden als nicht verbunden erlebt, oder etwas hat sie an Zeiten erinnert, in denen sie sich ängstlich oder allein fühlten.

Nur dann, wenn ein Kind unter Spannung steht, muss es die blaue Sandschaufel *sofort* bekommen. Fühlt sich ein zweites Kind, das ebenfalls mit dieser Schaufel liebäugelt, verbunden, wird es eine Weile lang auch mit etwas anderem spielen. Also entstehen bei diesem Thema vor allem dann Probleme, wenn sich beide Kinder unsicher fühlen, weil sie momentan ihr Gefühl für Verbundenheit verloren haben.

Wir Eltern wollen Probleme beim Teilen gern schnell beheben. Hier einzugreifen – zum Beispiel zu bestimmen wer, wie lange, und zwar für jeden gleich lang, an der Reihe ist, macht uns eher zu „Regelvollstreckern" als zu „Verbindungsförderern". Das tiefere Bedürfnis nach Nähe bleibt unerfüllt, und die Kinder werden in jeder ähnlichen Situation erneut Hilfe benötigen. Und wenn Erwachsene festlegen, wer zuerst die blaue Schaufel bekommt, verbraucht das Kind im Besitz des schwer erkämpften Spielzeugs vielleicht seine Energie für dessen Verteidigung und verliert dabei die Spielfreude. Oder es prahlt mit dem momentanen Besitzerglück und verprellt so seine Kameraden.

Folgende Taktik unterstützt Kinder dabei, allmählich friedlich miteinander spielen zu lernen: *Ich bleibe bei dir, während du abwartest.*

Dabei darf das Kind im Besitz des Gegenstandes damit zu Ende spielen, und die anwesenden Erwachsenen bleiben ganz Ohr für die Kinder, die zunächst leer ausgehen. Ein Kind, das daraufhin Gefühle ausdrückt, bekommt Unterstützung, das Kind mit dem Spielzeug darf dieses nach Herzenslust erforschen. Sie gehen jedoch auf das zentrale Bedürfnis Ihres Kindes (oder dessen Freundes) ein, tiefe Gefühle abzuladen. Sie verbinden sich mit ihm. Wenn der Aufruhr vorüber ist, wird Ihr Kind wissen: „Mein Papa liebt mich, komme, was da wolle", und, „Ich wollte zuerst drankommen, aber jetzt ist es auch so okay."

Wenn sich Eltern oder Betreuer auf diese Vorgehensweise einlassen, wird jedes Kind früher oder später beim Überwinden seiner Gefühle des Mangels unterstützt. Shana behält heute den Kinderwagen, solange sie mag, während die Erzieherin Anita zuhört, die ihn auch haben möchte. Morgen bekommt Anita den Kinderwagen, während Jordan durch einen Wutabfall begleitet wird, weil er ebenfalls damit spielen will. Shana hatte sich zwei Tage vorher ausgeweint, wenn sie also bemerkt, dass Anita den Wagen hat, baut sie stattdessen unter dem Tisch an ihrem Nest weiter. Jedem weinenden Kind wird ein Arm um die Schultern gelegt und es hört die beruhigenden Worte: „Anita wird irgendwann fertig sein. Ich bleib bei dir, solange du abwartest." So muss niemand sein Spielzeug verteidigen. Und falls ein Kind sein Spielzeug an den weinenden Freund abgibt, dann ist es sein eigener Sinn für Großzügigkeit, der es dazu bewegt. Kein Erwachsener hat Druck ausgeübt.

Mit dieser Vorgehensweise müssen Sie ihre Energie nicht bei dem Versuch verpulvern, allen Kindern kurzfristig das Gleiche zu verschaffen.

Ein Kind, das auf dem einzigen Dreirad im Hof fahren will, bekommt es vielleicht für zwanzig Minuten, während Ihr Kind heftig darüber weint, weil es ebenfalls Dreiradfahren will. Aber Ihr Kind bekommt dafür Ihre Aufmerksamkeit, eine weitaus bedeutendere Trophäe als das Dreirad.

Klammert sich ein Kind über mehrere Tage hinweg an ein Spielzeug oder einen anderen begehrten Gegenstand, dann können Sie eine Grenze setzen. Lassen Sie das Kind wissen, dass der nächste Tag anders wird: „Alice, wenn morgen Maggie zum Spielen kommt, dann darf sie zuerst auf dem Rad fahren und ich helfe dir beim Abwarten." Sobald Maggie hereinkommt, wird Alice schnurstracks das Laufrad ansteuern! Also gehen Sie zuerst dorthin und sagen: „Alice, heute kommt Maggie zuerst dran. Gehen wir einen Schritt zurück, damit sie aufsteigen kann." Alice darf sich dann ausweinen und bekommt persönliche Zuwendung, was ihr hilft, flexiblere Spielentscheidungen zu treffen.

Über die Jahre wurde diese Vorgehensweise von zahlreichen Eltern und in vielen Tagesstätten mit hervorragenden Ergebnissen eingeführt. Es folgen einige Beispiele von Eltern wie Ihnen, die „Hand in Hand"-Strategien eingesetzt haben, um Auseinandersetzungen zum Thema Teilen, Abwarten und Gerechtigkeit beizulegen.

Diese erste Anekdote zeigt, wie eine Mutter die Strategie des „Ich bleib bei dir, solange du abwartest" anwandte, um eine schwierige Situation zu entschärfen.

◄●►

Teilen bei Spieltreffen

STRATEGIEN: GRENZEN-SETZEN

 BLEIB-GANZ-OHR

Bei uns fand zusammen mit zwei Müttern und ihren drei Kindern ein Spieltreffen statt. Davor hatte ich hektisch das Haus aufgeräumt, und nach Eintreffen der Gäste bereitete ich Getränke und einen Imbiss zu.

Bald bemerkte ich, dass mein dreijähriger Sohn es nicht ertragen konnte, wenn die anderen Kinder seine Spielsachen anfassten. Wahrscheinlich fühlte er sich von mir getrennt, weil ich so eifrig mit den Vorbereitungen beschäftigt war. Jedes Mal wenn seine Freunde etwas in die Hand nahmen, eilte er hinzu und schnappte es mit den Worten weg: „Damit will ich spielen." Er hatte bereits eine ziemlich große Sammlung für sich allein gehortet.

Ich beschloss, ihm beizustehen, und musste nicht lange warten. Als er das nächste Mal versuchte, einem seiner Freunde etwas wegzunehmen, legte ich rasch eine Hand über das Spielzeug und sagte: „Dein Freund spielt gerade damit. Du kannst dir ein anderes Spielzeug holen, oder ich warte hier mit dir ab, bis dein Freund fertig gespielt hat."

Diese Grenze und das Verbindungsangebot brachten meinen Sohn zum Wüten und Freilassen der Spannung. Ich saß bei ihm, während er tobte und weinte, blieb ganz Ohr und würdigte seine Gefühle. Ab und zu sprach ich ihn sanft an: „Ja, du wolltest genau mit diesem Dinosaurier spielen", „bald wirst du wieder deinen Spaß haben", „ich habe dich lieb". Er sollte wissen, dass ich bei Schwierigkeiten für ihn da war und bei ihm ausharrte, bereit zur Verbindung, sobald er sich durch die Emotionen hindurchgearbeitet hatte, die sein Urteilsvermögen blockierten. Nach einigen Minuten rieb mein Sohn sich die Augen, schaute mich an und erklärte, er sei zum Spielen bereit. Er wirkte den Rest des Spielnachmittags entspannt und unbeschwert, ließ die anderen Kinder mit seinen Sachen spielen und machte mit.

Wie es gelang

Diese Mutter bemerkte, dass ihrem Kind das Teilen schwerfiel. Sie erkannte, dass sie das Verhalten ihres Sohnes, den anderen die Spielsachen wegzuschnappen, begrenzen musste, damit der Nachmittag erfolgreich verlief. Er brauchte ihre Hilfe, um abwarten zu können, bis er an die Reihe kam, und sie verschwendete keine Zeit mit der Hoffnung, ihr Sohn würde von selbst zur Vernunft kommen. Sie merkte, dass er das Verhalten nicht lassen konnte, weil er sich von ihr getrennt fühlte. Zuversichtlich brachte sie ihm die Grenze, indem Sie sanft die

Hand auf das nächste ersehnte Spielzeug legte, als ihr Sohn danach griff. Sie bot ihm ihre liebevolle Anwesenheit an und half ihm beim Abwarten, indem sie seinen herausströmenden Tränen und Protesten zuhörte. Nach nur fünf Minuten war ihr Sohn bereit, sich den anderen Kindern wieder anzuschließen und freigiebig zu spielen.

◄○►

„Meins!"

STRATEGIE: GANZ-OHR-SPIEL

Meine jüngste Tochter Kendra, neunzehn Monate alt, ringt damit zu begreifen, was ihr gehört und was ihrer Schwester, was man miteinander teilen kann und was gerade „besonders" ist. Wir haben vorgeschlagen, dass unsere Dreieinhalbjährige Kendra erklären soll, dass ein Gegenstand momentan „besonders" ist, wenn sie ihn nicht teilen will.

Vor zwei Wochen fing Kendra an, alles als „besonders" zu kennzeichnen und für sich zu behalten. Sie begann zu schubsen und „Meins!" zu rufen, während sie uns wegstieß und wegschickte und dabei festzuhalten versuchte, was sie für sich beanspruchte.

Vor einigen Tagen hielt sie während des Stillens ihren Lieblings-Stoffgorilla auf dem Schoß. Sie sagt mir, dass ihr Gorilla auch trinken wollte. Also hielt ich mir den Gorilla spielerisch an die Brust. Sofort schubste Kendra den Gorilla weg und sagte: „Meins". Ich nahm den Gorilla wieder an die Brust und sagte: „besonders." Sie schubste den Gorilla. Der Gorilla antwortete mit: „Meins" und brach in unbändiges Lachen aus.

In den letzten zwei Tagen bat sie während jeder Stillzeit um dieses Spiel. Die meiste Zeit über wurde gelacht. Heute Morgen ging sie einen Schritt weiter und biss den Gorilla tatsächlich in die Nase. Danach sagte sie „Sorry" und versuchte, den Gorilla zu trösten.

Noch haben wir in dieser Sache nicht alles über das Lachen geheilt, aber ich bin erstaunt, wie sie auf dieses Spiel kam und wusste, was als nächster Schritt zu ihrer Heilung nötig ist. Ich spiele soweit mit, wie es für Kendra stimmig ist und vertraue darauf, dass sie über dieses Spiel verletzte Gefühle heilt und Kraft gewinnt.

Wie es gelang

Oft wissen Kinder ganz genau, was sie brauchen, um wieder zu ihrem großzügigen Selbst zurückzufinden. Hier dachte sich das sehr junge Kleinkind mit seinem Stoffgorilla das Spiel „Meins" aus, damit das befreiende Kichern in Gang kam. Nach einigen dieser Spielrunden ließ das Mädchen seinen Frust zunächst an dem Stofftier aus, wollte danach aber wieder alles gutmachen. Sie setzte Ihren Verstand ein, um sich durch Gefühle hindurchzuarbeiten, die ihr das Teilen erschwerten, und mit regelmäßigem Ganz-Ohr-Spiel und vielleicht zusätzlichem Grenzen-Setzen und Bleib-Ganz-Ohr wird sie bald zu ihrem kooperativen Selbst zurückfinden.

„Du hast sie mehr lieb"

STRATEGIE: BLEIB-GANZ-OHR

Meine ältere Tochter hatte sich darüber beklagt, ihre Schwester bekäme von mir mehr Aufmerksamkeit. Sie war so aufgebracht und meinte zu spüren, dass ich ihre Schwester wirklich mehr liebte. Sie zählte Beispiele auf und sagte, ich würde der Schwester zuerst das Frühstück servieren oder fragte sie als Erste, wie ihr Schultag war. Ich sah keine Bevorzugung, hütete mich jedoch, mit ihr darüber zu streiten. Früher hätte ich ihr geantwortet: „Ja, aber gestern habe ich mit dir dies und das zusammen gemacht, und erinnerst du dich nicht an x, y und z, was wir letzte

Woche unternommen haben?" Stattdessen blieb ich ganz Ohr und sagte, ich würde sie verstehen. Ich sagte, dass ich sehen könnte, weshalb sie auf solche Gedanken käme, und es mir leid täte, wenn sie sich von mir übergangen fühlte. Aber die meiste Zeit hörte ich zu und ließ sie weinen, wobei ich ihr sagte, dass ich sie liebte und für sie da war, um ihr während ihres Ärgers zuzuhören. Daraufhin machte sie eine volle Kehrtwende. Sie erlebte sich als bestätigt, beruhigte sich, entspannte sich und konnte locker mit ihrer Schwester und mir zusammen spielen. Das war einfach klasse.

Wie es gelang

Wenn sie mehrere Kinder haben, dann kennen Sie bestimmt von jedem den Vorwurf, Sie würden ein Geschwisterkind bevorzugen. Bei vielen von uns kann das eine Lawine von Gefühlen lostreten: „Bevorzuge ich wirklich eines meiner Kinder? Spürt dieses Kind, dass mich sein Verhalten stärker herausfordert und hat das Gefühl, ich würde es weniger lieben?" Vielleicht entdecken wir bei uns Gefühle aus der eigenen Kindheit, wo wir spürten, dass die Eltern ein Geschwisterkind vorzogen.

In diesem Beispiel hatte die Mutter den Eindruck, dass die Gefühle ihrer Tochter unbegründet waren. Sie erkannte, dass sie das Mädchen aber bisher noch nicht davon überzeugen konnte, dass sie ebenso geliebt war, wie die Schwester. Der Gefühlsaufruhr der Tochter hatte ihr logisches Denkvermögen blockiert. Die Mutter sah ihr Bedürfnis, zu weinen, und blieb ganz Ohr. Sobald alle Tränen vergossen waren, sah das Mädchen wieder klarer und fühlte die Liebe ihrer Mutter.

◄o►

Geschenke und Gerechtigkeit

STRATEGIE: 🌀 BLEIB-GANZ-OHR

Dieses Jahr fand meine ältere Tochter, dass der Weihnachtsmann die Geschenke nicht gerecht verteilt hatte. Sie glaubte, ihre Schwester habe die größeren und besseren bekommen. Ich fühlte sehr mit ihr, denn sie kam sich wirklich benachteiligt vor. Ich wollte erklären, weshalb ihre Geschenke ebenso gut und teils sogar besser waren, und außerdem hätte ich ihr Gemecker am liebsten zum Schweigen gebracht. Aber ich hielt mich zurück. Ich hörte ihrem Gejammer und Klagen zu, dass sie den Weihnachtsmann, diesen Schuft, nicht mehr leiden konnte. Ich versuchte ihr klarzumachen, dass ich sie liebte und der Weihnachtsmann ebenfalls. Ich nahm ihren Angriff nicht persönlich, was mir in den Jahren davor noch passiert wäre. Stattdessen fühlte ich mich in sie ein und hörte aufmerksam zu. Eine Weile war sie traurig, aber sobald sie ihren Schmerz bei mir abladen konnte und gehört wurde, ließ sie ihn allmählich los. Eigentlich gefielen ihr die Geschenke und sie gab das nach ihrer ganzen Aufregung auch zu. Ihre Entwicklung zu sehen war schön.

Wie es gelang

Wie viel Zeit verbringen wir Eltern damit, dafür zu sorgen, dass alles gerecht zugeht? Wir messen für jeden die exakt gleich große Eisportion ab. Wir zählen Hemden und Hosen, damit jedes Kind zu Beginn des Schuljahres den gleichen Anteil an neuer Schulbekleidung erhält. Wir teilen die Benutzung elektronischer Medien so ein, dass kein Kind eine Minute länger damit zubringen darf als das andere. Und wenn ein Kind mit einem Freund ins Kino eingeladen wird, überlegen wir uns schnell etwas Schönes für die Zurückbleibenden, damit sie nicht enttäuscht sind.

Aber, wie Ihnen meine Kinder sagen werden: „Im Leben geht es nicht gerecht zu!" Wenn ein Kind löchrige Schuhe trägt, und die Schuhe des anderen sind in gutem Zustand, dann benötigt nur dieses eine Kind ein neues Paar. Wenn ein zehnjähriges Mädchen mit zehn Stunden Schlaf gut auskommt, aber ihr jüngerer Bruder zwölf Stunden braucht, damit er den Tag gut besteht, dann leuchtet es ein, dass die Schwester länger aufbleiben darf. Eigentlich tun wir unseren Kindern keinen echten Gefallen, wenn wir das Leben für sie gerecht zu machen suchen. Im Grunde verweigern wir ihnen damit die Gelegenheit, mit Ärger konstruktiv umzugehen.

Lieber beschenken wir unsere Kinder mit der nötigen Aufmerksamkeit, um Enttäuschungen und das Gefühl der Benachteiligung zu überwinden. Diese Mutter besorgte nicht rasch größere und bessere Weihnachtsgeschenke. Stattdessen blieb sie für ihre Tochter ganz Ohr. Indem sie ihr Liebe und Verbindung anbot, um von der Verletzung zu heilen, schenkte die Mutter der Tochter das Beste, was es gibt: die Fähigkeit, sich ihren Ärger zuzugestehen, ihn ganz zu spüren, zu heilen und danach wieder das Leben zu genießen.

Unsere eigenen Gefühle zum Thema Gerechtigkeit anpacken

STRATEGIEN: BLEIB-GANZ-OHR

 GEGENSEITIGES EINFÜHLSAMES ZUHÖREN

Meine Tochter sagte zu Hause neuerdings ziemlich oft den Satz: „Das ist nicht gerecht!" Mich triggerte das jedes Mal, und entweder bekam sie von mir eine Schimpfkanonade ab oder ich verschloss mich und ignorierte ihre Klagen.

In meiner Ursprungsfamilie war ich die Mittlere und erinnere mich nur zu gut an dieses Gefühl: „Das ist ungerecht!" Zur Bearbeitung dieses Themas brauchte ich wirklich meinen einfühlsamen Zuhörer. Das würde mich darin unterstützen, klarer zu denken und eindeutiger zu handeln, um meiner Tochter zu helfen.

Ich verabredete ein Treffen und erzählte, wie ich es kaum aushielt, meine Tochter diesen einen Satz sagen zu hören. Da fragte mich meine einfühlsame Zuhörerin, welche Worte mir als Kind gut getan hätten. Mich überkam eine Schwere, und ich fing daraufhin zu weinen an und sagte: „Ich wollte einfach, dass mir zugehört wird. Ich wollte jemanden sagen hören: ‚Ja, manchmal kommt man sich ungerecht behandelt vor. Mir tut es leid, dass du dich so schlecht fühlst.'" Dann sagte meine Zuhörerin diese Worte so mitfühlend und warmherzig zu mir, dass meine Tränen weiterhin flossen. In diesen so lang ersehnten Worten schienen sich jahrzehntelang festgehaltene Gefühle aufzulösen.

Als meine Tochter das nächste Mal ihre Gefühle darüber ausließ, dass alles so ungerecht sei, konnte ich ihr mit Wärme und Mitgefühl zuhören und sie nahm das wirklich gut auf. Da nun mein eigenes „Unerledigtes" nicht länger im Weg stand, konnte ich viel befreiter denken und handeln. Ich mag diese Klarheit und Präsenz, die mir das gegenseitige einfühlsame Zuhören ermöglicht.

Wie es gelang

Manchmal löst die Behauptung unserer Kinder, ungerecht behandelt zu werden, so viel in uns aus, dass uns klares Denken schwerfällt. Wir sind unsicher, wie wir auf unser Kind reagieren sollen, und meistens werden wir einfach ärgerlich. Diese Mutter erkannte in den Gefühlen ihrer Tochter eigene Kindheitserfahrungen wieder und merkte, dass sie da selbst an sich zu arbeiten hatte. Sie brachte diese Kindheitsgefühle beim gegenseitigen einfühlsamen Zuhören zur Sprache und auf die Ermutigung ihrer Partnerin hin konnte sie die bisher zurückgehaltenen Tränen fließen lassen. Daher wurde sie das nächste Mal von dem Ungerechtigkeitsvorwurf ihrer Tochter nicht mehr getriggert. Anstatt ihr Kind zu beschuldigen, zu beschämen oder zu ignorieren, verhielt sich die Mutter gelassen, fasste klare Gedanken und blieb für ihre Tochter ganz Ohr.

◄o►

Wenn alles ungerecht ist

STRATEGIE: 🖤 BLEIB-GANZ-OHR

Meine Tochter war schon den ganzen Tag am Meckern. Sie hatte sich darin richtig festgefahren. Ich beschloss, auf sie einzugehen, und als sie sich über etwas Ungerechtes beschwerte, setzte ich mich neben sie und fragte: „Was findest du sonst noch ungerecht?"

Du liebes bisschen, da ging's erst richtig los! Für mehrere Minuten riss ihre Litanei nicht ab: angefangen von der Klage, nicht selbst Autofahren oder ihr eigenes Essen kochen zu können bis dahin, dass sie einfach mehr Sachen können wollte. Ich fragte weiter „Was noch?" und sagte Dinge wie „Das klingt so frustrierend" und „Es tut mir leid, dass du das noch nicht tun kannst." Sie schloss mit heftigem Schluchzen und Kuscheln und sagte am Ende tatsächlich: „Danke, Mama."

Danach wirkte sie eine Weile sichtlich erleichtert. Seither haben wir diese Art der Interaktion sehr oft wiederholt. Ich frage nach, was sie ungerecht findet, wenn ich merke, dass sie sich besonders bedrückt oder klein fühlt. Auf diese Art kann sie sehr wirksam ihre Gefühle äußern.

Wie es gelang

Manchmal, wenn es uns gelingt, allen Widerstand beiseitezuschieben, fallen uns fabelhafte Ideen ein! Hier vermied die Mutter eine Pattsituation. Sie erkannte, dass ihre Tochter große Gefühle spürte, die nicht an etwas Bestimmtes gebunden waren. Anstatt sich verleiten zu lassen, jeden kleinen Vorfall zu rechtfertigen, ermutigte die Mutter ihre Tochter, sie an weiteren Gefühlen teilhaben zu lassen. Durch ihre Frage, „Was findest du noch ungerecht?", vermittelte sie die Botschaft: „Ich glaube dir, dass du wirklich so fühlst, und ich will alles darüber erfahren." Als Ergebnis konnte sich das Mädchen alles von der Seele reden. Dann weinte sie und ließ den Ärger los, der ihre Unleidlichkeit geschürt hatte. Anschließend fühlte sie sich leichter, und wenn sie sich wieder unzufrieden fühlt, arbeitet sie mit ihrer Mutter erneut auf diese Weise.

Für Ihr Kind eintreten

Strategie: BLEIB-GANZ-OHR

An der neuen Schule meiner Kinder fand ein Sportfest statt. Meine acht-jährige Tochter hatte ihr erstes Rennen für diesen Tag, und ihr Herzens-wunsch war es, „einen Platz zu machen", was hieß, dass sie gern unter den drei Ersten ins Ziel laufen wollte. Sie startete ins erste Rennen und erreichte das Ziel zeitgleich mit einem anderen Mädchen; zumindest war das ihre Wahrnehmung, aber eine Auszeichnung wurde ihr nicht ver-liehen. Völlig aufgewühlt und wütend kam sie zu mir. „Der Mann hat geschummelt! Bestimmt war das der Papa von dem Mädchen, das die Siegesschleife bekommen hat", sagte sie ärgerlich, Wegen dieser Schum-melei wollte sie an keinem weiteren Rennen teilnehmen. Kurz rang ich um die sinnvollste Reaktion: Sollte ich mit dem Vater reden, der die Schleifen verliehen hatte? Wirkte ich dann wie eine aufdringliche Mut-ter? Mir fiel ein, dass Bleib-Ganz-Ohr das Beste war, was ich in diesem Moment für meine Tochter tun konnte. Ich umarmte sie herzlich, ließ den Arm um ihre Schulter gelegt und sagte, wie leid es mir tat, dass es für sie gerade so schwer war. Da wurde sie noch wütender und wieder-holte ihre Weigerung, an den weiteren Wettbewerben teilzunehmen, und dass man sie betrogen hätte. Ich hielt meine liebevolle Aufmerk-samkeit für sie aufrecht und würdigte ihre Gefühle. Da verwandelte sich Ihr Ärger in Tränen und getragen von meiner liebevollen Präsenz weinte sie unaufhörlich. Ich war wirklich froh, dass ich das für sie tun konnte und uns niemand störte.

Nachdem sie heftig geweint hatte, eilte eine Freundin aus ihrem Team herbei und sagte: „Du bist dran! Das ist dein nächstes Rennen!" Zu mei-ner Überraschung und Freude flitzte sie sofort entzückt an die Startlinie und gewann den Lauf mit großem Vorsprung! Danach siegte sie auch noch beim Sackhüpfen. Offenbar hatte sie nun einen riesigen Vorrat an Energie und Selbstvertrauen in sich angezapft und erlebte ein glückli-ches Sportfest.

Wie es gelang

Manchmal muss man sich einmischen und für seine Kinder eintreten, deren Intelligenz nicht immer wertgeschätzt und deren Rechte oft missachtet werden. Aber oft stärken wir unsere Kinder am besten, indem wir sie darin unterstützen, die Lage selbst in den Griff zu bekommen. Hätte sich die Mutter dazu entschlossen, vielleicht den Vater, der die Siegerehrung vornahm, um eine zusätzliche Schleife zu bitten, wäre das Gefühl zum Thema Ungerechtigkeit bei einem anderen Anlass noch einmal explodiert. Stattdessen ermöglichte sie ihrer Tochter, den Schmerz der Nichtbeachtung loszuwerden, indem sie ganz Ohr blieb, und führte sie dadurch zu gestärktem Selbstvertrauen und neuer Wettbewerbsfreude.

Kooperation: Hausaufgaben

Was Sie wissen müssen

Nach einem langen Schultag erneut konzentriert still sitzen zu müssen, kann sowohl für Kinder als auch erschöpfte Eltern schwierig sein. Eine Investition weniger Minuten, in denen Sie sich mit Ihrem Kind über Spielen oder Zuhören verbinden, kann seine Laune anheben und den Lernprozess fördern. Im Folgenden wird gezeigt, wie diese Strategien auch für Sie funktionieren können.

Weinerlicher Widerstand

STRATEGIEN: GRENZEN-SETZEN

 BLEIB-GANZ-OHR

Mein sechsjähriger Sohn sollte seine Hausaufgaben erledigen und reagierte auf jeden Hinweis mit Vermeidung, Tränen und Gejammer. Ich kam ganz nah zu ihm und setzte sanft eine Grenze: „Du weißt, dass es jetzt Zeit ist, Hausaufgaben zu machen", sagte ich und legte den Arm um ihn. „Nein", antwortete er und rannte weg. Ich folgte ihm und nannte erneut sanft die Grenze. Diesmal fing er zu weinen an und sagte durch die Tränen hindurch, dass er die Wörter nicht wüsste und dumm wäre.

Dann fing er an, mich energisch zu schubsen, und brüllte ärgerlich: „Du zwingst mich das zu machen! Ich bin dumm! Ich bin dumm! Das ist deine Schuld." Er weinte und tobte eine Viertelstunde lang. Anschließend trug er jedoch bereitwillig seine Wörter ein und erledigte mühelos seine Leseübungen. Auch war er auf sein Ergebnis sehr stolz und zeigte uns, wie schön er geschrieben hatte.

Wie es gelang
Zwischen den Zeilen des kindlichen Verhaltens zu lesen, kann sehr
herausfordernd sein. Ein weinerliches Kind, das sich gegen die Haus-
aufgaben wehrt, wirkt eben wie ein weinerliches Kind, das sich gegen
die Hausaufgaben wehrt. Mit Übung werden Sie allmählich unter die
Oberfläche schauen, wie diese Mutter beispielsweise erkannte, dass
der Widerstand gegen die Hausaufgaben ein Hilferuf war. Und als sie
eine feste, aber liebevolle Grenze setzte, die ihrem Sohn erlaubte, sich
körperlich abzureagieren und zu weinen, erfuhr sie, was seinem Ärger
zugrunde lag: Zweifel an den eigenen Fähigkeiten. Als die Mama ganz
Ohr blieb, ermöglichte das dem Jungen, ihr Selbstzweifel, Ärger und
Frust mitzuteilen. Dieses Ablassen von Emotionen förderte die Hei-
lung der Gefühle. Indem sie ihren Sohn dabei gewähren ließ, half sie
ihm, wieder Selbstvertrauen zu gewinnen und klar zu denken. Schließ-
lich erledigte er die Hausaufgaben und war stolz auf seine Leistung.

–◄O►–

Voraussetzungen schaffen für erfolgreiche Hausaufgaben

STRATEGIE: GANZ-OHR-SPIEL

Eines Tages kam mein achtjähriger Sohn von der Schule nach Hause
und hänselte und nervte seine Brüder, was ohne mein Eingreifen auf
einen anstrengenden Nachmittag hinauslaufen würde. Ich wusste, dass er
Hausaufgaben hatte, die ihn herausforderten. Plötzlich fiel mir ein, wie
ich mich früher durch die Hausaufgaben geackert hatte. Anstatt mich
durch meine Ängste zu arbeiten, hatte ich mich eher durchgeboxt. Das
wollte ich meinem Sohn ersparen. Da hatte ich die Idee, dass wir uns
nach den vielen Stunden der Trennung über energisches Spiel bestimmt
wieder wunderbar verbinden konnten. Nicht immer habe ich genügend
Geduld, um die notwendige Verbindung zu meinem Sohn aufzubauen,

aber an diesem Tag passte es! Ich sagte: „Hey, wie wär's mit einer Kissenschlacht?". „Au ja!", platzte es begeistert aus ihm heraus.

Also holten wir unsere Ausrüstung, bestehend aus zehn gemeinsam dekorierten Kissen, und los ging's. Wir hatten vereinbart, dass Schläge oberhalb der Gürtellinie tabu waren, und dass das Spiel mit dem Ruf „Stopp!" sofort unterbrochen wurde. Die unausgesprochene Regel hieß, dass immer mein Sohn gewann. Er traf mich, ich warf zurück und verfehlte ihn oft. Langsam fing er Feuer. „Ha, daneben!", rief er und zielte wieder mit einem Kissen nach mir. Ich setzte nur so viel Kraft und Genauigkeit ein, wie nötig war, um ihn noch mehr zum Lachen zu bringen. Schließlich wollte er, dass ich ihm mit dem Kissen gegen die Beine schlagen sollte, während er aus dem Weg zu springen versuchte. Das stärkte richtig sein Selbstvertrauen. Je länger wir kämpften, umso mehr lachte er und umso weniger enttäuschte es ihn, wenn ich doch die Beine erwischte. Anstatt dann fälschlicherweise zu beteuern, ich hätte ihn nicht getroffen, sagte er: „Oh, das hat mich erwischt", und zwar ohne unterschwellige Versagensgefühle. Wir spielten so etwa zehn Minuten, bis ich noch anderes zu erledigen hatte. Er bat um noch eine Runde Kissenschlacht und ich willigte ein. Danach räumten wir auf, und jeder ging seiner Wege. Er setzte sich sofort an die Hausaufgaben, und zwar unaufgefordert, ein echtes Novum!

Wie es gelang

Ein Junge hänselte und nervte seine Brüder, was die Mutter so interpretierte: „Hey, Mama, mir geht's nicht gut. Ich trau dir zu, dass du mir da raushelfen kannst." Sie merkte, dass er nicht zufrieden genug mit sich war, um nach dem langen Tag außer Haus seine Hausaufgaben zu erledigen. Auch wollte sie ihrem Sohn gern die eigenen Kindheitserfahrungen mit Hausaufgaben ersparen.

Das wilde Spiel half ihrem Sohn, sich als von ihr gesehen und mit ihr verbunden zu erleben. Dabei kam es auch zu großem Gelächter, eine Befreiung von leichteren Ängsten. Nachdem die Mutter jene zehn Minuten investiert hatte, schaffte der Sohn die Hausaufgaben nun spielend.

◄○►

Wenn Hausaufgaben einfach zu schwer wirken

STRATEGIEN: 🖤 BLEIB-GANZ-OHR

👥 GEGENSEITIGES EINFÜHLSAMES ZUHÖREN

Mein Sohn ist gerade in die dritte Klasse gekommen. Er geht gern zur Schule, ist aber sehr ehrgeizig und darauf bedacht, den Stoff als Erster und Bester zu beherrschen. Kürzlich bat ich ihn, sich aus seiner Büchersammlung für fortgeschrittene Leseanfänger einen neuen Band zu holen und solange auf meinem Bett zu lesen, bis ich seine kleinen Brüder zu Bett gebracht hatte. Er hat schon viele solcher Bücher gelesen, und so zweifelte ich nicht daran, dass er sich einfach in ein neues vertiefen würde.

Weit gefehlt! Stattdessen jammerte er, die Bücher wären alle viel zu schwierig. Ich hörte ein wenig zu und erinnerte ihn daran, dass er die meisten bereits gelesen hatte. Er jammerte und weinte weiter, dass er sie nicht lesen wolle und dass sie zu schwierig wären. Dann packte er sich eines mit den Worten: „Dann lese ich eben das leichte da!" Er stapfte aus dem Zimmer und ließ sich auf mein Bett fallen. Als ich ihm folgte, spürte ich in mir wachsende Anspannung. Ich fragte, weshalb er ein so leichtes ausgewählt hätte, und sofort jammerte er wieder, dass alle Bücher so schwierig wären, dass er beim Lesen den Inhalt nicht verstand. Er wiederholte unentwegt, dass er nie verstünde, was er las.

Als Mutter mit eigenen Problemen zum Thema Schule hörte ich bereits die Alarmglocken schrillen: „Und wenn es stimmte? Was tun, wenn er einfach die Bücher beenden wollte, aber beim Lesen kein einziges Wort verstanden hatte?" Ich geriet in solch inneren Aufruhr, dass ich mich erst kurz selbst beruhigen musste, bevor ich ihm beizustehen vermochte. Zuerst sagte ich: „Wow! Wenn du wirklich nichts verstehst, schreibe ich das deiner Lehrerin in einer E-Mail." An diesem Punkt schrie er mich völlig entsetzt an, und ich merkte, dass ihm der Vorschlag wie eine Strafe vorkommen musste. Daraufhin änderte ich meine Formulierung und den Tonfall. „Wenn du nicht verstehst, was du liest, dann erzähl ich es deiner

Lehrerin, damit sie dir beim Lesen und Verstehen helfen kann. Das ist okay. Es ist ja ihre Aufgabe. Dafür ist sie deine Lehrerin."

Er hörte nicht mit Schreien auf, während ich immer wieder Tonfall und Wortwahl änderte, um ihm klarzumachen, dass ich den Vorschlag aus Liebe gemacht hatte, nicht als Strafe. All das war vergebens, und er bettelte, ich sollte der Lehrerin bloß nichts sagen. Ich nahm mir vor, meine Gefühle mit meinem einfühlsamen Zuhörer zu klären. Jetzt verstand ich, dass mein Sohn nur seine Angstgefühle darüber ablud, wer worüber Bescheid wusste. Das dauerte etwa zehn Minuten.

Dann plötzlich schwieg er eine Weile und zog ein neues Buch aus dem Regal. Er sagte: „Wir lernen in der Schule gerade, wie man beim Lesen nach Plan vorgeht: Ich schaue mir das Umschlagbild an und den Titel, die Kapitelnamen und die Bilder. Dann kann ich mir vorstellen, was in der Geschichte erzählt wird." Ich antwortete: „Toll! Meinst du, du kannst jetzt eine Weile lesen, solange ich deine Brüder ins Bett bringe?" Er willigte ein. Also ging ich und las meinen jüngeren Söhnen vor und brachte sie ins Bett. Als ich eine halbe Stunde später wiederkam, hatte er bereits einige Kapitel gelesen und schaute nicht einmal auf. Ich sagte: „Lies doch noch das Kapitel fertig und geh dann schlafen." Er fragte, ob er im Bett weiterlesen dürfe, und ich willigte ein. Das war vor etwa einer Woche, und seitdem hat er öfter über das Buch geredet und mir zusammengefasst, was in der Geschichte so alles passierte. Es begeistert ihn, mir das zu erzählen.

Wie es gelang

Wenn ein Kind sich darüber aufregt, dass ihm die Hausaufgaben zu schwer sind, handelt es sich oft um einen Geheimcode mit der Bedeutung: „Ich traue mir nicht viel zu. Ich habe Angst, dass ich diese Aufgabe nicht schaffe." Zuerst löste die Situation bei der Mutter die Besorgnis aus, das Leseverständnis ihres Jungen könnte nachlassen. Aber als sie aus dieser Sorge heraus reagierte, wurde sie von der Reaktion ihres Sohnes daran erinnert, dass dies nicht der richtige Zeitpunkt dafür war, ein eventuelles Lernproblem anzusprechen. Er benötigte nur ihr Zuhören. Schnell wandelte sie Worte und Tonfall ab, damit ihr Sohn deutlicher spürte, dass sie auf seiner Seite stand, ihn weder bestrafen noch beschämen wollte. Und sie blieb ganz Ohr, während sie deutlich signalisierte, dass es Hilfe für ihn gab, wenn nötig. Sobald dieser Junge weinen und die Mutter an seinen Sorgen teilhaben lassen konnte, gewann er neues Vertrauen in seine Fähigkeiten, wählte ein neues, anspruchsvolleres Buch und las es sogar mit Vergnügen!

Ein schulisches Großprojekt

STRATEGIEN: BLEIB-GANZ-OHR

 GEGENSEITIGES EINFÜHLSAMES ZUHÖREN

Meine Tochter Jamila hatte einen Monat zur Verfügung, um die fünfzig Bundesstaaten der USA mitsamt den Hauptstädten auswendig zu lernen. Ich wusste, sie würde dabei Unterstützung benötigen. Ich schlug vor, mit ihr die Staaten gruppenweise zu lernen, immer sechs Staaten auf einmal, einschließlich der Hauptstädte, damit sie nicht vom Umfang der Aufgabe überwältigt wurde.

Nachdem sie die ersten sechs gelernt hatte, zweifelte sie an ihrer Fähigkeit, jemals alle Hauptstädte zu lernen. Sie reagierte aufgebracht und weinte heftig. Ich blieb bei ihr und hörte zu. Ich sagte, dass ich es ihr schon zutraute, aber hauptsächlich blieb ich ganz Ohr. Einige Tage später lernte sie die nächste Staatengruppe mit Hauptstädten, aber am Ende hatte sie wieder den Eindruck, alle fünfzig wären einfach viel zu viel. Ich blieb ganz Ohr, während sie wieder lange weinte, aber mir fiel es schwer, dabeizubleiben. Ständig wiederholte sie: „Ich lerne das nie. Ich kann das einfach nicht." Auch wurde sie böse über meinen Versuch, ihr zu helfen, und weinte heftig über meine „Beeinflussung".

Nach diesem Abend war ich mir nicht sicher, ob ich mich nicht doch zu sehr eingemischt hatte. Wie soll ich denn meinen Kindern helfen, wenn es sie wütend macht! Ich bin alleinerziehend, und wir beide haben sonst keine Unterstützung. Eines der regelmäßigen Treffen mit meiner einfühlsamen Zuhörerin stand an, und ich erzählte ihr meine Sorgen. Nachdem ich daran gearbeitet hatte, wie schwierig das alles für mich war, begriff ich, dass meine Tochter meine Zuversicht brauchte und ich ihr weiter zuhören musste. Ich hoffte, dass das helfen würde.

Ich sagte zu ihr, in ein paar Tagen seien die nächsten paar Hauptstädte dran. Jamila fühlte sich angesichts des gesamten Lernstoffs erneut überfordert und weinte sich zum dritten Mal aus. Sie glaubte, die Aufgabe nie schaffen zu können, und wieder ärgerte sie sich über mich, die Aufgabe und die ganze Welt. Ich blieb weiterhin ganz Ohr, ab und zu sagte ich ihr, dass ich glaubte, sie sei klug genug, es zu schaffen. Wieder brachte ich meine Sorgen und den Frust zum Treffen mit meiner Zuhörerin und rätselte, wie wohl alles ausgehen würde.

Nach diesem dritten Gefühlsausbruch änderte sich jedoch alles! Die nächsten Hauptstadtgruppen lernte meine Tochter mit links. Einmal nahm sie sich sogar eine Gruppe von achtzehn Staaten mitsamt Hauptstädten vor und lernte sie in einem Zug. Drei Tage vor der Prüfung sollte ich sie abfragen und sie wusste alles! Sie befand sich in einem Freudentaumel und war, wie ich glaube, auch erstaunt, dass sie etwas bewältigt hatte, von dem sie überzeugt gewesen war, es nie zu schaffen. Sie war richtig stolz auf sich!

Am Tag vor der Prüfung freute sie sich tatsächlich darauf und war vollkommen davon überzeugt, die Gesamtpunktzahl zu erreichen. Jamila hatte vor Prüfungen immer Angst, so hatte ich sie noch nie erlebt. Nach der Prüfung gestand sie mir, dass sie traurig sei, dass es vorüber war. Sie wünschte sich sogar, die Prüfung wiederholen zu können! Seither hat sie diese Lernerfahrung wiederholt als eine ihrer bisherigen Glanzleistungen bezeichnet und hat mir schon mehrfach für meine Hilfe gedankt. Heute ist sie eine viel selbstbewusstere Schülerin.

Wie es gelang
Wenn wir uns die Zeit nehmen, unsere Kinder durch kleine Kämpfe zu begleiten, überrascht es uns oft, dass wir damit tatsächlich sehr

viel in ihrem Leben bewirkt haben. Diese Mutter erkannte, dass ihre Tochter Hilfe benötigen würde, und teilte die Aufgabe in kleinere Happen. Aber selbst dann traute sich die Tochter nicht zu, die Aufgabe zu bewältigen. Als die Mutter überlegte, ob sie wohl zu dominant reagiert hatte und sich wegen des Ärgers ihrer Tochter Sorgen machte, ging sie zu ihrer einfühlsamen Zuhörerin. Dort ließ sie ihren Gedanken und Gefühlen so lange freien Lauf, bis sie wieder klare Vorstellungen über das weitere Vorgehen hatte. Sich abwechselnd beim gegenseitigen einfühlsamen Zuhören zu stärken und dann wieder dem eigenen Kind beizustehen ist eine hervorragende Möglichkeit, Erziehungsprobleme mit der Zeit zu bewältigen.

Nach mehreren großen Weinanfällen war das Selbstvertrauen des Mädchens wieder hergestellt und das Lernen fiel ihr leicht und machte obendrein Spaß. Sie freute sich sogar darauf, ihr Wissen unter Beweis zu stellen. Zwar wirkte das Problem bei seiner Entstehung wie eine einmalige Sache, doch das Erreichen dieser Glanzleistung beflügelte ihr Zutrauen in ihre generelle Leistungsfähigkeit als Schülerin.

Kooperation: Hausarbeiten

Weigerung aufzuräumen

STRATEGIEN:  BLEIB-GANZ-OHR

GANZ-OHR-SPIEL

In dem Moment, da ich beschlossen hatte, wir müssten unbedingt das Spielzimmer aufräumen, graute mir schon davor. Tags zuvor hatten wir uns das Zimmer der Mädchen vorgeknöpft, eine viel kleinere Aufgabe, und ich hatte mich währenddessen in eine ekelhaft rechthaberische Mama verwandelt. Jetzt mussten wir einen Stock tiefer das Durcheinander im Spielzimmer beseitigen. Ich erklärte meinen sechsjährigen Zwillingen, dass wir das Spielzimmer aufräumen würden, und vermutlich drang ihr Stöhnen bis zu unseren Nachbarn.

Zunächst schlug ich vor, dass wir eine Sache nach der anderen aufräumten, vielleicht zuerst Bücher, dann Buntstifte oder Spielfiguren. Ich hob einige Bücher vom Boden auf, die in ihr Zimmer gehörten, und stapelte sie. Sally weigerte sich sofort, diese in ihr Zimmer zu räumen. Da bat ich sie, Buntstifte einzusammeln. Nein! Figuren? Nein! Katie beobachtete abwartend, was als Nächstes passieren würde. Ich starrte den Bücherstapel an und fühlte mich völlig hilflos. Der Frust wuchs wieder in mir.

Dann hatte ich eine Idee. Ich schnappte mir den Bücherstapel und ließ ihn auf den Boden fallen. „Hoppla! Jetzt hab ich aber ein Durcheinander gemacht!", sagte ich. Sally schaute nur zu. Wie es Kinder so tun, legte ich mich dann strampelnd und wild um mich schlagend auf den Fußboden und ließ einen mächtigen Pseudo-Koller vom Stapel: „Ich will nicht aufräumen! Ich will nicht aufräumen!" Und schon begann eine Runde Ganz-Ohr-Spiel. Als ich so „hilflos" am Boden lag, packten mir die Kinder ihre eiskalten Hände auf den warmen Bauch. Zuerst Sally, die dann zu lachen anfing. Katie wollte natürlich mithalten und

223

so bekam ich auch ihre eisigen Finger zu spüren. Was für ein Gelächter, als ich mich jammernd über die kalten Hände beschwerte! Inständig bettelte ich um Gnade.

Doch ganz im Gegenteil. Jetzt besorgten sie sich Eiswürfel und jagten mich hysterisch lachend durchs Haus. Unter Kriegsgeschrei versuchte ich, so viel Vorsprung zu halten, dass es für sie noch herausfordernd blieb, andererseits aber dann doch daran zu denken, nach einigen Runden zu stolpern und hinzufallen. Als Nächstes landete dann Eis in meiner Bluse. Ich schrie auf, wälzte und schüttelte mich, als hätte ich Hummeln in der Hose. Die Mädchen lachten sich kaputt. Ich verteidigte mich nur ein wenig, ein bisschen Eis bekamen sie schon auf der Haut zu spüren, aber sie lachten zuletzt. Das wilde Treiben hatte wohl so an die zwanzig Minuten gedauert, bisher meine Rekordzeit für das Ganz-Ohr-Spiel.

Nach ein wenig Bleib-Ganz-Ohr mit Sally kehrten wir ins Spielzimmer zurück. Katie half mir jetzt; wir arbeiteten beim Auflesen und Sortieren der Spielsachen zusammen. Sally stieß kurz darauf dazu und sammelte jetzt munter Spielsachen ein. Wir verbrachten drei Stunden mit Aufräumen, Sortieren und Entsorgen. Und das alles bei guter Laune. Ich fühlte mich pudelwohl. Nicht bloß meine Kinder hatten abgeladen, was sie am Aufräumen ankotzte. Das ganze Geschrei, Gerenne, Gelächter und Eiswürfelwerfen hatte sich auf mich ebenso gut ausgewirkt. Das war eine Mega-Erleuchtung. Das Ganz-Ohr-Spiel ist für die Eltern so wirkungsvoll wie für die Kinder!

Wie es gelang

Welche Eltern kennen nicht den Frust, der sie beinahe zur Verzweiflung bringt, wenn jeglicher Versuch, ihr Kind zum Aufräumen zu bewegen, scheitert? Dieser Mutter gelang es über das Ganz-Ohr-Spiel sowohl das eigene Grauen als auch den Widerstand ihrer Töchter aufzulösen. Ohne ihre Mädchen zu verspotten, holte sie sich deren Aufmerksamkeit mit Hilfe eines vorgespielten Wutausbruchs. Zuerst zögerten die Mädchen, dann aber machten sie das Spiel zu ihrem eigenen Drama, indem sie Mama mit ihren kalten Händen erschreckten und noch einmal kräftig nachlegten, indem sie ihr Eiswürfel in die Bluse steckten.

Mama folgte ihren Hinweisen, erlaubte den Zwillingen weiter die Führung, ohne das Ziel, die Mädchen zum Lachen zu bringen, aus den Augen zu verlieren. Ihr Ziel war nicht länger das sofortige Aufräumen des Zimmers, sondern das Abladen des Missmuts und der Aufbau von Verbindung untereinander. Am Ende fühlten sich alle viel besser verbunden. Sie kooperierten beim Aufräumen des Spielzimmers und freuten sich den Rest des Tages aneinander.

—◀o▶—

Verbindung entschärft eine verhasste Hausarbeit

STRATEGIE: GANZ-OHR-SPIEL

Meine Tochter ist neun. Hausarbeit kann sie nicht leiden. Besonders verhasst ist ihr die Aufgabe, den Garten von den Kothaufen unseres Hundes zu säubern, weil sie sehr geruchsempfindlich ist. Um diese Aufgabe bitte ich sie schon gar nicht mehr.

An einem Samstag, an dem ich wie gewöhnlich den Hundekot aufsammelte, war sie sehr energiegeladen, und mir ging es gut; also verwickelte ich sie in einen ordentlichen Ringkampf. Ich bin zwar viel schwerer als sie, aber meine Tochter ist stark, und so balgten wir ausgiebig im Wohnzimmer auf dem Teppich und schwitzen und lachten dabei. Ihr machte es einen Mordsspaß, mich zu jagen, am Boden niederzuhalten und immer wieder zu „erwischen", trotz meiner ausgeklügelten Ausweichmanöver. Es machte uns wirklich Spaß und war wohl eines unserer längsten Ringkampfspiele. Als ich schließlich zum Weiterspielen zu müde war, standen wir auf und klopften uns den Staub ab. Ich sagte ihr, dass ich jetzt die Hundehaufen im Garten zusammenschaufeln würde und sie sagte: „Okay Mama. Ich helfe dir dabei." Da traf mich beinahe der Schlag! Sie machte sich sofort an die Arbeit und im Handumdrehen hatten wir die Aufgabe erledigt und dabei fröhlich geplaudert. Gute Verbindung macht so viel aus!

Wie es gelang

Was für eine Wonne, wenn unverhofft Kooperation zustande kommt. Hier fühlte sich die Mutter einfach wohl und ergriff die Gelegenheit zu spielerischem Raufen. Sie lieferte einen guten Kampf, sorgte aber dafür, dass ihre Tochter immer „gewann". Während ihre Kinder heranwachsen, werden Sie merken, dass sie die Dosis Ihrer Gegenwehr beim Ganz-Ohr-Spiel immer wieder neu anpassen müssen. Diese Mutter achtete darauf, dass sie ihr Kind weder überwältigte noch so lasch reagierte, dass die Tochter glaubte, Mama würde sie gewinnen lassen. Das ist ein Balanceakt, der Ihnen mit Übung immer besser gelingen wird.

Die Verantwortung für das Aufräumen Ihrem Kind übergeben

STRATEGIEN: GRENZEN-SETZEN

 BLEIB-GANZ-OHR

Aufräumen ist bei uns nicht besonders beliebt. Weil ich zu meiner Tochter nicht streng sein wollte, habe ich oft selbst aufgeräumt. Kürzlich beschlossen mein Mann und ich, da etwas zu ändern.

Nach spaßigem Spiel baten wir unsere Tochter, beim Aufräumen mitzuhelfen. Sie erklärte sich als zu müde dazu. Da setzten wir uns neben sie und sagten, dass sie trotz Müdigkeit ein paar von ihren Spielsachen aufräumen könnte. Sie fing zu weinen an. Wir boten an, da zu bleiben und ihr zu helfen, bestanden aber darauf, dass auch sie selbst ein wenig aufräumen könnte. Sie weigerte sich und weinte lauter. Sie fing an zu wüten, beharrte, dass sie es nicht tun könne. Wir harrten auch dann mit ihr aus, als sie geräuschvoll protestierte, weinte, schwitzte und in unseren Armen tobte. Wir boten ihr Widerstand, damit sie ausgiebiger kämpfen konnte. Wir blieben ganz Ohr und bestanden auf der Grenze, dass sie aufräumte, und das etwa zwanzig Minuten lang. Das kann eine gefühlte Ewigkeit sein, wenn man ganz nah neben seiner Fünfjährigen ihren tiefen Gefühlen zuhört. Das Kind verlässt sich dabei ganz deutlich auf unser Bleiben und Zuhören, während uns das Ganze immer mehr erschöpft und wir am liebsten jemanden rufen würden, der uns selbst zuhört! Doch wir hielten durch.

Dann legte sich der Sturm. Sie begann tatsächlich mit dem Aufräumen. Da halfen wir alle zusammen. Wir legten die Spielsachen an ihren Platz, fühlten uns so entspannt und verbunden, dass es zu einem richtig schönen gemeinschaftlichen Erlebnis wurde. Was für eine Entdeckung! Mit meinem Mann tauschte ich zufriedene Blicke, weil wir uns trotz unserer eigenen entmutigenden Gefühle auf dieses Projekt eingelassen hatten! Entspannt und kichernd schlüpften wir am Ende ins Bett.

Wie es gelang

Verständlicherweise geben viele von uns den Versuch auf, unsere Kinder zur Kooperation zu bewegen. Denn, wie diese Eltern, wollen wir unser Kind nicht streng behandeln, kennen aber keine andere Alternative. Oder vielleicht probieren wir es eine Weile erfolglos mit Strenge und geben dann auf. Manchmal haben wir für dieses Thema einfach nicht genug Zeit. Es geht ja viel schneller, wenn wir die Aufgabe selbst erledigen. Viele von uns regt es auf, auch noch zuzuhören, wenn sich unser Kind darüber aufregt, im Haushalt mithelfen zu sollen.

Diese Eltern hatten einen Punkt erreicht, an dem sie bereit waren, sowohl ihr eigenes als auch das Verhalten ihrer Tochter anzugehen. Sie setzten eine liebevolle Grenze, dass sie ihnen jetzt beim Aufräumen helfen sollte und auch dazu fähig war. Als sie anschließend ihren emotionalen Rucksack aufschnürte, blieben die Eltern ganz Ohr. Trotz seiner Heftigkeit, ließen die Eltern das Weinen und Toben zu. Belohnt wurde ihr Durchhaltevermögen mit einem kooperativen Mädchen, nun bereit und fähig, beim Aufräumen zu helfen, und mit einem entspannten Abend obendrein!

◄O►

Kooperation: Bildschirme und Geräte

Zeit zum Ausschalten

STRATEGIEN: GRENZEN-SETZEN

 BLEIB-GANZ-OHR

Als unsere dreijährige Tochter noch sehr klein war, bestand sie darauf, die Videos von sich anzuschauen, die ich mit dem Handy gefilmt hatte. Einmal wollte sie beim Essen das Handy nicht ablegen. Zwar war das kein wirkliches Fehlverhalten, aber doch deutlich zwanghaft, und wir beschlossen, eine Grenze zu setzen und auf das Abschalten der Videos zu bestehen. Sie hatte einen heftigen, aber ziemlich kurzen Heulanfall, und ich hörte zu. Danach hüpfte sie im Wohnzimmer herum und rief: „Ich bin so glücklich, weil ich hüpfe." Vielleicht hatte sie den Spruch verdreht, aber wir hatten verstanden: „Ich hüpfe, weil ich so glücklich bin." Ganz offensichtlich fühlte es sich gut an, nicht länger von den Gefühlen beschwert zu sein, die das zwanghafte Verhalten genährt hatte; sie sprühte vor Wonne! Für uns war es eine hilfreiche Bestärkung, zu sehen, welchen Gewinn eine sanfte, aber klare Grenze bringen kann, die mit warmherzigem Zuhören einhergeht.

Wie es gelang

Etwas auf einem Bildschirm zu betrachten, macht leicht süchtig. Manchmal beschließen wir vielleicht, den Kindern ein wenig mehr Zeit am Bildschirm zu erlauben, oder sogar sehr viel. Aber manchmal ist es eben sinnvoll, eine Grenze zu setzen. Es gibt da kein Patentrezept. Jede Familie muss für sich stimmige Regeln entwickeln.

In diesem Fall ahnten die Eltern, dass ihr Kind das Handy-Video nicht ohne ihre Hilfe beiseitelegen konnte. Daraufhin setzten sie ihre Grenze, was Tränen hervorrief. Dann blieben sie ganz Ohr, bis der Anfall vorüber war. Sie verhandelten nicht, was den Anfall wahrschein-

*lich nur aufgeschoben hätte. Sie versprachen ihrer Tochter das Handy
auch nicht nach dem Essen. Sie nahmen einfach den Ärger hin und
halfen ihr hindurch, indem sie ihr die Verbindung zu ihnen anboten.
Nachdem die Tränen getrocknet waren, ging es ihrer Tochter viel besser!*

◄○►

Eine Rolle für Computer und Co.

Strategie:  Wunschzeit

Wie so viele Eltern habe ich so meine Schwierigkeiten mit elektronischen Geräten.

Zuhause sehen wir sehr wenig fern und den Gebrauch von iPads und iPods beschränken wir auf besondere Gelegenheiten und Reisen.

Das hält aber meine Schulmädchen nicht von der Bitte ab, ihre Geräte allein oder während der Wunschzeit verwenden zu dürfen. Als ich mit „Hand in Hand-Parenting" anfing, war ich total dagegen, während dieser heiligen Zeit stumm vor einem Computer oder ihren iPads zu hocken. Als ihr Betteln nicht nachließ, erlaubte ich ihnen zumindest gelegentlich Computer und Co. Über die Erlaubnis, iPads in die Wunschzeit einzubringen, freuten sie sich wie über einen Sechser im Lotto!

Also nahm ich mir die Zeit, die Spiele mit meinen Töchtern genau zu betrachten und diesen albernen Geräten meine ungeteilte Aufmerksamkeit zu schenken. Dann fand ich sie aber gar nicht mal so übel! Die Mädchen spielten gerne virtuelles Fingernägel-Bemalen und Hundepflege. Ich fand es süß, wie aufmerksam sie bei der Sache waren und wie ungezwungen und intuitiv sie mit den Geräten hantierten. Allmählich fühlte ich mich mit dem Gedanken wohler, ihnen dafür etwas zusätzliche Zeit zu gestatten.

Das begeisterte die Mädchen, und ich hatte wohl jede Menge Punkte auf der Skala „coole Mama" eingeheimst. Es war definitiv ein Erfolg. Sie baten weiterhin um Computer-Wunschzeit, wie sie es gern nennen, und manchmal gebe ich nach. Aber mein folgender Einfall hat schließlich am meisten dazu beigetragen, den Konflikt zwischen Wunschzeit und Computerzeit zu lindern.

Wunschzeit für zwei Kinder mit nur einem Erwachsenen zu organisieren, ist nicht immer leicht. Also erlaube ich manchmal einem Mädchen das iPad, während ich mit der anderen zwanzig Minuten lang spiele, und dann wird getauscht. Jede verbringt Zeit mit Mami und Zeit am begehrten Gerät. Ihnen gefällt das, und mir gestattet es, aktiv auf eine Tochter einzugehen, während die andere beschäftigt ist. Diese Strategien haben mir dabei geholfen, mit dem Computerkonsum meiner Kinder gelassener umzugehen, und umgekehrt habe ich bei ihnen ziemlich gepunktet.

Wie es gelang

Weil wir Eltern oft selbst noch nicht wissen, wie wir den Gebrauch von Computer und Co. auf zuträgliche Weise in unseren Alltag integrieren, und weil Suchtpotenzial besteht, sorgen wir uns oft sehr um den Computerkonsum unserer Kinder. Aber der Ärger über die Kinder mit ihrer Technikbesessenheit verschlimmert die Lage nur. Wenn Ihnen etwas einfällt, wie Sie sich an dem technischen Interesse Ihres Kindes beteiligen können, fördern Sie bei ihm tatsächlich auch einen entspannten Umgang mit all diesen elektronischen Geräten. Auch bereichert Ihre Wärme und Bewunderung eine sonst eher einsame Beschäftigung. Wunschzeit, die Computer und Co. integriert, gestattet uns außerdem einige sichere (und kurze!) Augenblicke, in denen wir unsere Sorgen loslassen und uns sogar an den Ausflügen in die virtuelle Welt erfreuen können.

Diese Mutter erkannte, dass ihr unnachgiebiges Verbot von elektronischen Geräten während der Wunschzeit eine Kluft zwischen ihr und den Töchtern erzeugte; also gestand sie ihnen etwas Computer-Wunschzeit zu. Das erschloss ihr die geistige und seelische Welt der Mädchen und lockerte ihr gespanntes Verhältnis zum Thema Computerkonsum. Sie hielt flexible Grenzen aufrecht, erlaubte nur manchmal Computer und Co. und setzte die Geräte auf sinnvolle Weise ein, um ungestört Wunschzeit mit je einer ihrer Töchter zu verbringen.

‒◆‒

Computer und Co. als Fluchtweg

STRATEGIEN: GEGENSEITIGES EINFÜHLSAMES ZUHÖREN

 GRENZEN-SETZEN

 BLEIB-GANZ-OHR

An einem Mittwoch kam ich von der Arbeit nach Hause, und meine sechsjährige Tochter wirkte recht launisch. Sie hatte nach zwei Krankheitstagen das erste Mal wieder am Schulunterricht teilgenommen. Sie bat mich um süße Frühstücks-Cheerios, obwohl sie genau wusste, dass ich ihr diese vor dem Essen verweigern würde. Dann fragte sie nach dem iPad ihrer Oma, wenngleich sie nur bei Besuchen meiner Eltern spielen durfte. Da ich ihre Anspannung spürte und am selben Tag die Aufmerksamkeit meines einfühlsamen Zuhörers in Anspruch genommen hatte, besaß ich genügend Geistesgegenwart, um eine Grenze zu setzen.

Fest und liebevoll sagte ich: „Nein, Schatz, du bist jetzt ziemlich aufgedreht, da lassen wir das iPad erst mal beiseite." Tatsächlich hatte sie nur diese Grenze gebraucht, um mir zeigen zu können, wie ihr wirklich zumute war. Sie sagte mir, es sei ungerecht, dass sie nicht mit dem iPad spielen durfte, weil ihr Bruder es doch eben haben durfte, sie wollte es jetzt! Sie vergoss dicke Tränen, schrie mich an und schubste mich, so fest sie konnte. An dem Abend fühlte ich mich gut versorgt: Meine Mutter hatte netterweise das Essen zubereitet, und so musste ich mich nicht zwischen Zuhören und Kochen entscheiden. Außerdem war mir heute schon selbst einfühlsam zugehört worden, und daher konnte ich so viel Geduld und Mitgefühl aufbringen, dass ich das Bedürfnis meiner Tochter nach Hilfe und Offenheit erkannte, obwohl sie ihre Erregung gegen mich wandte. Nachdem sie sich etwa zwanzig Minuten lang durch ihre Gefühle gearbeitet hatte, beruhigte sie sich und war zum Abendessen bereit. Omas iPad war den ganzen Abend über kein Thema mehr, und als sie am folgenden Tag danach fragte, hatte die Bitte ihre Dringlichkeit verloren.

Wie es gelang

Wie alles, was Kinder gern mögen, werden auch elektronische Geräte manchmal zum Abreagieren innerer Erregung genutzt. Nachdem Mama nicht zugelassen hatte, dass sie ihren Aufruhr mit einer Schüssel Cheerios in sich begrub, versuchte sie es mit dem iPad. Zum Glück hatte die Mutter an dem Tag bereits selbst bei ihrem einfühlsamen Zuhörer aufgetankt: Sie fühlte sich gut und konnte klar denken. Sie erkannte in der Dringlichkeit der kindlichen Bitte einen Hilferuf und griff rasch mit einer liebevollen Grenze ein. Das Mädchen benötigte nur ein sanftes „Nein", um aufgestaute Gefühle mittels Tränen, Kraftausdrücke und Körperkraft abzulassen. Wieder mit ihrer Mutter verbunden, wurden iPad (und Cheerios) für die Tochter wieder zu „Sachen, die ich zwar mag, aber jetzt gerade nicht bekommen kann". Sie waren nicht länger emotional aufgeladen, auch nicht am folgenden Tag.

Teenager und Computer und Co.

STRATEGIEN:  GRENZEN-SETZEN

 BLEIB-GANZ-OHR

Eines Abends hatte meine vierzehnjährige Tochter Kopfschmerzen. Sie hatte den Tag über ihren Laptop und ihr Handy sehr oft benutzt. Außerdem hatte sie nicht gut geschlafen und vermutlich auch nicht gut gegessen. Mein Mann und ich beschlossen, abends ihre Zeit für Computer und Handy zu begrenzen. Wir legten die Zeit zum Abschalten auf neun Uhr fest, damit sie genug Schlaf bekam.

Am ersten Abend sagte ihr mein Mann, dass sie Laptop und Handy bis neun Uhr aus ihrem Zimmer räumen sollte. Sie wollte den Grund dafür wissen und sagte dann: „Ich brauche das für meine Hausaufgaben."

Mein Mann antwortete sanft: „Du kannst deine Hausaufgaben vor neun Uhr fertig machen." Da rannte unsere Tochter ärgerlich nach oben in ihr Zimmer. Ich folgte ihr und sagte: „Mir tut es leid, dass du nicht immer bekommen kannst, was du willst, aber ich glaube, das geschieht zu deinem eigenen Besten." Sie erwiderte: „Nein, das ist ungerecht. Ich habe in allen Fächern gute Noten. Aber jetzt wird damit Schluss sein, weil ich so meine Hausaufgaben nicht mehr machen kann, und ihr seid schuld! Und ich werde keine Freunde mehr haben, weil ihr mir das Handy wegnehmt. Hau ab!"

Ich antwortete, dass ich erst gehen würde, wenn sie mir das Handy und den Laptop aushändigte. Sie weigerte sich. Ich versprach, sie bekäme beides am nächsten Morgen zurück. Dann ergriff ich den Laptop, aber sie wollte mir noch immer nicht ihr Handy überlassen. „Ich warte immer noch auf das Handy", sagte ich leise und ruhig. Sie brüllte mich an und wiederholte: „Du bekommst es nicht. Ich hab keine Ahnung, wieso ihr das macht. Ich habe gute Noten, und jetzt wird es damit vorbei sein, weil ich meine Hausaufgaben nicht machen kann. Und Ihr seid schuld." Vermutlich wollte sie Schuldgefühle in mir wecken, aber mir ging es bei dem Versuch, ihr zu gesundem Schlaf zu verhelfen immer noch gut.

Schließlich warf sie das Handy aufs Bett und zog sich die Decke über den Kopf. Ich nahm sehr langsam die Decke von ihrem Gesicht und sagte, dass ich sie liebte. Dann blieb ich noch ein paar Minuten da, bis sie fragte: „Mama, kannst du in dein Zimmer gehen?" Sie hörte sich ärgerlich an und wollte ein Buch lesen. Ich bat um fünf weitere Minuten und sie gab nach. Ich blieb bei ihr, schaute sie an und berührte sie sanft an den Füßen, während sie las. Nach den fünf Minuten gab ich ihr einen Kuss und verabschiedete mich: „Gute Nacht, ich liebe dich." Sie antwortete: „Ich liebe dich auch."

Ich will mit dieser Grenze konsequent umgehen, denn ich merke, wie es meiner Tochter damit langsam besser geht. Sie sagt, ihr Kopfweh sei verschwunden, und sie schläft auch besser. Jetzt ist es kein Kampf mehr, uns Laptop und Handy auszuhändigen, wenn wir darum bitten. Ich glaube auch, dass wir jetzt stärker verbunden sind und mehr Spaß miteinander haben.

Wie es gelang

Um erfolgreich Grenzen zu setzen, müssen wir uns sehr klar darüber sein, dass die entsprechende Grenze sinnvoll ist.

Wenn wir uns dessen nicht sicher sind, kann es uns verwirren, wenn unser Teenager argumentiert, weshalb sie unbedingt ihr Handy benötigt. Diese Eltern bemerkten einige negative Auswirkungen des nächtlichen Computer- und Handygebrauchs ihrer Tochter und fassten einen festen Entschluss. Sie arbeiteten zusammen, behielten einen liebevollen Tonfall bei und standen zu der Grenze. Weder verhandelten sie mit ihrer Tochter, noch versuchten sie zu beeinflussen, wie diese die Grenze erlebte. Auch während ihres Gefühlsausbruchs demonstrierten die Eltern weiterhin ihre Liebe. Sie wiederholten einfach die Grenze und blieben ganz Ohr. Als Folge fühlte sich die Tochter besser, sah die schlechten Auswirkungen ihrer Gewohnheit ein und händigte ihnen die Geräte schließlich freiwillig allabendlich um neun Uhr aus.

KAPITEL 10

Trennungssituationen erleichtern

Was Sie wissen müssen

Ich bin noch auf der Suche nach Eltern, denen es leicht fällt, ihren Kindern bei schwierigen Trennungssituationen beizustehen. Wecken folgende Schilderungen Erinnerungen bei Ihnen?

- Sie haben an Ihrer Arbeitsstelle um neun Uhr morgens eine Sitzung. Beim Absetzen Ihres Kindes im Kindergarten um halb neun winkt es nicht einfach nett zum Abschied, sondern klammert sich schreiend an ihren Beinen fest, als wollten Sie es den Löwen zum Fraß vorwerfen.

- Einem anstrengenden Arbeitstag folgten Sport und Essensvorbereitungen und ihr Ältester braucht Hilfe bei den Hausaufgaben. Sie bringen Ihre Vierjährige ins Bett. Schnell eine Geschichte lesen und einen Gute-Nacht-Kuss geben. Erst eine gute Stunde später kommen sie von ihr los und sind zu müde für die Hausaufgabenhilfe.

- Endlich haben sie einen Babysitter gefunden, den die Kinder wirklich mögen, und Sie bereiten sich aufs Ausgehen mit Kino und einem schönen Essen vor. Der Babysitter kommt, und alle freuen sich. Aber sobald Sie Ihrem Zweijährigem den Abschiedskuss auf die Wange drücken, kullern dicke Tränen und er bettelt darum, mitkommen zu dürfen.

Trennungen werden irgendwann für fast jedes Kind zu einer der größten Herausforderungen überhaupt. Als Eltern tun wir unser Bestes, um diese schmerzvollen Abschiede zu bestehen. Wir bestechen unsere Kinder, indem wir besondere Vergnügungen versprechen. Wir legen uns mit ihnen hin, während sie bis zum Einschlafen stundenlang wachliegen, und stehlen uns dann völlig erschöpft aus ihrem Bett. Abendtermine sagen wir auf Kosten unserer Beziehungen ab, weil wir es nicht ertragen, unseren Kindern das Herz zu brechen. Doch damit helfen wir ihnen nicht bei der Überwindung ihrer Ängste. Beim nächsten Schlafengehen, Abschied oder Abendtermin stecken Sie erneut in der Zwickmühle.

Trennungsangst ist verständlich, da unsere jungen Kinder in völliger Abhängigkeit von uns leben. Wir sind ihr Zufluchtsort. Ihr Mangel an Erfahrung führt dazu, dass sogar dann Angstgefühle ausgelöst werden, wenn wir im Bad einfach die Tür hinter uns schließen und eigentlich ganz in der Nähe sind. *Uns* ist freilich klar, dass wir gleich zurückkommen, aber unsere ganz Kleinen können noch keine zwei Minuten weit in die Zukunft denken.

Viele Eltern versuchen, ihre Kinder vor Trennungsschmerz zu bewahren, aber er gehört zum Alltag wie aufgeschürfte Knie. Mamas und Papas telefonieren. Besorgungen müssen gemacht werden. Sie müssen arbeiten gehen. Manchmal sind die Eltern wegen Krankheit oder Stressfolgen nicht anwesend. Vielleicht wird auch der Eintritt in die Kinderkrippe oder den Kindergarten zum Schock. Viele Kinder müssen mit einer Scheidung zurechtkommen, die Schule oder den Wohnort wechseln. Andere werden mit dem Tod einer geliebten Person konfrontiert. Trotz unserer besten Bemühungen wird früher oder später bei jedem Kind das Gefühl der Verbundenheit durch Trennungsschmerz erschüttert.

Komplikationen gibt es dann, wenn ein Kind bei seiner Trauer keine ausreichende Unterstützung bekommt, bis der Trennungsschmerz geheilt ist. Alle unverarbeiteten Angstreste werden weggepackt und verursachen irgendwann später Schwierigkeiten. Dann kann sogar eine unwesentliche Trennung, wie das Kind für ein Nickerchen hinzulegen, starke Emotionen aus der Vergangenheit hervorrufen. Sie werden vielleicht davon erschreckt, dass Ihr Sohn wenige Wochen nach dem Tod seines Großvaters dem Babysitter entwischt und aus Angst, Sie könnten auf dem Weg zum Lebensmittelhändler sterben, Ihrem Auto hinterherrennt.

Falls Ihr Kind durch Trennung tief verängstigt wird, wurzelt dies vielleicht in einer sehr frühen Verletzung. Nehmen wir als Beispiel die Geburtserfahrung. Ihr Kind kam in der Erwartung auf die Welt, von seinen Lieben begrüßt, zärtlich gehalten und beschützt zu werden. Jede dahinter zurückbleibende Erfahrung kann für das Baby schockierend sein. Bei einer schwierigen Geburt schlägt das System des Neugeborenen Alarm. Und falls es aus irgendeinem Anlass seiner Mutter abrupt weggenommen werden muss, registriert sein Nervensystem, dass es weit entfernt von allem Vertrauten in großen Schwierigkeiten ist. Sogar eine einzige ungewollte Trennung, ob lang oder kurz, kann Gefühle hinterlassen, die in Ihrem Kind Angst auslösen, sobald Sie fortgehen. Aber Sie dürfen sicher sein, dass Sie Ihrem Kind helfen können, sich von seinen Trennungsängsten zu erholen, egal, wie heftig sie ausfallen.

Im Lauf der Jahre wird ein Kind immer wieder auf neue Situationen treffen, die jene früheren, noch nicht geheilten Gefühle auslösen. Vielleicht hat Ihr Sohn eine Woche vor der Einschulung eine Reihe heftiger Ausbrüche und dann wieder drei Jahre später, wenn er eine Reise zu den Großeltern machen soll. Tiefgehende Gefühle kehren solange wieder, bis sie völlig abgebaut sind, aber während jeder Runde gibt es gute Fortschritte. Schwierigkeiten bei Trennungen sind eine verkappte Chance! Während Sie ganz Ohr bleiben, werden schmerzliche Gefühle herausströmen und durch Ihre Zuversicht ersetzt. Die Angstlast Ihres Kindes wird leichter und es wird sich an seiner wachsenden Zuversicht freuen. Und Sie ebenfalls.

Trennungsängste mit Zuhör-Strategien angehen

Der erste Schritt in Richtung leichterer Trennung besteht darin, Gefühlsausbrüche von vornherein einzuplanen. Wenn Sie sich schon auf die unvermeidliche Aufregung eingestellt haben, sind Sie bereit, Veränderung zu ermöglichen.

Als zweiten Schritt verstehen Sie die Aufregung Ihres Kindes als Spiegel darunterliegender Angst, und nicht als bewussten Wunsch, Ihre Pläne zu vereiteln. Überlegen Sie, woher die Ängste Ihres Kindes vielleicht herrühren. Wenn Ihr Sohn sich zur Schlafenszeit an Sie klammert, bedenken Sie, an welche früheren Trennungen er sich vielleicht erinnert. Hatte die Tochter, die auf die ersehnte Gymnastikstunde verzichtet, bereits unangenehme Gruppenerfahrungen? Vielleicht gelingt es Ihnen, einige schwierige Phasen auszumachen, die zu den Trennungsängsten Ihres Kindes beitragen könnten. Aber verzagen Sie nicht, wenn Ihnen nichts einfällt. Ihr Kind kann seine Ängste auch abstreifen, ohne dass einer von Ihnen den Ursprung kennt.

Als dritten Schritt kümmern Sie sich um Ihre eigenen Ängste und Sorgen, damit Sie Ihrem Kind durch die Trennungskämpfe hindurch beistehen können. Zeigt Ihnen Ihr Kind, wie bedroht es sich fühlt, löst das vielleicht Ihre eigenen Gefühle aus, und Sie zweifeln auf einmal selbst seine Sicherheit an! Diese Sorgen übertragen sich nonverbal auf Ihr Kind.

Die Lage entspannt sich, sobald Sie Unterstützung zum Abladen Ihrer Gefühle bekommen. Erinnern Sie sich an das Gefühl, als Sie Ihr weinendes Kind verlassen mussten, um rechtzeitig zur Arbeit zu kommen? Oder daran, als ihr Kind vom Gitterbett ins „Bett für die Großen" umzog? Erinnern Sie sich daran, wie Sie sich nach Ihrer eigenen Mama sehnten? Ihrem Papa? Gegenseitiges einfühlsames Zuhören eignet sich gut dafür, Gefühle aus solchen Erinnerungen zu erkennen und durchzustehen.

Mitten in einer schwierigen Trennung sind Grenzen-Setzen und Bleib-Ganz-Ohr die passenden Strategien. Ihr Kind soll rechtzeitig erfahren, wann eine Trennung ansteht. Es muss wissen, wo Sie hingehen, wann Sie wiederkommen und wer solange bei ihm bleibt. Wenn es auf diese Neuigkeit hin zu weinen anfängt, bleiben Sie ganz Ohr. Der Heilungsprozess ist bereits im Gange.

Bei tief reichenden Trennungsängsten Ihres Kindes beginnen Sie mit dem Verabschieden, eine Stunde bevor Sie wirklich los müssen. So können Sie Ihrem Kind Halt geben, während es sich durch die Trauer hindurcharbeitet. Sagen Sie ihm einfach, dass Sie weggehen, und bleiben dann ganz Ohr. Wenn die Tränen des Kindes nachlassen, wiederholen Sie: „Schatz, ich gehe jetzt. Ich komme zurück. Ich werde immer zurückkommen." Ihr Kind wird in Ihrer Gegenwart vermutlich verstärkt Trauer und Angst ausdrücken. Hat Ihr Kind genug geweint, dann wird es sich schließlich verabschieden können und gerne bei dem vertrauenswürdigen Erwachsenen bleiben, den Sie für Ihr Kind ausgewählt haben.

Zwar wenden Sie Grenzen-Setzen und Bleib-Ganz-Ohr an, zögern den Prozess aber so weit hinaus, dass Sie nach dem Grenzen-Setzen nichts tun müssen, außer ganz Ohr zu bleiben. Ihr Kind hat dann reichlich Zeit, alle Lasten seines Systems zu entladen. Es kann sich auf seine Gefühle konzentrieren, anstatt eine sich schnell ändernde Situation verstehen zu müssen. Dabei ist der zentrale Heilungsfaktor Ihr Vertrauen darauf, dass es Ihrem Kind trotz Weinen gutgeht. Sie müssen im Gedächtnis behalten, dass es kein zerschmettertes und verlassenes Wesen ist. Es ist ein starkes, glückliches Kind, das aufgestaute Gefühle unter den bestmöglichen Bedingungen loslässt, nämlich in Ihrer Anwesenheit!

Es folgt, was eine Mutter erreichte, nachdem sie selbst bei Ihrem einfühlsamen Zuhörer aufgetankt hatte:

Mein Sohn ist fünf Jahre alt. Zu seinen größten emotionalen Projekten gehört Trennungsangst. Kürzlich meldete ich ihn für montags nach der Schule zu einem Kampfsportkurs an. Inzwischen arbeiten wir hauptsächlich während dieser Zeit an seiner Trennungsangst. Die ersten Termine liefen nicht gut. Ein klein wenig beteiligte er sich an den Übungen, aber hauptsächlich wälzte er sich auf meinem Schoß. Meine größte Sorge galt dabei den Gedanken der anderen über uns. Ich merkte, dass ich einen extra Termin bei meinem einfühlsamen Zuhörer organisieren musste. Und es half!

Montags im Kurs sagte ich meinem Jungen, dass ich während der Anfangsrunde für drei Minuten den Raum verlassen müsste, um im Büro auf der anderen Seite des Flurs etwas nachzufragen. Nach der Schule hatten wir zwar eine ganze Weile in angenehmer Verbundenheit verbracht, aber meine Ankündigung löste dennoch Tränen aus: „Nein Mama, du sollst nicht gehen. Ich will mit", bettelte er an mich geklammert. Nachdem er sich beruhigt hatte, erwähnte ich noch einmal, dass ich ins Büro müsste, dass er hier sicher wäre und ich sofort zurückkäme. Wieder weinte er. Ab und zu schob ich ihn sanft vom Schoß, damit er die Trennung ein wenig mehr spürte. Jedes Mal, wenn er sich beruhigte, setzte ich erneut die Grenze, dass ich kurz aus dem Raum gehen müsste, während er dablieb. Das ging fast die ganze Stunde so. Nach der Hälfte zweifelte ich am Sinn des Ganzen. Aber da ich mich noch gut fühlte, zog ich es bis zum Ende durch.

Zur Schlafenszeit fiel mir die erste große Veränderung auf. Er meinte, Hunger zu haben, und bat um eine Rosine. Ich habe herausgefunden, dass er durch diesen Wunsch ausdrückt, wie sehr er unsere frühere Nähe beim Stillen zur Schlafenszeit vermisst. Ich antwortete: „Du hattest eine große Mahlzeit und kannst mit dem Essen bis morgen früh warten." Mit seiner Antwort überraschte er mich völlig: „Okay, dann trinke ich einen Schluck Wasser, und das füllt die Stelle bis zum Frühstück aus." Wow! Die Überraschungen gingen am nächsten Tag beim Absetzen im Kindergarten weiter. Ich erwähnte, dass ich nicht bis zum zweiten Frühstück bleiben könnte. Zum ersten Mal überhaupt rief er daraufhin: „Juhu!" Und als ich mich vor dem Gruppenraum von ihm verabschiedete, vergaß er ganz, mich zu umarmen. Ich musste ihn daran erinnern. Sonst ist die magische Umarmung eine große Sache, aber heute war er selbstsicher und bereit, mich ziehen zu lassen.

Das Grenzen-Setzen bei dem Kampfsportkurs mit anschließendem Bleib-Ganz-Ohr hatte etwas in ihm bewirkt. Ich bin dankbar, dass ich selbst Unterstützung bekam, damit ich meinem Kind überhaupt gut beistehen konnte. Ich freue mich sogar auf die nächste Kampfsportstunde, selbst wenn er nicht mitmacht.

◄◦►

Hier folgt die Geschichte einer Mutter, die gegenüber den Trennungsängsten ihres Sohnes eine weite Perspektive einnahm, sich zu Grenzen-Setzen und Bleib-Ganz-Ohr entschied und schließlich beobachtete, wie sich ihm neue, große Möglichkeiten eröffneten.

◄◦►

Als mein Sohn in der sechsten Klasse war, hatte er immer noch große Angst, allein auswärts zu übernachten. Ich wollte ihn nicht zu etwas drängen, wozu er noch nicht bereit war, aber all seine Freunde übernachteten untereinander, und ich spürte, dass mein Sohn das eigentlich auch wollte. Ich ahnte, dass ihn seine Ängste bremsten. Nachdem ich die Gefühle zu diesem Thema mehrere Male zu meinem einfühlsamen Zuhörer gebracht hatte, war ich bereit, meinem Sohn zu helfen.

Als Kind hatte ich selbst an Ferienlagern teilgenommen und wollte meinen Sohn mit derselben Organisation in die Ferien schicken. Ich dachte, ihm würde das gefallen, und erfuhr dann auch noch, dass einer seiner besten Freunde ebenfalls mitfahren würde. Wenn ich hier eine Grenze setzte, dann würde ich für meinen Sohn natürlich ganz Ohr bleiben müssen und das würde ihn schließlich eine entspannte und vernünftige Sichtweise ermöglichen.

Als wir allein zu Hause waren, nutzte ich die Gelegenheit und sagte zu meinem Sohn: „Ich möchte dich dieses Jahr gern in ein Sommercamp mit Übernachtung schicken. Der passende Termin ist zwar schon voll belegt, aber ich lass dich auf die Warteliste setzen." Mir war zwar klar gewesen, dass er sich über diesen Vorschlag aufregen würde, aber nicht, dass es so schlimm werden würde! Er fing an zu zittern. Dann bettelte er mich an, ihn nicht zu schicken. Er sagte, solange von mir getrennt zu sein, das würde er nicht aushalten – er würde daran sterben! Zuerst brachten mich der plötzliche Gefühlsausbruch und die heftigen Worte meines Sohnes aus der Fassung. Aber schnell merkte ich, dass diese Grenze wichtig war.

Seine Aufregung und das Zittern dauerten eine gute Stunde. Ich blieb ganz Ohr. Dann beruhigte er sich und fragte: „Meinst du, das wird mir gefallen?" Er wirkte immer noch zögerlich, hatte aber schon so viel Angst abgeladen, dass er die Möglichkeit zulassen konnte, dass die Idee mit dem Ferienlager auch sein Gutes haben könnte. Wir sprachen noch eine Weile darüber und wechselten schließlich zu anderen Tätigkeiten.

Am folgenden Tag hörte ich meinen Sohn zu seinem Bruder sagen: „Dieses Jahr fahre ich auf ein Sommerlager mit Übernachtung! Na ja, wenn halt noch ein Platz frei wird. Ich bin auf der Warteliste." Er war stolz. Und dann wandte er sich an mich und fragte, ob er am selben Abend noch bei einem Freund übernachten dürfte. Während ich äußerlich Ruhe bewahrte, platzte ich innerlich vor Freude über die neugewonnene Freiheit meines Sohnes. „Na klar! Ruf doch einfach an, ob es ihm heute passt."

Seit jenem Tag übernachtet mein Sohn regelmäßig bei seinen Freunden. Und in jenem Sommerferienlager amüsierte er sich großartig. Nach der Rückkehr waren seine ersten Worte: „Darf ich nächstes Jahr zur dritten Runde ins Sommerlager fahren? Die ist länger."

—◄o►—

Grenzen-Setzen und Bleib-Ganz-Ohr wirken Wunder, um einem an sich selbstsicheren Kind bei einem plötzlichen Angstanfall zu helfen. Wenn Ihr Kind jedoch jedes Mal aufgeregt reagiert, wenn Sie es bei einem seiner Freunde zum Spielen absetzen oder es abends ins Bett bringen, dann werden Sie seine notwendige und tiefgreifende Bewältigungsarbeit mit Spiel ausbalancieren wollen, indem das Kind die Führung übernehmen darf. Ganz-Ohr-Spiel und Wunschzeit gehören unbedingt in die Werkzeugkiste, mit der Sie sein emotionales Projekt angehen.

Ein einfaches Guck-guck-Spiel, das die Allerkleinsten zum Lachen bringt, ist eine wunderbare Methode, Ihrem jungen Kind beim Verarbeiten leichter Trennungsangst zu helfen. Sie verstecken ihr Gesicht nur für einen kurzen Augenblick, aber das Kind spürt die Trennung und ist erleichtert, wenn Sie „plötzlich" wieder lächelnd auftauchen. Es lacht. Etwas heilt in ihm. Sein Vertrauen in Sie wächst ebenso wie sein Glauben, dass Sie zurückkehren werden. Wird Ihr Kind älter, dann wird Guck-guck nicht mehr ausreichen, um es zum Lachen zu bringen, und Sie müssen etwas Komplexeres probieren. Verstecken Spielen ist vielleicht ein geeigneter nächster Schritt. Oder Sie versuchen es mit einer ordentlichen Verfolgungsjagd, bei der sich das Kind geschickter und mächtiger anstellt als Sie. Fast erwischen Sie es …, aber dann gelingt es ihm doch, seinen Hemdzipfel aus Ihren Fängen zu entreißen. Jede Runde bringt Gelächter. Je mehr gelacht wird, umso schneller bröckelt die Angst, Schicht um Schicht.

Lesen Sie, wie diese Eltern ihrem Sohn in einem Spiel namens „Ich will ihn" mit Zuneigung überschütteten und damit seine Trennungsängste linderten:

—◄o►—

Mein Sohn war bei allem sehr, sehr lange nur auf Mami fixiert gewesen. Meist hatten wir seinen Wünschen nachgegeben, da er ansonsten geschrien und geweint hätte. Ausgerüstet mit den neuen „Hand in Hand"-Strategien, setzen wir allmählich manchen seiner Vorlieben Grenzen, als er zwei Jahre alt war. Ich hatte einen hilfreichen einfühlsamen Zuhörer und konnte nun die starken Gefühle meines Sohnes besser aushalten. Wir hatten auch schon Bleib-Ganz-Ohr mit der folgenden liebevollen, aber festen Grenze praktiziert: „Jetzt bleibst du bei deinem Papa." All diese Versuche hatten schon ein wenig Erfolg gebracht.

Aber an einem bestimmten Abend, nachdem wir beschlossen hatten, dass diesmal Papa für Bücher-Anschauen, Kuscheln und Ins-Bett-Packen zuständig war, versuchten wir etwas Neues. Als ich meinen Sohn umarmt hatte und ihn an Papa im Schaukelstuhl weiterreichte, klammerte er sich an mich und protestierte. Mit einer theatralischen Geste riss ich ihn wieder aus den Armen meines Mannes und rief laut:

„Nein, nein, du darfst mein Baby nicht haben! Er ist meins, meins!"

Mein Mann entgegnete aber: „Bitte gib ihn mir! Ich will ihn so sehr!"

Ich schaukelte meinen Sohn in den Armen, während er kicherte, und zählte: „Eins, zwei, drei …", als würde ich ihn gleich seinem Papa zuwerfen. Dann sagte ich: „Oh … nein, nein, du sollst ihn nicht bekommen!"

So ging unser spielerischer Streit, wer ihn nehmen durfte, hin und her. Dann ließ ich ihn seinem Vater fast in den Schoß fallen, eilte dann aber mit meinem Kind doch auf die andere Seite des Zimmers und rief dabei: „Nein, nein, nein!"

Nach zehn Minuten Spiel und ergiebigem Gelächter ließ ich ihn schließlich seinem Papa in den Schoß plumpsen. Er kuschelte sich dort hinein und winkte mir zum Abschied. Daraufhin verließ ich das Zimmer. Papa brachte unseren Sohn problemlos ins Bett und er schlief die ganze Nacht fest durch (keine Selbstverständlichkeit).

◄o►

Regelmäßige Wunschzeit mit einem verängstigten Kind wird bei Herausforderungen durch Trennung eine große Hilfe sein, selbst wenn Sie jeweils nur fünf Minuten dafür erübrigen, da über die Wunschzeit Verbindung zwischen Ihnen und Ihrem Kind geschaffen wird. Es gibt ihm die Gelegenheit, seine eigene Welt zu kontrollieren, ein krasser Kontrast zu seinen Gefühlen, wenn es Sie gehen lassen muss. Vielleicht führt es Sie in Spiele, die Ihnen helfen, einzelne Punkte zu verbinden und schließlich den Ursprung seiner Ängste zu entdecken. Es wird das Selbstvertrauen Ihres Kindes stärken, wenn Sie es mit Liebe und Aufmerksamkeit füllen, während es im Spiel die Führung übernehmen darf. Und wenn dann der Timer das Ende der Wunschzeit signalisiert, wird Ihr Kind vielleicht von Gefühlen überwältigt und weint oder schreit, was Ihnen eine weitere Chance gibt, Ihrem Kind zu helfen, die Verletzung an der Wurzel zu heilen.

In den folgenden Abschnitten geht es um die häufigsten Trennungsprobleme, mit denen sich Eltern konfrontiert sehen. Selbst wenn Sie Ihr Thema nicht wiederfinden, werden diese auf Wesentliches eingehenden Erfahrungsberichte Ihre Fantasie anregen und verschiedene Möglichkeiten aufzeigen, wie man Verletzung aus zurückliegenden Trennungen heilen kann. Und das bereitet Ihrer Familie den Weg hin zu friedlicheren und souveräneren Trennungssituationen.

Trennungen: Abschiede

Ein Spieltreffen beenden

STRATEGIE: GANZ-OHR-SPIEL

Wenn sich meine sechsjährige Tochter mit anderen zum Spielen traf, wurde beim Abschied oft sehr viel Angst ausgelöst. Es ereigneten sich schlimme Szenen mit Wutanfällen, Weinen und einige Kinder rannten weg und versuchten, sich zu verstecken. Ein Elternteil bestach die Kinder sogar mit Süßigkeiten, nur um feststellen zu müssen, dass sie diese packten und wieder entwischten!

Daher beeindruckte mich die „Hand in Hand"-Strategie, ein Spieltreffen mit dem Stärken der Verbindung untereinander zu beenden. Als wir kürzlich ein Mädchen zu Gast hatten und das Treffen sich dem Ende zuneigte, besuchte ich die Kinder in dem Zimmer, wo sie mit einem Märchenschloss spielten, betrachtete liebevoll die Szene und spielte ein paar Minuten mit. Dann kündigte ich das herannahende Ende der gemeinsamen Zeit an und fragte, ob die beiden gern noch etwas Lustiges spielen wollten.

Daraufhin schlug die Freundin meiner Tochter einen Hindernislauf vor, was ich begeistert aufgriff. Also bauten wir zu dritt einen Hindernisparcours. Zu den Aufgaben gehörte, über Stofftiere und Kissen zu hüpfen und in Hula-Hoop-Reifen zu springen, die ich absichtlich so gelegt hatte, dass sie vom Zimmer meiner Tochter zur Haustür hinaus und bis an den Zaun unseres Vorgartens führten. Die Schuhe unseres Besuchs stellte ich an das Ende der Bahn, sodass die letzte Hürde darin bestand, diese anzuziehen. Dann beauftragte ich meinen Mann, die Dauer des Laufs mit der Stoppuhr festzuhalten, während ich das Ereignis wie ein Sportreporter kommentierte.

Es gab für uns alle viel zu lachen, als die Kinder den Parcours meisterten. Es klappte prima! Das ist der üblichen „Noch fünf Minuten"-Ankündigung mitsamt dem folgenden „Neiiin!" und allem anderen Widerstand haushoch überlegen.

Wie es gelang

Es gibt zwar neurologische Erklärungen dafür, dass Verbundenheit die Kooperation bei Kindern unterstützt, aber wenn sie ständigen Kampf gewohnt sind, erleben Sie die Wirkung der Verbindung zwischen Ihnen und den Kindern wie Zauberei!

Diese Mama regte die Mädchen an, sich ein Abschlussspiel auszudenken. Diese heckten daraufhin einen kreativen Plan aus, den die Eltern tatkräftig unterstützten. Daraus entstand, Spaß und Gelächter und der Spielnachmittag klang fröhlich aus.

Vielleicht erscheint Ihnen das als riesiger Energieaufwand, aber sobald Sie beim Ganz-Ohr-Spiel den richtigen Dreh heraushaben, werden Sie dessen Nutzen zu schätzen wissen. Denn wer würde nicht lieber spielen als streiten?

Auseinandergehen nach einem Besuch

STRATEGIEN: GRENZEN-SETZEN

 BLEIB-GANZ-OHR

Wir hatten eine sehr bewegte Woche mit Familienbesuch erlebt, unter anderem von meinem zweijährigen Neffen. Meine beiden Kinder hatten wirklich schön mit ihrem Cousin gespielt. Jedoch gibt es bei jedem Familienbesuch oder Urlaub einen Punkt, an dem mein Sohn von seinen Gefühlen überwältigt wird. Auch mit positiver Aufregung kann er manchmal schwer umgehen. Somit war vorhersehbar, dass er am letzten Morgen des Familienbesuchs über den Abschied sehr erregt war und sich danebenbenahm, was hieß, dass er mit den anderen nicht mehr gut spielte und kleine Grenzen übertrat. Ich habe gelernt, dass er damit seinen Mangel an Verbindung signalisiert. Aber ich war selbst damit beschäftigt, alles zu organisieren, damit meine Verwandtschaft rechtzeitig in die

Stadt kam und dort den Zug zum Flughafen erreichte. Dafür musste ich einen Kindersitz in ein anderes Auto einbauen und erwähnte beiläufig, dass ich das jetzt vorhatte. Mein Sohn folgte mir, erbost darüber, dass ich seinen Sitz aus unserem Wagen herausnehmen und für seinen kleinen Cousin in Omas Auto einbauen wollte.

Ich versuchte, ihm zu erklären, dass sie den Sitz nicht behalten würden und er ihn bald zurückbekäme, aber er fühlte sich so von mir isoliert, dass er nicht klar denken und meinen Erklärungen folgen konnte. Das Beste war wohl, seiner Aufregung zuzuhören und erst einmal abzuwarten. Vielleicht konnte ich ihm so beim Abbau seiner inneren Anspannung helfen. Ruhig erklärte ich, dass ich jetzt den Sitz aus dem Auto holen würde. Sofort kletterte er hinein und sagte: „Nein! Du kannst das nicht machen". Ich bestand weiterhin darauf, unternahm aber tatsächlich erst einmal nichts. Die ganze Zeit redete ich in liebevollem Tonfall. Er schlug dann auf die Sitzkante ein, schrie und weinte, ich dürfe ihn nicht herausnehmen, obwohl ich nichts dergleichen tat. Ich sagte mir, dass dies für ihn ein positiver Schritt war und ich ihm gern dabei helfen wollte. Außerdem hielt sich von den anderen niemand in der Nähe auf, sodass wir völlig ungestört waren.

Als sein Schluchzen nachließ, machte ich mich daran, die Halterung des Sitzes zu lösen, und er begann zu brüllen, stieß mich weg und versuchte, den Kindersitz festzuhalten. Ich hörte dem etwa fünf Minuten zu, bot meinem Sohn liebevolle Verbindung an, bis er zu weinen aufhörte und mich während der Frage anschaute, ob ich den Sitz immer noch bräuchte. Ich antwortete, dass ihn sein Cousin bräuchte, und fragte, ob ich ihn jetzt bitte mitnehmen könnte. Er willigte ein und hüpfte aus dem Auto, während ich die Sitzhalterung entriegelte. Inzwischen ganz zufrieden mit dem, was vor sich ging, schaute mein Sohn dem Umbau zu!

Jetzt hatte er sich sichtbar weiter entspannt, lief zu seiner Oma hinüber und erzählte, dass wir den Sitz für den Cousin in ihr Auto eingebaut hatten! Dann schloss er sich dem Spiel der anderen Kinder mit deren Vätern an. Er teilte bereitwillig, bezog andere mit ein und konnte auch seine Trauer über den Abschied von Cousin, Tante und Onkel in Worte fassen.

Nun würde auch der Vormittag mit meinem Sohn zu Hause ein wenig leichter werden und so kam es auch. Ich war dankbar dafür, dass ich mir die Zeit hatte nehmen können, seiner Aufregung zuzuhören, und auch gewusst hatte auf welche Weise.

Wie es gelang

Ob nun nach dem Besuch von Verwandten oder Freunden, Abschiede können für Kinder schwierig sein. Wo wir einander umarmen, eine Träne vergießen oder uns wertschätzend bedanken, drücken kleine Kinder Ihre Erregung und Enttäuschung häufig über ungehöriges Benehmen aus.

Diese Mutter erkannte das inakzeptable Verhalten ihres Sohnes als einen Hilferuf. Indem sie mit liebevollem Tonfall eine Grenze setzte und der daraus folgenden Aufregung ihres Sohnes zuhörte, gestattete sie dem Jungen, seinen Gefühlen freien Lauf zu lassen, die emotionale Last abzuladen und die Fähigkeit wiederzugewinnen, sich mit ihr zu verbinden und zu kooperieren. Sie bot ihrem Sohn eine konkrete Grenze, an der er sich reiben konnte, damit er seine Erregung nicht wahllos an seinem Cousin, Onkel oder seiner Tante ausließ. Daraufhin konnte er sich der Heilungsarbeit zuwenden und der Abschied verlief reibungslos.

Dem Kind einer Freundin zuhören

STRATEGIE: BLEIB-GANZ-OHR

Ein dreijähriger Junge sollte mit seinem älteren Bruder bei meiner Tochter und mir bleiben, während die Mama, eine meiner engen Freundinnen, zu einer Arbeitssitzung ging. Wir sind einander sehr vertraut, hatten uns aber den Sommer über nicht gesehen. Auf der Fahrt zu unserem Haus war Sam eingeschlafen, daher musste ihn die Mutter kurz vor dem Verabschieden wecken.

Als sie dann aufbrach, regte sich der Kleine sehr auf, fing zu weinen an und wollte Mama nicht loslassen. Sie wollte pünktlich zur Sitzung, daher musste ich Sam beim Abschied festhalten. Ich saß auf dem Fußboden und hielt ihn sanft auf meinem Schoß, bereit zu Bleib-Ganz-Ohr. Meine ebenfalls dreijährige Tochter saß neben mir. Sam beobachtete durchs Fenster, wie seine Mama davonging, und schrie: „Mami, geh nicht!"

In sehr ruhigem Tonfall sagte ich: „Deine Mama kommt zurück. Ich habe dich sehr lieb und werde gut auf dich aufpassen." Er steigerte sich ins Schreien hinein und probierte, gegen die Tür zu treten. Sein Bruder versuchte ihn immer wieder abzulenken, aber Sam arbeitete ausdauernd am Ausagieren seiner Gefühle und brüllte weiter.

Ihm zuzuhören war für mich nicht so schwer wie manches Bleib-Ganz-Ohr mit meinen Mädchen, aber für seinen Bruder oder meine jüngste Tochter, die auf das Thema Trennung ebenfalls empfindlich reagierte, war es anstrengend. Meine Herausforderung bestand nun darin, Sam während seines leidenschaftlichen Gefühlsausbruchs festen Halt zu geben und gleichzeitig seinem Bruder und meiner Tochter zu versichern, dass alles gut werden würde. Da waren freundlicher Blickkontakt und Aussagen wie „Wenn er weinen muss, ist das okay" in neutralem Tonfall nötig, um allen mehr Sicherheit zu vermitteln.

Nachdem ich Sam einige Minuten zugeredet hatte, dass er bei uns sicher war, schaute er mich schließlich an und seufzte, und allmählich versiegten seine Tränen. Dann stand er auf, guckte nach, was sein Bruder spielte, und verspeiste den vorher verweigerten Snack. Den restlichen Nachmittag über fühlte er sich unbeschwert: Er nahm entspannt Blickkontakt auf, formulierte deutlich seine Bedürfnisse und spielte schön mit dem Bruder und meinen Mädchen.

Bei der Rückkehr meiner Freundin lief er ihr mit einem breiten Lächeln in die Arme. Später sprachen die Mädchen darüber, wie zufrieden Sam wirkte, nachdem er sich ausgeweint hatte. Diesen tief gehenden Prozess mitzuerleben hatte auf die beiden großen Eindruck gemacht. Wir überlegten, wie es wohl sein würde, wenn er das nächste Mal bei uns bleiben musste.

Das zeigte sich, als seine Mutter einige Wochen später erneut zu einer Sitzung musste. Er kam einfach herein, winkte seiner Mama zum Abschied und zog zufrieden zum Spielen ab. Einfach so!

Wie es gelang

Diese mit den „Hand in Hand"-Strategien vertraute Mutter machte dem Sohn ihrer Freundin ein wertvolles Geschenk, indem sie sich liebevoll um das aufgeregte Kind kümmerte. Sie versicherte dem Jungen, dass sie ihn liebte, er bei ihr gut aufgehoben war und seine Mama zurückkehren würde. Anschließend blieb sie mit ihm ganz Ohr, bis er sich den anderen Kindern anschließen und zufrieden spielen konnte.

Auch achtete sie darauf, die anderen Kinder zu beruhigen und wissen zu lassen, dass es Sam gutging und er sich einfach ausweinen musste. Zuerst noch skeptisch, merkten sie am Ende der gemeinsam verbrachten Zeit, wie gut es Sam getan hatte, all den emotionalen Ballast abzuwerfen.

Trennungen: Schlafengehen

Was Sie wissen müssen

„Hand in Hand Parenting" bietet keine Musterlösung zum Thema Schlafengehen. Unsere Kinder schlafen bei ihren Eltern oder im eigenen Zimmer, und wir haben auch mit allen Möglichkeiten dazwischen experimentiert. Unsere Erfahrung zeigt, dass aufmerksame Eltern, die tagsüber Zuhörstrategien anwenden, ihren Kindern zu einer starken Verbindung mit ihnen bis ins Erwachsenenalter verhelfen, egal, ob sie als kleine Kinder bei den Eltern schlafen oder nicht. Wir unterstützen sie und vertrauen darauf, dass auch Sie für die Bedürfnisse Ihrer Familie eine passende Lösung finden werden. Egal, wie Sie das Schlafen zu Hause organisieren, wenden Sie sich ihrem Kind auf jeden Fall mit liebevoller Aufmerksamkeit zu, und hören Sie hin, wenn im Zusammenhang mit dem Schlafen Gefühle aufwallen. Mit der Zeit, manchmal sogar sehr schnell, wird ihr Kind lernen, angstfrei ein- und durchzuschlafen, und wenn nötig, auch alleine. Helfen Sie ihm, sich seinen Ängsten zu stellen, falls sonst Ihre Nachtruhe gefährdet ist, denn Ihr Kind braucht Eltern, die im Wachzustand fit sind. Manchmal erfordert das die Kombination von Wunschzeit mit liebevoll gesetzten Grenzen und anschließendem Bleib-Ganz-Ohr. Ein andermal wird Ihnen häufiges Ganz-Ohr-Spiel gepaart mit energischem Knuddeln dabei helfen, die Ängste Ihres Kindes aufzulösen. Allerdings empfehlen wir nicht die Methode „schreien lassen". Ihr verängstigtes, nach Verbindung schreiendes Kind allein zu lassen, verstärkt seine Ängste und weckt in ihm ein Gefühl der Hilflosigkeit. Weil gerade in der Nacht tief sitzende Ängste aufsteigen, dauert es vielleicht eine Weile, bis Ihr Kind die Schlafprobleme mit Ihrer Hilfe meistern wird. Achten Sie darauf, während dieser Zeit genügend Termine mit Ihrem einfühlsamen Zuhörer einzuplanen.

◄o►

Abendliche Zusammenbrüche

STRATEGIE: GANZ-OHR-SPIEL

Mein Sohn ist fast drei Jahre alt. Die Abende sind seine bevorzugte Zeit für Gefühlsausbrüche. Meine Frau und ich sind am Ende eines langen Tages erschöpft. Hastig bereite ich unser Essen zu und sorge mich, ob mein Sohn überhaupt davon isst. Natürlich habe auch ich fast keine Geduld mehr! Ich fühle mich abgehetzt, müde und will einfach nur in Ruhe am Tisch sitzen und essen!

Aber seit einigen Woche habe ich nach dem Essen Zeit fürs Ganz-Ohr-Spiel investiert. Was für eine Veränderung! Neuerdings isst mein Sohn sein Abendessen ordentlich auf. Sobald er fertig ist, kann er es gar nicht abwarten, mich an der Hand ins Wohnzimmer zu führen und dort herumzualbern. Und mich überrascht, wie viel Freude mir das Ganz-Ohr-Spiel bereitet und wie viel Spaß wir seither miteinander haben.

Sobald wir das Wohnzimmer betreten, beginnt eine Verwandlung. Mein Sohn klettert mir auf den Rücken und bittet mich, Elefant oder Gorilla zu spielen, oder als Flugzeug ums Haus zu fliegen. Anschließend spielen wir Verstecken und ich rufe „Piep-Quak", um mein Versteck zu verraten. Das alles gefällt mir wirklich gut, weil wir so viel miteinander lachen, und zwar genau dann, wenn wir das zur Erneuerung unserer Verbindung brauchen. Erstaunlich, wie viel leichter einem nach ausreichend Spiel und Lachen ums Herz ist.

Auch das übrige Abendritual ist einfacher geworden. Wenn ich ihn gerade auf dem Rücken trage, kann ich als Flugzeug ins Bad fliegen und Baden und Zähneputzen ins Spiel einbauen. Er sträubt sich jetzt auch weniger gegen das Schlafengehen. Wir erleben unsere Abende so angenehm wie noch nie.

Wie es gelang
Unterschätzen Sie nie die Wirksamkeit des Spiels, um schlechte Stimmung zu vertreiben und Ihnen die Verbindung zu Ihrem Kind zu erleichtern. Nachdem dieser Papa das Ganz-Ohr-Spiel in das Abendri-

tual seines Sohnes eingebunden hatte, war damit das gefürchtete Abendessen und Schlafritual in eine Zeit für Spaß, Verbindung und Kooperation verwandelt.

◄○►

Schwierigkeiten beim Einschlafen

STRATEGIEN: GRENZEN-SETZEN

 BLEIB-GANZ-OHR

Eines der Kinder, die neu aus der Kinderkrippe, die ich leitete, in den Kindergarten wechselten, konnte nicht alleine einschlafen. Entweder Mama oder Papa musste sich mit ihr hinlegen, und dann dauerte es oft sehr lange, bis sie schließlich einschlief. Schlafmangel und das ausgedehnte Abendritual beeinträchtigten die Beziehung zwischen den Eltern, sodass sie beschlossen, ihrem Kind bei der Konfrontation mit seiner Angst zu helfen. Sie baten mich um Rat, wie sie ihr Kind zur Schlafenszeit nach ein wenig Kuscheln von der Anwesenheit der Eltern entwöhnen konnten. Ich schlug vor, dem Mädchen zu erklären, sie wollten ihm dazu verhelfen, sich auch allein in ihrem Bett geborgen zu fühlen. Daraufhin sollten sie kleine Trennungsschritte anbahnen, damit es mit seiner Angst in Kontakt käme, während die Eltern ganz Ohr blieben und der Tochter beistanden.

In der Erwartung, dass es viele Nächte dauern würde, besprachen die Eltern mit ihrer Dreijährigen dieses Projekt. Und an jenem Abend fing Rebecca zu weinen an, wenn Mami und Papi das Zimmer verließen. Sie blieben ganz Ohr, versicherten ihr, dass sie in der Nähe wären und Rebecca in ihrem Bett sicher aufgehoben wäre. Sie kuschelten für etwa zehn Minuten gemeinsam im Bett und danach setzten sich die Eltern auf. Rebecca fing an zu weinen, also setzten sie sich aufs Bett, hörten auf ihr Weinen und ließen Körperkontakt zu. Die Tochter griff nach ihnen und weinte, hielt sich fest und weinte, und sobald ihr Weinen nachließ, schälten sie sich sanft aus der Umklammerung, um sie ein wenig darauf vorzubereiten, wie sich die Trennung anfühlte. Langsam, innerhalb von zwei Stunden, entfernten sich die Eltern Zentimeter um Zentimeter von ihrem Bett. Rebecca weinte, schwitzte und zitterte, aber die Eltern versicherten ihr weiterhin, dass alles gut war. Sie würden aus der Entfernung auf sie aufpassen und dafür sorgen, dass sie sicher war. Als sie schließlich einschlief, saßen sie zuhörend auf der gegenüberliegenden Seite ihres Zimmers, dicht an der Türklinke, aber noch nicht draußen. Sie hatten die ganze Zeit über mit ihrer Tochter Augenkontakt gehalten.

Als sie endlich schlief, waren die Eltern sowohl erleichtert als auch besorgt. Rebecca hatte doch so lange geweint! Ob sie ihnen am nächsten Morgen weniger vertrauen würde? Und wenn sie jetzt einen schrecklichen Fehler gemacht hatten?

Aber Rebecca wachte energiegeladen und in herzlicher Verbindung zu ihnen auf und freute sich auf den Kindergarten. Da war kein trauriges, geistesabwesendes Kind, wie es die Eltern am Abend zuvor befürchtet hatten. Rebecca verabschiedete sich im Kindergarten problemlos von ihnen und schien gerne dort zu sein. Beim Abholen sagte die Erzieherin zur Mutter: „Seit ihrem ersten Tag hatte sich Rebecca schüchtern verhalten, war immer um die Spielenden herumgestrichen. Aber heute wagte sie den Sprung mitten hinein, lachte, schloss sich bereits spielenden Kindern an und genoss den Tag. Noch nie haben wir sie so erlebt!" Die Eltern waren verwundert und erleichtert. Was Rebecca am Abend zuvor durchgearbeitet hatte, bewirkte nicht nur einen großen Entwicklungsschritt für den Tag, sondern auch in der folgenden Nacht schlief sie nach Kuscheln und einer Geschichte zufrieden ein.

Wie es gelang

Viele Eltern fühlen sich zur Schlafenszeit in der Zwickmühle zwischen dem gesunden Wunsch, ihrem Kind zu friedlichem Schlaf zu verhelfen, und dem echten Bedürfnis nach Zeit zum Auftanken für sich allein. Wählen sie Ersteres, dann ist der Abend gelaufen, bei der zweiten Option tut ihnen das Herz weh, wenn sie das verzweifelte

Weinen ihres Kindes und die flehentlichen Bitten um Trost zu igno-rieren suchen. Doch es gibt einen dritten Weg.

An nur einem Abend gelang es diesen Eltern, ihre Tochter dabei zu unterstützen, allein im Bett friedlich einzuschlafen. Und sie schaff-ten es, indem sie bei ihr blieben und sie mit ihrer Liebe umhüllten. Anstatt einfach aus dem Zimmer zu gehen und einen großen Vertrau-ensbruch zu riskieren, entfernten sich die Eltern behutsam Stück für Stück, jeweils nur so weit, wie es nötig war, damit die Tochter wie-der etwas von ihren Trennungsangstgefühlen freilassen konnte. Die winzigen Teilschritte hin zur Tür ermöglichten das perfekte Gleichge-wicht zwischen: „Du bist sicher aufgehoben", „wir lieben dich" und „du schaffst das". Die Tochter war verängstigt, aber die stabile Gegenwart der Eltern erinnerte sie kontinuierlich daran, dass sie sicher aufgeho-ben war. In dieser Situation waren es heilende Tränen, die da flossen. Das Kind lud dadurch hemmende Ängste ab.

◄◉►

Wenn Ihr Kind Angst davor hat, alleine zu schlafen

STRATEGIE: ◉ BLEIB-GANZ-OHR

Meine siebenjährige Tochter wollte nur in meinem Bett schlafen. Für eine Weile weinte sie jeden Abend über das Alleine-Schlafen. Ich blieb dabei jedes Mal ganz Ohr, in der Hoffnung, es würde ihr guttun, bemerkte aber wenig Erleichterung oder Veränderung.

Eines Abends wurde sie jedoch richtig wütend und fing an, mich mit den Fäusten zu bearbeiten und zu treten. Ich hatte gerade ein „Hand in Hand"-Video zum Umgang mit Aggressionen gesehen und da war mir kla-rer, was ich jetzt tun konnte. Ich begegnete ihrer Aggression mit Wärme, küsste ihr die Hand, wenn sie nach mir schlug, lenkte ihre Tritte ab und ließ sie wissen, dass ich ihren inneren Aufruhr bemerkte.

Nach langem, lebhaftem Protest entspannte sie sich, lag auf dem Bett und erzählte mir von der Turnstunde in der neuen Schule. Sie hatten mit einem großen Tuch aus Fallschirmseide ein Spiel gespielt, das sie überhaupt nicht kannte. All die anderen Kinder waren damit vertraut, aber sie wusste nicht, was sie tun sollte und bekam Angst, als sie plötzlich von dem Tuch bedeckt wurde. Jedem hatte das Spiel gefallen, nur sie fand es schrecklich.

Sie schien noch weiter Tritte austeilen zu wollen, und so hielt ich ihr ein Kissen hin und ermutigte sie zu der Vorstellung, das wäre das Fallschirmtuch. Sie ließ sich darauf ein und das Kissentreten gefiel ihr! Anschließend stand sie auf und schlug immer und immer wieder auf das Kissen ein. Danach warf sie es über den Kopf nach hinten den Flur hinunter und nannte es dabei ein: „doofes, sch_ sch_ -Kissen". Das „Sch_ -Wort" fasziniert sie schon lang, es beinhaltet sehr viel Kraft für sie. Ich fürchtete, dieser Wutanfall würde nie aufhören, unterbrach sie aber nicht, denn sie schien so sehr davon zu profitieren.

Nach einer ganzen Weile merkte ich, dass es schon sehr spät war, und schlug vor, das Spiel ein andermal fortzusetzen. Sie wirkte zufrieden damit und ging ohne Weinen ins Bett. Allein zu schlafen macht ihr noch immer etwas Angst, aber seit jenem Abend hat sie zur Schlafenszeit kein einziges Mal mehr geweint. Bemerkenswert viel hat sich seit jener Nacht verändert! Mich überraschte und freute, dass einmal Bleib-Ganz-Ohr so großen Einfluss gehabt hatte.

Wie es gelang

Manchmal wollen unsere Kinder bei uns schlafen, aber wir entscheiden uns dagegen. Vielleicht können wir in ihrer Anwesenheit einfach nicht gut schlafen oder wir brauchen Zeit zum Auftanken ohne Kinder. Vielleicht haben wir auch gemerkt, dass sie von den Ängsten vor dem Alleinsein beim Schlafen auch in anderen Lebensbereichen ausgebremst werden, und wollen ihnen weiterhelfen. Wir nehmen ihren Ruf nach Verbindung ernst, achten jedoch auch auf unsere eigenen Bedürfnisse.

Diese Mutter setzte eine Grenze: Die Tochter sollte in ihrem eigenen Bett schlafen. Anstatt auf die Aggression der Tochter ärgerlich zu reagieren, erkannte sie die dahinterliegende Angst und suchte Verbindung zu ihrem Kind. Die liebevolle und mitfühlende Reaktion auf die Fußtritte der Tochter vermittelte die Botschaft: „Ich liebe dich bedingungslos.“ Genau das brauchte ihr Mädchen, um ihr anvertrauen zu können, was sie wirklich beunruhigte.

Die Mutter nutzte den Vorfall, um näher an den Kern des Schmerzes zu gelangen, und half ihrem Kind, sich davon zu befreien. Ihre Tochter trat und schlug gegen ein Kissen und beschimpfte es mit Kraftausdrücken.

Diese „Mundfreiheit“, wie wir gern dazu sagen, empfehlen wir den Eltern während des Ganz-Ohr-Bleibens. Im Gegensatz zu manchen elterlichen Befürchtungen, beobachten wir dabei keine Zunahme an Kraftausdrücken im Alltagswortschatz der Kinder. Diese Mutter lenkte Ärger und Protest ihrer Tochter auf einfallsreiche Weise um und ermöglichte ihr damit, sich stark, anstatt verängstigt zu fühlen und genug Erregung abzuladen, damit sie an jenem Abend und an vielen folgenden entspannen konnte. Eltern, die die Wortwahl ihres Kindes jedoch nicht ertragen, könnten ihr Kind dazu ermutigen, dieselbe Intensität in ein anderes Wort zu legen, wie „Quarktasche!“ oder „Ketchup!“ Der heilende Faktor ist die Erlaubnis, den Ärger auszudrücken, die dazu benutzten Wörter sind zweitrangig.

Trennungen: Schule und Tagesbetreuung

Zähe Abschiedsrituale

STRATEGIE:  WUNSCHZEIT

Kürzlich setzte ich meinen Sohn in seinem neuen Kindergarten ab, und bei unserer Ankunft spielte seine Gruppe bereits auf dem Außengelände. Eine der Erzieherinnen hielt sich noch im Gruppenraum auf, begrüßte ihn und bot an, ihn nach draußen zu begleiten. Er klammerte sich aber an mich, und es gefiel ihm gar nicht, dass keine anderen Kinder im Raum waren. Ich bat um ein paar Minuten mit ihm allein und versprach, ihn anschließend auf den Spielplatz zu bringen. Dann zeigte ich meinem Sohn den Timer auf meinem Handy. Ich fragte: „Wie wär's mit fünf Minuten Wunschzeit?" Er willigte ein. Dann beruhigte er sich und führte mich an der Hand durch seinen neuen Gruppenraum. Dort zeigte er mir alle Spielsachen und Dinge, womit er sich gern beschäftigte. Es war wie eine Mini-Führung.

Der Timer brummte. „Ende der Wunschzeit", verkündete ich. Dann fragte ich, ob er mir gern zeigen würde, wo er draußen spielte. Da führte er mich an der Hand zum Spielplatz. Dort begrüßte ihn die Erzieherin. Nach meiner Umarmung und dem Abschiedskuss ging er spielen. Er fühlte sich viel glücklicher und verbunden und auch mir ging es besser. Beim Abholen machte ich mir ein wenig Sorgen, wie es ihm wohl ergangen war. Aber alles war in Ordnung, und ich erfuhr, dass er einen prima Tag hatte!

Wie es gelang
Übergänge sind für Kinder oft schwierig zu verkraften, und dass wir Eltern es oft eilig haben, macht es nicht besser. Wenn wir uns Zeit lassen können, wie dieser Vater, dann finden wir oft eine geeignete „Hand in Hand"-Strategie, um dem Kind den Übergang zu erleichtern. Dieser Junge bekam mit der Wunschzeit die Chance, mit seinem

Papa verbunden zu bleiben, während er den Gruppenraum erkundete und dadurch den Wechsel vom Zuhause zum Kindergarten verarbeitete. Nach dem Timer-Signal war er bereit, seinen Papa fröhlich zu verabschieden.

◄o►

Beim Abschied schüchtern

Strategie: Ganz-Ohr-Spiel

Als Maria etwa fünf war, reagierte sie jeden Tag scheu, sobald wir uns dem Kindergarten näherten. Sie war dort mit allen gut vertraut und wurde geduldig und herzlich aufgenommen. Kurz nach dem Ankommen öffnete sie sich dann wieder, aber beim Eintreten vermied sie jeden Blickkontakt und erwiderte nicht einmal den Willkommensgruß an der Tür.

Da probierte ich eine Taktik, die mir von der „Hand in Hand"-Beratung empfohlen wurde: Ich spielte selbst die Schüchterne. Jeden Tag täuschte ich vor, den Kindergarten nicht betreten zu wollen. Ich lief mit Maria an der Hand den Fußweg hinauf, machte dann aber kehrt und rannte davon. Ich gab leise Schreckensrufe von mir, wenn ich glaubte, dass man mich vom Fenster aus beim Heraufkommen gesehen hatte. Unter Beteuerungen, nicht in den Kindergarten gehen zu wollen, versuchte ich, Maria wieder ins Auto zu ziehen. Sie war von dem Spiel entzückt. Geduldig und liebevoll hielt sie mich an der Hand und ermutigte mich, weiter auf den Kindergarten zuzugehen. Unser Spiel brachte sie zum Lachen und Schmunzeln und nach einer Weile wirkte sie morgens bei der Ankunft nicht mehr zurückgezogen.

Wie es gelang
Kinder sind nicht von Natur aus schüchtern. Ab und zu erleben sie Schüchternheit aus Angst oder ähnlichen, ihre Entfaltung blockierenden Gefühlen. Diese Mama erkannte, dass die Tochter von ihren

Ängsten gehemmt wurde, und versuchte, ihr mit einer Runde Ganz-Ohr-Spiel zu helfen, die Schüchternheit wegzulachen und den Tag im Kindergarten selbstbewusster zu beginnen.

Ein Kind zum Schwimmkurs absetzen

STRATEGIEN:  GRENZEN-SETZEN

 BLEIB-GANZ-OHR

Meine fünfjährige Tochter war kürzlich in die Grundschule gekommen. Zwar hatte sie sich nach einer schwierigen ersten Woche gut eingewöhnt, aber die Trennungsangst machte sich nach wie vor bei anderen Gelegenheiten wie dem Schwimmunterricht bemerkbar. Sie nahm bereits seit dem vierten Lebensjahr Schwimmstunden und nie hatte es Probleme gegeben. Sie folgte vergnügt den Anweisungen im Becken. Seit Beginn des ersten Schuljahres fing sie jedoch jedes Mal zu weinen an, wenn sie ins Wasser steigen sollte. Ich kniete mich neben sie und blieb einfach nach der „Hand in Hand"-Methode ganz Ohr. Nicht die Schwimmstunde an sich machte ihr Sorgen, sondern dass ich während des Schwimmens den Beckenbereich verlassen könnte. Diese Angst lähmte sie.

Ich gestand ihr diese Ängste zu, harrte aus, während sie weinte, und widerstand dem Drang, mit ihr zu argumentieren („Ich bin doch gleich hier im Zuschauerbereich"), sie zu bestechen („Ich besorge dir was Süßes, wenn du schön schwimmst") oder gar zu schimpfen („Wenn du nicht ins Becken steigst, werde ich sehr böse"), was ich vielleicht früher gemacht hätte. Ab und an versicherte ich ihr, dass ich da bleiben würde. Schließlich kletterte sie ins Schwimmbecken. Dabei hörte sie aber nicht mit dem Weinen auf und hielt sich bis zum Ende der Stunde nah bei mir am Beckenrand auf. Die Woche darauf geschah dasselbe, aber gegen Ende der Stunde nahm sie am Schwimmunterricht teil, während ich weiterhin am Beckenrand hocken blieb.

Als zu Hause das Thema aufkam, versicherte ich ihr, auch nächstes Mal nicht fortzugehen, und blieb für ihre Ängste und Tränen ganz Ohr, sobald sie in ihr aufstiegen. Ich sagte ihr, ich würde zum Becken herunterkommen, wenn sie mich am Anfang bräuchte, aber dass ich wirklich glaubte, sie würde es schaffen.

In der folgenden Woche war sie etwas nervös und wollte nicht zum Schwimmen gehen, aber ich sagte behutsam, dass das Schwimmen wichtig sei und ich für sie da wäre. Wir kamen an, sie trat auf das Becken zu, blieb dann stehen und meinte: „Eigentlich kannst du hier warten." Ich willigte ein und blieb an den Stufen stehen. Dann drehte sie sich noch einmal um und sagte: „Eigentlich kannst du auch dahin gehen" und zeigte dabei auf den Zuschauerbereich, wo ich früher immer gewartet hatte. Ich fragte nach, ob sie sich sicher war. Daraufhin nickte sie fröhlich und schloss sich ihrer Gruppe an.

In jener Stunde war sie überglücklich, denn sie hatte ihr selbstsicheres, lebhaftes Ich wiedergewonnen und lachte und kicherte wahrscheinlich mehr als je zuvor! Ich fand die Wirksamkeit von Bleib-Ganz-Ohr fast unglaublich. Dies war eine meiner allerersten Erfahrungen damit und seine Nachwirkungen überwältigten mich!

Wie es gelang

Wenn ihr Kind plötzlich untypischerweise klammert, ist das wahrscheinlich ein Signal dafür, dass in ihm eine Verletzung an die Oberfläche gestiegen ist, die jetzt geheilt werden kann. Oft ist Bleib-Ganz-Ohr das Mittel der Wahl, wenn Sie ihrem Kind wieder zu seinem lebhaften Ich verhelfen wollen.

Diese Mutter erkannte die Verhaltensänderung ihrer Tochter und merkte den Zusammenhang mit dem Schuleintritt. Sie beschloss in der Schwimmstunde, bei einem Hobby, das ihrer Tochter wirklich Spaß machte, Grenzen zu setzen. Auf den Ausbruch großer Gefühle war sie vorbereitet, daher reagierte sie auf das Weinen ihrer Tochter oder die inständigen Bitten, nicht ins Wasser zu müssen, gefasst. Nach einigen

Wochen des Grenzen-Setzens und Ganz-Ohr-Bleibens während der Schwimmstunden, gewann ihre Tochter das Selbstvertrauen zurück und schloss sich vergnügt ihrer Gruppe an. Indem sie Grenzen setzte und ihrer Tochter das Durcharbeiten ihrer Ängste gestattete, vertraute die Mutter auf die Fähigkeit des Kindes, die Verletzung selbst zu heilen und wieder Selbstvertrauen zu gewinnen. Sie lehrte die Tochter, dass Angst durch liebevolle Unterstützung überwunden werden kann.

Lange emotionale Abschiede

STRATEGIEN: GRENZEN-SETZEN

 BLEIB-GANZ-OHR

 GEGENSEITIGES EINFÜHLSAMES ZUHÖREN

Gerade hatten wir zwei Wochen vom Kindergarten pausiert, weil mein vierjähriger Sohn sehr krank gewesen war. Während dieser Zeit hatte ich mich ständig um ihn gekümmert. Ich kündigte ihm rechtzeitig an, dass er bald wieder in den Kindergarten gehen würde, und das begeisterte ihn überhaupt nicht. Er sagte dann: „Ich mag den Kindergarten nicht. Ich will nicht hin!" Ich blieb einfach ganz Ohr.

Ich wusste, dass dieser Übergang schwierig werden könnte. Bevor es so weit war, sprach ich mit meinem einfühlsamen Zuhörer, um meine eigenen Ängste zu diesem sensiblen Thema zu lösen.

Am ersten Schultag blieb ich vormittags extra lange dabei und der Abschied verlief daraufhin ziemlich reibungslos. Am zweiten Tag blieb ich wieder, aber diesmal für einen ausgedehnten Abschied, sodass er einiges von seiner für mich deutlich spürbaren Angst abladen konnte. Die Erzieherin nahm sich Zeit und so arbeiteten wir zusammen. Sie hielt meinen

Sohn nah bei sich und ich entfernte mich langsam. Sobald ich ihn nicht mehr ganz an den ausgestreckten Fingern berühren konnte, fing er an zu weinen. Ich harrte aus, näherte und entfernte mich im Wechsel, damit er seine Gefühle abladen konnte. Etwa zehn Minuten vergingen, und dann wollte er, dass ich ihn zum Abschied auf der Schaukel anschubste. Den Wunsch erfüllte ich ihm gern, und die Erzieherin schlug vor, er solle mich nun aus der Tür schubsen. Das gefiel ihm und ich konnte ohne Proteste seinerseits gehen.

Als ich ihn später abholte, spielte er zufrieden mit einem anderen Jungen. Ich fragte, wie er den Tag erlebt hatte, und er antwortete mit: „Gut". Da hielt ich kurz mit den Erzieherinnen Rücksprache und sie bestätigten mir, dass sein Tag gut verlaufen war. Jetzt war auch ich glücklich.

Wie es gelang

Anstatt die Erregung Ihres Kindes nur oberflächlich zu beruhigen, stärkte diese Mutter erst ihr eigenes Durchhaltevermögen bei ihrem einfühlsamen Zuhörer und sorgte für Unterstützung durch die Erzieherin des Kindes, damit sie ihrem Sohn bei der Heilung der Trennungsängste mithilfe von Grenzen beistehen konnte. Weil sie zwar ihr Fortgehen ankündigte, aber in der Nähe blieb, fühlte sich ihr Sohn sicher genug, um zu weinen. Nach einer Weile entspannte er sich und fand eine andere Möglichkeit, sich mit seiner Mutter zu verbinden: Sie sollte ihn auf der Schaukel anschubsen. Noch eine Ladung Liebe, und er war bereit, seine Mama mit einem Lächeln fortzuschicken.

◄o►

Wenn uns Eltern Abschied schwer fällt

STRATEGIE: GEGENSEITIGES EINFÜHLSAMES ZUHÖREN

Meine Tochter kam in die Krippe, und obwohl ich ihr einen problemlosen Einstieg zutraute, machte ich mir allerlei Sorgen. Die Entscheidung war nicht meine erste Wahl gewesen. Am liebsten hätte ich sie zu Hause behalten. Ich fand es ungerecht, sie in die Krippe zu schicken, weil ihr älterer Bruder nicht hatte gehen müssen, und sorgte mich, sie würde dort einiges von ihrem wilden und quirligen Temperament einbüßen und sich zu sehr anpassen.

Ich redete darüber mit meiner einfühlsamen Zuhörerin. Zuerst äußerte ich meine Sorgen und sie entgegnete augenzwinkernd: „Du tust ja gerade so, als würdest du sie ins Internat stecken!" Da musste ich lachen! Das half mir, mich daran zu erinnern, dass ich für mein Kind bewusst einen sicheren und behaglichen Ort ausgesucht hatte.

Bei einer anderen Zuhörerin weinte ich, weil ich meine Tochter noch so jung fand und mein Baby einfach nicht fortschicken wollte. Da fragte meine einfühlsame Zuhörerin nach, was denn schlimmstenfalls passieren könnte, worauf ich einige Ängste abstreifen konnte: Ich zweifelte, ob es meiner Tochter auch ohne mich gutginge, und fand es beängstigend, nicht mehr alles in ihrem Leben steuern und sie in der Krippe nicht beschützen zu können. Unter anderem liebe ich an meiner Tochter, dass sie ihre Bedürfnisse so deutlich wahrnimmt und in Worte fasst, und ich befürchtete, sie könnte ihre energische Stimme verlieren. Meine Zuhörerin versicherte jedoch, dass sie dort auch geradezu aufblühen könnte. Daraufhin erinnerte ich mich an eigene Erfahrungen aus der Kindergartenzeit und einige andere schreckliche Erinnerungen. Nachdem ich die Gefühle ausdrücken konnte, spürte ich, dass ich dem Krippeneintritt meiner Tochter nun positiver und gelassener entgegensehen konnte.

Während der ersten Woche blieben entweder mein Mann oder ich den ganzen Vormittag bei ihr in der Gruppe. An meinem Tag musste ich allerdings meine einfühlsamen Zuhörerinnen um einen Notfalltermin bitten! Eine meiner Partnerinnen hatte Zeit, und ich beschrieb ihr, wie sehr mich die Erzieherin meiner Tochter enttäuschte. Ich fluchte, meine Zuhörerin spielte die Rolle der Lehrerin und ich warf ihr alles an den Kopf, was ich gern loswerden wollte, aber der Erzieherin nie wirklich sagen würde. Auch weinte ich, dass ich meine Tochter nicht bei mir zu Hause behielt.

Mein Mann und ich hätten den Krippenplatz beinahe wieder gekündigt, aber nach der Befreiung von so viel eigenem innerem Aufruhr konnte ich klarer denken. Ich merkte, dass wir womöglich gar keinen Grund zur Sorge hatten. Wir kannten unsere Tochter ja als mutig, erfinderisch und stabil und wünschten ihr, vom Durchstehen dieser Phase Selbstvertrauen zu gewinnen.

Am nächsten Tag wurde sie von meinem Mann begleitet, der sich jedoch sehr krank fühlte. Daraufhin schlug er ihr vor, wieder mit nach Hause zu gehen oder später abgeholt zu werden. Sie wollte bleiben! Beim Abholen beobachtete ich sie eine Weile unbemerkt. Sie wirkte so zufrieden und quirlig wie sonst. So lernte ich, dass meine Tochter von einer vollkommen anderen Basis aus ins Leben geht, als ich in ihrem Alter, und die Welt auch sehr anders erlebt. Ich erkannte den Nutzen, meinem Kind die Erweiterung seiner Komfortzone zu gestatten und damit sein Selbstvertrauen zu steigern. Für meine Tochter verlief der Übergang zum Kindergarten nahtlos. Während einige Kinder beim Abschied von den Eltern weinen und klammern, obwohl sie schon eine Weile kommen, spielt unsere Tochter zufrieden. Flexibel passt sie sich an die verschiedenen, von zu Hause abweichenden Regeln an. Offenbar waren das wirklich alles nur unsere Sorgen!

Wie es gelang
Manchmal bewältigen unsere Kinder Trennungssituationen eigentlich gut, nur wir stehen ihnen mit unseren Sorgen im Weg. Hier nimmt die Mutter ihre einfühlsamen Zuhörerinnen in Anspruch, um bei sich selbst tief zu schürfen und sich von vielen Ängsten und sorgenvollen Gedanken um das Loslassen ihres kleinen Mädchens zu befreien. Als Ergebnis klärt sich ihr Denken und sie verwechselt die eigenen Gefühle nicht länger mit denen der Tochter und kann ihr Kind als

eigene Persönlichkeit anerkennen. Sie findet ihre Tochter für die Kinderkrippe noch zu klein. Das Mädchen selbst ist jedoch zu diesem Sprung bereit! Hätte die Mutter ihren Sorgen nachgegeben, wären dem Kind all der Spaß und die Wachstumsmöglichkeiten vorenthalten geblieben, die eine gut geführte Krippe zu bieten hat, und ihre Tochter hatte ja den Mut zum Ausprobieren!

Trennungen:
Wenn Ihr Kind einen Elternteil ablehnt

Wenn Ihr Baby nur Sie möchte

STRATEGIEN: GRENZEN-SETZEN

 BLEIB-GANZ-OHR

Im Alter von sechs Monaten verweigerte sich unsere Tochter meinem Mann, wenn er sie abends nach der Arbeit auf den Arm nehmen wollte. Also entschlossen wir uns, ihrer Angst, sich von mir zu trennen, mit Bleib-Ganz-Ohr zu begegnen.

An einem Samstagmorgen trug mein Mann unsere Tochter auf dem Arm. Sie weinte und wollte von mir gehalten werden. Dabei saß ich gleich neben meinem Mann auf dem Sofa. Sie sah mich und streckte sich weinend nach mir aus. Ich flüsterte ihr zu: „Jetzt hält dich der Papa. Du bist bei Papa sicher! Wir haben dich ganz arg lieb." Sie weinte laut und streckte die Arme nach mir aus. Mein Mann ließ sie nicht los, während sie auf seinem Arm strampelte. Er sagte: „Ich habe dich sehr lieb, mein Schatz. Ich hab dich so gern bei mir." Als er das sagte, weinte sie sogar noch lauter, schrie und machte sich ganz steif. Ab und zu schaute sie meinen Mann an, drehte sich dann wieder und weinte erneut.

Das dauerte etwa eine knappe Stunde und sie fühlte sich inzwischen ganz verschwitzt an. Mit viel Kraft drehte und wand sie sich in den Armen meines Mannes, was ihn ebenfalls zum Schwitzen brachte. Es kam ein Moment, da hätte er am liebsten kapituliert, aber ich ermutigte ihn, nicht aufzugeben, da er immer liebevoll und umsichtig mit ihr umgeht und ihr guttut. Am Ende schlief sie ermattet auf seinem Arm ein und hielt ein ausgiebiges Nickerchen.

In der Zeit tauschten wir Eltern uns gründlich über die Gefühle aus, die sich beim Zuhören mit unserer weinenden Tochter einstellten. Für meinen Mann war das lange Zuhören eine große Herausforderung gewesen und ich zollte ihm Anerkennung für seine Ausdauer. Er ist einfach ein phantastischer Papa.

Seit diesem intensiven Zuhören lässt sich unsere Tochter gern von ihm halten, wenn er nach Hause kommt. Sie spielen jeden Abend ausgiebig und haben dabei eine Menge Spaß.

Wie es gelang

Diese Mutter wusste, dass ihre Tochter den liebevollen und achtsamen Papa nur deshalb ablehnte, weil sie sehr erregt war. Oft speichern Kinder ihre aufgeregten Gefühle darüber, dass Papa oder Mama täglich fortgehen, und aufgrund dieser aufgestauten Emotionen fühlt sich das Kind bei dem vorher abwesenden Elternteil nicht völlig sicher.

Diese Mutter setzte einfach eine Grenze: „Papa ist ein liebevoller Mensch, also bist du bei ihm auf dem Arm in Sicherheit", erklärte sie. „Ich bin ganz in deiner Nähe. Wir hören beide deinen verletzten Gefühlen zu, wenn sie kommen." Tatsächlich stiegen verletzte Gefühle auf, aber einmal intensives Zuhören genügte und das Baby fühlte sich bei seinem Papa wieder sicher. Die Eltern tauschten sich über die Gefühle während des langen Zuhörens aus, sodass sie besser verstehen konnten, was das lange Weinen ihres Babys bei ihnen ausgelöst hatte.

◄o►

Wenn Ihr Kind den anderen Elternteil will

STRATEGIEN: BLEIB-GANZ-OHR

 GEGENSEITIGES EINFÜHLSAMES ZUHÖREN

Unser Sohn ist fast drei Jahre alt. Noch immer erlebt er einiges an Trennungsangst, wenn seine Mama nicht bei ihm ist. Normalerweise bringen wir ihn gemeinsam ins Bett, aber neulich brauchte meine Frau eine Pause. Dann begann also unser Ritual. Ich las ihm eine Geschichte vor, packte ihn ins Bett und sagte Gute Nacht. Sobald das Licht gelöscht war, bekam er Angst und kletterte auf der Suche nach Mami aus dem Bett. Er wollte, dass ich die Zimmertür öffnete. Da gab ich klein bei. Er sah nach, konnte Mami aber nicht finden. Daraufhin stampfte er mit den Füßen auf und brüllte: „Ruf die Mami!"

Ich nahm ihn auf den Arm. Er war außer sich und schrie weiter: „Ich will die Mami!" Während ich ihn hielt, sagte ich: „Ich höre, wie schrecklich das für dich ist! Ich bin für dich da." Ich trug ihn zurück in sein Zimmer und setzte mich mit ihm auf den Boden. Dort hielt ich ihn auf dem Schoß und er weinte sich an meiner Schulter aus. Wir blieben so sitzen und ich nahm seine Gefühle ernst. „Ich bin für dich da und wir stehen das zusammen durch." Obwohl er weiterhin nach der Mama schrie, bemerkte ich nach einer Weile eine Veränderung. Sein Weinen ging tiefer und er wirkte traurig. Ich harrte bei ihm aus und sagte: „Ich verlass dich nicht. Ich bin für dich da!"

Er wurde müde und wollte sich hinlegen. Da trug ich ihn ins Bett und dort weinte er mit mir an meiner Seite. Erst nach einer ganzen Weile beruhigte er sich. Er sagte „Mami braucht Pause", und ich antwortete: „Ja, sie braucht eine Pause. Mami hat dich sehr, sehr lieb." Danach glitt er allmählich in den Schlaf.

Dieses Bleib-Ganz-Ohr mit meinem Sohn hatte sich diesmal anders angefühlt. Wenn er voller Angst und Panik schreit, kann mich das sonst sehr triggern. Diesmal merkte ich zwar, dass ich an mein eigenes Weinen als kleiner Junge erinnert wurde, aber ich wurde nicht getriggert. Was ich mit meinem einfühlsamen Zuhörer schon alles durchgearbeitet hatte, zahlte sich jetzt aus. Ich bin so froh, dass ich präsent bleiben und meinen Sohn durch seine Angst hindurch begleiten konnte. Am nächsten Morgen wachte er zufrieden auf. Er war voller Selbstvertrauen.

Wie es gelang

Es gibt kaum etwas, das Mamas oder Papas mehr in Rage bringt, als ein Kind, das unbedingt den anderen Elternteil „braucht". Dann fühlen wir uns oft verletzt oder glauben, mit uns würde etwas nicht stimmen. Aber ein Kind, das sich allein mit Mama oder Papa unzufrieden fühlt, hat sich einfach in seinen Gefühlen verloren und vergessen, wie sehr er seinen Eltern am Herzen liegt. Dabei geht es nicht um Sie persönlich!

Dieser Papa hatte mit seinem einfühlsamen Zuhörer hart an den eigenen Kämpfen und Auslösern gearbeitet, und als es nötig wurde, konnte er mit ungeteilter Aufmerksamkeit bei seinem Sohn bleiben. Papa nahm die Worte seines Sohnes nicht persönlich. Stattdessen blieb er in dessen Nähe und hörte seiner Erregung zu, einschließlich den inständigen Mama-Rufen. Der Junge durfte sich ausweinen und schließlich seine neue Erkenntnis mitteilen, weshalb es der Mama nicht möglich war, bei ihm zu sein. Danach konnte er sich entspannen, fest schlafen und morgens wachte er zufrieden auf.

—◀o▶—

Wenn ein Elternteil lange arbeitet

STRATEGIEN: WUNSCHZEIT

 BLEIB-GANZ-OHR

Bald nach der Geburt ihrer Schwester sehnte sich meine Zweijährige immer öfter nach ihrem Papi. Sobald er morgens zur Arbeit das Haus verließ, fing sie zu jammern an und fragte den ganzen Tag nach ihm. Sie regte sich über mich auf und sagte, sie wollte nicht mich, sondern ihren Papi. Aber wenn er dann nach Hause kam, floh sie vor ihm und sagte: „Ich mag dich nicht Papi. Ich will Mami." Danach gab es immer großes Geheul und viel Bleib-Ganz-Ohr. Unser Abendritual wurde dadurch ziemlich nervenaufreibend.

Wir sorgten ab sofort für zehn oder fünfzehn Minuten Wunschzeit mit Papi nach dessen Heimkehr. Außerdem achtete er morgens darauf, ihr vor seinem Aufbruch noch fünf Minuten davon zu geben.

Anfangs endete die morgendliche Wunschzeit häufig in Tränen. Unsere Tochter wollte Papi nicht in die Arbeit lassen. Das gab sich jedoch nach einigen Wochen, und sie verabschiedete ihn schließlich problemlos. Auch entzückte sie die Aussicht auf noch mehr Wunschzeit am Abend. Die emotionale Arbeit unserer Tochter veränderte alles. Jetzt springt sie morgens voller Vorfreude auf die Wunschzeit mit Papi aus dem Bett. Auch unsere gemeinsamen Vormittage verlaufen viel harmonischer, weil sie bereits in der Frühe eine Portion Aufmerksamkeit und Liebe getankt hat. Abends überwiegt jetzt Lachen das Weinen und wir gehen gelassener durch unser Abendritual.

Wie es gelang

Dieses Mädchen vermisste ihren Papa, der täglich stundenlang verschwand. Vielleicht war ihre Sensibilität durch die Geburt des Geschwisterchens erhöht worden. Jedenfalls zeigten sich ihre Gefühle in häufigen ärgerlichen Ausbrüchen, die sich erst gegen die Mama, dann den Papa richteten und in Tränen endeten. Ihre Eltern verwendeten Wunschzeit, eine der allerbesten Methoden, um zwischen Eltern und Kindern Verbindung zu schaffen oder zu erneuern. Jeden Abend einige Minuten Wunschzeit mit dem Papa zu verbringen war die Versicherung, dass er seine Tochter liebte. Auch die morgendliche Wunschzeit half, und wenn der Papa zur Arbeit ging, konnte sie täglich ihre Trauer darüber mit Weinen zum Ausdruck bringen. Schließlich hatte sie das Reservoir ihrer aufgestauten Emotionen geleert. Die Vater-Tochter-Beziehung wurde stabiler und das neu gefundene Vertrauen des Kindes hat die gemeinsamen Morgen und Abende verwandelt.

Veränderung des Abendrituals

STRATEGIE: GANZ-OHR-SPIEL

Meine jüngste Tochter kämpfte mit Trennungssituationen. In die Tagesbetreuung zu gehen und die Trennung beim Schlafengehen waren dabei besonders schwierig. Eines Tages kämpfte sie in der Kita wieder einmal heftig mit meinem Abschied. Also dachte ich, abends könnte ihr etwas Ganz-Ohr-Spiel helfen, um einige der Ängste zur Schlafenszeit abzubauen. Ich plante, das Spielen zu übernehmen und Papa zu bitten, sie anschließend ins Bett zu bringen, und dachte, dies würde bei meiner Tochter eine große Entladung der Spannungen des Tages auslösen.

Wir spielten alles Mögliche, was sie zum Lachen brachte und ihr ein Gefühl von Stärke verlieh. Zum Beispiel spielte ich ein bockiges Wildpferd, das seine Reiterin abschütteln wollte. Sie fand das so lustig, dass sie viele Male wieder aufsprang. Außerdem wollte sie Flugzeug spielen und dabei auf nur einem meiner Füße fliegen. Dabei gab es viel Gelächter, weil sie kopfüber hing, es mir damit sehr schwer machte und auch die Steuerung des Geschehens in der Hand hatte. Sie erfand sogar ein Spiel, bei dem wir durchs ganze Haus rannten und uns gegenseitig mit Kissen abzuschlagen versuchten. Sie lachte und lachte und wollte gar nicht aufhören. Das war toll, denn sie hatte sich das Spiel selbst ausgedacht und lachte auf dem ganzen Weg durchs Haus. Noch ein Spiel begann mit der Ankündigung, Papa würde sie ins Bett bringen. Zum Spiel wurde es, als sie meine Gesichtsmuskeln mit den Händen so ulkig verschob, dass meine Stimme verzerrt klang und ich einen albernen Gesichtsausdruck annahm. Sie schüttete sich aus vor Lachen und schob, als Aufforderung zum Weitermachen, wieder an meinem Gesicht herum. Bei diesem letzten Spiel war ihr Lachen besonders wirkungsvoll, da es das heikle Thema der Trennung berührte.

Im Anschluss erwartete ich bei meinem Vorschlag, dass Papa sie ins Bett bringen sollte, großes Geschrei, weil durch die beim Ganz-Ohr-Spiel entstehende Geborgenheit verletzte Gefühle an die Oberfläche steigen können. Aber sie akzeptierte den Vorschlag klaglos! Nicht zu fassen! Ich konnte es kaum glauben, da sie sonst protestierte und sich sehr aufregte, wenn ich vorschlug, Papi sollte sie ins Bett bringen! Mir war klar, dass diese Veränderung aus dem Ganz-Ohr-Spiel resultierte. Darin hatte meine Tochter die Verbindung zu mir aufgebaut und meine Fürsorge bekommen, während das Lachen die aufgestaute Spannung und die Trennungsängste abgebaut hatte. Außerdem war es lustig und aufregend, weil ich nie wusste, was meiner Tochter als Nächstes einfallen würde. Diese Runde Ganz-Ohr-Spiel hatte sie deutlich von Ängsten befreit und ihr zu gesundem Schlaf verholfen.

Wie es gelang

Das Ganz-Ohr-Spiel stärkt Kinder ganz enorm. Es gestattet ihnen sozusagen, ihre Ängste herauszulachen, in ihrer Albernheit kreativ zu sein, und spielerisch Macht über die Erwachsenen auszuüben, die ihnen sonst meist vorschreiben, was sie tun sollen. Hier plante die Mutter eine Ganz-Ohr-Spiel-Sitzung ein, weil sie speziell an den Trennungsängsten der Tochter arbeiten wollte. Sie wusste, damit würde zwischen ihnen beiden Verbindung und die notwendige Geborgenheit aufgebaut, damit sich ihre Tochter dem heilsamen Ausweinen öffnen konnte, wenn der Papa sie ins Bett bringen würde. Doch wie

sich herausstellte, lachte diese die Last ihrer Ängste weg und insze-
nierte eine sorgfältig auf ihre Gefühle zum väterlichen Ins-Bett-Brin-
gen abgestimmte Ganz-Ohr–Spiel-Aktivität. Als es dann Zeit zum
Schlafengehen war, fühlte sie sich so gut, dass sie sich gern von Ihrem
Papa ins Bett bringen ließ.

Trennungen:
Umgang mit schwierigem Wiedersehen

Wieder vereint nach einigen Tagen der Trennung

STRATEGIE: GANZ-OHR-SPIEL

Mein Mann war mit unseren Kindern im Alter von sechs und drei Jahren soeben von einer viertägigen Reise zurückgekehrt. Nach dem Abholen vom Bahnhof gingen wir zusammen ins Schwimmbad. Die Kinder signalisierten mir sehr deutlich, wie sehr sie sich noch von mir isoliert fühlten, indem sie zum Beispiel sagten: „Ich mag die Mami nicht." Ich durfte sie nicht anfassen oder sie zum Baden umziehen. Sobald wir alle im Schwimmbecken waren, begann ich deshalb eine Spielrunde „Das ist mein Kind". Mein Mann versuchte, mir ein Kind wegzunehmen, und ich wetteiferte darum, eines zurückzuerobern.

Ziemlich lang klammerten sich die Kinder immer wieder an meinen Mann, traten nach mir, sobald ich mich näherte, und nannten mich einen „blöden Idioten". Ich nahm das nicht persönlich, versuchte, sie weiterhin einzufangen, und sorgte dafür, dass es mir oft „missglückte". Wenn sie mich zu treten suchten, hielt ich den entsprechenden Fuß einfach fest oder wich aus und sagte: „Hoppla! Das nicht!" Wenn ich hinter meinem Sohn her war, trickste er mich mit dem Versprechen aus, mir beim Fangen seiner Schwester zu helfen, wenn ich ihn freiließe, und entwischte dann. Ich spielte übertrieben hilflos und gab vor, dass ich traurig wäre, weil ich keine Kinder hatte.

Innerhalb einer halben Stunde tauten sie allmählich auf. Jedes Mal blieben sie ein wenig länger bei mir und suchten schließlich von sich aus meine Nähe. Gegen Ende des Schwimmbadbesuchs wirkten sie zufrieden und wieder mit mir verbunden. Meine Tochter sprang mir in die Arme, und mein Sohn tauchte nach einem Gewicht, das ich geworfen hatte. Wir waren wieder vereint.

Wie es gelang

Diese Mama interpretierte die gemeinen Worte und das aggressive Verhalten ihrer Kinder als Hilferufe. Sie wusste, dass sie mit dem Ganz-Ohr-Spiel die Distanz zwischen sich und den Kindern überbrücken und somit die von allen ersehnte Verbindung erneuern konnte. Indem sie ein Spiel mit der Botschaft „Ich liebe euch!" anregte, bekamen ihre Kinder die Gelegenheit, ihr zu zeigen, wie erregt und ärgerlich sie über die Trennung der letzten Tage waren. Die Mutter achtete darauf, die Rolle der Schwächeren zu spielen, eine zuverlässige Methode, um Kinder zum Lachen zu bringen. Sehr langsam setzten sie ihren inneren Aufruhr frei und gewannen die Fähigkeit zur Nähe mit der Mutter zurück.

Nach einem langen Tag unterwegs wieder Verbindung aufnehmen

Strategie: Wunschzeit

Meinen ganzen Tag musste ich aus dem Stegreif organisieren. Bis zum Schulschluss meines Sohnes hatte sich mein Programm mehrmals geändert. Ich hatte dafür gesorgt, dass mein Sohn von Freunden zu einer Geburtstagsfeier in einem nahe gelegenen Park mitgenommen wurde, wo meine Tochter und ich nach einem kurzfristigen Arztbesuch hinzustoßen würden.

Nach all dem Chaos war ich erleichtert, im Park anzukommen. Es war der erste schöne Frühlingstag und viele Schulkinder ließen dort mit ihren Eltern Drachen steigen. Ich genoss diesen Gegensatz zu meinem hektischen Tag, entspannte mich und kam mit Freunden ins Gespräch. Meinen Sohn, der auf der Feier mit einigen Gleichaltrigen zusammen war, hatte ich nur kurz begrüßt.

Nach einer Stunde, ich war ins Gespräch vertieft, kam mein Junge herbei und fragte: „Mama, können wir Wunschzeit machen?" Zuerst war ich verblüfft: „Aber wir sind doch auf einer Feier", dachte ich. „Warum um alles in der Welt gerade jetzt?" Aber ich sagte: „Hm, vielleicht. Aber erst in zehn Minuten." Er war damit einverstanden.

Ich redete noch etwas mit meiner Freundin. Nach einer Weile kam mein Sohn erneut und fragte wieder. Ich merkte, dass es ihm wichtig war, und willigte ein.

Also spielten wir eine Viertelstunde lang Fußball, nur wir beide inmitten all der anderen Familien. Ich genieße wirklich die Wunschzeit mit meinen Kindern, freute mich jetzt an ihm und schenkte ihm ungeteilte Aufmerksamkeit. Wir hatten viel Spaß dabei, einander den Ball abzujagen. Nach den fünfzehn Minuten brachen wir langsam auf. Mein Sohn wirkte entspannt und zufrieden.

Erst am nächsten Tag erkannte ich, dass er mich auf der Geburtstagsfeier um Wunschzeit gebeten hatte, weil er sich isoliert gefühlt hatte. Normalerweise verbringen wir beide nach der Schule eine angenehm verbindende Zeit miteinander, was aber an jenem Tag komplett ausgefallen war. Ich hatte mich von meiner eigenen Betriebsamkeit so sehr ablenken lassen, dass es mir nicht aufgefallen war; ich setzte voraus, dass er bei schönem Wetter auf der Geburtstagsfeier unter all den spielenden Kindern zufrieden sein musste.

Ich war richtig stolz auf meinen Sohn, dass er selbst gemerkt hatte, dass ihm etwas fehlte und daraufhin ganz selbstverständlich zu mir kam und sich holte, was er brauchte. Er wusste, dass ihm Wunschzeit helfen würde, sich wieder gut und mit mir verbunden zu fühlen.

Wie es gelang

So oft begrüßen wir unsere Kinder nach der Schule oder Arbeit nur im Vorübergehen, während der Essensvorbereitungen, Hausaufgaben oder anderen Ablenkungen.

In diesem Fall war es eine Feier. Jeder feiert gern, aber für ein Kind kann es sehr schwer sein, sich zu amüsieren, wenn es sich nicht verbunden fühlt.

Hier ergriff der Junge die Initiative. Er war daran gewöhnt, jeden Tag für eine Weile bei seiner Mutter Liebe zu tanken, und spürte, dass ihm das fehlte, sogar noch bevor sein Verhalten aus dem Takt geriet! Hier zeigt sich der Segen, Wunschzeit einen festen Namen zu geben. Im Heranwachsen lernt Ihr Kind, wie es von der Wunschzeit profitiert, und kann dann einfach darum bitten, sobald es sein Bedürfnis fühlt, gesehen und für sein So-Sein akzeptiert zu werden. Sie müssen nur auf seinen Ruf antworten.

Besuch eines getrennt lebenden Elternteils

STRATEGIEN:  WUNSCHZEIT

 BLEIB-GANZ-OHR

 GANZ-OHR-SPIEL

Meine Tochter lebt bei mir und trifft ihren Papa zweimal wöchentlich bei mir zu Hause. Als sie zwei Jahre und jünger war, fanden die Treffen nicht immer regelmäßig statt. Das verunsicherte und ängstigte sie in ihrer Beziehung zu ihm. Als meine Tochter ihren Vater dann regelmäßig treffen konnte, erlebten sie normalerweise viel angenehme Nähe. Aber bei einem Wiedersehen nach lang anhaltender Trennung wollte meine Tochter nicht mit ihrem Vater allein bleiben; waren wir beide zugleich anwesend, erlaubte sie mir nicht, das Zimmer zu verlassen.

Als Unterstützung für diese herausfordernde Situation plante ich jeweils kurz vor den Besuchen des Vaters Wunschzeit ein. Ich merkte, dass ihr dies bei der Loslösung von ihren Gefühlen half. Während der Besuche ihres Vaters hatte sie immer öfter direkte Gefühlsausbrüche. Irgendetwas triggerte sie, dann reagierte sie erregt, flüchtete zu mir und weigerte sich, mit dem Papa zu reden oder zu spielen.

Dann suchte ich ihre Nähe und blieb ganz Ohr. Ich saß einfach bei ihr, ohne zu versuchen, das Problem zu lösen. Dann weinte und tobte sie über ihren aktuellen Ärger und wollte ihren Vater noch nicht einmal mehr anschauen. Sie sagte, sie wolle ihn nicht, oder sie wolle ihn nie mehr wiedersehen und er müsse weggehen. Oft weinte sie mit mir auf dem Fußboden liegend und nur ein Zimmer von ihrem Vater entfernt. Sobald sie sich ausgeweint hatte, sprang sie ebenso plötzlich auf die Beine und klinkte sich erneut in die Verbindung mit ihrem Papa ein. Es war bemerkenswert, wie leicht sie dann zu ihm zurückkehren und sich freudig und offen mit ihm verbinden konnte.

Während sie weinte, sagte ich zu ihr: „Dein Vater ist ein guter Mann." Und: „Dein Papa hat dich sehr lieb, mein Schatz." Ich fand es wichtig für sie, mich dies sagen zu hören. Denn bestimmt hatten die früheren Spannungen zwischen ihm und mir noch Verwirrung in ihr hinterlassen.

Einige Male hatte sie auch lange geweint, als ich gerade vorhatte, sie mit ihrem Papa allein zu lassen. Das erlebte ich als etwas heikler, weil er dann wollte, dass ich mich umso rascher entfernte, um „die Qual nicht zu verlängern". Bei unseren Elterntreffen sprachen wir miteinander über die Zuhörstrategien und wie sie funktionieren. Obwohl er ihren Nutzen verstand und anerkannte, konnte er ohne eigene Unterstützung durch einen einfühlsamen Zuhörer es oft nicht aushalten, bei seiner Tochter ganz Ohr zu bleiben, wenn sie ihn so total ablehnte. Ich selbst hielt aber ohne zu zweifeln an meinem Ziel fest. Wir sprachen möglichst nicht inmitten einer schwierigen Situation während seiner Besuche über diese Art und Weise, Kinder zu begleiten, sondern bei gesonderten Treffen, und langsam erkannte er, dass die Beziehung zu unserer Tochter durch das einfühlsame Anhören ihrer Gefühle wirklich verbessert wurde. Allmählich wurden diese Situationen einfacher.

Dann regte meine Tochter während der Besuche ihres Papas auch das Ganz-Ohr-Spiel an und bat um Wunschzeit. Er unterstützte sie dann bei spielerischem Raufen oder wenn sie als Flugzeug vom Sofa herunter sprang, auch bat sie ihn, ihr beim „Fliegen" zu helfen.

Einmal, nach einer Reihe intensiver Bleib-Ganz-Ohr-Sitzungen, hatten ihr Vater und ich ein Elterntreffen und er sprach ganz offen über die Veränderungen, die ihm aufgefallen waren. Dabei gab er auch seine Schwierigkeiten zu, präsent zu bleiben, wenn sie weint oder davonstapft, und dennoch erkannte er, wie sehr es ihr half, diese heftigen Gefühle loszulassen. Er merkte an, wie ihnen das Spiel auf der Körperebene half, sich wieder miteinander zu verbinden, besonders nach längeren Trennungsphasen. Die dadurch neu gefundene Nähe zu unserer Tochter erfüllte ihn mit großer Dankbarkeit. Diese Entwicklung war bemerkenswert, weil er selbst so ganz anders erzogen worden war, als es der „Hand in Hand"-Ansatz anregt.

Wie es gelang

Wenn Sie geschieden sind oder getrennt leben, fühlen Sie sich gewiss oft von den leidenschaftlichen Gefühlen Ihrer Kinder herausgefordert, wenn diese zwischen Ihnen und Ihrem Ex-Partner hin- und herpendeln. Dieser Bericht zeigt, wie sich eine solche Situation verbessern kann.

Diese Mutter nutzte die Wunschzeit, um die Beziehung zu ihrer Tochter zu stärken und damit eine Verbindung aufzubauen, die es dem Mädchen ermöglichte, sie an aufsteigenden schmerzhaften Gefühlen teilhaben zu lassen. Mama blieb zum Zuhören da. Diese Mutter behielt auch immer das Gute im Vater ihres Kindes im Blick und die Bedeutsamkeit seiner Verbindung zur Tochter sowie den gemeinsamen Wunsch, ihrem Kind ein gutes Leben zu ermöglichen. Und der Vater ertrug die negativen Gefühle seiner Tochter trotz des Unbehagens, die sie in ihm auslösten, und schaffte es, während einer herausfordernden Situation aufgeschlossen zu bleiben.

Und schließlich, weil diese Mutter mit ihrer Tochter regelmäßig das Ganz-Ohr-Spiel und die Wunschzeit einplante, hatte diese erfahren, wie wunderbar sie sich dabei fühlte. Die Tochter wusste somit genau, was sie wollte, und regte bei den Besuchen des Papas ihre Lieblingsspiele an. Dies half ebenfalls beim Aufbau von Nähe und dem Stärken der Vater-Tochter-Beziehung.

◄○►

KAPITEL 11

Ängste auflösen

Was Sie wissen müssen

Kinder sind sehr erfinderisch darin, uns ihre Ängste oder Sorgen zu zeigen. Einige Kleine brechen in Weinen, Schreien oder Fluchen aus oder verhalten sich aggressiv. Andere Kinder gehen aus Angst in die innere Emigration und zeigen indirekte und schwerer deutbare Signale: Sie lutschen am Daumen, knabbern an den Fingernägeln, kauen an ihrem Hemd, drehen an einer Haarsträhne, lesen wie besessen oder wechseln hastig von einer Beschäftigung zur nächsten; und das alles im Versuch, das dumpfe Dröhnen der Angst zum Schweigen zu bringen. Auch wenn es sich nicht um sehr auffallende Gewohnheiten handelt, deuten sie zuverlässig darauf hin, dass ein Kind Angst hat.

Sie verbergen sich hinter vielen Dauerthemen unserer Kinder. Sie erschweren den Abschied, wenn wir zur Arbeit müssen. Auch ihre körperlichen Angriffe werden von Angst motiviert und ebenso der Impuls, jemandem einfach etwas wegzuschnappen, anstatt abzuwarten, bis man an die Reihe kommt. Ein Kind, das vor einer Beschäftigung zurückschreckt, die es eigentlich mag, hat wahrscheinlich Angst. Ebenso geht es dem Kind, das sich in der Schule nie meldet, und dem ständigen Störenfried. Angst hält unsere Kinder davon ab, so sicher und entspannt durchs Leben zu gehen, wie wir es ihnen wünschen.

Woher kommen die Ängste unserer Kinder?

Vielleicht können Sie einige Vorfälle ausfindig machen, die ihr Kind geängstigt haben könnten, wie zum Beispiel eine schwierige Geburt, ein Unfall, eine Krankheit oder plötzliche häusliche Veränderungen. Aber auch Erfahrungen, die Ihnen harmlos und normal vorkommen mögen, können Kindern Angst machen: Es donnert ein paar Mal bei einem Gewitter, auf der Autobahn geht Ihnen der Sprit aus, oder Sie haben eine lautstarke Auseinandersetzung mit Ihrem Partner. All diese Vorfälle könnten Ihr Kind erschrecken und ihm das Entspannen ohne Ihre Hilfe schwer machen. Tatsächlich steckt oft Angst dahinter, wenn sich Ihr Kind danebenbenimmt, sobald Ihr eigener Tag schwierig wird. Es holt sich die Hinweise zur Beurteilung der Situation im Umfeld von Ihnen und den anderen anwesenden Erwachsenen. Wenn Sie sich angespannt oder unsicher fühlen, kann Ihr Kind das spüren und es macht sich Ihre Angst selbst zu eigen.

Zum Glück stecken in den Kindern Selbstheilungskräfte und Sie können diese unterstützen.

Wie sich Kinder wieder von Angst erholen

Wie verängstigte Menschen jeden Alters, wird ein verängstigtes Kind plötzlich von Emotionen überflutet. Es fühlt sich nicht sicher, egal, ob wirklich Gefahr besteht oder nicht. Als Reaktionsmöglichkeit sieht es nur Kampf, Flucht oder Erstarrung. Das Kind braucht Ihre Gegenwart, aber wie Sie vermutlich gemerkt haben, genügt dies noch nicht, damit es sich wirklich besser *fühlt*.

Ein verängstigtes Kind fühlt sich abgrundtief allein. In Abwehrhaltung wird es vielleicht Streit anfangen, wild um sich schlagen oder etwas Verbotenes einheimsen. Im Fluchtmodus wird es sich zurückziehen, sich allem Tun verweigern oder tatsächlich davonrennen. Und wenn Ihr Kind wirklich von der Situation überwältigt wird, schaltet so viel von seinem Gehirn ab, dass es seiner Schutzinstinkte beraubt ist. Sein System aktiviert den Totstellreflex. Innerlich starr vor Schreck, handelt das Kind, als wäre alles normal, bis die Gefahr vorüber ist. Wenn ein Kind so tief erschreckt wird, ist es vielleicht nicht in der Lage, über das

Geschehene zu reden. Nur sein späteres entgleistes Verhalten weist auf eine problematische Begebenheit hin.

Ob Ihr Kind nun kämpft, flüchtet oder innerlich erstarrt, denken kann es in diesem verängstigten Zustand keinesfalls. Und ohne fürsorgliche Unterstützung kommt sein Gehirn nicht wieder ins Lot. Daher zeigt ein Kind als Folge oft reaktives Verhalten. Wenn nun ein aus dem Gleichgewicht geratenes Kind bei anderen unzufriedene Reaktionen auslöst, wirkt das leider so, als würde man Öl ins Feuer gießen – der Tadel verschlimmert eine ohnehin schon schwierige Situation.

Sich einem verängstigten Kind zuzuwenden und mit den Verhaltensweisen umzugehen, die es als Schutzmechanismus entwickelt hat, ist nicht leicht. Aber ein verängstigtes Kind braucht die Einladung zu neuerlicher Verbindung mit Ihnen. Sobald es sich sicher genug fühlt, wird es mit seiner Emotion herausplatzen. Ihm zuzuhören, wenn es schließlich die Tiefe seiner Angst offenbart, wird dann das Tor zur Heilung öffnen.

Kinder schütteln Angst über Lachen ab, was sie zumindest von einigen ihrer leichteren Ängste befreit. Die tiefer liegenden Schichten der Angst werden über Weinen, Zittern, Schwitzen und manchmal Strampeln abgearbeitet, während dem Kind ein liebevoller Erwachsener in sicherer Atmosphäre zuhört. Den meisten von uns wurde beigebracht, die tränenreichen Ausbrüche, Schreie und zittrigen Atemstöße zu beruhigen. Dabei sind dies die bemerkenswerten Möglichkeiten des Körpers, sich von Ängsten zu befreien. Wenn Sie dem von Gestrampel begleiteten Heulanfall eines Kindes bis zum Ende zuhören und einfühlsam mit ihm in Verbindung bleiben, nachdem etwas Beängstigendes geschehen ist, wird sein Gefühl von Sicherheit und Verbundenheit wiederhergestellt.

Nachdem alles an Angst zum Ausdruck gebracht worden ist, wird aus einer schlimmen Erfahrung eine leidlich interessante. Beinahe so einfach ist das.

Allerdings gibt es einen Haken! Wenn in dem Moment des Erschreckens niemand den heftigen Gefühlen des Kindes zuhört, werden sie so unverarbeitet und stark, wie sie sind, im emotionalen Gedächtnis des Kindes abgespeichert. Dort ticken sie wie eine Zeitbombe vor sich hin und sind mit den zum Erlebnis gehörenden Informationen über Bilder,

Geräusche, Gerüche, Geschmacks- und Tastempfindungen verwoben. Daraufhin erlebt Ihr Kind vielleicht einen Tag, eine Woche oder sogar Jahre später einen Flashback und wird in seinem Alltag erneut von jener abgespeicherten Angst überwältigt. Wurde Ihr Kind beispielsweise im Alter von zwei Jahren von einem Hund erschreckt und sieht Monate später ein im Käfig dösendes Kaninchen, dann hat es vielleicht vor dem Kaninchen ebenso große Angst wie vor dem Hund. Das Kaninchen hat ein Fell und Stehohren. Diese harmlosen Hinweisreize triggern die Ängste Ihres Kindes, obwohl deren Ursache vielleicht zeitlich und räumlich weit entfernt ist.

Hier schildert eine Mutter, wie machtvoll diese verzögerten Angstreaktionen sein können – und wie ein Kind durch die Unterstützung eines liebevollen Elternteils Heilung erfährt:

◄o►

Meine vierjährige Tochter hatte um Wunschzeit gebeten, und wir waren mittendrin. Ich sollte ihr einen Luftballon abjagen. Liebevoll näherte ich mich ihr, und sie kicherte entzückt. Doch kurz darauf reagierte sie plötzlich höchst erregt. Sie brach in völlig chaotische Bewegungsmuster aus, wie nur sie es kann. Von ungeheurer Kraft angetrieben, stieß und schlug sie gegen die Möbel. Sogar den Teppich raffte sie zusammen und zerrte ihn in den Flur, während sie mich herumkommandierte, abwies und gellend schrie!

Ich blieb ganz Ohr. Solch heftige Gefühle brachen aus einem so kleinen Wesen hervor! Zum Glück blieb ich die meiste Zeit ruhig. Ich ließ sie wissen: „Ich bin bei dir." Auch flüsterte ich ab und zu: „Du bist in Sicherheit." Meist schwieg ich jedoch. Ich blieb in ihrer Nähe, sorgte dafür, dass sie sich nicht verletzte, und hoffte ansonsten, dass Augenkontakt und meine Gegenwart ausreichten.

Das ging so etwa eine Stunde lang, mal intensiver, mal schwächer. Ich blieb weiter ganz Ohr. Jedes Mal, wenn ich mich ihr ein wenig näherte, wallten erneut Emotionen auf und wurden freigesetzt. Als sie ebenso unvermittelt, wie ihr Gefühlsausbruch begonnen hatte, plötzlich wieder lächelte und mich immer wieder liebevoll umarmte, war klar, dass sie fertig war. Der Nachmittag verlief reibungslos und sehr kooperativ.

Am nächsten Tag erfuhr ich, dass im Kindergarten etwas vorgefallen war. Ein Kind aus ihrer Gruppe war so sehr aus der Fassung geraten, dass zwei Erzieherinnen gebraucht wurden, um den strampelnden und schreienden Jungen hinauszuschaffen. Ich konnte mir vorstellen, dass diese Szene unglaublich emotionsgeladen für sie gewesen sein musste und vermutlich tief vergrabene, unverarbeitete Verletzungen und Ängste hervorgerufen hatte. Sie müssen wissen, dass meine Tochter ein Adoptivkind ist. Man hatte sie in einem Alter aus dem Heim geholt, als sie ihre Gefühle noch nicht mit Worten ausdrücken konnte. Die Situation des Kindes, das aus dem Gruppenraum herausgetragen wurde, spiegelte ihre Erfahrung von damals. Sie hatte um Wunschzeit gebeten, als hätte sie gewusst, dass sie Gefühle loswerden musste. Dann befreite sie sich mit meiner Hilfe über Bleib-Ganz-Ohr von den schmerzlichen Gefühlen des Tages und zapfte womöglich jene sehr frühen Verletzungen und Ängste an und befreite sich auch in diesem Fall von einigen. Jedenfalls gehe ich davon aus.

◄o►

Wenn Ihnen Ihr Kind zeigt, dass es Angst hat, indem es um sich schlägt oder sich völlig in sich zurückzieht, dann bittet es damit um Ihre Hilfe. Es reagiert instinktiv, gesteuert vom Sicherheitstrieb seines Körpers. Auf das als Signal fungierende Verhalten hat es keinen Einfluss. Es ist ein spontan hervorbrechendes Notsignal und seine Botschaft lautet: „Ich bin in Not!"

Das durch die Angst angetriebene Verhalten Ihres Kindes zu erleben, ist natürlich sehr verstörend: „Was ist denn bloß los mit dir?", ist dabei noch eine sanfte Variante unserer vermutlichen Reaktionen. Aber anhand dieser neuen Sichtweise wird es Ihnen vielleicht möglich, die reaktiven Momente Ihres Kindes als Geschenk zu betrachten. Es erzählt Ihnen damit so deutlich wie möglich von seiner Angst und davon, dass es zur Heilung Ihr Zuhören benötigt.

Nicht alle Kinder zeigen ihre Angst auf stürmische Weise. Einige Kinder leben zurückhaltend und leise. Sie versuchen ihr Umfeld zu kontrollieren, oder vielleicht fallen ihnen Interaktionen mit anderen schwer.

Falls Ihr Kind so reagiert, wird es von ausgedehnter Wunschzeit, Ganz-Ohr-Spiel und sonstigem verbindenden Zusammensein mit Ihnen profitieren. In dem Maß, wie all diese Strategien Ihrem Kind den Rücken stärken, wird es Ihnen seine unter der Oberfläche schwelenden Gefühle zeigen. Sie bekommen so ganz neue Chancen zum Grenzen-Setzen und Ganz-Ohr-Bleiben. Dieser Elternteil ist einen solchen Weg gegangen:

◄O►

Mein vierjähriger Sohn war schon immer ein wenig zurückhaltend, scheu im Umgang mit anderen und wich Konfrontationen am liebsten aus. Wir erlebten ihn als ein verträgliches, introvertiertes und folgsames Kind ohne viele Bedürfnisse. Letztes Jahr wurden wir jedoch von einer Erzieherin und einem Arzt darauf aufmerksam gemacht, dass er vielleicht Entwicklungsschwierigkeiten hätte, und wir fragten uns daraufhin, ob wir sein Verhalten bisher richtig gedeutet hatten.

Wir konzentrierten uns nun stärker auf seine Bedürfnisse, fragten ihn nach seiner Meinung und ermutigten ihn, seine Gefühle auszudrücken. Ich fing öfter spielerische Raufereien mit ihm an, ließ ihm dabei den Freiraum, das Spiel zu führen, mich herumzukommandieren und mehr auf der Körperebene zu spielen. Ich reservierte in unserem Tagesplan Zeit nur für ihn, ohne seine wortreiche und extrovertierte Schwester, die zu Hause oft das Spiel dominiert.

Unsere Investition ins Spielen war vergleichbar mit dem allmählichen Auffüllen eines Sparschweinchens. Veränderungen über Nacht oder dramatische emotionale Ausbrüche blieben aus. Nötig waren einige Monate dieser zusätzlichen Aufmerksamkeit, außerdem ein Kindergartenwechsel und die Hilfe eines Ergotherapeuten, bis bei meinem Sohn wirkliche Veränderung im Selbstvertrauen, Durchsetzungsvermögen, den sprachlichen Fertigkeiten und dem Umgang mit anderen Kindern erkennbar wurden.

Schließlich verhielt sich mein Sohn weinerlich und anklammernd, so ganz anders als der umgängliche und unabhängig wirkende Junge, den ich kannte. So entschlossen wir uns, in den Ferien zu Hause zu bleiben.

Zwei Wochen lang verbrachten wir viel gemeinsame Zeit, und er verband sich wirklich gut mit seiner Schwester, weil er beim Spielen inzwischen mehr Geschick entwickelt hatte.

Am letzten Feriensonntag brach schließlich ein Damm. Wir hatten darüber geredet, dass er am folgenden Tag wieder in den Kindergarten und ich zur Arbeit gehen würde. Da begann mein Sohn, schier endlos zu weinen. Auch verspannte sich sein Körper und er schwitzte und kämpfte sich durch die Gefühle. Er bearbeitete Angst! Nachdem er eine Weile geweint hatte, sagte er: „Ich hab solche Angst! Ich hab solche Angst." Ich hatte keine Ahnung wovor. Dennoch hielt ich ihn fest und schenkte ihm all meine Wärme und Aufmerksamkeit. Er weinte eine sehr lange Zeit. An jenem Tag weinte er noch zwei weitere Male. Jedes Mal hörte ich ihm zu und er lud seine Gefühle ab.

In den nächsten zwei, drei Wochen berichteten die Erzieherinnen meines Sohnes, wie gut er inzwischen mit einigen Jungen aus seiner Gruppe spielte. Er habe jetzt einen besten Freund. Sie freuten sich sehr über seinen Fortschritt. Zu Hause begann er, mit bekannten Kindern aus der Nachbarschaft zu spielen, und ging sogar auf Jungen zu, die ihm bislang fremd waren und stellte Fragen zu den Spielsachen, die sie dabei hatten.

Zweifellos ist er noch derselbe Junge wie vorher, doch irgendwie wirkt er stärker präsent und gelassener. Aber es gibt noch mehr zu tun. Denn noch immer fürchtet sich mein Sohn vor manchen Dingen, und ich bin zuversichtlich, wie sich alles entwickeln wird.

Wenn Sie von diesen Erkenntnissen, wie Kinder von ihren Ängsten genesen, noch nie gehört haben, stehen Sie nicht alleine da. Die meisten Eltern und sogar viele Fachleute für geistig-seelische Gesundheit sind mit der heilenden Wirkung des Zuhörens für ein verängstigtes Kind noch nicht vertraut. Ihr Kind kann sich sogar dann aus dem Griff der Angst befreien, wenn es sich schon eine ganze Weile mit von Angst gesteuertem Verhalten herumschlägt. Dabei sind Ihre Wärme und Aufmerksamkeit ausschlaggebend.

Die Anwendung von Zuhörstrategien, um Ihr Kind von Angst zu befreien

Fast allen von uns hat man beigebracht, Angstgefühle um jeden Preis zu vermeiden, und wenn uns Erwachsene bei der Überwindung unserer kindlichen Ängste zu helfen versuchten, wandten sie oft harte Methoden an. Wir wurden ins Schwimmbecken geworfen, wenn wir vor dem Schwimmen Angst hatten, oder der Daumen wurde uns mit einer bitter schmeckenden Tinktur eingepinselt, damit wir vom Daumenlutschen „geheilt" wurden, das ja nur unsere schüchternen Momente zum Ausdruck brachte. Erfahrungen dieser Art vermitteln uns kein Gespür für die Kunst, Geist und Seele unserer Kinder von Ängsten zu befreien! Aber mit den „Hand-in Hand"-Zuhörstrategien werden Sie tagtäglich lernen und entdecken, wie sie die Ängste Ihres Kindes auflösen. Hier wird erklärt, wie Sie dabei am besten vorgehen!

Schritt 1. Sprechen Sie mit einem einfühlsamen Zuhörer über Ihre Gefühle. Sie müssen zuerst Ihre eigenen Gefühle bearbeiten, damit Sie Ihrem verängstigten Kind beistehen können. Ob Sie sich nun wegen der Ängste Ihres Kindes quälen oder eine harte Haltung angenommen haben, damit Sie Ihren Alltag trotz allem meistern können, das Leben mit einem verängstigten Kind ist nicht einfach. Vielleicht erleben Sie Ihre Gefühle als Verärgerung oder düstere Vorahnungen, wie Ihr Kind im Alter von achtzehn Jahren sein könnte. Diese Gefühle werden Ihnen jedenfalls bei dem Wunsch, ihm zu helfen, im Weg stehen. Denn Ihr Kind braucht Ihre Wärme und Ihr Vertrauen darauf, dass es geborgen und ein durch und durch liebenswertes Kind ist.

Sprechen Sie mit einem vertrauenswürdigen Zuhörer über Ihre Reaktionen auf das Verhalten Ihres Kindes. Dabei ist es fast immer hilfreich, ganz am Anfang der Beziehung zu Ihrem Kind zu beginnen. Was waren Ihre ersten Gedanken, als Sie erfuhren, dass es in Ihr Leben treten würde? Welche Gefühle hatten Sie in den Monaten vor seiner Ankunft? Wie verlief seine Geburt oder Adoption? Was wissen Sie noch über die ersten Wochen und Monate? Was war schön? Was war schwierig? Manchmal entsteht während dieser prägenden Zeiten eine bestimmte Eltern-Kind-

Dynamik. Mitunter kann man genau dort, ganz am Anfang, die Wurzeln der kindlichen Ängste verorten.

Ebenso nützlich wird es sein, wenn Sie daran zurückdenken, was Sie im Alter Ihres Kindes erlebten. Natürlich entstehen die Ängste aus seinen eigenen Erfahrungen, doch Ihre Reaktion darauf ist vielleicht durch Ereignisse aus der eigenen Kindheit beeinflusst.

Vielleicht gewinnen Sie auch Erkenntnisse, wenn Sie darüber reden, was Sie am liebsten tun würden, wenn die Angst Ihres Kindes hervorbricht. Welche Worte und Gedanken und Handlungsimpulse schießen Ihnen durch den Kopf? An wen erinnert Sie Ihr Kind? Was würden Sie ihm gern aus tiefstem Herzen sagen? Es gibt keine richtigen oder falschen Gedanken und Gefühle. Nehmen Sie einfach wahr, was aufsteigt, und lassen Ihren Gefühlen dabei freien Lauf. Ein einfühlsamer Zuhörer wird Sie dabei unterstützen, die notwendige innere Zuversicht zu entwickeln, damit Sie ihr Kind während eines Angstanfalls stabilisieren und hin zu einem ausgeglicheneren Zustand begleiten können. Es gibt einen Weg zur Heilung. Sie werden Ihn finden, sobald das Verhalten Ihres Kindes Sie selbst nicht mehr so sehr beunruhigt oder ärgert.

Schritt 2. Bauen Sie über die Wunschzeit das Sicherheitsgefühl Ihres Kindes auf. Kleine, aber regelmäßige Wunschzeit-Einheiten können der Türöffner zu tief greifender Heilung werden. Ihre Aufmerksamkeit und Ihr Wohlwollen wirken wie warmes Öl auf einem rostigen Scharnier. Sobald Sie sich mit Ihrem Kind verbinden, wird von seinem limbischen System folgende Botschaft aufgenommen: „Alles ist gut. Ich bin bei dir." Er wird sich langsam, aber sicher öffnen. Vielleicht wird Ihr Kind etwas häufiger lachen, oder es teilt Ihnen häufiger seine Gedanken mit. Und ja, scheinbar grundlos werden zu allen möglich Zeiten auch öfters Tränen fließen.

Schritt 3. Achten Sie auf Gelegenheiten, Wunschzeit ins Ganz-Ohr-Spiel übergehen zu lassen. Wenn Ihr Kind das Spiel lenkt, suchen Sie die Möglichkeit der spielerischen Machtumkehr. Wenn Ihnen in der Wunschzeit der Sohn beispielsweise seine Karatekünste zeigt, dann reagieren Sie im Spiel ängstlich darauf. Zittern Sie, wenn Ihre Tochter wie ein Drache brüllt. Seien Sie bei einem Brettspiel der Verlierer und protestieren und beschweren Sie sich lautstark dabei. Locken Sie in Ihrem Kind das Lachen hervor und halten Sie es am Laufen! Es wirkt wie Lebenselixier auf jedes im Sog der Angst feststeckende Kind. Im Folgenden wird gezeigt, wie eine Mutter über wirksames Lachen die Angst Ihrer Tochter besiegte:

—◄○►—

Als meine Töchter klein waren, habe ich mit ihnen zusammen gebadet. Wir nahmen Spielzeug mit in die Wanne und hatten großen Spaß dabei. Als jedoch meine jüngste Tochter etwa zwei Jahre alt war, bekam sie Angst vor Wasser auf ihrem Gesicht.

Wir spielten in der Wanne mit ihren Barbies, redeten mit ihnen, gaben vor, sie wären unsere Freundinnen, und schäumten ihnen die Haare ein. Sobald ich dann aber die Haare meiner Tochter waschen wollte, stand sie auf und schrie weinend: „Ich will kein Wasser auf meinem Gesicht! Stopp! Ich mag es nicht!"

Da setzte ich meine Ganz-Ohr-Spiel-Strategie ein. Ich gab vor, diejenige zu sein, die Angst vor Wasser auf dem Gesicht hatte. Anstatt meiner Tochter die Haare zu waschen, ließ ich mir von ihr die Haare waschen. Sobald Sie mir aber Wasser über den Kopf goss, sagte ich: „Nein, bitte nicht in mein Gesicht! Siehst du denn nicht, dass ich Angst habe? Mach, was du willst, aber bloß kein Wasser ins Gesicht!" Da lachte sie jedes Mal ausgiebig, wenn Sie mir Wasser über den Kopf auskippte.

Wir zogen dieses Ganz-Ohr-Spiel-Ritual zwei- oder dreimal durch. Dann, als ich wieder einmal so tat, als hätte ich Angst vor Wasserspritzern im Gesicht, sagte sie: „Mama, jetzt bist du dran. Jetzt kippst du mir Wasser auf den Kopf." Sie lachte, als ich ihrem Wunsch nachkam, und sagte: „Nochmal!" Und das war dann das Ende ihrer Wasserscheu.

—◄○►—

Schritt 4. Bieten Sie öfter das Ganz-Ohr-Spiel an, besonders über Bewegungsspiele. Bei sicheren Bewegungsspielen mit viel Körperkontakt und

Machtumkehr haben Kinder die Chance, ihre motorischen Fertigkeiten zu vervollkommnen und Angst über Lachen zu vertreiben, indem sie die machtvollere Rolle einnehmen. Spiele wie: „Ich habe hundert Küsse für dich", in denen Sie ihr Kind unbeholfen zu fangen suchen und ihm dann und wann einen Kuss verpassen, zeigen dem Kind auf geniale Weise, dass es gewollt ist. Bei einem Spiel wie „Du kannst mich nicht vom Bett schubsen" prahlen Sie anfangs mit Ihrer Stärke, verlieren Sie den Wettbewerb dann aber doch jedes Mal. Beim Lachen wächst das Selbstvertrauen Ihres Kindes. Und wenn es sich unabsichtlich stößt oder hinfällt, sind Sie in der Nähe, um ganz Ohr zu bleiben, während sich Ihr Kind seiner Angst oder Panik entledigt. Versuchen Sie, nichts in Ordnung zu bringen, es sei denn, Ihr Kind braucht medizinische Hilfe. Eisbeutel oder Heftpflaster können Sie immer noch holen, sobald sich Ihr Kind ausgeweint hat. Es wird davon profitieren, an seinen körperbezogenen Ängsten zu arbeiten, und mit der Zeit wird es damit entspannter umgehen und sich auch über Kleinigkeiten weniger aufregen. Im Folgenden berichtet eine Mutter wie das Ganz-Ohr-Spiel dabei helfen kann, Ängste an die Oberfläche zu bringen, die dann mit Hilfe von Bleib-Ganz-Ohr aufgelöst werden können:

Mein sechsjähriger Sohn stand nach der Schule ziemlich unter Spannung. Sogar sein Lachen wirkte gezwungen. Er schien nicht er selbst zu sein, und ich spürte, dass da Tränen direkt unter der Oberfläche saßen. Auch behandelte er seinen kleinen Bruder sehr grob.

Mich brachte das allmählich auf, da sich meine Jungs nicht gegenseitig wehtun sollen. Also schnappte ich mir einen Ball und warf ihn meinem Sechsjährigen zu. Er schlug eine Runde Zimmer-Basketball vor. Wir begannen ein Match, und ich achtete darauf, dass er die Führung übernahm und mich besiegte. Daraufhin fing er zu lachen an, und so jagte ich diesem Lachen hinterher, versuchte abzuschätzen, welche Ballwürfe oder Aktionen das herzhafteste Lachen auslösen würden. Aber auch nach zwanzigminütigem Spiel hatte sich noch nichts von seiner tiefer liegenden Anspannung gelöst.

Fünf Minuten später war es dann soweit. Bei einem unabsichtlichen Wurf meinerseits prallte der Ball gegen den Kopf meines Sohnes. Der Ball war so weich, dass der Aufprall nicht wehgetan haben konnte, aber mein Junge fing zu weinen an und fiel mir schluchzend in die Arme. Er saß zehn Minuten bei mir auf dem Schoß und lud dabei einiges an Gefühlen ab. Danach stand er auf und wollte gern weiterspielen. Jetzt wirkte sein Lachen befreit – die Spannung war verschwunden. Er reichte den Ball jetzt auch gern an seinen zweijährigen Bruder weiter und beteiligte ihn an unserem Spiel. Dabei ermutigte er den Kleinen, den Ball zu fangen, und jubelte ihm zu, wenn er ihn erwischte.

Außerdem merkte ich, dass mein eigener Ärger verschwunden war. Ich fühlte mich total erleichtert. Das lag nicht nur daran, dass ich mich beim Spielen körperlich betätigt hatte. Mein eigenes Lachen und das befreite Kichern meines Sohnes lösten auch meine Anspannung auf.

Wenn Ihr Kind sehr oft verängstigt wirkt, dann planen Sie täglich ein Ganz-Ohr-Spiel ein und folgen während des Spiels seinem Lachen. Allmählich werden Sie merken, dass sich Ihr Kind in vielen Dingen leichter tut. Vielleicht geht es ungezwungener auf Spielgefährten zu. Oder es stört den Unterricht nicht mehr so häufig. Ich habe Kinder erlebt, die als Folge regelmäßiger Ganz-Ohr-Spiel-Runden, wenn nötig, kombiniert mit Bleib-Ganz-Ohr, ihre Angst vor Fremden überwunden haben, aufhörten, an den Fingernägeln zu knabbern, nicht mehr stotterten und schließlich nicht mehr im Bett einnässten.

Schritt 5. Bringen Sie rechtzeitig die Grenze ein. Weil über das Lachen zusammen mit Ihrem liebevollen Mitspielen emotionale Sicherheit aufgebaut wird, reagiert ein angstbeladenes Kind wahrscheinlich mitten im ausgelassenen Spiel härter und verletzend. Das signalisiert, dass bald Arbeit an der tiefer liegenden Angst möglich sein wird. Manchmal erlaubt dann das Einbringen einer Grenze die Fortsetzung des Spiels: Sie nehmen dem Kind ruhig das Seil weg, mit dem es Sie schlagen will, und geben ihm stattdessen ein Kissen, oder wenn es einen Plastikbaseballschläger aufhebt, können Sie sagen, „Na, na, naaa!", den Schläger festhalten und sich spielerisch für einen kleinen Ringkampf auf Ihr Kind stürzen, damit es keine Hand mehr zum Schlagen frei hat.

Es ist auch in Ordnung, die Grenze ganz nüchtern einzubringen. Gehen Sie behutsam, aber entschlossen vor, und versuchen Sie, Ihre eigene Erregung so niedrig wie möglich zu halten, etwa auf dem Niveau, als würden Sie ein Geschirrtuch zusammenfalten. Halten Sie Ihr Kind an der Hand, mit der es kneift; nehmen sie es sanft am Handgelenk, damit es nicht schlagen kann. Wenn Ihr Kind Sie beißen will, halten Sie es davon ab, indem Sie ihm sanft Ihren Handballen gegen die Stirn drücken. Daraufhin bleiben Sie für Ihr Kind ganz Ohr, sodass es weinen, lachen oder zittern und schließlich heilen kann. Vorwürfe dafür, dass es Ihnen seine Angst gezeigt hat, sind überflüssig. Zwingen Sie ihm auch keine Entschuldigung auf. Stoppen Sie einfach das entgleiste Verhalten und verbinden Sie sich liebevoll mit Ihrem Kind: „Ich werde für Sicherheit sorgen", ist alles, was es hören muss. Es wird wissen, wie es an seine Ängste herankommt und sie durcharbeitet.

Und wenn Ihnen nichts einfällt, wie Sie das angstgetriebene Verhalten Ihres Kindes gelassen begrenzen können, dann benötigen Sie unbedingt selbst einen einfühlsamen Zuhörer. Kinder merken unbewusst, wann die Eltern entspannt genug sind, um ihnen beim intensiveren Durcharbeiten der Angst beizustehen. Kurz nachdem Eltern über ihre eigenen Gefühle von Herzen geweint oder gelacht haben, finden oft auch ihre Kinder einen kleinen Auslöser, der die längst überfällige Befreiung von ihrer Angst anstößt. Deshalb vernachlässigen Sie keinesfalls die Treffen mit Ihrem einfühlsamen Zuhörer! Sobald die Bedingungen passen, wird Ihr Kind schließlich seine tiefsten Ängste anpacken. Das ist dann Ihre Gelegenheit, ihm bei der Heilung zu helfen.

Schritt 6. Bleib-Ganz-Ohr. Wenn eine unerfüllte Erwartung, ein winziges Missgeschick oder ähnlich geringfügige Auslöser zu einer unerwartet heftigen Reaktion führen, entledigen sich Kinder oft einer starken Angst. Plötzlich fühlt sich Ihr Kind zutiefst bedroht. Sobald Sie zur Stelle sind, registriert sein limbisches System die Sicherheit, die Sie vermitteln, und der Organismus Ihres Kindes gibt die Kontrolle auf. Sofort wird der Impuls zu fliehen oder anzugreifen ausgelöst. Ihr Kind wird schreien, sich vielleicht winden. Es wird schwitzen, vielleicht zittern oder sich winden. Es wird mit Ihnen oder unsichtbaren Kräften kämpfen und dabei die ganze Zeit schreien. Man könnte denken, Ihr Kind habe den Verstand verloren, was in gewisser Weise auch stimmt. Sein ganzes Wesen besteht nur noch aus panischer Angst.

Dieser höchst aufgeladene Prozess kann das Leben Ihres Kindes verwandeln, und ebenso Ihr eigenes. Sie werden dabei allerdings sehr herausgefordert. Denn Ihr Kind wird von seinen Gefühlen wie in einer Art Geisterbahnfahrt durch die schrecklichsten Erfahrungen seines Lebens getrieben. Und doch spürt Ihr Kind ganz bewusst Ihre Anwesenheit. Und tatsächlich ist es genau Ihre Gegenwart, die ihm in diesem Moment den Versuch ermöglicht, sich von der schrecklichen Angst zu befreien. Denn Sie halten seinen schlimmsten Gefühlen stand: Ihre Bereitschaft, bei ihm zu bleiben und ihm zuzuhören, verstärkt sein Empfinden der panischen Angst. Es darf endlich loslassen. Ihr Kind schlägt um sich, und Sie füllen es mit der Zuversicht, dass es in Sicherheit ist und die Quelle seiner Angst nicht mehr besteht. Das Kind braucht nur Ihre besonnene Gegenwart, um sicher durch diese Entladung festgehaltener Gefühle geleitet zu werden. Ihr Vertrauen, dass es in Sicherheit ist, erlaubt ihm, diese tiefen Gefühle zuzulassen, und dies wird sein Denken und Fühlen verändern.

Selbst wenn Ihrem Kind bei dem ursprünglich furchteinflößenden Vorfall anscheinend kein Leid zugefügt wurde, vertrieb die Emotion der Angst in ihm jegliches Gefühl von Sicherheit. Jetzt, während Ihr Kind sich windet, kämpft, schwitzt und zittert, *bekommt diese Angst endlich ein Ventil*. Sie bricht aus seinem emotionalen Gedächtnis hervor und löst sich schließlich auf. Der böse Gefühlstraum Ihres Kindes wird vorüber sein, sobald die Angst vollständig zugelassen wurde. Stattdessen wird nun jener vormals angstbesetzte Raum in seinem Gedächtnis von der Erfahrung eingenommen, dass Sie Ihr Kind beschützt haben und es nicht allein ist. Nun kann es auch die Einzelheiten des inzwischen emotionsbefreiten Vorfalls von früher verarbeiten.

Angenommen, Ihr Kind arbeitet an seiner Erfahrung als einsames und krankes Neugeborenes auf der Intensivstation, wo es täglich häufige Nadelstiche ertragen musste. Das hinterließ bei ihm vielleicht den Eindruck: „Ich bin allein auf der Welt und weiß nie, wann mir jemand das nächste Mal wehtut. Ich bin dem völlig ausgeliefert!" Vielleicht verhält sich Ihr Kind daraufhin sehr vorsichtig und zurückhaltend oder ständig aggressiv. Wenn es nun im Alter von zwei Jahren bei der ärztlichen Kontrolluntersuchung eine Spritze bekommt und das bei ihm eine heftige Schreckreaktion auslöst, hat es die Chance, zu kämpfen, zu treten und vor Schmerz zu heulen. Seine Gefühle so zulassen zu können, hat Ihr Kind von der ersten Lebenswoche an intuitiv herbeigesehnt. Wenn Sie Ihrem Kind während dieser heftigen Körperreaktion Halt vermitteln, wird das seine Wahrnehmungen verändern. Sein zukünftiges Verhalten wird dann eher die folgende Haltung widerspiegeln: „Oh, ja, da lag ich in dem Inkubator und wurde oft gepikst, aber ich habe mich gut erholt. Ich bekam Hilfe. Ich kam da raus!" Wenn Sie Ihrem Kind beistehen, während es erneut jene Zeit durchlebt, wird sein Gefühl von Hilflosigkeit und Schikane durch das nun stärkere Bewusstsein seiner Resilienz ersetzt. Es wird Ihren unerschütterlichen Beistand in sich aufgenommen haben.

Während eines solchen Heilungsprozesses gelassen zu bleiben, ist schwierig, aber nicht unmöglich – unzählige Eltern bleiben für ihre Kinder inmitten ihrer Ängste ganz Ohr und beobachten als Ergebnis, wie die Kinder an Selbstvertrauen und Weisheit zunehmen.

Es folgen einige grundlegende Informationen, die Sie berücksichtigen sollten, während Ihr Kind seine Angst durchlebt:

- **Versuchen Sie nicht, Ihr Kind „zur Vernunft" zu bringen.** Seine Psyche ist gerade nur darauf fokussiert, Gefühle zu entladen. Lassen Sie es toben. Das Kind braucht Ihre Fürsorge und einen Tonfall, der ausdrückt: „Ich bin da." Das hilft ihm, die Ängste hinter sich zu lassen.

- **Nehmen Sie sich Zeit.** Angst lässt sich nicht schnell loswerden. Die heilende Kraft Ihrer Gegenwart wird Ihr Kind in seiner Entwicklung weiterbringen und Ihnen zukünftig viel Frustration ersparen.

- **Nähern Sie sich dem Kind.** Wie nah, hängt von der Situation und Ihrer seelischen Verfassung ab. Wenn Ihr Kind weint und schreit, ihm aber da, wo es gerade ist, nichts passieren kann, ist es oft am besten, nicht sofort einzugreifen. Für ein Kind, das vor Angst außer sich ist, fühlen sich plötzliche äußere Veränderungen überwältigend an. Versuchen Sie, sich ihm ganz langsam zu nähern. Vertrauen Sie beim Näherkommen auf Augenkontakt und Ihren Tonfall, um ihm Sicherheit zu vermitteln. Vielleicht knien Sie sich hin und breiten für Ihr Kind die Arme aus. Als Reaktion schreit und zittert es vielleicht, springt auf und ab oder wirft sich aufs Bett oder den Fußboden. Je gelassener und beruhigender Sie wirken, umso intensiver kann es die Angst spüren, durch die es sich gerade hindurcharbeitet. Sagen Sie so etwas wie: „Ich bin hier. Wenn du magst, komm in meine Arme." Oder: „Du bist in Sicherheit. Das Geräusch war nur ein Donner. Das wird dir nicht wehtun."

- **Verlangsamen Sie all Ihr Tun.** Während dieser verletzlichen Momente benötigt das Kind Ihre ungeteilte Aufmerksamkeit. Lassen Sie sich nicht von Dingen in Anspruch nehmen, wie dem Kind die Nase zu putzen, sich bei anderen Eltern zu entschuldigen oder Ihr Kind hastig an einen anderen Ort zu schleppen. Konzentrieren Sie sich auf Ihr Kind. Soll der Rotz ruhig fließen. Wenn möglich, bleiben Sie an Ort und Stelle mindestens fünf Minuten lang ganz Ohr, bevor Sie es an einen geschützteren Ort bringen. So zeigen Sie dem Kind, dass Ihnen sein Wohl am wichtigsten ist.

- **Kündigen Sie Ihrem Kind an, was Sie vorhaben.** Wenn Ihr Kind von Gefühlen belagert ist, wird ihm alles zu viel sein. Also bringen Sie ihm behutsam bei, was geschehen wird, bevor Sie etwas verändern. Angenommen, Sie bleiben in der stechenden Sonne ganz Ohr für Ihr Kind. Sagen Sie ihm, dass Sie es in den Schatten bringen und ihm dort zuhören möchten. Falls dadurch seine Gefühle verstärkt werden, hören Sie zu. Dann machen Sie erneut den Vorschlag und warten eine weitere Gefühlswelle ab. Bei diesem Prozess des „Vorschlagens, Zuhörens, wieder Vorschlagens" wird jede Ankündigung zum Anlass für die Entladung einer weiteren Schicht derselben fesselnden Angst.

- **Richten Sie die Aufmerksamkeit Ihres Kindes behutsam auf den Angstauslöser.** Es wird die Person oder Situation, vor der es sich fürchtet, weder anschauen noch sich ihr nähern wollen, also schaffen Sie einen freundlichen Gegenpol. „Amy ist da und sie wird sich um dich kümmern. Magst du mal zu Amy rüber gucken?" Lassen Sie ihm die Zeit, sich zappelnd abzureagieren, dann regen Sie den nächsten kleinen Schritt an. „Jetzt setze ich deinen Fuß auf Amys Schoß. Na, geht doch." Nach weiteren zehn oder fünfzehn Minuten Seelenarbeit können Sie ankündigen: „Schatz, mit Amy kann man gut zusammen sein. Ich werde jetzt deine beiden Füße auf ihren Schoß setzen." Möglicherweise dauert es eine ganze Stunde, bevor Ihr Kind beide Füße auf Amys Schoß legen kann, aber gründliche Arbeit benötigt eben Umsicht und Zeit. Nachdem Sie noch einige Male ganz Ohr geblieben sind und Amy es ausgehalten hat, die ganze Zeit über offen und freundlich zu bleiben, wird Ihr Kind dafür bereit sein, mit Amy zu spielen, und auch in anderen Situationen vertrauensvoller reagieren.

- **Vielleicht hilft es, wenn Sie Ihr Kind locker umarmen, während es an der Angst arbeitet.** Wenn Sie es halten, bedeutet das: „Ich stehe das hier bis zum Ende mit dir durch." Aber beim Umarmen riskieren Sie, dass dieser zusätzliche Input das System Ihres Kindes überwältigt, während es mit seinen schlimmsten Ängsten ringt. Auch könnten sich Ihre eigenen Ängste melden. Wenn Sie also Ihr Kind im Arm halten und nicht genau wissen, wie auf halben Wege die Dinge stehen, dann lassen Sie es zwischendurch los, damit es seine Interaktion mit Ihnen neu ausrichten kann. Bleiben Sie weiterhin aufmerksam. Nähern Sie sich langsam mit der Botschaft: „Wenn du dazu bereit bist, würde ich gern ein wenig näher kommen." Wirkt Ihr Kind jedoch verdrießlich und zurückgezogen, können Sie ihm die Hand entgegenstrecken, damit es wählen kann, die Arbeit an der Angst zu beenden und sich wieder mit Ihnen zu verbinden oder weiter an der Angst zu arbeiten, indem es wegrennt oder kämpft. In der folgenden ungewöhnlichen Geschichte erzählt eine Mutter, wie ihr Sohn als Reaktion auf die Besorgnis einiger Passanten hin seine Arbeit an der Angst erklärte:

◄o►

Vor zwei Sommern besuchten wir einen Jahrmarkt in Oregon und mein damals Dreijähriger flippte wegen irgendetwas total aus. Ich saß auf einer Bank mit ihm auf dem Schoß und er schrie etwa: „Hör auf, Mami, Du sollst aufhören!" Als ich wieder aufblickte, hatte sich um uns eine Gruppe Zuschauer geschart. Da näherte sich ein Mann von der Security. Dieser ignorierte mich völlig und fragte meinen Sohn, ob es ihm gut ginge. Das fand ich wirklich sehr unangenehm. Umso mehr erstaunte mich, dass mein Sohn seine Tränen zurückhielt, sich aufsetzte und in etwa sagte: „Ich bin traurig, aber meine Mama hilft mir und ich bin noch nicht fertig mit Weinen." Ich hatte nicht gemerkt, wie sehr er sich dessen bewusst war, was um uns herum vorging.

◄o►

- **Vermitteln Sie Ihrem Kind die Gewissheit, dass es in Sicherheit ist.** Das können Sie tun, indem Sie es zum Beispiel in kurzen Abständen mit einer kleinen Bemerkung an Ihre Fürsorge und Ihren Schutz erinnern. Hier sind einige mögliche Formulierungen, die betonen, dass Sie sowohl die schreckliche Angst Ihres Kindes als auch die Sicherheit der objektiven Lage wahrnehmen:

  „Ja, es ist wirklich schwer."

  „Du bist ein wirklich starkes Mädchen/starker Junge. Du kannst das durchstehen."

  „Du bist bei mir in Sicherheit. Ich passe die ganze Zeit auf dich auf."

  „Was dich erschreckt hat, ist vorbei. Es wird nicht mehr passieren."

  „Du hast es geschafft. Du warst stark und hast es geschafft."

  „Du wirst dich bald besser fühlen."

- **Sofern sich Ihr Kind an einem sicheren Ort befindet, können Sie erlauben, dass es wegläuft, wenn sein Fluchtreflex ausgelöst wird.** Aber um die angefangene Arbeit abzuschließen, muss es Ihre Gegenwart spüren. Wenn Sie also die nötige Zuversicht und Wärme zur Unterstützung Ihres Kindes aufbringen können, dann folgen Sie ihm in Ruhe. Nähern Sie sich ihm Stück für Stück. Sobald Sie so nahe herangekommen sind, dass sein Weinen und Zittern wieder beginnt, bleiben Sie dort und kommen nur noch in winzigen Schritten näher. Erlauben Sie dem Kind, gegen Sie zu kämpfen, wenn es sein muss. Im Freien fangen Sie Ihr Kind bitte schnell ein, sobald seine Sicherheit auf dem Spiel steht.

- **Sorgen Sie für Ihrer beider Sicherheit, wenn sein Angriffsreflex ausgelöst ist.** Im Griff der Angst kann Ihr Kind nicht auf Ihre Sicherheit achten. Sagen Sie also nicht: „Jetzt wird nicht getreten!" oder „Schatz, bitte kratz mich nicht, das tut weh." Wie bei Säugetieren steckt auch in ihm der Trieb, zu treten oder zu kratzen, wenn es sich bedroht fühlt. Ihre Aufgabe besteht im Abwehren der Stöße.

  Lassen Sie es mich ganz deutlich sagen: Jedes Kind, das sich oder andere zu verletzen sucht, ist in Angst gefangen und bittet sozusagen *Sie* darum, es sanft, aber wirkungsvoll davon abzuhalten, Schaden anzurichten. Vielleicht müssen Sie den Bewegungsspielraum Ihres Kindes einschränken, damit es zwar genug Platz zum Kämpfen hat, aber dabei nicht den kleinen Bruder oder Freund verletzt, auf den es wütend ist. Erlauben Sie Ihrem Kind, seine Kraft einzusetzen, aber sorgen Sie auch für Ihre eigene Sicherheit. Wenn es zum Beispiel droht, einen Klotz oder ein anderes Spielzeug zu werfen, entwinden Sie es ihm in Ruhe und sagen: „Ich muss aufpassen, dass wir uns nicht wehtun." Wenn es mit den Fäusten schlägt, stemmen Sie sich gegen seine Arme, sodass es zwar zu schlagen versuchen kann, aber keine kräftigen Treffer landet.

- **Wenn Ihr Kind in Panik gerät, ist es am tiefsten Punkt des Heilungsprozesses angelangt.** Ihre beständige Unterstützung hat es ihm ermöglicht, sich so tief auf seine Emotionen einzulassen, dass es eine unmittelbare Krise zu erleben glaubt. Es fühlt sich, als *müsse* es vor Durst sterben, sich *sofort* ins Bett legen oder seinen Papa *auf der Stelle* sehen. Die Augen sind vor Angst weit aufgerissen und der ganze Körper bebt vor Dringlichkeit. Aus der Sicht Ihres Kindes hängt sein Überleben davon ab, dass Sie etwas gegen seine Angst tun. Zweifellos ist Bleib-Ganz-Ohr in diesem Stadium eine heikle Aufgabe!

Wenn Sie nun sofort agieren und versuchen, seine Angst zu lindern – indem Sie das ersehnte Glas Wasser holen oder das Kind zum Bett hasten lassen –, dann wird diese Heilungsphase sofort abgebrochen. Ihr Kind wird zwar von dem bisherigen Heilungsprozess profitieren, aber damit es vollständig von der Angst genesen kann, braucht es beim Durcharbeiten dieses Gefühls großer Bedrohung Ihre Zuversicht bis zum Ende. Aber keine Sorge. Ihr Kind wird Ihnen eine weitere Gelegenheit zum Helfen verschaffen.

Hier einige Antwortvorschläge, wenn der Heilungsprozess in diese kraftvolle Phase gelangt:

„Mir ist so heiß! Ich verbrenne – zieh mir das Hemd aus!"

„Ja, mein Junge. Ich puste dir auf den Bauch. Dein Körper schafft das mit der Hitze."

„Ich kriege keine Luft!"

„Ich pass auf, dass du Luft kriegst. Ich bewache jeden Atemzug."

„Ich ersticke."

„Ich lass nicht zu, dass du erstickst. Dein Körper weiß, was er tun muss."

„Ich muss in mein Bett. Ich muss schlafen! Ich will da jetzt hin!"

„Du bist hier in meinen Armen sicher. Du kannst hier schlafen, wenn du magst."

Wenn Sie während dieser intensivsten Phase der Angstentladung gemeinsam durchhalten, werden Sie bei Ihrem Kind oft eine deutliche Verhaltensänderung feststellen. Eine Zweijährige, die ich bei einer Spielaktion in einem Park traf, klammerte sich über zwanzig Minuten lang kläglich an ihre Mami, während die anderen Kinder spielten. Sie schaute niemanden an und lief erst recht nicht alleine umher, obwohl sie die meisten anwesenden Familien kannte. Schließlich kniete ich mich zu ihr hin, berührte sie an den Schultern und begrüßte sie mit einem Hallo. Da fing sie zu weinen an. Ihre Mami setzte sich, umfing ihr Kind mit den Armen und ich sagte immer mal wieder: „Hallo, Sandra." Da begann sie mit der Arbeit durch ihre Angst, indem sie sich in den Armen der Mutter wand, schrie und schwitzte. Eine Weile war das sehr, sehr anstrengend.

Dann gab sie auf einmal beim Weinen Erstickungslaute von sich. Während die Mami sie hielt, sagte ich Dinge wie: „Wir sind bei dir. Du bist in Sicherheit." Und: „Das wird bald aufhören. Wir sorgen dafür." Sie bekam gut Luft, hustete, wand sich und weinte aber noch eine ganze Weile. Dann beruhigte sie sich, setzte sich auf und betrachtete ihre Umgebung. Ich berührte ihre Hand und sie berührte meine. Wir blickten einander an. Dann schaute sie zu ihrer Mami. Schließlich schlenderte sie ganz allein und ohne einen Blick zurück zu den Schaukeln hinüber. Beim Laufen machte sie einen kleinen Hopser. Und dann hopste sie noch ein paar Mal. Sie wirkte wie von einer riesigen Last befreit. Den restlichen Nachmittag über eroberte sie den Spielplatz für sich. Später erzählte mir die Mutter, dass Sandra mit doppelt gewickelter Nabelschnur um den Hals geboren wurde. Als sie die Erstickungslaute hörte, wusste sie sofort, welche Angst ihre Tochter da noch einmal durchlitt.

Nun folgt die letzte, aber vielleicht wichtigste Bedingung.

- **Hören Sie mit Bleib-Ganz-Ohr auf, sobald sie selbst inneren Aufruhr spüren.** Für ein Kind ganz Ohr zu bleiben, das sich durch Todesängste hindurcharbeitet, fordert Sie aufs Äußerste heraus! Dabei werden Ihre eigenen Gefühle aktiviert. Sie brechen vielleicht in Wut aus, bekommen selbst Angst oder werden vom Groll überwältigt. Oder ein weiterer Erwachsener kommt hinzu und reagiert erregt. Bleib-Ganz-Ohr ist auf jeden Fall nur dann eine heilsame Strategie, wenn Sie dabei offen und zugewandt bleiben, klar denken und fürsorglich handeln können. Sobald Sie sich erregt fühlen, stehen Sie deshalb sofort auf, sagen dem Kind, dass Sie nicht länger zuhören können, und entfernen sich von seiner Seite. Das ist zwar nicht schön, aber notwendig. Falls Sie einen Partner zum einfühlsamen Zuhören haben, verabreden Sie sich möglichst bald, um an dem Verhalten oder Gefühl zu arbeiten, das Sie aus der Fassung gebracht hat. Ihr Kind wird seine Ängste ein andermal unter einem neuen Vorwand zeigen, und Sie werden ein Stück weiterkommen, nachdem Sie inzwischen einige eigene Verletzungen durchgearbeitet haben, die mit dem wunden Punkt verknüpft waren, den Ihr Kind berührt hat. So machen wir als Zuhörende Fortschritte.

Hat sich Ihr Kind erfolgreich durch den belastenden Angstbrocken hindurchgearbeitet, unter dessen Druck es stand, dann kommt es in die Entspannung. Vielleicht wird es Ihnen in die Arme sinken, um sich ganz auszuweinen. Oder es beruhigt sich, berührt Ihnen behutsam das Gesicht, bemerkt die Eisblumen am Fenster oder fragt, wo die Katze abgeblieben ist. Über die eben vollendete Seelenarbeit wird es nicht reden wollen. Es will sich einfach wieder an der Gemeinschaft mit Ihnen und am Leben freuen. In den folgenden Stunden und Tagen entdecken Sie vielleicht Hinweise auf spürbare Entlastung Ihres Kindes: Es verhält sich liebevoller und sucht öfter Augenkontakt, es schläft besser, ist unternehmungslustiger, spielt unbekümmerter, teilt bereitwilliger seine Gedanken und Bedürfnisse mit, lacht häufiger und reagiert toleranter auf Veränderung.

Wenn Ihr Kind nach der Arbeit an der Angst jedoch distanziert und weniger vertrauensvoll wirkt, dann haben Sie beim Versuch, ihm beizustehen, vielleicht einige seiner Signale übersehen oder etwas von Ihrer eigenen inneren Spannung auf das Kind übertragen. Dann gehen Sie im Prozess ein paar Schritte zurück und wenden sich den Zuhörstrategien zu, die Vertrauen und Ihre Fähigkeit zum Zuhören fördern: Wunschzeit, Ganz-Ohr-Spiel und Gegenseitiges einfühlsames Zuhören. Es ist herausfordernd, Kindern beim Durcharbeiten ihrer Ängste und Aggressionen zu helfen, aber geben Sie nicht auf! Zu lernen, wie Sie Ihrem Kind dabei helfen können, seine Angst zu bewältigen, ist alle Mühe wert.

Ängste abzubauen erfordert vielleicht ein emotionales Projekt

Wie lange es dauern wird, bis Ihr Kind seine Angst überwindet, hängt davon ab, wie verängstigt es ist und wie sicher es sich dabei fühlt, Ihnen diese Ängste zu zeigen. Falls Ihr Kind schon länger eine große Ladung Angst mit sich herumträgt, dann setzen Sie den Schwerpunkt vielleicht zunächst einige Monate auf Wunschzeit und Ganz-Ohr-Spiel, bevor Ihr Kind sich an seine tiefer gehenden Ängste herantraut. Dann wird das Durcharbeiten des Schreckens vielleicht viele Runden Grenzen-Setzen und Bleib-Ganz-Ohr erfordern. Aber Sie werden auch jedes Mal etwas Neues lernen, wenn Sie eine Zuhörstrategie anwenden. Diese Arbeit über einen längeren Zeitraum bezeichne ich als „emotionales Projekt" und Kapitel 8 wird Ihnen Anregungen dazu geben.

Während Sie Ihrem Kind bei dieser Arbeit an der Angst beistehen, sorgen Sie unbedingt für genügend eigene Unterstützung. Sie brauchen Ihr eigenes Ventil für das breite Spektrum an Gefühlen, das Sie erleben, während das Kind mit Ihrer Hilfe diesen bewegenden Heilungsprozess durchläuft. Wenn auch Sie einen unterstützenden Zuhörer haben, dann werden Sie gemeinsam mit Ihrem Kind wachsen. Sie werden die lang ersehnte Veränderung möglich machen und sich an dem Ergebnis freuen.

Es gibt kein Patentrezept

Es gibt kein Patentrezept dafür, einem Kind Halt zu vermitteln, das sich durch Angst hindurcharbeitet. Jedoch haben sich unsere Vorschläge im Lauf der Zeit vielfach bewährt. Vielleicht profitieren Sie von den Erfahrungen anderer Eltern in diesem Kapitel. Welche Strategien Sie sich auch zu eigen machen, wir ermutigen Sie zum häufigen Einsatz von Wunschzeit, Ganz-Ohr-Spiel und den Treffen mit Ihrem einfühlsamen Zuhörer. Diese verbindenden Strategien werden Ihnen dabei helfen, Freude, harte Arbeit und fürsorgende Aufmerksamkeit für sich selbst in ein gutes Gleichgewicht zu bringen.

•◆•

In den folgenden Abschnitten werden Sie darüber lesen, wie Eltern die „Hand in Hand"-Strategien eingesetzt haben, um ihren Kindern beim Überwinden einiger alltäglicher kindlicher Ängste zu helfen. Diese Eltern sind ganz normale Mamas und Papas wie Sie. Sie arbeiten mit ihren einfühlsamen Zuhörern an ihren eigenen Gefühlen, bieten regelmäßig Wunschzeit und das Ganz-Ohr-Spiel an, setzen sinnvolle Grenzen und bleiben ganz Ohr, wenn ihre Kinder aufgebracht sind. Bestimmt werden Sie sich von den Geschichten gern inspirieren lassen, die Zuhörstrategien in der eigenen Familie auszuprobieren.

Angst: Nägelkauen und Daumenlutschen

Der Nägel-fressende Alligator

STRATEGIEN: GANZ-OHR-SPIEL

 GEGENSEITIGES EINFÜHLSAMES ZUHÖREN

Mein ältester Sohn war schon immer ein ziemlich intensiver Junge. Ich meine das nicht negativ; er fühlt eben alles sehr extrem, auch Freude. Schon als er noch ganz klein war, merkte ich, wie er zu zwanghafter Selbstberuhigung neigte. Im Alter von dreieinhalb fing er mit Nägelkauen an. Sehr oft. Und mich machte das verrückt! Ich probierte alle meine Ideen aus, um ihn davon abzubringen. Ich schnitt ihm die Nägel immer kürzer, aber er biss sie einfach noch weiter ab, manchmal bis aufs Blut. Ich wurde dabei fast wahnsinnig, und natürlich spürte er das, obwohl ich es vor ihm zu verbergen suchte. Je stärker mich seine nervösen Verhaltensweisen aufregten, umso stärker schienen seine Nervosität und folglich auch das Nägelkauen zuzunehmen. Ein absolut frustrierender Teufelskreis.

Schließlich sah ich ein, dass ich meine Herangehensweise überdenken musste. Bald erkannte ich, dass mich sein Verhalten deswegen so unsagbar aufregte, weil ich als Kind selbst zwanghaft an den Nägeln gekaut hatte und wahrscheinlich meine alten Gefühle getriggert wurden. Ich ging damit zu meiner einfühlsamen Zuhörerin. Die Aufmerksamkeit einer warmherzigen, einfühlsamen Freundin ermöglichte es mir anzuschauen, wie verängstigt und ungeborgen ich mich als Kind gefühlt hatte, wie das Nägelkauen zum sichtbaren Ausdruck dieser Angst wurde und wie schrecklich es war, beschämende Vorwürfe für etwas einzustecken, das ich nicht ändern konnte. Ich tobte, weil ich damals Hilfe gebraucht, diese aber nicht bekommen hatte. Aber hauptsächlich musste ich darüber weinen, dass ich mir so sehr wünschte, mein Sohn würde nicht dasselbe durchmachen, und dass ich sein Nägelkauen als Hinweis für mein Versagen als Mutter betrachtete.

Danach dauerte es viele Wochen, bis ich mit seinem Nägelkauen gelassener umgehen konnte. Ich versuchte, die Nägel verhältnismäßig kurz zu schneiden, aber das änderte nichts an seinem Verhalten. Dann beschloss ich, das Nägelkauen eine Weile völlig zu ignorieren. Aber dazu regte es mich zu sehr auf, und meistens machte ich dann alles noch schlimmer. Aber schließlich konnte ich etwas klarer denken. Ich sammelte die Anregungen zuverlässiger Mitstreiter und entwarf einen Plan. Um der Angst meines Sohnes zu begegnen, spielten wir nun zu Hause verstärkt Bewegungsspiele. Ich versuchte, so oft wie möglich, Wunschzeit einzubauen, und selbst während des „normalen" Spiels überließ ich meinem Sohn öfter die Führung. Ich bereitete mich auf seine großen Gefühlsausbrüche vor und blieb währenddessen so liebevoll und präsent, wie ich nur konnte, hörte zu und sorgte für unser beider Sicherheit. Und die ganze Zeit achtete ich auf Unterstützung für mich selbst, hauptsächlich über die Termine mit meiner Zuhörerin.

Das Nägelkauen war Teil eines größeren Puzzles, das ich zusammenzusetzen versuchte, und schließlich wurde deutlich, dass mein Sohn Angst bearbeitete. Allmählich, über mehrere Monate hinweg, veränderte sich etwas. Mein Sohn spielte neue und verschiedene Spiele mit Kindern und Erwachsenen und im Alltag reagierte er flexibler. Er regte sich seltener und weniger heftig auf. Dann bemerkte ich eines Tages, dass einige seiner Fingernägel herauswuchsen.

„Hey", sagte ich begeistert, „es ist mal wieder Zeit, zum Nägelschneiden." Er rannte kreischend davon und wollte es nicht zulassen. Zuerst bestand ich darauf, aber dann spürte ich, dass es zu viele unangenehme Gefühle in ihm auslöste. Also musste ich anders vorgehen. Mir fiel etwas mit Spaßcharakter ein.

Ich ging ins Bad und holte den Nagelknipser. Mit tiefer Stimme sagte ich: „Ich hab solchen Hunger. Hätte ich doch bloß was zu fressen." Mein Sohn lugte neugierig grinsend ins Bad. Ich bewegte die Zangen des Nagelknipsers so, als würde er reden, hielt ihn mir an die Hand und sagte: „Oh, darf ich die fressen? Die sehen ja lecker aus!"

„Ist das ein Alligator?", fragte mein Sohn lächelnd, wohl wissend, wie unser Nagelknipser aussah.

„Ja", antwortete ich. „Das ist ein seltener, Fingernagel fressender Alligator."

„Und ich habe Hunger!", ließ ich die Zangen sagen.

„Friss doch Mamas Nägel", schlug mein Sohn vor. Ich setzte das Spiel fort, kappte mir unter zufriedenem Schmatzen alle Fingernägel, wobei er lachte. Dann ließ ich die Zangen zu mir sprechen: „Aber ich bin noch nicht satt!" Ich war mir nicht sicher, ob dieses kleine Theater schon genügt hatte, um ihm ein sicheres Gefühl zu geben, wurde dann aber angenehm überrascht.

Mein Sohn betrat jetzt nämlich ohne Zögern das Bad und sagte: „Hier, du kannst meine Nägel haben", dabei legte er mir die Hand in den Schoß. Ich ließ den „Nagel-Alligator" seine Nägel geräuschvoll verspeisen und loben, wie lecker sie schmeckten, bis er jeden probiert hatte und satt war. Ich erklärte meinem Sohn, dass wir den Alligator einmal pro Woche füttern müssten und programmierte es zur Erinnerung in mein Handy ein.

Seitdem hat es fast keine Probleme mehr mit dem Nägelschneiden gegeben, und wenn ich das einmal wöchentlich tue, kaut er selten daran herum. Noch wichtiger ist, dass ich inzwischen sein Nägelkauen als das betrachte, was es ist: ein Zeichen von Unsicherheit. Fällt mir auf, dass er wieder kaut, spreche ich nicht darüber, biete ihm jedoch besonders viel Wärme, Verbindung, Spiel und Zuhören an. Dann lässt er seine Nägel wieder nachwachsen. Ich weiß mich jetzt glücklich zu schätzen, dass mir mein Sohn über ein solch gut erkennbares Stimmungsbarometer zeigt, wie es ihm geht, und bin stolz darauf, einen guten Umgang damit gefunden zu haben.

Wie es gelang

Oft löst das Verhalten unserer Kinder Ärger in uns aus, was es uns schwer macht, ihnen bei der Bewältigung ihrer Kämpfe beizustehen. Diese Mutter ließ sich von ihrer einfühlsamen Zuhörerin dabei unterstützen, den Ärger abzubauen, den sie bereits seit der Kindheit mit sich herumtrug. Danach fielen ihr kreative Ideen ein, ihren Sohn dabei zu unterstützen, was sie als Ausdruck seiner Ängste erkannte. Sie plante viel Bewegungsspiel und Wunschzeit in den gemeinsamen Alltag ein, erfand dann das Spiel mit dem „Fingernagel fressenden Alligator" und gelangte über das Ganz-Ohr-Spiel zu entspanntem Schneiden der Nägel des Sohnes. Dies war keine schnelle Lösung für das Nägelkauen, sondern ein Strategiewechsel, der zwischen Mutter und Sohn eine tiefe Verbindung herstellte, alte und unangenehme Gefühle auflösen half und allmählich das Verhalten von Mutter und Sohn veränderte.

—◄o►—

Gewohnheitsmäßiges Daumenlutschen

STRATEGIE: GANZ-OHR-SPIEL

Kurz vor seinem fünften Geburtstag fing mein Sohn mit Daumenlutschen an. Er setzte sich manchmal allein vor den Fernseher und lutschte dann am Daumen.

Anstatt den Fernseher abrupt auszuschalten, beschloss ich einen Versuch mit dem Ganz-Ohr-Spiel. Ich setzte mich nah zu ihm und rieb sanft die Nase an seinem Ohr. Zuerst schob er mich weg. Dann sagte ich, dass ich hundert Küsse für ihn hätte. Da nahm er den Finger aus dem Mund und antwortete: „Nein Mami, keine Küsse!" Er lachte sich kaputt, als ich ihm trotzdem überall Küsschen verpasste. Dann sprang er auf, und beim Versuch, von meiner Liebkosung abzulenken, lud er mich und seine kleine Schwester zum Spielen in sein Zimmer ein. Zuerst hatte mir die Zurückweisung meines Vorschlags wehgetan. Denn ich hatte früher, bevor ich mit den Zuhörstrategien anfing, Mühe, mich mit ihm zu verbinden. Aber diesmal war mein Wunsch nach Verbindung stärker als meine Gefühle, und als wir in sein Zimmer eilten, bot ich ihm weiterhin meine Küsse an. Und er lachte weiter.

An jenem Tag stellte ich fest, dass die Verbindung zu meinem Sohn stärker ist, als ich vermutet hatte. Sobald ich ihm signalisiert hatte, dass ich, zum Spiel mit ihm bereit, nicht von der Stelle wich, verwandelte er sich wieder in sein munteres Ich. Anscheinend schaltet er über das Daumenlutschen ab, wenn er sich von mir getrennt erlebt, aber sobald ihm diese Verbindung wieder angeboten wird, findet er schnell zur Heiterkeit zurück.

An jenem Tag gingen wir alle drei zum Spielen in sein Zimmer. Später am Nachmittag musste ich das Essen zubereiten, und mein Sohn half mir, anstatt sich nach der neuen Angewohnheit, am Daumen lutschend, vor den Fernseher zu setzen.

Wie es gelang
Gewohnheitsmäßiges Daumenlutschen ist nur eine Variante der Selbstberuhigung, die Kinder zur Betäubung unangenehmer Gefühle nutzen. Diese Mutter versuchte, mit liebevollem Ganz-Ohr-Spiel ihrem Sohn dabei zu helfen, seine Angst wegzulachen und sich wieder mit ihr zu verbinden. Sobald die Verbindung wiederhergestellt war, fielen ihm kreative Spielideen ein, und schließlich half er sogar freiwillig beim Kochen.

Daumenlutschen und die Erkenntnisse einer Tochter

STRATEGIE: ⬤ BLEIB-GANZ-OHR

Wir haben unsere sechsjährige Tochter mit „Hand in Hand- Parenting" aufgezogen. Nun lutscht ein Freund meiner Tochter oft am Daumen. Plötzlich fing auch sie an, damit herumzuexperimentieren. Sie hatte noch nie am Daumen gelutscht. Für einige Tage lief sie zu Hause oft mit dem Daumen im Mund herum.

Schließlich fragte ich nach ihren Gründen dafür. Sie antwortete: „George macht es. Ich mach es, damit meine Gefühle in mir drin bleiben. Wenn ich das nicht tue, dann kommen die Gefühle gleich aus meinem Mund raus."

Ich suchte daraufhin ihre Nähe und berührte die Hand, an deren Daumen sie lutschte. Ich sagte: „Du kannst deine Gefühle gern herauslassen."

Sie brach in Tränen aus und schluchzte lange sehr heftig. Sie erzählte mir aber nicht, weswegen. Ich hörte zu. Dann war es vorüber und ihr ging es wieder gut. Sie erklärte nur so viel: „Meine Gefühle kommen aus meinem Bauch. Dann gehen alle meine Gefühle aus meinem Mund raus."

Damit zog sie ab. Seither hat sie nicht mehr am Daumen gelutscht. Aber ab und zu sagt sie mir: „Ich spüre schlechte Gefühle in mir drin." Dann gehe ich meist zu ihr und sage: „Du kannst sie herauslassen." Und sie antwortet dann oft: „Nein, nicht jetzt. Ich will jetzt lesen." Oder was sie eben gerade tun möchte. Also muss sie nicht immer ihre Gefühle zeigen, sie will mich nur wissen lassen, wann sie ihr auffallen. Sie hat diese lebhafte Wahrnehmung, dass die Gefühle in ihrem Körper sind und aus dem Mund herauskommen.

Wie es gelang

Manche Eltern, die mit „Hand in Hand-Parenting" noch nicht vertraut sind, glauben fälschlicherweise, wir würden unsere Kinder zum Weinen bringen wollen. Tatsächlich versuchen wir, unseren Kindern überhaupt nicht vorzuschreiben, wie sie sich fühlen oder von unangenehmen Gefühlen befreien sollen. Stattdessen wollen wir, wie diese Mutter, unseren Kindern Verbindung und Gelegenheit anbieten, Gefühle auszudrücken, die ihr emotionales System blockieren und sie davon abhalten, sich voll zu entfalten. Wir bieten uns selbst an und warten ab, was geschieht. Hier gelang der Mutter die Verbindung über Berührung (des Daumens ihrer Tochter) und Worte, die die Gefühlsschleusen der Tochter öffneten. Sie wusste nicht, worüber ihr Kind Tränen vergoss und fragte auch nicht, weil es unerheblich war. Eine Rolle spielte nur, dass sich ihre Tochter besser fühlte und mit dem Daumenlutschen aufhörte. Jene Verbindung führte auch dazu, dass sie sich der Mutter anvertraute, wenn sie sich schlecht fühlte. Sie wusste, dass sie dann immer die Gelegenheit bekommen würde, ihre Gefühle herauszulassen, sofern sie das wollte.

Ängste vor den Unterschieden zwischen Menschen

Angst vor einem körperlichen Unterschied

STRATEGIEN: GRENZEN-SETZEN

 BLEIB-GANZ-OHR

Eines Tages kam eine Besucherin in unseren Kindergarten, die einem der Jungen deutlich Angst einjagte. Die anderen Kinder begrüßten sie und setzten dann ihr Spiel fort. Nachdem der Junge vor ihr geflohen war, ging ich zu ihm hin, fragte ihn nach dem Grund und er sagte: „Sie riecht schlecht. Ich will nicht mit ihr reden! Sie stinkt!"

Die Besucherin hatte bei einem Flugzeugabsturz schlimme Verbrennungen erlitten. Gesicht, Hände und Arme waren von Narben bedeckt und sie hatte einige Finger verloren. Ganz bestimmt roch sie nicht schlecht, aber vermutlich hatten den Jungen ihre Narben erschreckt. Gewiss war er nicht der erste Mensch, der auf ihre Verletzungen mit Angst reagierte, und sie verstand sich darauf, den Gefühlen von Kindern zuzuhören. Ich fragte sie, ob wir zusammenarbeiten könnten, um eine Verbindung zwischen dem Jungen und ihr anzubahnen. Sie willigte ein. Er war nicht mit den anderen Kindern zum Spielen nach draußen gegangen, denn vor lauter Angst wusste er nicht, was er tun wollte.

Ich legte ihm den Arm um die Schultern und unsere Besucherin kam bis auf etwa einen Meter Abstand herbei und kniete sich auf den Boden. Ich versicherte ihm, dass er bei ihr sicher war. Dann nannte ich dem Jungen ihren Namen und sie richtete behutsam einige Worte an ihn. Wir sagten beide noch ein wenig mehr, unterstützten ihn so gut wie möglich, damit er vielleicht seine aufsteigenden Gefühle spürte. Er weinte und verlangte nach seiner Mama. Wir hörten zu und versicherten ihm, die Mama würde ihn zur üblichen Zeit abholen und dass er hier einen guten Vormittag verbringen könnte. Er weinte ungefähr eine Viertelstunde lang ununterbrochen und betonte vor allem, dass er nach Hause wollte. Als sein Weinen nachließ, erklärte ich ihm mit ein paar simplen Worten die Narben der Besucherin. Ich sagte, sie habe Verbrennungen von einem Unfall, die aber inzwischen verheilt waren. Ich fragte sie, ob ich die Narben auf ihrer Hand berühren dürfe, und sie willigte ein. Sie kam ein wenig näher, und ich berührte ihre Hand, befühlte die Narben. Ich sagte, obwohl ihre Hände vielleicht ungewohnt aussähen, taten die Verbrennungen nicht mehr weh. Sie waren abgeheilt. Sie sagte dem Jungen, er könne sie alles fragen, was ihn interessierte. Er hörte mit dem Weinen auf und hatte keine Fragen.

Schließlich wirkte er der Besucherin gegenüber furchtlos. Sie fragte, ob er sie nach draußen zu den anderen Kindern führen könne, und die beiden schlenderten plaudernd zum Spielplatz.

Wie es gelang

Unseren Kindern dabei zu helfen, die Angst vor besonderen Körpermerkmalen zu überwinden, kann für Eltern herausfordernd sein, da wir oft selbst nicht frei von solchen Ängsten sind. Zum Glück war hier nicht nur eine souveräne Erzieherin anwesend, sondern die Frau mit den Verbrennungen war ebenfalls in der Lage zu helfen. Weil der Junge sich in den Armen der vertrauten Betreuerin sicher fühlte, konnte er sich in Anwesenheit der erschreckend vernarbten Frau ausweinen. Als er genügend Angst losgeworden war, konnte er den Erklärungen seiner Erzieherin zuhören und anschließend furchtlos mit der Besucherin nach draußen gehen. Das waren ideale Umstände, aber sie illustrieren, wie auch Sie Heilung fördern können, indem Sie Ihr Kind dabei unterstützen, sich seinen Angstgefühlen zu stellen und es dann sorgfältig und altersangemessen aufklären.

◄○►

Verwirrung über Hautfarbe auflösen

STRATEGIEN: GRENZEN-SETZEN

 BLEIB-GANZ-OHR

An meinem Arbeitsplatz, einem Kindergarten, gab es ein kleines Mädchen, Deanna, die Mühe hatte mit Beth, einem dunkelhäutigen Kind aus ihrer Gruppe, Freundschaft zu schließen. Deanna war zwei Jahre alt und sagte zu Beth solche Sachen: „Du bist dreckig. Ich mag nicht deine Freundin sein." Als sich diese Kommentare häuften, beschloss ich, Deanna im Hinblick auf ihre Gefühle zu helfen. Als sie eines Morgens wieder diese Worte sagte, hockte ich mich zu ihr und sagte so behutsam wie möglich: „Ich merke, du hast es gerade schwer. Was ist denn los?"

Deanna antwortete: „Ich mag nicht ihre Freundin sein, sie ist zu dunkel." Ich antwortete: „Du glaubst, sie hat sich nicht die Hände gewaschen?"

„Ja", antwortete sie.

Also sagte ich: „Wir wollen sie fragen, ob sie sich die Hände gewaschen hat."

Ich fragte Beth und sie antwortete: „Ja, ich habe die Hände gewaschen."

Dann sagte ich zu ihr: „Du kannst mit den anderen Kindern spielen gehen. Ich bleibe noch einen Moment bei Deanna." Daraufhin nahm ich Deanna auf den Schoß, legte die Arme um sie und sagte: „Das ist ziemlich schwer für dich. Wenn du glaubst, dass jemand dreckig ist, dann magst du nicht mit ihm spielen. Erzähl mir mehr davon." Sie fing zu weinen an und wirkte durch meine Aufmerksamkeit verängstigt. Also sagte ich: „Ich bin nicht ärgerlich auf dich, Deanna. Ich will dich nur verstehen. Ich will herausfinden, wie wir es hinkriegen, dass wir alle miteinander spielen können, ohne uns Sorgen zu machen, dass jemand dreckig sein könnte." Sie weinte für eine Weile.

Als sie damit aufhörte, öffnete ich meine Arme, aber sie blieb bei mir auf dem Schoß sitzen. Da legte ich wieder die Arme um sie und bat sie, mir mehr über ihren Eindruck zu erzählen, das andere Kind sei dreckig.

Während sie redete, änderte sie ihre Einschätzung von Beth sei „zu dreckig" und fand sie jetzt „zu dunkel". Es störte sie nicht, dass ich sie festhielt. Sie weinte dann noch mehr, weil auch andere Kinder in ihrer Gruppe „zu dunkel" seien, pausierte und weinte wieder. Dies ging eine Weile so. Schließlich kuschelte sie sich an mich.

Sie fragte: „Bist du jetzt sauer auf mich?"

„Nein", antwortete ich, „ich will dich bloß verstehen."

Dann verriet sie mir: „Ich möchte so gern richtig ganz weiß sein, aber ich bin nicht richtig ganz weiß." Wieder weinte sie heftig. Ich hörte zu.

Etwas später sagte ich: „Manchmal ist es schwer, wenn man denkt, dass dunkel auch dreckig bedeutet. Magst du nachschauen, ob meine dunkle Haut dreckig ist?" Wir untersuchten meinen Unterarm. Sie sah, dass er zwar dunkel, aber nicht dreckig war. Sie weinte und brachte die dunkelhäutigen Puppen zu mir. Wir untersuchten sie nach Dreck und stellten fest, dass auch sie sauber waren.

Ich musste zurück in die Gruppe und sagte deswegen: „Das war schön mit dir, aber jetzt muss ich beim Mittagessen helfen. Aber vorher spielen wir noch etwas. Können wir Beth dazu einladen?"

„Ich weiß nicht", antwortete sie.

Da antwortete ich: „Lass mich zuerst gehen und dann entscheidest du dich." Ich setzte mich neben Beth und sagte: „Darf ich mich neben dich setzen? Ich bin die Mami, die auf den Bus wartet!" Beth und ich gaben vor, an der Bushaltestelle zu sitzen, und Deanna kam herüber, um sich dazuzusetzen. Beth machte ihr Platz. Deanna zögerte, setzte sich aber schließlich neben Beth und ich hielt Deannas Hand. Wir hielten uns an den Händen, dann reichte ich Beth die andere Hand und zusammen standen wir auf und rannten lachend zu einer anderen Bank.

Danach machte das Mittagessen richtig Spaß, und Deanna war in der Lage, an andere Kinder Essen auszuteilen, was sie noch nie zuvor getan hatte. Sie hatte nie neben anderen sitzen wollen und zum Mittagessen auch nie viel gegessen. Aber nachdem wir eine so gute Zeit miteinander erlebt hatten, reichte sie nun die gefüllten Teller an die anderen Kinder weiter und aß sich satt. Von diesem Tag an spielte Deanna gern mit den anderen Kindern, sogar mit Beth.

Wie es gelang

Dieses kleine Mädchen hatte irgendwie den Eindruck bekommen, dunkle Haut sei gleichbedeutend mit Dreck. Die Erzieherin merkte, dass das Mädchen in seinen Gefühlen gefangen war und andere Kinder verletzte, also führte sie eine Grenze ein. Ruhig und warmherzig näherte sie sich dem Kind und fragte, was los war. Und sie versicherte ihm, dass sie sich nicht ärgerte.

Nach wenigen Minuten begann das Mädchen zu weinen. Zuerst weinte es wegen der dunklen Hautfarbe der anderen Kinder in ihrer Gruppe. Dann weinte es, weil es sich selbst eine hellere Hautfarbe wünschte. Als das Kind mit Weinen fertig war, bot ihm die Erzieherin behutsam an, seine irrtümliche Annahme zu überprüfen. Bald lachten sie und spielten anschließend gemeinsam.

Vom großen Ganzen her betrachtet, halfen dem Mädchen die vergossenen Tränen dabei, mit den anderen Kindern in vielerlei Hinsicht entspannter umzugehen. Rassismus lastet schwer auf Kindern jeder Hautfarbe, und sie dabei zu unterstützen, ihre Ängste abzubauen und auf Menschen unabhängig von deren Hautfarbe aufgeschlossen zuzugehen, ist für die Kindererziehung eine wichtige Aufgabe.

Tief verwurzelte Gefühle über Hautfarbe abschütteln

STRATEGIE: BLEIB-GANZ-OHR

Meine fast vierjährige Tochter ängstigt sich seit ihrem neunten Monat vor dunkelhäutigen Menschen. Damals betrat meine schwarzafrikanische Friseurin Nyala unser Haus und meine Tochter fing an zu schreien. Das überraschte mich, denn ich kannte sie so gar nicht und übersah zu diesem Zeitpunkt, dass es mit Nyalas Hautfarbe zu tun hatte. Das wurde erst später deutlich, als meine Tochter jedes Mal zu schreien anfing, wenn sie eine dunkelhäutige Person sah, darunter auch den Partner einer Freundin, mit der wir gemeinsam in den Urlaub fuhren. Meine Tochter verhielt sich ihm gegenüber die ganze Zeit misstrauisch. Im Alter von drei Jahren hatte sie immer noch schreckliche Angst vor Nyala, wenn sie zum Haareschneiden kam. Mir wurde klar, dass ich jetzt endlich handeln musste. In unserer Stadt gibt es nicht viele dunkelhäutige Menschen, deshalb hatten wir nur wenig andere Möglichkeiten, an diesem Problem zu arbeiten.

Ich schlug meiner Tochter vor, dass sie sich beim nächsten Friseurtermin ebenfalls die Haare schneiden lassen könnte. Sie antwortete: „Okay, vielleicht", fügte aber hinzu, dass sie Nyala nicht leiden könne, was sie schon oft gesagt hatte. Auch griff ich das Thema in einem Rollenspiel mit ihren Puppen auf, die Angst vor dunkelhäutigen Menschen hatten.

Meiner Tochter ging es damit so lange gut, bis es an der Haustür klingelte, dann kauerte sie sich ängstlich in eine Zimmerecke. Ich ließ Nyala ins Haus, während mein Mann in der Nähe unserer Tochter blieb. Als sie Nyala hereinkommen hörte, fing sie zu weinen an und floh die Treppe hinauf. Ich bat meinen Mann, ihr immer wieder eine Erwartung nach folgendem Muster vorzuschlagen: „Bist du jetzt bereit, runterzugehen und Nyala zu begrüßen?" Und ihr dann zuzuhören, ohne sie dazu zu zwingen, nach unten zu kommen.

Während des Haareschneidens hörte ich meine Tochter oben immer wieder schreien und weinen. Nachdem Nyala mit mir fertig war, schaute ich nach meiner Tochter. Sie hatte die ganze Zeit über in den Armen ihres Papas geweint, während er sie immer wieder ermutigt hatte, Nyala unten zu begrüßen. Er hörte ihrem Weinen zu und versicherte, dass sie nichts zu befürchten hätte, dass Nyala sehr nett wäre und nichts Schlimmes passieren würde.

Ich fragte meine Tochter, ob sie nach unten kommen und Nyala verabschieden wollte. Sie stimmte zu und folgte mir. Nyala ging sehr freundlich und spielerisch mit ihr um. Obwohl meine Tochter ein wenig zitterte, unterhielt sie sich mit ihr, und die Begegnung verlief sehr reizend.

Sie redeten darüber, was meine Tochter in ihrer Spielküche kochen würde, und sie versprach Nyala, ihr beim nächsten Besuch etwas zu essen zu kochen. Außerdem plauderten sie über die neue Puppe, die sie zu Weihnachten bekommen hatte. Das ging ein paar Minuten so, bevor Nyala aufbrechen musste. Sobald sie fort war, sagte meine Tochter, sie könne Nyala gut leiden. Dann sagte sie sogar, sie würde sie lieben, und plante schon für ihren nächsten Besuch. Dann wollte sie die ganze Zeit unten bei Nyala bleiben und mit ihr spielen.

Das machte mich sehr glücklich, denn dies war ein so langwieriges Problem gewesen. Meine Tochter war nach diesem Ereignis in absoluter Hochstimmung und fühlte sich großartig!

Wie es gelang

Diese Mutter rechnete nicht damit, dass ihre Tochter aus dieser besonderen Angst „herauswachsen" würde, die sich im Lauf der Zeit eher noch verstärkt hatte. Stattdessen stellte sie im Wissen, dass zuerst Gefühle abgearbeitet werden mussten, die Erwartung an die Tochter, dass sie mit ihrer Friseurin Kontakt aufnehmen konnte. Als Nyala eintraf, bat die Mutter ihren Mann, ganz Ohr zu bleiben, ohne der Tochter ein bestimmtes Verhalten aufzuzwingen. Er ging so vor: „vorschlagen und zuhören; vorschlagen und zuhören" und akzeptierte das Weinen und Zittern der Tochter, das zu dieser Gefühlsarbeit gehörte. Zum Glück hatte sie sich bis zum Ende des Friseurbesuchs in dem Maße durch die Angst hindurchgearbeitet, dass sie sich mit Nyala unterhalten konnte. Zuvor hatte die Mutter auch einen Haarschnitt für die Tochter vorgeschlagen, aber sie drängte ihr den Plan nicht auf; sie gab sich mit dem zufrieden, was die Tochter bewältigen konnte. Nyala verstand anscheinend, dass dieses Kind Ängste überwinden musste und sie dabei eine hilfreiche Rolle spielen konnte, indem sie sich mit ihm anfreundete.

Wäre die Tochter nicht bereit gewesen, mit Nyala Kontakt aufzunehmen, hätte die Mutter ihr erlauben können, im ersten Stock zu bleiben. Sie hätte sich aber bei dem Mädchen bedanken können, dass sie sich das Herunterkommen zumindest überlegt hatte. Dann hätte sie einen weiteren Friseurtermin und eine weitere Gelegenheit für Bleib-Ganz-Ohr festgelegt, bis all die nötige emotionale Bewältigungsarbeit erledigt war. Doch diese eine Chance hatte genügt, und ihre Tochter war überglücklich, ihre Ängste überwunden zu haben. Es ist so ermutigend zu wissen, dass man solchen kindlichen Ängsten durch Aufmerksamkeit, Respekt und dem Wissen darüber, dass Ängste über Zuhören aufgelöst werden können, erfolgreich begegnen kann.

Angst: Leistungsangst

Wenn Ihr Kind eine geliebte Aktivität aufgeben will

STRATEGIEN: GRENZEN-SETZEN

 BLEIB-GANZ-OHR

Einer meiner Söhne ist begeisterter Baseballfan und das dank seiner Oma bereits von Geburt an. Ich kann ihn mir gar nicht ohne Baseball in der Hand vorstellen. Und schon immer hatte er den Kopf voller Statistiken über Spieler und Teams, und es vergeht kaum ein Tag, an dem ich nicht mitspielen, darüber reden oder auf andere Weise Begeisterung für diesen Sport zeigen soll.

Als er noch sehr klein war, spielten wir Baseball einfach im Park. Später dann gab es Tee-Ball und schließlich die Little League. In jedem Jahr war er der Star seiner Mannschaft, bei weitem der geschickteste Spieler seines Teams. Dann, im Alter von etwa acht oder neun, sollten alle Spieler der Little League an einem Probespiel teilnehmen. Dahinter stand der Gedanke, leistungsmäßig ausgewogene Teams zu bilden, damit nicht eine Mannschaft dominierte, sondern die Spielsaison allen daran Beteiligten Freude bereitete. Dabei sollte jedes Kind in ein Team gewählt werden.

Als ich meinem Sohn an den Beginn der Baseballsaison erinnerte und ankündigte, dass bald die Probespiele stattfänden, verblüffte mich seine Reaktion: „Ich spiele dieses Jahr kein Baseball. Ich hasse Baseball! Wieso hast du mich angemeldet, ohne mich vorher zu fragen?" Zuerst war ich fassungslos, aber dann dämmerte mir, dass ihm die Probespiele Sorgen machten. Ich erklärte ihm, dass es dabei ganz entspannt zuging und jeder ausgewählt würde, aber er bestand weiterhin auf seinem Rücktritt.

Ich fühlte mich verwirrt. Einerseits wusste ich, dass Baseball sein ganzes Leben bestimmte. Es gab nichts, was er lieber spielte. Andererseits wollte ich auch seine Wünsche respektieren. Und schließlich sollte er ja lernen, eigene Entscheidungen zu treffen. Ich dachte über mein Leben nach und darüber, zu welchen Zeiten ich meine Träume aus Angst vor Versagen oder Blamage aufgegeben hatte. Ich begriff, dass ich meinem Sohn keinen Gefallen erweisen würde, wenn ich seine Forderung nach einem Austritt respektierte. Dann würde ich ihm beibringen, der Angst nachzugeben, anstatt ihm zu zeigen, wie er diese bewältigen konnte. Also beschloss ich, egal, was geschah, mit ihm zu den Probespielen zu gehen. Sollte er nach den Probespielen immer noch aussteigen wollen, würde ich mit mir reden lassen. Aber ich war nicht bereit, zuzulassen, dass er etwas für ihn so Wichtiges aus Angst aufgab.

Am Morgen des Probespiels weckte ich meinen Sohn um sechs Uhr früh. Das verschaffte uns vier Stunden Vorlauf.

„Hey, komm wach auf. Heute sind die Probespiele!", weckte ich ihn begeistert.

Sofort fing er zu streiten an.

„Nein! Ich hasse Baseball! Ich hab dir doch gesagt, dass ich dieses Jahr nicht spielen will!"

Ich blieb während seines Aufruhrs ganz Ohr. Als er zu weinen aufhörte, schlug ich ihm vor, seine Sportkleidung anzuziehen und er gab widerwillig nach. Aber beim Anziehen der Socken regten sich die Ängste erneut.

„Diese Socken nerven", sagte er weinend und wieder blieb ich ganz Ohr.

Nach einigen solcher Bleib-Ganz-Ohr-Momente, in denen er weinte und darauf bestand, dass er Baseball hasste und nicht zu dem Probespiel gehen würde, wobei ich ihm ruhig zuhörte und versicherte, dass wir gehen würden und er das schaffen konnte, saßen wir schließlich im Auto.

Doch bei der Ankunft am Spielfeld weigerte er sich auszusteigen. Wieder nannte ich die Grenze: „Schatz, du wirst es wenigstens versuchen. Ich weiß, du kannst das."

Er weinte und weinte. Außerdem hielt er die Autotür zu, sodass ich sie nicht öffnen konnte. Er brüllte, ich sei eine schreckliche Mutter. Zwischendurch lief ein Mann mit seinem Sohn vorüber und fragte, ob es meinem Sohn gut ginge. Ich dankte ihm, beteuerte, dass mit meinem Sohn alles okay sei und er Baseball über alles liebte, aber Angst vor den

Probespielen hatte. Da blieb der Mann stehen, ging zu meinem Sohn und sagte ihm, er habe sich als Junge ganz genauso gefühlt. Da hellte sich die Miene meines Sohnes auf.

Schließlich willigte er ein, bei den Probespielen mitzumachen, wenn ich mich immer in die Nähe der Stationen stellen würde, an denen er mit Schlagen dran kam, mit Zuwerfen, Auffangen und Zurückwerfen, oder in der ersten Base spielen sollte. Ich versprach, mich genau an seine Bitten zu halten.

Wir machten uns gemeinsam zum Spielfeld auf und meldeten ihn gerade noch rechtzeitig an, bevor er an die Reihe kam. Ich folgte seinen Anweisungen und wir bewegten uns synchron durch alle Stationen. Ehe wir es uns versahen, hatte er alles geschafft und wir trotteten in Richtung Auto. Ich wollte wissen, wie es gelaufen war, und er sagte, „Klasse! Ich glaube, ich komme am Ende noch zu den Yankees!", und strahlte dabei über das ganze Gesicht.

Inzwischen ist mein Sohn dreizehn, weiterhin leidenschaftlicher Baseballspieler und bereitet sich darauf vor, im nächsten Jahr an der Highschool zu spielen. Ich bin so dankbar, dass ich Strategien kannte, um ihm bei der Überwindung seiner Angst helfen zu können, damit er nicht aufgeben musste, was er so sehr liebte.

Wie es gelang

Oft höre ich von Eltern, dass sie zögern, Grenzen zu setzen, weil sie die Wünsche ihres Kindes respektieren wollen. Die Wirklichkeit ist allerdings nicht schwarz-weiß, und wir tun unserem Kind einen Gefallen, wenn wir einen Augenblick überlegen, von welchen Gefühlen es vielleicht angetrieben wird, anstatt seinen Bitten sofort nachzugeben. Den Gefühlen unserer Kinder nachzugeben ist nicht dasselbe, wie ihre Wünsche zu respektieren. Wenn wir eine Bitte erfüllen, die auf Angst gründet, bremsen wir die Lebensentfaltung unserer Kinder und halten sie klein. Angst verkleidet sich gerne als ein „ich will einfach nicht". Da müssen Sie aufmerksam hinsehen!

Diese Mutter bedachte für eine Weile die Bitte Ihres Sohnes, seine große Leidenschaft, den Baseball, aufzugeben. Sie dachte über die

Wünsche ihres Sohnes nach, aber auch über ihre eigene Kindheitser-fahrung. Am Ende beschloss sie, falls ihr Sohn wirklich mit Baseball aufhören wollte, dann konnten sie darüber reden. Aber zuerst wollte sie ihm helfen, seine Angst vor den Probespielen zu überwinden, damit er sich aus klarem Denken in Verbundenheit mit ihr austauschen konnte.

Das Probespiel begann zu einer bestimmten Uhrzeit, deshalb war hier gute Vorausplanung der Schlüssel zum Erfolg. Die Mutter weckte ihren Sohn in der Frühe, sah sein Bedürfnis nach vielen Grenzen und Bleib-Ganz-Ohr-Phasen voraus, bevor er überhaupt das Spielfeld betreten konnte. Und ihre Vorahnungen trafen ein! Aber ihre klaren Grenzen und das liebevolle Zuhören machten sich bezahlt. Nach dem Vergießen vieler Tränen war ihr Junge bereit, auf dem Spielfeld sein Bestes zu geben. Und wie es nach häufigem Bleib-Ganz-Ohr zu beob-achten ist, war der Junge mit sich zufrieden und verlebte seinen Tag, als hätte es die vier Stunden Vorbereitung für das Probespiel nie gege-ben. Und mit Baseball aufhören? Nie im Leben! Er wollte doch noch zu den New York Yankees!

Das Schultheater

STRATEGIEN: BLEIB-GANZ-OHR

 GANZ-OHR-SPIEL

Mein Sohn war gerade neun Jahre alt, da bekam er eine Rolle in einem Schultheaterstück. Zur Vorbereitung hatte er etwa sechs Wochen Zeit, und von Anfang an war deutlich zu merken, dass er eigentlich keine Lust dazu hatte. Er wollte nicht mitspielen, lehnte die Rolle aber auch nicht ab, als er Gelegenheit dazu hatte. Ich erinnerte ihn mehrmals an die Vor-bereitung für das Theaterstück, aber dann wechselte er das Thema. Da sagte ich zu mir selbst: „Na gut, dann kümmern wir uns später darum."

Schließlich kam der Tag vor der Aufführung, und er bekam einen riesigen Wutanfall. Er weinte und jammerte, er wolle nicht mitspielen. Für ihn ging es dabei fast um Leben und Tod. Ich hörte seinem Weinen zu, und als er damit (unglücklich) fertig schien, sollte ich ihn immer noch vor dem Auftritt bewahren. Ich antwortete: „Hm, lass mich überlegen", und wir gingen schlafen.

Am nächsten Morgen regten sich seine Gefühle erneut und mir war noch immer nichts zu seiner Rettung eingefallen. Da hatte ich plötzlich eine Eingebung, schnappte mir ein Spielzeugmikrofon und fing mit dem Ganz-Ohr-Spiel an. Ich tat so, als wären wir beim Fernsehen und ich wäre ein Nachrichtensprecher. Ich „interviewte" imaginäre Mitschüler über das Theaterstück, gab vor, zu erwarten, die Kinder würden mir und der ganzen Welt erzählen, wie toll sie es fanden. Bei dem Interview spielte ich auch die Stimme des ersten imaginären Mitschülers. Ich ließ ihn sagen: „Oh, das war das ekelhafteste, scheußlichste, schrecklichste, beschissenste Theater überhaupt!" Mein Sohn schüttete sich aus vor Lachen! Ich befragte die nächste Schülerin und „sie" äußerte sich sogar noch unverschämter. Als Stimme seiner Klassenkameraden sagte ich die schrecklichsten Wörter, die mir einfielen – alle Mitschüler hatten etwas wirklich Schlimmes über das Theaterstück zu berichten. Mein Sohn hörte mit dem Lachen gar nicht mehr auf. Als ich zum Ende kam, bat er mich, noch einige Leute zu interviewen. Dann packte er seine Brotzeitdose, ging zur Schule und spielte im Theaterstück mit. Zwar verhielt er sich dabei noch immer sehr zurückhaltend, aber er hatte keine Probleme dabeizusein!

Wie es gelang

Viele von uns kennen den Zwiespalt, einerseits auf der Bühne stehen zu wollen und andererseits davor zurückzuscheuen. Nachdem dieser Vater als Teil der Lösung für seinen Sohn ganz Ohr geblieben war, fiel ihm eine geniale Idee zum Ganz-Ohr-Spiel ein, um damit Gleichgewicht und Selbstvertrauen seines Sohnes wiederherzustellen. Indem er die Theateraufführung spielerisch als komplettes Desaster hinstellte, half er dem Sohn, seine Ängste mit Hilfe des Lachens abzuschütteln. Der

Papa schuf genau das passende Setting dafür, dass sein Sohn genug Ängste loswurde, um an der Schulaufführung teilnehmen zu können.

Wenn Ihr Kind es sich plötzlich anders überlegt

STRATEGIE: BLEIB-GANZ-OHR

Am Abend ihres Vorsprechens für ein Projekt des Laientheaters fragte mich meine siebenjährige Tochter: „Wieso muss ich zu diesem Vorsprechen?" Ich erinnerte sie daran, wie viel Spaß ihr das Theaterspielen im Jahr davor gemacht hatte. Und dass sie sich auch für das diesjährige Projekt angemeldet hatte. Da wurde ihr Tonfall schriller: „Ich will aber aufhören! Ich wollte das eigentlich gar nicht!" Ah! Da erinnerte ich mich, wie furchterregend auch letztes Jahr das Vorsprechen für sie gewesen war. Vielleicht brauchte sie jetzt mein aufmerksames Zuhören. Die nächste halbe Stunde wurde sie immer verzweifelter und ärgerlicher, brüllte mich an, ich würde sie zu etwas zwingen, wozu Sie keine Lust mehr hätte, und ihr überhaupt nicht zuhören. Ich beteuerte, dass ich sehr wohl wusste, wie herausfordernd und ängstigend das Vorsprechen war, sie wegen ihrer Vorbereitung und Vorerfahrung aber trotzdem gut abschneiden würde.

Als sie in Tränen ausbrach, wurde ich wirklich unsicher und überlegte: „Vielleicht fühlt sie sich tatsächlich so und arbeitet sich nicht nur durch ihre Ängste hindurch. Vielleicht sollte ich ihr erlauben, das Ganze abzusagen." Ich beschloss, sie weiterhin meine Wärme und Nähe spüren zu lassen, während sie herumbrüllte, wie gemein ich zu ihr wäre. Und sie sollte die Entscheidung selbst treffen, es betraf ja ihr Leben.

Schließlich klang ihre Aufregung ab, und sie beschäftigte sich mit etwas anderem. Mir fiel eine andere Energie an ihr auf, und wir bereiteten uns aufs Zu-Bett-Gehen vor. Das Resultat des Abends besprach ich mit ihr nicht. Ich überlegte beim Schlafengehen, ob der Morgen so anfangen würde, wie der Abend aufgehört hatte, und wir das Vorsprechen schließlich absagen würden.

Sobald sie am nächsten Tag die Augen öffnete, strahlte sie über das ganze Gesicht. Als es Zeit zum Aufbruch für das Vorsprechen war, ergriff sie wortlos die Hand ihres Papas und ging klaglos zum Auto. Sie hat in den letzten vier Wochen an den meisten Wochenenden geprobt und war dann immer guter Dinge. Vielleicht wird sie vor der ersten Aufführung im nächsten Monat noch mehr Zuhören und Verbindung zu mir benötigen. Ich werde dafür bereit sein!

Ich bin wirklich dankbar für den „Hand in Hand"-Ansatz. Ohne die Erkenntnisse über die Funktionsweise der kindlichen Emotionen hätte ich meine Tochter wahrscheinlich beim Wort genommen und sie aus dem Projekt aussteigen lassen. Es ist schwer auszuhalten, wenn man vom eigenen Kind als gefühllos beschimpft wird! Aber dank meines Trainings bei „Hand in Hand" wurde ich durch ihren Gefühlsausbruch nicht getriggert und konnte ihr die zur Freisetzung ihrer Gefühle nötige Wärme und Liebe leicht geben.

Wie es gelang

Obwohl sie kritisiert wurde, wägte diese Mutter ihre Gedanken während des ärgerlichen Wortschwalls ihrer Tochter sorgfältig ab. Sie hörte zu und schaffte es, nicht sofort zu reagieren. Vielleicht wirkte ihr Entschluss widersprüchlich. Sie hörte eher weiter zu, als den Forderungen ihrer Tochter sofort nachzugeben, und diese konnte schließlich ihre eigene Entscheidung treffen. Vielleicht war die weiseste Tat der Mutter sogar der Verzicht, die Tochter im Anschluss an das Ausweinen noch am selben Abend zu einer Entscheidung zu drängen. Wenn es unsere Zeit kostet, bestehen wir Eltern meist auf eine schnelle Problemlösung. Aber es kann eben eine Weile dauern, bis das Ausweinen Früchte trägt. Die Mutter ließ ihre Tochter eine Nacht darüber schlafen und am nächsten Morgen war die Heilwirkung des Ganz-Ohr-Bleibens nicht zu übersehen. Anschließend folgten Freude und Lernen, aber die Mutter weiß auch, dass sich Ängste Schicht um Schicht auflösen und somit vielleicht eine weitere Runde Bleib-Ganz-Ohr nötig wird, sobald die Aufführung näher rückt.

Angst vor Ärzten und Medizin

Einen Arztbesuch überstehen

STRATEGIE:  WUNSCHZEIT

Mein zweieinhalbjähriger Sohn hatte unter vielen Gesundheitsproblemen zu leiden, die Arztbesuche erforderlich machten, und konnte dort in der Praxis nicht still sitzen. Er reagierte nervös, verängstigt und weinerlich. Aus diesem Grund war es für mich oft schwierig, die nötigen medizinischen Informationen zu erhalten.

Einmal hatten wir einen wichtigen Termin bei einer neuen Ärztin. Ich hatte viele Fragen, und mir war klar, dass sie eine ausführliche Anamnese meines Sohnes erheben musste. Ich war nervös, weil ich nicht wusste, wie er sich bei diesem langen Arztbesuch benehmen würde. Also beschloss ich, ihm eine Stunde vor dem Termin eine halbe Stunde Wunschzeit anzubieten, um ihm so den Besuch zu erleichtern.

Ich stellte den Timer und kündigte an, wir könnten machen, was er wollte. Daraufhin packte er zwei Stofftiere und sagte: „Spielen wir damit, was sollen wir mit denen machen?" Ich fragte, ob wir so tun wollten, als wäre das Känguru Dr. Jane, die den Teddybär untersuchte. Die Idee gefiel ihm und so spielte ich mit den beiden Stofftieren eine Untersuchung in allen Einzelheiten durch. Neugierig und aufmerksam schaute mein Sohn dabei zu und sagte dann: „Noch mal." Er gab mir ein anderes Stofftier und ich wiederholte die Prozedur.

Nach dem vierten Mal fragte ich, ob er noch ein Tier zum Untersuchen holen wollte, aber er verneinte und schlenderte zu seinem Spielzeugstapel.

Er warf mir einen schelmischen Blick zu und sagte dann: „Weißt du, was wir jetzt machen, Mami?" Ich antwortete: „Was denn?" Darauf erwiderte er vorsichtig: „Wir sollten Dr. Jane hinmachen." Ich antwortete begeistert: „Hört sich nach einer echt tollen Idee an!" Sofort verwandelte sich sein ganzer Körperausdruck. Er strahlte und stand aufrechter da. Er bewegte sich kraftvoll und rief mit eindringlicher Stimme aus: „Ja! Ja! Genau das sollten wir machen. Wir machen sie hin! Jetzt gleich!" Als ich ihn fragte, womit wir das tun sollten, antwortete er vergnügt: „Mit dem Kartoffelstampfer!"

Er rannte in die Küche, um ihn zu holen. Dort traf er meinen Mann und verkündete: „Papa, wir machen Dr. Jane fertig. Japp, das machen wir jetzt, mit dem Kartoffelstampfer!" Mich begeisterte, wie selbstbewusst mein Sohn jetzt handelte – was für ein riesiger Kontrast zu seiner bisher verängstigten und panischen Haltung vor und während aller Arztbesuche. Ich merkte, dass wir im Spiel zufällig an einen Punkt gekommen waren, an dem mein Sohn seine Ängste hinter sich lassen konnte, indem er der Ärztin gegenüber die Rolle des Mächtigeren einnahm. Zum Glück mischte sich mein Mann nicht ein.

In der nächsten Viertelstunde zerquetschte mein Sohn die Ärztin viele Male voller Begeisterung zu Tode. Nach jedem Gemetzel beauftragte er mich souverän, ihm beim Zerteilen des Körpers zu helfen. Er holte eine Pfanne zum Braten der Einzelteile, und wir gaben vor, die Ärztin zu verspeisen. Dabei sagte er immer wieder energisch und nachdrücklich: „Wir machen das! Wir zerquetschen Dr. Jane! Japp und jetzt wird sie gekocht! Jetzt essen wir sie ganz auf!" Als der Timer losging, willigte mein Sohn ein, das Spiel abzuschließen, briet und verspeiste die Ärztin ein letztes Mal und aß dann bereitwillig sein wirkliches Mittagessen. Wir aßen ruhig und rüsteten uns zum Aufbruch.

Ich nahm das „Doktor-Känguru" mit. Ich hörte, wie er dem Känguru erzählte, dass er es getötet hätte und es nun nicht länger die Ärztin wäre. Dann fügte er hinzu: „Mami, du weißt schon, das ist nicht wirklich Dr. Jane. Das ist nur ein Spielkänguru." Ich antwortete: „Oh ja, das stimmt", und lächelte.

In der Arztpraxis verhielt sich mein Sohn zum ersten Mal in seinem ganzen Leben eine Stunde lang ganz ruhig – kein Sich- Winden oder

Jammern, ungestört konnte ich mit der Ärztin reden. Währenddessen spielte er still mit den Spielsachen aus dem Sprechzimmer. Dabei entging ihm nichts, denn er stellte beim Thema seiner Ernährung höflich ein paar Fragen. Weil er sich während dieser ersten Stunde so ruhig verhielt, bekam ich diesmal ohne Weiteres alle nötigen Informationen.

Und während der anschließenden Untersuchung blieb er ebenfalls völlig gelassen und fröhlich. Er plauderte sogar lächelnd mit der Ärztin.

Diese außerordentliche Verwandlung hielt während des ganzen Arztbesuchs an! Ich war richtiggehend stolz auf ihn und uns beide. Das Eingehen auf seine Begeisterung und die Ermutigung zur machtvollen Rolle im Spiel, die Ärztin zu töten und zu verspeisen, gestattete es ihm, an seinen Ängsten und der Hilflosigkeit zu arbeiten, die er zum Thema Arztbesuch schon lange mit sich herumgeschleppt hatte. Er wusste, was er zu ihrer Überwindung benötigte, nutzte das Spielen zur Stärkung seines Selbstbewusstseins und konnte somit den Arztbesuch entspannt überstehen.

Wie es gelang

Entgegen traditioneller Auffassung wird kein Kind zum Verbrecher, wenn es seine Aggressionen in Anwesenheit eines liebevollen Erwachsenen ausleben darf. Einem Kind den Schutzraum zum spielerischen Ausdruck seiner Aggressionen anzubieten hilft sogar, Ängste zu eliminieren, die, wenn sie weiter schwelen, aggressives Verhalten nach sich ziehen können. Mit Wunschzeit als Strategie öffnete diese Mutter ihrem Sohn die kreative Tür zu einem Spiel der Machtumkehr, über das er sich seiner Hilflosigkeitsgefühle entledigen konnte. So durfte er wenigstens einmal in der Beziehung zwischen Arzt und Patient die machtvolle Rolle übernehmen. Nach nur einer halben Stunde „Tod der Ärztin" überstand der Junge einen langwierigen Arzttermin und kooperierte bei seiner eigenen Untersuchung.

◄○►

Impfungen

STRATEGIEN:  BLEIB-GANZ-OHR

GANZ-OHR-SPIEL

Ich nahm meine vier Kinder zur Grippeimpfung in eine Ambulanz mit. Während der Wartezeit fragte mich mein Fünfjähriger über die Impfung aus und wollte wissen, wie sehr die Spritze piksen würde. Ich demonstrierte dies, indem ich ihn leicht in den Arm zwickte. Da zwickte er mich spielerisch zurück, und ich reagierte wie beim Ganz-Ohr-Spiel mit einem übertriebenen „Autsch!". Darauf lachte er herzhaft. Es entwickelte sich ein Spiel, bei dem mich die älteren Kinder zu zwicken versuchten und ich vorgab, es täte mir fürchterlich weh. Die Kinder lachten und ließen auf diese Weise die Anspannung wegen der Impfung los. Beim Eintreten in den Behandlungsraum fühlten wir uns untereinander verbunden und zufrieden.

Wir setzten uns alle auf einen der beiden Stühle im Zimmer. Auf dem anderen saß schreiend und weinend ein etwa sechsjähriges Kind, obwohl sich ihm die Krankenschwester noch gar nicht mit der Spritze genähert hatte. Als es dann soweit war, schrie der Junge noch lauter und versuchte sich aus den Armen seiner Mutter zu befreien. Sie wollte ihn davon überzeugen, dass es gar nicht wehtun würde. Dann hielt ihn seine Mama während der Impfung fest und er heulte dabei laut auf.

Ich bekam meine Spritze, und dann kamen meine Kinder dran. Ruhig setzten sie sich nacheinander auf den Stuhl und zeigten nur ein klein wenig Unbehagen nach der Impfung. Als meine Zweieinhalbjährige an die Reihe kam, hielt ich sie auf dem Schoß, erklärte ihr, was geschehen würde und dass es kurz wehtun würde. Hinterher weinte sie in meinen Armen, und ich versicherte ihr, dass der Schmerz bald vorbei wäre. Nach zwei Minuten hörte sie auf, kletterte herunter und stieß zu ihren Geschwistern. Inzwischen war eine Frau mit ihrem Kleinkind eingetroffen und hatte den Stuhl neben uns belegt. Der Junge weinte laut und wollte fliehen, was die Mutter mit Unterstützung der Großeltern zu verhindern suchte.

Für uns war die ganze Prozedur eigentlich angenehm. Der große Unterschied zwischen unserer Erfahrung und dem, was auf dem anderen Stuhl geschah, war offensichtlich. Beim Gehen fragte mich meine achtjährige Tochter: „Mami, wieso machen die Kinder so ein Theater, obwohl sie älter sind als unsere jüngsten?" Ich bin dankbar, dass ich die „Hand in Hand"-Strategien anwenden kann. Es macht so viel aus, wenn Kinder vor einer angsteinflößenden Erfahrung lachen und Spannungen abbauen dürfen und man ihnen zugehört, wenn sie Schmerz erleben und weinen. Sie fühlen sich verbunden, entwickeln Vertrauen in andere Menschen und überstehen stressige Ereignisse leichter, weil sie sich unterstützt fühlen.

Wie es gelang

Impfungen oder Kontrolluntersuchungen, Röntgenaufnahmen oder Blutuntersuchungen – früher oder später macht jedes Kind irgendeine unangenehme medizinische Prozedur durch. Diese Mutter hat sich vorbildlich verhalten. Sie hörte ihren Kindern zu und nahm deren Besorgnis über die schmerzenden Spritzen vorweg. Dann suchte sie vor der Impfung das Lachen der Kinder in einer Runde Ganz-Ohr-Spiel mit „Zwicken" hervorzulocken. Auch beschönigte sie nicht, dass es wehtun würde. Und sie blieb ganz Ohr für ihr Kind, das nach der Impfung weinen musste. Ja, so einfach kann es sein.

Knochenbrüche

STRATEGIE: BLEIB-GANZ-OHR

Am Ostersonntag hob ein kleiner Junge meine dreieinhalbjährige Tochter in das Geäst eines Baumes und sie stürzte ab. Ich hörte sie weinen und eilte zu ihr. Die Hand baumelte im Neunzig-Grad-Winkel vom Unterarm herab. Das sah nicht gut aus. Ruhig trug ich sie zum Auto. Sie weinte:

„Mama! Mama!" Und mein Mann fuhr uns in einer halben Stunde zum Krankenhaus. Im Wagen hielt ich sie dicht an mich gepresst und hörte ihr zu. Das war dank unserer reichen Erfahrung mit Bleib-Ganz-Ohr meine Spontanreaktion auf ihr heftiges Weinen. Ruhig sagte ich: „Ich bin hier bei dir. Ich höre dich. Wir fahren zum Arzt und er wird deine Hand wieder ganz machen." Sonst erklärte ich nicht viel, konzentrierte mich möglichst auf unsere Verbindung und gab ihr mein Mitgefühl. Sie weinte noch eine Weile. Dann wimmerte sie nur noch leise und hörte schließlich ganz auf.

Im Krankenhaus angekommen, konnte sie während des Röntgens und aller weiteren Untersuchungen auf meinem Schoß sitzen bleiben. Dreimal wurde ich gefragt, welche Schmerztabletten ich ihr gegeben hätte, weil sie so ruhig wirkte und kooperierte. Ich antwortete: „Keine." Die beiden Unterarmknochen waren mehrfach gebrochen. Meiner Tochter wurde eine Kurzzeitnarkose verabreicht, während die Knochen des Arms gerichtet wurden, und sie bekam ein Schmerzmittel. Dabei konnte ich sie die ganze Zeit ganz nah bei mir halten und beim Aufwachen saß sie auf meinem Schoß.

Auf der Heimfahrt erzählte sie mir von ihrem Sturz. Wir hatten ein Rezept für ein Schmerzmittel bekommen, und in der ersten Nacht verabreichte ich ihr für ruhigeren Schlaf eine halbe Dosis, aber damit war es auch schon erledigt. Am folgenden Tag wollte sie weder die Tabletten einnehmen, noch schien sie Schmerzen zu haben. Sie war bereit zum Spielen! Ein paar Tage später spielte sie draußen und kletterte auf einen kleineren Baum. Ich bin mir sicher, dass sie nur deshalb dazu in der Lage war, weil es meinem Mann und mir gelungen war, ihrem Weinen ruhig und mitfühlend zuzuhören, und sie deshalb ihre Gefühle und die Angst vor den Schmerzen freilassen konnte. Sie konnte sich verbunden fühlen und kooperieren. Sie hat diese Erfahrung voll und ganz akzeptiert, bat nie um Abnahme des Gipsverbandes und beschwerte sich auch nicht darüber.

Insgesamt hat diese potenziell traumatische Erfahrung ihr Selbstvertrauen gestärkt und zwischen uns Verbundenheit und Vertrauen vertieft. Ich bin zutiefst dankbar für alles, was ich bei „Hand in Hand" gelernt habe!

Wie es gelang

Sobald Sie die heilende Kraft des Prozesses zur Freisetzung von Emotionen erlebt haben, fragen Sie sich, weshalb Sie ihn jemals so energisch aufzuhalten suchten! Diese Mutter tat nichts, außer ihre Tochter ganz nah bei sich zu halten, ihrem Aufruhr zuzuhören und sie ärztlich versorgen zu lassen. Für uns ist es oft schwieriger, daran zu denken, was wir lieber bleiben lassen sollten! Man muss das Kind nicht zur Ruhe bringen oder davon überzeugen, dass alles in Ordnung ist oder nicht lange wehtun wird. Diese Mutter sagte ihrer Tochter, dass sie auf dem Weg zum Arzt waren, hörte danach einfach zu und hieß jede Emotion willkommen, die ihre Tochter ausdrücken musste. Wie so oft, wenn ein Kind solange weinen darf, bis es von selbst aufhört, beruhigte sich das Mädchen danach völlig. Der Schmerz flaute ab und das Kind konnte die ärztliche Behandlung gelassen ertragen.

Eine Behandlung mit Antibiotika

STRATEGIE: GANZ-OHR-SPIEL

Wir hatten erst einen von neun Tagen Antibiotikatherapie für meine zweieinhalbjährige Tochter geschafft. Wir hatten sie kürzlich adoptiert, und sie kämpfte jedes Mal mit allen Mitteln gegen die Gabe des Medikaments! Sie hustete, spuckte, zappelte und schlug um sich – wir durften ihrem Mund nicht zu nahe kommen. Da wurden wir zu Eltern, die sie überwältigten und bezwangen, weil wir ihr gewaltsam den Mund öffneten. Wir fühlten uns schrecklich deswegen!

Mit dem Gedanken, dem Ganz-Ohr-Spiel eine Chance zu geben, reichte ich meiner Tochter eine Medikamentenpipette und dachte, sie würde sie vielleicht gern für ihre Puppen verwenden. Während des Spiels ging sie dazu über, mir Medizin zu verabreichen. „Medizin, Mami", sagte sie lächelnd mit glitzernden Augen. Dieser Blick entging mir nicht. „Nein!", rief ich aus und hielt mir im Spiel den Mund zu. Da fing sie an zu kichern. „Doch!", beharrte sie, lachte mit Schadenfreude, während sie mir die Pipette in den Mund steckte und ich die vorgebliche Medizin geräuschvoll ausspuckte. „Igitt, Pfui! Pfui! Nicht mehr! Bitte nichts mehr!" Und weiter ging's. Je mehr ich mich gegen die „Medizin" wehrte, umso herzhafter lachte sie. Dann plötzlich brach sie das Spiel ab und widmete sich anderen Dingen, so als wäre ein bestimmtes Bedürfnis genügend erfüllt worden.

Sie bat jeden Tag sehr oft um dieses Spiel, sowohl mit mir, als auch mit ihrem Papa. Als Folge wehrte sie sich nicht mehr so unnachgiebig gegen das Medikament. Zwar kooperierte sie nicht auf Anhieb in allem, verhielt sich aber viel bereitwilliger.

Wir lernten, sie zur Kooperation zu befähigen, anstatt sie zu überwältigen. Das Ganz-Ohr-Spiel entließ sie aus ihren Ängsten. Heute ist das Schlucken von Medizin kein Problem mehr, unsere Tochter kooperiert, wenngleich sie das Ganze mit „Igitt!" kommentiert. Aber wer kann ihr das verdenken?

Wie es gelang
Wenn Kinder Angst davor haben, Medizin zu schlucken, kann die Gabe einer Dosis eine Stunde dauern und mit viel Schreien und Um-sich-Schlagen verbunden sein. In so einem Fall hilft Ihnen oft das Ganz-Ohr-Spiel, um zum entscheidenden Kern vorzudringen. Hier drückte die Mutter ihrer Tochter einfach eine saubere Pipette in die Hand und brachte sie damit auf eine hilfreiche Spielidee. Genau das hatte sie gebraucht! Mit der Zeit ermöglichte das Ganz-Ohr-Spiel diesem Kleinkind, seine Medizin routiniert zu schlucken – wenngleich es den Geschmack ablehnte.

◄o►

Die Medizin schlucken

STRATEGIE: BLEIB-GANZ-OHR

Kürzlich bekam mein zweijähriger Sohn mitten in der Nacht hohes Fieber. Wir senkten es mit einem Bad in kaltem Wasser und wollten ihm danach Fiebertropfen verabreichen. Schon immer mussten wir ihn zum Einflößen seiner Medizin festhalten. Dieser Kampf fühlt sich für uns alle schrecklich an.

Den Tag davor hatte ich mit meinem Mann ein Gespräch über Bleib-Ganz-Ohr – und darüber, nichts zu erzwingen und dem Kind zu erlauben, seine Gefühle zu zeigen. Deshalb wollte ich diesmal etwas anderes probieren und überzeugte meinen Mann, es zumindest zu versuchen, obwohl er Bedenken hatte, unseren Sohn wegen der Einnahme der Medizin weinen zu lassen. Lieber wollte er ihn zum Schlucken zwingen.

Also atmete ich tief durch und sagte meinem Sohn: „Mir tut es leid, dass ich dachte, ich müsste dich zwingen, das hier zu schlucken." Ich hielt ihm einfach die Pipette mit der Medizin hin. Sonst tat ich nichts. Er begann heftig zu weinen. Als er sich beruhigte, zeigte ich ihm die Pipette erneut und fragte: „Bist du jetzt soweit und kannst das schlucken?"

Nachdem er etwa anderthalb Stunden geweint hatte, beschlossen wir, dass er die Medizin jetzt tatsächlich nehmen müsste und entschuldigten uns dafür. Beim Verabreichen der Fiebertropfen weinte er, allerdings nicht mehr so heftig wie zuvor und ließ zu, dass wir sie ihm einflößten. Wir mussten ihn nicht dazu zwingen.

Tags drauf musste ich ihm das Mittel erneut verabreichen. Er weinte noch etwas, protestierte wieder, er wolle es nicht nehmen, aber das dauerte bei weitem nicht so lange wie in der Nacht zuvor. Dann ließ er zu, dass ich ihm die Tropfen verabreichte. Das dritte Mal weinte er nur noch eine Viertelstunde. Und beim nächsten Mal nahm er die Medizin gern und schluckte sie ohne eine einzige Träne.

Ihm während des vielen Weinens zuzuhören war nicht leicht. Aber ich sagte mir immer wieder, dass er wahrscheinlich über eine tiefere Kränkung weinte. Das tat mir leid und ich fühlte mich dafür schuldig. Aber als es schließlich versiegte, war mir klar, dass wir mit Bleib-Ganz-Ohr richtig gelegen haben. Ich fühle mich kolossal erleichtert, dass ich ihm Medizin nicht länger gegen seinen Widerstand einflößen muss. Dieser Kampf ist vorüber.

Wie es gelang

Sogar in Situationen, in denen wir als Eltern um bestimmte Handlungen einfach nicht herumkommen, kann es uns in die richtige Richtung führen, wenn wir die Dinge entschleunigen, den Kontrollgriff lockern und dem Ausdruck von Gefühlen Raum geben. Diese Mutter wollte ihrem Sohn nicht länger Medikamente unter Zwang verabreichen und setzte dafür Bleib-Ganz-Ohr als Strategie ein. Stück für Stück half sie ihrem Sohn, seine aufgestauten Ängste freizusetzen, und entschuldigte sich zuerst für ihr früheres Verhalten. Sie kündigte ihm immer wieder an, was geschehen musste, zeigte ihm das Medikament und ließ ihm die Zeit, ihr seine Gefühle zu zeigen. Nach nur drei- oder viermal Bleib-Ganz-Ohr schluckte er die Medizin gern und ohne Protest.

Angst nach einem Unfall

Klettern und Herunterfallen

STRATEGIE: BLEIB-GANZ-OHR

Als ich meinen viereinhalbjährigen Sohn eines Nachmittags von der Tagesstätte abholte, traf ich ihn heftig weinend an. Während er sich in meinen Schoß kuschelte, erklärte mir Jen, eine seiner Erzieherinnen, den Grund dafür: „Er hat sich beim Heruntersteigen von der Leiter über dem Trampolin am Kinn geschnitten. Er wollte nicht von der obersten Stufe springen. Die war ihm zu hoch. Dann stieß er sich beim Heruntersteigen am Kinn."

„Das ist okay", versicherte ich ihr, „ich werde ein wenig mit ihm kuscheln."

Wir saßen im hinteren Garten, wo keine anderen Eltern oder Kinder in der Nähe waren. Das sah nach einer recht sicheren Umgebung zum Ganz-Ohr-Bleiben aus. „Ich bin bei dir. Ich weiß, es tut weh", fing ich an. Sein Weinen verstärkte sich. Jedes Mal, wenn es schwächer wurde, wiederholte ich Dinge wie „Du hast dich an der Leiter geschnitten und es tut weh", worauf weitere Tränen flossen.

„Meinen Sie nicht, wir sollten ihn eine wenig aufmuntern?", fragte Jen ein paar Minuten später. „Ihm geht es immer viel besser, wenn er so lange weinen darf, bis er von selbst aufhört", erwiderte ich. Dennoch machte mir ihre Bemerkung bewusst, dass sie sich wegen seines Weinens allmählich unwohl fühlte. Ich schätzte, dass es inzwischen fast Zeit zum Heimgehen war. Zu Hause konnte ich ihm so lange wie nötig zuhören. Aber er war noch nicht bereit. Nach zehn Minuten und ein paar weiteren besorgten Blicken Jens wurde mir langsam unbehaglich. Das Weinen meines Sohnes war jedoch mittlerweile leiser geworden, und ich überzeugte ihn leicht, jetzt nach Hause zu gehen und dort eine leckere Kleinigkeit zu essen.

Er hatte mindestens zwanzig Minuten lang geweint. Zu Hause angekommen, spielte er und begutachtete anschließend den Schnitt im Spiegel. Das war höchst ungewöhnlich! Bisher hatte er es immer vermieden, Verletzungen anzuschauen. Der übrige Nachmittag verlief reibungslos. Er wirkte zufrieden und ausgeglichen.

Am nächsten Morgen nach Ankunft in der Kita zog er mich in den hinteren Garten, um mir die Leiter zu zeigen, an der er sich verletzt hatte. Er stieg hinauf, und sobald er oben angekommen war, sprang er auf das Trampolin. „Siehst du?", sagte er, „ich kann von sehr weit oben springen!" Dann kletterte er auf die Plattform oberhalb der Leiter und tat so, als würde er nicht aufpassen und unabsichtlich auf das Trampolin fallen. „Siehst du Mami? So macht es Donald Duck!"

Hocherfreut stellte ich fest, dass der Unfall bei ihm keine Angst hinterlassen hatte. Er war sogar in der Lage, aus einer Höhe zu springen, die er sich tags zuvor noch nicht zugetraut hatte. Auf dem Weg nach draußen fragte mich seine Erzieherin: „Ging es ihm auf der Leiter gut? Gibt es Hinweise auf ein Trauma?" Ich lächelte und antwortete, mein Kind wirke selbstsicherer denn je und sei gerade von der höchsten Stufe aufs Trampolin gesprungen.

Wie es gelang
Dieser Junge wollte von ganz oben herunterspringen, brachte jedoch nicht den Mut dazu auf und verletzte sich, als er den leichten Weg wählte. Die Mutter blieb geduldig ganz Ohr und wehrte die wohlmeinende Erzieherin ab, die beim Besänftigen des Jungen helfen wollte. Das lange Ausweinen wirkte Wunder! Er genoss den restlichen Tag und konnte seine Verletzung sogar im Spiegel betrachten, wozu er bisher nie den Mut aufgebracht hatte. Aber das Schönste an dieser Episode wurde am nächsten Morgen offenkundig, als er sich zu bisher unerreichten Heldentaten aufschwang.

—◦—

Wespenstiche

Strategien: Bleib-Ganz-Ohr

 Ganz-Ohr-Spiel

Mein Sohn war drei, als er im Garten eines Freundes von Wespen angegriffen wurde. Ich eilte ihm zu Hilfe. Mein Mann nahm ihn rasch auf den Arm, und wir hasteten nach drinnen. Die Wespen verfolgten ihn jedoch, und als wir ihm die Kleider herunterrissen, saß eine immer noch in seiner Hose und stach! Auch mein Mann und ich trugen Stiche davon, aber mein Sohn hatte die meisten. Er hatte große Schmerzen und fürchterliche Angst.

Wir packten Eisbeutel auf die Stiche und fuhren nach Hause. Während der halbstündigen Fahrt schrie er pausenlos aus vollem Hals. Ich hielt ihn, blieb mit ihm in Blickkontakt und sagte immer wieder, wie leid es uns tat, dass er gestochen worden war. Ich sagte, wir wüssten, dass es wehtäte und dass er so viel schreien dürfe, wie nötig. Ich sagte ihm, dass wir das zusammen durchstehen würden und dass er genau das Richtige täte. Er schrie sehr, sehr lange. Keinem Kind wünsche ich diese Erfahrung!

Noch Wochen später hatte er so furchtbare Angst vor dem Rausgehen, dass er das Haus nur unter heftigem Weinen verließ. Er fürchtete sich vor allem, was fliegen konnte. Dann weigerte er sich, sich überhaupt draußen aufzuhalten. Dabei war es ein schöner Sommer, und da möchte man in Buffalo, New York, ins Freie gehen, weil man das restliche Jahr drinnen verbringen muss! Also versuchte ich, ihm sowohl mit dem Ganz-Ohr-Spiel als auch mit Bleib-Ganz-Ohr aus der Angst herauszuhelfen.

Ich fing dieses Spiel mit ihm an, bei dem ich summte und zu ihm hin „flog", als wäre ich eine Biene. Nach einer Weile fiel ihm ein, wie er die mächtige Rolle einnehmen konnte. Er sagte „Baba", seine Version von „Buh", und ich schrie auf und „flog" erschrocken davon, mit den Worten: „Was war *DAS* denn?! Oh, hab ich aber Angst!" Er lachte herzhaft und wir fingen von vorne an. Das Spiel gefiel ihm. Die ganze Familie wurde dafür mobilisiert – mein Mann spielte es mit ihm, meine Mutter und manchmal spielten wir es alle zusammen. Mein Sohn erschreckte uns und wir rannten jedes Mal „erschrocken" davon. Dann lachte er und bat um eine weitere Runde.

Ich blieb auch ganz Ohr. Anstatt abzuwarten, bis er wieder von selbst nach draußen gehen würde, was er nie wollte, nahm ich ihn täglich auf einen kleinen Spaziergang mit. Dabei trug ich ihn die ganze Zeit. Er begann zu weinen, sobald wir aus der Tür ins Freie traten, und klammerte sich verzweifelt an mich. Ich versicherte ihm, dass wir nur so lange draußen bleiben würden, wie er wollte, dass aber das Hinausgehen wichtig war und ihm nichts passieren konnte. Beim ersten Mal weinte er einige Minuten und wollte dann wieder ins Haus. Das zweite Mal weinte er auch, hielt es draußen aber ein bisschen länger aus. Wir übten das täglich, und jeden Tag weinte er heftig, blieb aber länger im Freien als tags zuvor. Während er weinte, blieb ich mit ihm in Blickkontakt, hielt ihn im Arm und versicherte ihm, dass ihm bei mir nichts passierte.

Wir merkten, dass er es geschafft hatte, als sich ihm ein Insekt näherte und er es mit „Baba!" vertrieb. Natürlich flog es zufällig davon. Aber mein Sohn war sehr stolz auf sich. Er sagte: „Schau, Mama, ich hab's weggejagt!" Zum endgültigen Sieg kam es, als er eines Tages im Garten spielte und rief: „Mama, komm schau mal!" Ich kam zu ihm und er zeigte mir eine richtig große Biene auf seinem Schuh. Er sagte, „Schau Mama, da ist eine Biene auf meinem Schuh", und wirkte dabei völlig entspannt. Ich antwortete: „Allerdings. Willst du sie verjagen?" Und er bejahte und schüttelte den Fuß. Die Biene flog davon und er spielte weiter. Eine ganz alltägliche Sache!

Ich fühlte mich als eine tolle Mama! Wir hatten herausgefunden, wie wir ihm bei etwas absolut Erschreckendem helfen konnten. Seitdem hat er vor Insekten keine Angst mehr, als habe es den Vorfall nie gegeben.

Wie es gelang
Kinder entwickeln nach erschreckenden Erlebnissen häufig tiefgehende und dauerhafte Ängste. Oft umgehen wir diese Phobien, weil wir nicht wissen, wie wir darauf eingehen sollen. Hat unser Kind Angst vor Wasser, meiden wir jedes Schwimmbecken. Bei Angst vor Insekten hängen

wir im ganzen Garten Fallen auf und verzichten auf Campingurlaub für unsere Familie. Aber durch solches Vermeiden werden die Ängste nur noch tiefer verankert und beeinträchtigen sowohl den Alltag unseres Kindes als auch den der Menschen in seinem Umfeld.

Stattdessen wandte diese Mutter das Ganz-Ohr-Spiel an, um ihrem Sohn zu helfen, die leichteren Ängste über Lachen abzuschütteln, und wählte Bleib-Ganz-Ohr, damit er die tiefer sitzenden über das Weinen auflösen konnte. Während des Ganz-Ohr-Spiels begann die Mutter zu improvisieren, bis ihrem Sohn einfiel, wie er auf souveräne Weise mitspielen konnte. Er hörte das furchterregende Summen in der Geborgenheit seines Zuhauses, und die Mutter ermöglichte ihm, darüber zu lachen und damit die innere Spannung abzubauen. Bei Bleib-Ganz-Ohr unternahm sie winzige Schritte, überließ dem Jungen die Entscheidung über den Rückzug und erlaubte ihm, die Angst in der Geborgenheit ihrer Arme zu durchleben. Langsam, aber sicher gewann er seinen Mut zurück und konnte bald wieder zufrieden neben Bienen und anderen fliegenden Insekten draußen spielen.

―◄O►―

Ein Fahrradunfall

STRATEGIE: BLEIB-GANZ-OHR

Unsere Familie machte Urlaub und mein dreieinhalbjähriger Sohn Henry hatte sein Laufrad dabei. Eines Tages fuhr er auf seinem Rad einen ziemlich steilen Berg hinunter. Es rollte immer schneller und fing zu wackeln an. Ich erwischte ihn nicht rechtzeitig und er fiel heftig aufs Gesicht (er trug einen Helm). Ich eilte zu ihm. Henry weinte wirklich sehr. Da setzte ich mich auf die Erde, zog ihn auf den Schoß und blieb ganz Ohr.

Er blutete stark am Mund und schluckte Blut. Auch hatte er sich ziemlich erschreckt. Ich wusste, dass Verletzungen im Mund schnell bluteten und normalerweise auch nicht genäht wurden. Menschen eilten herbei und boten mir erste Hilfe und Eisbeutel an. Ich antwortete, wir bräuchten das vielleicht später, aber momentan hätten wir alles. Einige schauten mich ungläubig an und urteilten wohl auch negativ über mich, aber ich beschloss, mich auf meinen Sohn zu konzentrieren. Ich wollte wirklich zuhören und für ihn präsent sein, da ich schöne Erfahrungsberichte darüber gehört hatte, wie man damit emotionale und körperliche Heilungsprozesse unterstützen konnte.

Als ich sah, wie Henrys Lippe anschwoll und sich dunkel verfärbte, wurde ich doch ein wenig ängstlich und nervös. Auch schluckte er ziemlich viel Blut. Ich schob diese Sorgen jedoch beiseite und blieb weiter ganz Ohr. Noch immer gaben uns Passanten gute Ratschläge. Sie hielten mich wahrscheinlich wirklich für eine Rabenmutter – denn für ihre Begriffe verhielt ich mich ja völlig passiv. Ich achtete aber weiterhin auf Henry und unsere Verbindung zueinander. Immer noch weinte er sehr heftig.

Schließlich hörte die Blutung auf. Ich sah, dass die Zähne unbeschädigt waren. Jetzt äußerte Henry Bitten, während er noch weinte. Ich hörte ihm zu und antwortete, dass ich vorerst nur zuhören wollte. Ab und zu sagte ich: „Du bist vom Rad gefallen" oder „du hast dich an der Lippe verletzt." Sein Weinen dauerte etwa zwanzig bis dreißig Minuten. Dabei geschah gegen Ende etwas höchst Erstaunliches: Die Schwellung der Lippe ging zurück und auch ihre Farbe normalisierte sich fast völlig. Ich traute meinen Augen nicht. Wäre ich nicht selbst dabei gewesen, hätte ich diese Veränderung kaum glauben können. Schließlich hörte Henry mit dem Weinen auf.

Ich schlug vor, weiterzugehen. Da sagte Henry, er wollte von mir getragen werden. Ich würdigte seinen Wunsch und schlug dann vor, er solle erst zu laufen probieren. Er stapfte los. Dann sagte ich: „Wenn du willst, kannst du dich aufs Fahrrad setzen." Er willigte ein und bestieg sein Rad. Es war wirklich erstaunlich.

Unsere Zuschauer wirkten sehr überrascht. Ich fragte mich, was sie wohl inzwischen über meinen Erziehungsstil dachten, und war sehr zufrieden mit mir. Am Nachmittag gingen wir noch einmal Spazieren und er fuhr denselben steilen Hügel herunter, diesmal aber sehr geschickt.

Dankbarkeit wärmte mir das Herz. Die Lippe sah fast normal aus und heilte innerhalb der nächsten Tage völlig ab. Ich hatte meinem Kind auf beinahe wundersame Weise bei der Heilung einer körperlichen Verletzung helfen können.

Wie es gelang

Manchmal wirkt die heilende Kraft des Weinens wie Zauberei. Hier spürte die Mutter trotz Bedenken umstehender Passanten, dass die Verletzung ihres Sohnes keine sofortige medizinische Behandlung benötigte, und konzentrierte sich stattdessen auf ihre Verbindung mit ihm. Sie blieb ganz Ohr, während er seine Angst ablud. Als ihr Sohn Bitten zu äußern begann, wie es Kinder oft tun, um sich von einer verstörenden Erregung abzulenken, richtete die Mutter seine Aufmerksamkeit behutsam erneut auf seine Verletzung und ließ damit weiteres Weinen zu. Als er mit Weinen fertig war, stieg der Junge bereitwillig auf sein Rad, um das Fahren nochmal zu probieren. Seine Lippe begann schnell abzuheilen und am Nachmittag desselben Tages meisterte er den steilen Hügel doch noch.

Wenn Sie beide Angst haben

STRATEGIEN: BLEIB-GANZ-OHR

 GEGENSEITIGES EINFÜHLSAMES ZUHÖREN

Letzten Sonntag entwickelte sich aus unserem morgendlichen Ausflug eine interessante Erfahrung, die ich bestimmt nie vergessen werde. Mein Mann, mein zweieinhalbjähriger Sohn und ich frühstückten auf der Terrasse eines Cafés. Nachdem mein Sohn aufgegessen hatte, wollte er den Springbrunnen erkunden. Ich begleitete ihn und setzte mich auf den

Brunnenrand. Plötzlich rutschte mein Sohn aus und stürzte kopfüber ins Wasser. Sofort zog ich ihn heraus. Er weinte hysterisch, vor Nässe triefend, obwohl ich keine sichtbare Verletzung entdeckte. Ich setzte ihn mir auf den Schoß, legte die Arme um ihm, nahm Blickkontakt auf und hörte ihm zu. Wir blieben am Brunnenrand sitzen, obwohl das Café sehr belebt war. Ich erinnerte mich nämlich daran, dass es den Heilungsprozess begünstigt, wenn das Kind zunächst möglichst wenig Ortsveränderung erfährt. Ich achtete nur darauf, dass er mich sehen konnte. Er ließ Erregung und Ängste heraus. Ich berührte ihn behutsam am Kopf und gab nur ein paar beruhigende Laute von mir, denn ich bezweifelte, dass bei seinem heftigen Weinen Reden sinnvoll war. Ich konzentrierte mich darauf, so ruhig und präsent wie möglich zu sein, obwohl auch mich der Sturz sehr erschreckt hatte.

Nach fünf Minuten lautem Weinen fand ich es besser, den Ort zu wechseln und trug meinen Sohn in die nächste Gasse. Dort knieten mein Mann und ich uns auf die Erde, während ich weiter zuhörte. Sobald sein Weinen nachließ, sagte ich sanft: „Du bist ins Wasser gefallen." Er weinte erneut und ich ging mit ihm noch weiter weg. Schließlich sorgte sich mein Mann, unser Sohn könnte sich erkälten, und so trugen wir ihn ins Auto, wo ich ihn wieder auf den Schoß nahm und sanft entkleidete. Bald fing er zu spielen an, nach etwa zehn Minuten erwähnten wir den Vorfall erneut und er sagte ziemlich leichthin: „Ich war Schwimmen. Wusch!" An der Lippe hatte er eine Quetschung und einen blauen Fleck auf der Wange, aber er sagte, es täte ihm nicht weh. Bis heute erstaunt es mich, wie rasch er sich von einem Vorfall erholt hatte, der ihn auch leicht hätte traumatisieren können.

Als wir das Café in derselben Woche erneut besuchten, wirkte er überhaupt nicht ängstlich. Für den Springbrunnen interessierte er sich nur ein bisschen und sagte: „Heute gehe ich nicht rein." Dagegen traute er sich beim Schwimmunterricht mehr zu als vorher. Ich dagegen musste diesem Vorfall und meinen Erinnerungen an die Geburt meines Sohnes und einigen seiner frühen Traumata mehrere Treffen mit meinem einfühlsamen Zuhörer widmen. Mein Junge hat sich viel schneller erholt als ich.

Wie es gelang

Nach einer Verletzung unseres Kindes brauchen wir Eltern oft viel länger als unser Kind, bis wir daraus resultierende Ängste überwunden haben! Unfälle passieren einfach und trotz seiner aufmerksamen Mutter fiel der kleine Junge in einen öffentlichen Springbrunnen. Da keine größere Verletzung zu sehen war, entschloss sich die Mutter, für ihren Sohn auf der Stelle ganz Ohr zu bleiben. Als es dann sinnvoller schien, das laut schreiende Kind außer Hörweite des Cafés zu tragen, zog sie mit ihm weiter. Und sie traute weiterhin dem Entschluss, wie sie und ihr Mann mit der Situation umgehen wollten. Sie erinnerte ihren Sohn mit einfachen Worten an das Geschehen, um ihn zu ermutigen, auch noch die übrigen Ängste zuzulassen. Schritt für Schritt halfen die Eltern ihrem Kind, sich von dem Unfall zu erholen. Am Ende blieb dem Jungen eine rein sachliche Erinnerung des Vorfalls. „Ich war Schwimmen. Wusch! Heute gehe ich nicht rein." Und die Mutter arbeitet noch mit ihrem einfühlsamen Zuhörer an den Ängsten und Gefühlen weiter, die mit dem Unfall zusammenhängen.

KAPITEL 12

Aggressionen überwinden

Was Sie wissen müssen

Fast allen Eltern machen die Aggressionen unserer Kinder zu schaffen. Sie überfällt uns aus heiterem Himmel, und sobald sie einmal aufgetreten ist, haben wir immer wieder damit zu tun. Was sollen wir nur in diesen schwierigen, aufgeheizten Momenten tun?

Vermutlich ist Ihnen nicht neu, dass herkömmliche Maßnahmen, wie Argumentieren, Belohnungspläne, Prügel und das Verordnen „logischer Konsequenzen" die kindlichen Aggressionen nicht langfristig stoppen. Tatsächlich löst keine dieser Taktiken das heftige Gefühlschaos, das Ihr Kind zum Ausrasten bringt! Wenn Ihr Kind klar denken kann, dann liebt es seine Freunde und Geschwister. In sicherer Verbindung zu Ihnen kann es einen Schrei loslassen oder aufgeregt und um Hilfe bittend zu Ihnen eilen, wenn es geärgert wurde. Sobald Ihr Kind sich aber in der Gewalt heftiger Gefühle befindet, wirbeln alle Ihre korrigierenden Worte und Maßnahmen unverständlich durch seinen geplagten Geist.

Aggressionen signalisieren, dass Ihr Kind Angst hat

Ihnen wird es viel leichter fallen, dem Kind zu helfen, wenn Sie erkennen, dass es *aus Angst* so wild um sich schlägt. Die Ängste der Kinder entwickeln sich aus Geburtskomplikationen, ärztlicher Behandlung, familiären Spannungen, plötzlichen Veränderungen, dem Spüren der

Traurigkeit oder Unzufriedenheit anderer, der Trennung von geliebten Bezugspersonen und mehr. Erlebt das Kind eine überwältigende Situation, setzt sich die daraus resultierende Angst im emotionalen Gedächtnis fest, außer jemand bleibt in der Situation selbst für das Weinen und Schlagen des Kindes ganz Ohr, damit es seine Gefühle loslassen kann. Emotionale Gedächtnisinhalte verblassen nicht mit der Zeit. Wird dann das Gedächtnis nach Wochen, Monaten oder Jahren durch eine harmlose Situation getriggert, wird Ihr Kind erneut von der Angst mit voller Wucht überfallen, obwohl es sich in völliger Sicherheit befindet. Sein logisches Denken schaltet ab, der Überlebensinstinkt übernimmt die Führung und Ihr Kind schlägt vielleicht heftig um sich.

Ein Kind hat fast nie die Kontrolle über sein aggressives Verhalten, so absichtsvoll es auch erscheinen mag. Wenn Ängste regieren, gibt es keinen Raum für liebevolle Gefühle. Auf den Hinweis, dass sie ihrem Bruder wehgetan hat, wird Ihre Tochter sagen: „Ist mir egal!" Natürlich ist er ihr wichtig, aber sie fühlt sich, als typische Begleiterscheinung der Angst, gerade so sehr isoliert, dass sie niemandem vertraut. Tatsächlich ist es nützlich, die verletzenden Handlungen Ihres Kindes – Beißen, Grapschen, Stoßen, Schlagen und ähnlich impulsives Verhalten – als *Signale* zu verstehen. Sie bedeuten: „Ich habe fürchterliche Angst! Hilf mir!"

Ihr Kind ist durch und durch gut. Lieber würde es spielen, als anderen Schwierigkeiten zu bereiten. Sie können es aber mit den Zuhörstrategien erreichen und so in ihm das Gefühl stärken, dass Sie auf seiner Seite stehen. Erst dann werden Sie gemeinsam an der Freisetzung der isolierenden Spannung arbeiten können. Sie bringen Grenzen und Mitgefühl ein, dafür zeigt Ihnen Ihr Kind die wilden Gefühle, die es abschütteln muss. Am Ende wird es sich entspannen.

Wie Sie Ihrem Kind beim Überwinden von Aggressionen helfen

Ein aggressives Kind wiederum aggressiv zu behandeln wird ihm wohl kaum das gewünschte, liebevolle Verhalten vermitteln. Aber in diesen hitzigen Momenten fallen wir oft in alte Verhaltensmuster, die widerspiegeln, was uns in der eigenen Kindheit angetan wurde. Solche Reaktionen verschlimmern jedoch alles noch mehr. Unser Kind fühlt sich eingeschüchtert und wir üben die gepredigte Freundlichkeit nicht selbst aus. Die hier vorgestellten Schritte sollen mit der Zeit die Verbindung zwischen Ihnen und Ihrem Kind stärken und rundum für Sicherheit sorgen. Sie werden jede Zuhörstrategie einsetzen, um Ihr Kind zu erreichen und auch Ihre eigene Erregung häufig abzuladen. Denn Sie verdienen mindestens ebenso viel Unterstützung wie Ihr Kind! Die Konzentration auf die Verbindung zwischen Ihnen und die Sicherheit aller Beteiligten, werden Ihnen helfen, wieder zueinander zu finden und sich aus dem Dornengestrüpp heikler Gefühle zu befreien.

Schritt 1. Suchen Sie sich Unterstützung durch Gegenseitiges einfühlsames Zuhören. Ein Kind zu begleiten, das sich stark bedrängt fühlt, ist zermürbend! Um eine Veränderung zu erreichen, benötigen Sie die Geistesgegenwart, auf Ihr Kind zuzugehen, anstatt automatisch auf sein kopfloses Verhalten zu reagieren. Also reden Sie mit einem vertrauensvollen Zuhörer über das erste Mal, als Sie geschlagen oder anders grob behandelt wurden. Schildern Sie, wie man mit Ihnen und Ihren Geschwistern umgegangen ist und welche Art von „Disziplinierung" Sie in Schule oder Sportverein erlebt haben. Reden Sie darüber, welche Gefühle in Ihnen hochkamen, als Sie bestraft wurden, oder andere Kinder verärgerten Erwachsenen zum Opfer fielen. Tun Sie Ihr Möglichstes, sich von Gefühlen und Einstellungen zu befreien, die mit jenen Erinnerungen aus Ihrer Herkunftsfamilie verknüpft sind und an Sie weitergegeben wurden.

Während Sie das Ohr Ihres einfühlsamen Zuhörers haben, stellen Sie sich vor, dass Sie heute selbst das Sagen haben. Sie können jedem Erwachsenen, der Sie bestraft hat, eine gründliche Standpauke halten. Sie können für sich selbst eintreten oder Rollen tauschen und nun mit diesen Personen in Ihrer Fantasie grob und fordernd umgehen. Nutzen Sie Ihre Vorstellungskraft, um die damals lähmenden Ereignisse nochmals durchzuspielen und heute die mächtigere Rolle auszuprobieren. Vergießen Sie Tränen und erlauben Sie sich zu schwitzen oder zu zittern, während Sie sich darauf konzentrieren, dass Sie *gut* sind und es schon immer waren. Ihr ungehöriges Benehmen als Kind war ein Hilferuf an die Erwachsenen.

Wenn Sie mit dieser Sichtweise arbeiten, werden sowohl die Emotion als auch die damit verbundene, kränkende Botschaft an der Wurzel beseitigt.

Hier erzählt eine Mutter, die den Aggressionen ihres Sohnes konstruktiver begegnen wollte. Die Arbeit mit ihrem einfühlsamen Zuhörer an eigenen Erinnerungen, in denen sie nun die mächtigere Rolle einnahm, brachte für sie und ihren Sohn entscheidende Veränderungen.

Mein sechsjähriger Sohn leidet noch unter beträchtlicher Trennungsangst aus der Säuglingszeit. Am besten kann er sie abbauen, wenn er „ausflippt", nachdem ich eine Grenze gesetzt habe oder auf die Grenze bestehe, wenn er versucht, mich zu hauen. Die ersten Male, als er nach mir schlug, geriet ich völlig aus der Fassung. Ich versuchte, mich zu schützen, aber manchmal schrie ich ihn auch an und drohte ihm, damit er aufhörte. Ich brauchte für mich ein Ohr zum Zuhören! Ich wollte meinem Sohn helfen, an seinen Ängsten zu arbeiten, damit er nicht immer so reagieren musste.

Einmal fragte mich meine einfühlsame Zuhörerin liebevoll, an wen mich mein Sohn während seiner Attacken erinnerte. Sofort schoss es aus mir hervor: „An meinen Vater." Und ich erinnerte und durchlebte erneut die schwierigen Momente voller seelischer und körperlicher Pein aus meiner Vergangenheit. Ich weinte in vielen Sitzungen darüber, dass mich mein Vater geschlagen hatte. Auch ergriff ich jetzt die Gelegenheit, für mich selbst einzustehen, „den Vater" im Schutzraum des gegenseitigen einfühlsamen Zuhörens schreiend für seine Misshandlungen anzuklagen und ihm zu sagen, dass ich solch eine Behandlung nie verdient hatte. Das befreite ebenfalls viele Gefühle.

Nach dieser Arbeit gelang es mir leichter, mich auf das Ausrasten meines Sohnes einzustellen. Wenn er zum Beispiel Süßigkeiten verlangte oder an den Computer wollte und ich eine Grenze setzte, dann konnte ich damit rechnen, dass er mich zu hauen versuchte. Da war ich jetzt ruhiger und besser in der Lage, mich zu schützen. Und ich merkte, dass ich für seine Gefühle besser ganz Ohr bleiben konnte. Es funkten nicht mehr so viele eigene Gefühle dazwischen. Heute kann ich mich fragen: „Kann ich jetzt gerade mit einem heftigen Gefühlsausbruch umgehen? Oder bin ich zu müde, um für all diese Angst ganz Ohr zu bleiben?" Wenn ich gut in Form bin, setze ich als Nächstes eine sinnvolle Grenze und mein Sohn kann sich seiner tief gehenden Ängste entledigen, woraufhin ich später bei meiner einfühlsamen Zuhörerin an den Gefühlen arbeite, die bei mir ausgelöst wurden.

Über Grenzen-Setzen und Bleib-Ganz-Ohr kombiniert mit häufiger Wunschzeit und dem Ganz-Ohr-Spiel kann mein Sohn jetzt gelassener mit Abschiedssituationen umgehen. Ihn in der Schule abzusetzen ist jetzt leichter. Er ist unabhängiger geworden und trifft sich zum Spielen öfter bei seinen Freunden. Und sein bislang täglich auftretendes aggressives Verhalten beschränkt sich inzwischen auf wenige Male pro Monat. Wir machen beide gute Fortschritte!

‹o›

Schritt 2. Festigen Sie das Verbundenheitsgefühl Ihres Kindes mit Wunschzeit. Das ist Ihre Strategie der Wahl für den Aufbau von Verbindung und Vertrauen. Egal, wie aggressiv sich Ihr Kind auch verhält, jede Veränderung fängt mit Wunschzeit an. Ihr Kind benötigt Verbindung und diese muss nach seinen Bedingungen geknüpft werden.

Oft werden Sie gar nicht wissen, wodurch die Aggressionen Ihres Kindes geschürt werden. Aber wenn Sie täglich ein paar Minuten Wunschzeit investieren, offenbart Ihnen das Kind seine Kränkung vielleicht in einem eigens dafür ausgedachten Spiel und gibt Ihnen die Opferrolle. Ein Mädchen, das zum Beispiel in der Schule drangsaliert wird, nutzt Wunschzeit vielleicht, um darin die selbst erlittene Beschimpfung oder Schikane darzustellen. Sie müssen Ihre Tochter nicht darüber verhören, weshalb sie während der Wunschzeit zu Ihnen Dummkopf sagt, spielen Sie nur ein wenig die Verwirrte: „Meinst du meinen Kopf? Ich dachte, dem fehlt nichts … hmmm… soll ich mal in den Spiegel schauen? Wo sitzt denn der dumme Teil?" Je verwirrter Sie spielen, umso herzhafter kann Ihre Tochter lachen. Es befreit sie von den Ängsten dicht unter der Oberfläche. Nach solchem Spiel ist sie mit Ihnen noch lieber zusammen. Vielleicht werden Sie nie weitere Einzelheiten über die Ereignisse in der Schule erfahren, aber solange Ihr Kind darüber lachen und weinen kann, wird die Verletzung heilen. Außerdem wird die Verbindung zwischen Ihnen wachsen.

Hier erzählt eine Mutter, wie sehr sich die Beziehung zu ihrem aggressiven Sohn veränderte, nachdem sie unsere Hinweise zur Wunschzeit genau befolgt hatte:

—◄o►—

Ich war wirklich am Kämpfen. Mein vierjähriger Sohn versuchte, mich oft zu schlagen, und benötigte Hilfe. Ich hatte ihm Wunschzeit nach meinen Vorstellungen angeboten, merkte aber, dass dies nicht ganz mit den Hinweisen „des Hand in Hand"-Ansatzes übereinstimmte: Ich spielte mit meinem Sohn und fragte ihn, ob er Wunschzeit wollte, aber ich setzte keinen Timer. Außerdem machte ich ihm dieses Angebot nur gelegentlich, statt beispielsweise konsequent jeden Morgen. Auch schlug ich ihm selbst ein Spiel vor oder brachte im Spiel allmählich meine eigene Note ein, was es sofort veränderte. Zum Beispiel knurrte ich laut beim Fangen ums Haus, anstatt mich, wie gewünscht, nur auf das Fangen selbst zu beschränken.

Ich merkte wirklich, wie erst die Grundprinzipien der klaren zeitlichen Vorgabe, Führung durch das Kind und Regelmäßigkeit die Wunschzeit ausmachten. Also begann ich am folgenden Morgen als Erstes mit Wunschzeit. Ich kündigte sie so an: „Zehn Minuten lang können wir alles machen, wozu du Lust hast." Danach stellte ich den Timer. Mein Sohn wollte eine Kissenschlacht. So schenkte ich jeder seiner Bewegungen meine ungeteilte liebevolle Aufmerksamkeit. Es machte uns so viel Spaß; was für ein Gelächter und Gerenne! Als der Timer brummte, wollte mein Sohn weiter spielen, aber ich bestand auf das Ende der Wunschzeit und schlug ihm eine weitere Runde nach der Schule vor. Damit war er zufrieden. Daraufhin verlief der Morgen unerwartet reibungslos. Das war neu! Ich war so glücklich. Nach der Schule kam die nächste Runde Wunschzeit und ich bemerkte wirklich den Unterschied. Was ich nämlich zuvor für Wunschzeit gehalten hatte, hatte nicht die gleichen Folgen wie die Erfahrungen jenes Morgens und Nachmittags. Ich wurde Zeugin einer Verwandlung!

Ich plane nun seit einigen Monaten morgens und nach der Schule Wunschzeit ein und kann die Veränderung unserer Beziehung kaum fassen. Das Angstknäuel im Inneren meines Sohnes hat sich gelockert und er schlägt mich nicht mehr. Auf dem Weg bis dahin lagen zusätzlich viele Runden Bleib-Ganz-Ohr und gemeinsam haben diese beiden Strategien zu neuer Heilung und tiefer Verbundenheit zwischen uns geführt. Ich bin ungemein dankbar dafür, einen liebevollen Umgang mit schwierigem Verhalten gefunden zu haben, worauf man sonst oft mit zusätzlicher Verletzung reagiert.

◄○►

Schritt 3. Zeigen Sie Ihre Zuneigung und bauen Sie über das Ganz-Ohr-Spiel Nähe auf. Lachen ist ein großartiges Ventil für die leichteren Ängste Ihres Kindes. Und das wilde Tobespiel, das oft zum Ganz-Ohr-Spiel gehört, wirkt absolut entspannend.

Und nichts geht über spielerisches Raufen, um Ihrem Kind zu versichern, dass Sie stark sind und es beschützen. Wenn Ihr Kind auf Sie draufhüpfen, sich auf Sie stürzen darf, Sie zu fangen sucht und auf den Teppich oder ins Gras wirft, dann wird die Mischung aus Gelächter, Zuneigung und Körperkontakt ihm auf allen Ebenen richtig gut tun. Lebhafte Bewegungsspiele vermitteln ihm körperlich bis auf die Zellebene erfahrbare Sicherheit. Richten Sie Ihren Kräfteeinsatz im Spiel danach aus, was Ihr Kind zum Lachen bringt. Manche Kinder trauen sich körperlich ziemlich viel zu und nehmen Herausforderungen gern an. Andere gehen nur kurz in Körperkontakt und müssen gleich wieder fliehen, damit sie sich weiterhin sicher fühlen. Lassen Sie sich durch das Lachen Ihres Kindes zeigen, wie Sie beim Spiel Ihren Krafteinsatz regulieren und wie viel Körperkontakt Ihr Kind dabei erträgt.

Hier wird beschrieben, wie eine Mutter das Ganz-Ohr-Spiel einsetzt, damit sich ihr Sohn nicht noch stärker in aggressives Verhalten hineinsteigert.

◄○►

Wenn mein fünfjähriger Sohn haut und tritt, spiele ich oft Folgendes mit ihm und sage: „Na sowas, da haben wir ja ein wütendes Löwenkind. Hmm, ob es sich wohl von ein paar Küssen zähmen lässt?" Anschließend versuche ich, ihn zu küssen, wogegen er sich natürlich wehrt. Er übernimmt dann die Löwenrolle, knurrt und brüllt, jagt mir Angst ein und versucht, mich an den Haaren zu ziehen. Dann sage ich: „Ganz bestimmt werden Löwen mit Küssen gezähmt! Ich habe das doch im Lexikon gelesen. Vielleicht braucht dieser Löwe einfach *mehr* Küsse!" Ich zeige mich überrascht, dass der Löwe noch immer nicht gezähmt ist, und versuche weiterhin, meine Küsse an den Löwen zu bringen. Oder ich sage: „Vielleicht muss man ihn auf den *Bauch* küssen. Ich weiß, dass Löwen mit Küssen gezähmt werden, aber ich habe vergessen, an welcher Stelle sie geküsst werden müssen!" Und so weiter. Er mag dieses Spiel und lacht sich schlapp dabei. Bis zu fünf Minuten reichen ihm, dann kommt er wieder ins Gleichgewicht und muss sein Unbehagen nicht mehr aggressiv ausdrücken.

◄o►

Schritt 4. Setzen Sie Grenzen, sobald das Verhalten des Kindes entgleist. Je länger Sie damit warten, umso ängstlicher und isolierter fühlt sich Ihr Kind und umso wahrscheinlicher wird es sich aggressiv verhalten. Sie können die Grenze spielerisch setzen oder in einem festen, nüchternen Tonfall. Aber zögern Sie nicht, und halten Sie die Grenze so lange aufrecht, bis die fehlgesteuerte Energie Ihres Kindes gehört, beantwortet und abgelassen ist.

Sich selbst als Zielscheibe anzubieten funktioniert gut, wenn Ihr Kind zwar andere belästigt, aber nicht völlig von seinem Zorn verzehrt wird. Lenken Sie die hitzige Energie von Kindern weg, die damit nicht zurechtkommen. Oft klappt das gut mit spielerischem Raufen: „Oh, so redest du also mit deiner Schwester! Dafür muss ich dich aber an den Zehenspitzen aufhängen." Grinsend solche absurden Ansagen zu machen, wird genügen, damit Ihr Kind die Aggressionen auf Sie richtet. Begegnen Sie ihm mit überzogenen Drohungen und mühen sich dann mächtig ab, diese umzusetzen. Bleiben Sie dabei durchgehend freundlich und eifrig. Feuchte Küsse, auf den Bauch oder Nacken Prusten und spielerisches Puffen sind gute Antworten darauf, wenn ein Kind einem anderen die Zunge herausstreckt, es beschimpft oder auf andere Weise piesackt. Solange Sie dabei liebevoll und motiviert wirken, können Sie in einer sonst spannungsgeladenen Situation Lachen hervorlocken.

Wenn Sie mit Kindern spielerisch raufen, vermitteln Sie ihnen Sicherheit. Sie zeigen, dass Ihnen ihr Wüten keine Angst macht. Auch geben Sie ihnen damit genügend Sicherheit, Ihnen auch in Zukunft ihre aggressiven Impulse zu zeigen. Nachdem das Kind einige Male spielerisch Ihre Grenzen getestet hat, wechselt es vielleicht zu boshafterem, verletzenderem Verhalten, weil unter der Oberfläche eine noch tiefer sitzende Erregung steckt. Natürlich müssen Sie sich dann mittels Grenzen schützen! Zum Beispiel fängt Ihr Kind vielleicht mit Kneifen an, während Sie sich beide auf dem Boden wälzen. Antworten Sie auf die Steigerung mit einer liebevollen Grenze: „Oh, wo sind diese frechen kleinen Finger? Die brauchen wohl einen Schmatzer!" Das Kneifen wird weitergehen, aber Ihr Kind wird sich erst recht schieflachen, wenn Sie andeuten, als Nächstes die Finger abzulecken. Hört es dann immer noch nicht auf zu kneifen, dann wählen Sie als Strafe geräuschvolles Prusten auf seinem Bauch. Diese liebevolle Revanche erzeugt eine Art „sanfte" Grenze. Sie begrenzen das Verhalten und überschütten Ihr Kind gleichzeitig mit Zuneigung, während es Ihnen eine abgeschwächte Variante seines verletzenden Impulses zeigt.

Wenn Ihnen das Verhalten Ihres Kindes jedoch zu stark eskaliert, dann unterbrechen Sie das Spiel und kommen dicht zu ihrem Kind heran. Das ist ein günstiger Augenblick, denn ihr Kind fühlte sich sicher genug, die Kontrolle über sein Verhalten aufzugeben. Es weiß, dass Sie da sein und eine feste Grenze setzen würden. Es ist dazu bereit, sich von den Gefühlen zu befreien, die ihm so viel Kummer bereiten.

Bringen Sie diese Grenze zu Ihrem Kind, indem Sie ihm vielleicht die Hände halten, damit es Sie nicht schlagen oder verletzen kann. Es wird nicht mit Ihnen zusammen sein wollen – die hochkommenden Emotionen werden sich unerträglich anfühlen. Sagen Sie ihm: „Ich kann nicht zulassen, dass du mir wehtust. Lass uns einen Moment hier bleiben…"

Erlauben Sie Ihrem Kind jetzt keine andere Beschäftigung. Wahrscheinlich fühlt es sich erregt und will weglaufen. Heftige Gefühle aus Verletzungen steigen an die Oberfläche. Bleiben Sie dicht bei ihrem Kind, selbst wenn Sie ihm bis in die entlegensten Winkel des Hauses folgen müssen. Es muss Ihre Fürsorge spüren. Dann wird es einen Weg finden, in Tränen auszubrechen.

Schritt 5. Heilen Sie den Kern der Verletzung über Bleib-Ganz-Ohr.
Rechnen Sie damit, dass die Gefühle Ihres Kindes intensiv sein werden und dass Sie „daran schuld" sind. Sie haben das Spiel verdorben, Sie stinken, außerdem gehören Sie zu den schrecklichsten Eltern der Welt, weil Sie Ihr Kind nicht in Ruhe lassen. Es brennt darauf, sich der heftigen Gefühle zu entledigen, die seine Beziehungen mit anderen belasten. Also hören Sie zu. Verteidigen Sie sich nicht. Sagen Sie nur: „Es ist ganz schön schwer.", „Ich merke, dass du dich nicht gut fühlst" oder „Ich will bei dir bleiben, bis es dir besser geht.". Ihr Kind wird schreien, schwitzen, um sich schlagen und dann zu etwas anderem übergehen. So tritt die Angst ab: über Lärm, Hass, Beschämung, Anschuldigungen und dann Panik. Bleiben Sie während dieser Phase der Anker Ihres Kindes, und Sie werden anschließend bemerkenswerte Veränderungen feststellen, auch das aggressive Verhalten wird nachlassen.

Hier folgt ein Beispiel, wie so etwas ablaufen kann:

Mein Fünfjähriger blödelte während des Fußballtrainings herum und störte dadurch. Nach einigen Verwarnungen der Trainerin packte sie ihn am Arm und forderte ihn auf, sich zu beruhigen. Daraufhin reagierte mein Sohn sehr heftig. Er riss den Ball eines Freundes an sich und schoss ihn so weit weg, wie er konnte. Als die Trainerin einen Ersatzball besorgte, kickte er ihn beinahe aus ihrer Hand. Anschließend wollte er sich auf ein weiteres Kind stürzen.

Er brauchte wirklich Unterstützung, und so bat ich ihn, mit mir zusammen eine Pause zu machen. Zuerst weigerte er sich, ließ dann aber doch zu, dass ich ihn auf den Arm nahm. Als wir das Spielfeld verlieben, wollte er sich von mir losmachen und fing zu kämpfen an. Da setzte ich mich mit ihm hin. Er kratzte, kickte, versuchte mich zu beißen und schlug mir die Brille von der Nase. Ich ließ ihn wissen, dass er sicher war und ich bei ihm blieb. Er war völlig verschwitzt, vergoss aber keine Träne.

Irgendwann beruhigte er sich und wollte wieder zu seiner Gruppe. Ich glaubte, dass er wegen des Vorfalls noch immer heftige Gefühle in sich trug, und sagte deshalb, ich wolle mit ihm noch ein wenig sitzen bleiben. Daraufhin kämpfte er weiter und fing an zu weinen. Nachdem er eine Weile geweint hatte, sagte er: „Das fand ich doof, als die Trainerin mich am Arm gepackt hat." Ich entgegnete: „Das hat dir gar nicht gefallen", während er weitere Tränen vergoss. Als ich spürte, wie sich sein Körper entspannte, fragte ich, ob er wieder zum Training wollte. Er stimmte zu und wirkte während des restlichen Trainings zufrieden.

Das war eine öffentliche Runde Bleib-Ganz-Ohr, denn seine Erzieherin und eine Gruppe von Eltern standen in der Nähe. Die Erzieherin zeigte sich über den Wandel von entgleistem Verhalten hin zu Weinen und dann Entspannung und Zufriedenheit sehr überrascht.

Diese Schritte werden die große Angstlast, die Ihr Kind ausrasten lässt, allmählich reduzieren. Zuerst werden Sie vielleicht merken, dass Ihr Kind noch häufiger impulsives Verhalten zeigt, denn Ihr Zuhören und das Vermitteln von Sicherheit macht ihm Hoffnung. Es möchte aus seiner Patsche heraus und wird Sie dabei oft zu Hilfe rufen. Doch in dem Maß, wie Sie ihm geeignete Gelegenheiten zum Abladen seiner Ängste anbieten, wird seine Erleichterung im Gesichtsausdruck und Verhalten sichtbar werden. Ihr Kind wird womöglich besser schlafen, essen, allmählich gern mit den Geschwistern zusammen sein, die ihm bedrohlich erschienen waren, oder häufiger lachen. Und schließlich werden auch seine Ausbrüche nachlassen. Allerdings werden diese weiterhin in die Tiefe gehen, denn so erfolgt schließlich die Heilung; aber auch die Resilienz Ihres Kindes wird zunehmen. Und Ihr Kind wird Ihnen seine Schwierigkeiten jetzt auch anders zeigen können, indem es erbittet, was es braucht, oder einfach in Tränen ausbricht. Bei einer positiven Entwicklung sind Sie vielleicht versucht, nun weniger Wunschzeit und Ganz-Ohr-Spiel anzubieten, doch diese Strategien sind für den Abbau von Aggressionen ebenso wichtig wie Grenzen-Setzen und Bleib-Ganz-Ohr. Jede der Zuhörstrategien beantwortet ein angeborenes Bedürfnis. Jede übermittelt eine bedeutsame Facette Ihrer Liebe und Bestätigung.

Weitere Wege zur Überwindung der Aggressionen Ihres Kindes

Hier folgen einige zusätzliche Strategien, die Aggressionen erzeugende Gefühle ableiten und Ihrem Kind dabei helfen, im gemeinsamen Spiel mit anderen flexibler zu handeln und sie bereitwilliger mitspielen zu lassen, auch die Geschwister. Der Prozess kann Zeit kosten. Sie werden den Verlauf beschleunigen, wenn Sie zum Abladen Ihrer eigenen Gefühle und Missstimmungen, die entstehen, während Sie Ihrem verängstigten Kind beistehen, bei einem einfühlsamen Zuhörer Unterstützung suchen.

1. Beobachten Sie. Unter welchen Bedingungen führen die Ängste Ihres Kindes zu Aggressionen? War es an dem Morgen, nachdem Mami zuvor zum Abendkurs gegangen war? Oder gab es zu Hause Streit? Wurde es von anderen Kindern bedrängt? War es zum Spielen mit einem Geschwisterkind allein im Nebenzimmer? Kam ein Freund zum Spielen, der seine Spielsachen wollte?

Vielleicht lernen Sie auch bei Ihrem Kind, die unterschwelligen Hinweise auf rumorende Ängste zu deuten. Ihnen könnte beispielsweise auffallen, dass es ausdruckslos schaut oder eine steife Körperhaltung einnimmt, bevor es beißt, stößt oder schlägt. Je besser Sie seine Schwierigkeiten vorhersehen, umso leichter wird es Ihnen fallen, sich Strategien einfallen zu lassen, die eine Verbindung zwischen Ihnen und Ihrem Kind herstellen, noch bevor es explodiert.

2. Geben Sie falsche Hoffnungen auf. Wir Eltern lassen uns oft von unrealistischen Hoffnungen leiten. Ignorieren Sie die Stimme im Kopf, die Ihnen einflüstert: „Na hoffentlich stürzt sie sich nicht schon vor dem Frühstück auf Joey." Wenn Ihre Tochter das jedoch bereits seit zwei

Wochen fast jeden Morgen tut, wird es wahrscheinlich wieder so ablaufen. Seien Sie vorbereitet. Wenn Ihr Kind Sie während des gemeinsamen Raufens schon öfters unvermittelt gebissen hat, dann seien Sie darauf gefasst. Spielen Sie so, dass der Kopf Ihres Kindes mindestens drei Zentimeter von Ihrem Körper entfernt bleibt. Weichen Sie aus, oder reagieren mit sanftem Widerstand, wenn Ihr Kind versucht, sich an Sie zu kuscheln.

3. Übernehmen Sie die Aufgabe, für die Sicherheit aller zu sorgen. Sobald Sie ein bestimmtes Aggressionsmuster entdeckt haben, bereiten Sie sich darauf vor, indem Sie in unmittelbarer Nähe bleiben – näher als auf Armeslänge von Ihrem Kind entfernt – es könnte um sich schlagen.

Sie werden versuchen, so wachsam zu sein, dass Sie Ihre Tochter rechtzeitig davon abhalten können, der Freundin ins Haar zu greifen, oder den Schubser, der für die Schwester gedacht war selbst abfangen. Wenn Ihre Tochter auf dem Spielplatz gern das Kind vor ihr auf der Leiter zur Rutsche schubst, dann legen Sie ihr beim Hinaufklettern eine Hand auf den Bauch. So können Sie einen sicheren Abstand zum nächsten Kind schaffen. Sagen Sie dabei zum Beispiel: „Mir ist wichtig, dass hier jeder sicher ist, deshalb bremse ich dich ein bisschen ab."

Falls sich das Kind über Ihre sanfte, vorbeugende Berührung aufregt, bleiben Sie ganz Ohr. Wenn Ihr Kind etwas unbedingt auf eine ganz bestimmte Weise haben muss, dann regiert ganz sicher die Angst. Im Leben muss man nur sehr wenige Dinge sofort oder auf eine ganz bestimmte Weise tun! Ihr Kind wird weinen, weil Sie ihm in seiner momentanen Isolation wie ein Fremder vorkommen und in seinen persönlichen Raum eingedrungen sind. Es fühlt sich in seiner Angst normalerweise ganz allein und im Spüren Ihrer Berührung werden diese Gefühle zum Vorschein gebracht, ohne dass jemand dabei verletzt wird.

4. Reden Sie weniger. Vermitteln Sie Fürsorge und Grenzen durch Ihre Gegenwart. Die meisten Erwachsenen sprechen im Beisein eines aggressiven Kindes viele Warnungen aus: „So, heute wird aber nicht gehauen, wenn Isabelle mit deiner Eisenbahn spielen will. Denk dran, die Hände sind nicht dazu da, anderen wehzutun!" Tatsächlich sind diese Worte überflüssig, wenn Ihr Kind gut mit Ihnen verbunden ist, und wenn nicht, dann ist Reden sowieso nutzlos. Stattdessen schauen Sie mit freundlicher

Miene nach dem Rechten, und bringen, sobald nötig, den Kindern die unverzichtbaren Grenzen. Übermitteln Sie durch die Grenzen Ihre Liebe.

5. Wenn möglich, bringen Sie Ihr Kind zum Lachen. Mit einem herzlichen Erwachsenen spielerisch Verbindung aufzunehmen, kann das Verbundenheitsgefühl sehr wirkungsvoll stärken. Kitzeln Sie Ihr Kind nicht, bieten Sie ihm aber dafür Ihre Zuneigung an und suchen Sie Möglichkeiten für ein Machtumkehrspiel. Das sich daraus ergebende Gefühl von Spaß und Nähe hilft Ihrem Kind auch im Umgang mit Freunden und Geschwistern. Und wahrscheinlich wird Ihr Kind Sie dann auch in Zukunft öfters um Hilfe bitten, wenn es sich aufgebracht fühlt.

Für ein besseres Verständnis dafür, wie Angst aufgelöst wird, gibt es in Kapitel 11, *Ängste auflösen*, eine genauere Erklärung. Dort finden Sie auch ausführlich beschriebene Ideen für den Einsatz von Bleib-Ganz-Ohr mit einem Kind, das in einem verzweifelten Kampf unter Tränen und Zittern seine Angst ablädt.

In den folgenden Abschnitten bekommen Sie einen kleinen Einblick, wie unterschiedlichste Eltern immer wieder Zuhörstrategien einsetzen, um ihren Kindern bei der Überwindung aggressiver Verhaltensweisen zu helfen.

Aggressionen: Hauen und Beißen

Aggressionen im Keim ersticken

STRATEGIEN: WUNSCHZEIT

 BLEIB-GANZ-OHR

Eines Morgens ging meine siebenjährige Tochter in aller Frühe auf ihren jüngeren Bruder los. Sie bestand darauf, dass er mit ihr spielen sollte - und zwar nach ihren Regeln. Er tat sein Bestes, nicht nachzugeben, setzte sich aber nicht durch. Sehr schnell eskalierte die Situation. Da ich merkte, wie blockiert ihr Geist war, beschloss ich, meiner Tochter fünf Minuten Wunschzeit anzubieten.

Wir verzogen uns auf ihr Zimmer, wo sie sich sehr schnell mit Kratzen, Beißen, Kopfstoßen, Schubsen und Spucken auf mich stürzte. Da war wirklich etwas aus dem Lot geraten. Wir begannen einen Ringkampf und ich wehrte ihre Angriffe liebevoll ab. Gegen Ende der fünf Minuten stieß sie sich den Kopf an der Wand und fing zu weinen an.

Beim Brummen des Timers setzte sie sich sehr traurig auf einen Stuhl. Sie erinnerte mich daran, dass jetzt ihr Bruder mit Wunschzeit an der Reihe war. Ich sagte, dass ich aber bei ihr bliebe, weil sie so traurig wirkte. Halbherzig versuchte sie, mich wieder wegzuschicken. Ich blieb und versuchte behutsam und spielerisch nahe genug heranzukommen, um sie zu umarmen.

Nach einer Weile entschuldigte sie sich, dass sie zu ihrem Bruder gemein war, und erzählte, wie schwer sie es fand, wenn andere nicht so spielten, wie sie es wollte. Ich nickte und hörte zu. Dann gestand Sie mir, dass sie sich manchmal von anderen Kindern hintergangen fühlte. Sie dachte dabei an eine Freundin aus der Schule, mit der es Probleme gab. Ich hörte noch ein wenig mehr zu und blieb dicht bei ihr.

Als dieser Moment vorüber war und wir uns erneut der Tagesplanung zuwandten, verstanden sich meine Kinder wieder gut. Die fünf Minuten

Wunschzeit in einer kritischen Situation öffneten meinem kleinen Mädchen den Zugang zu etwas, das ihr wirklich Mühe machte, und halfen ihr wieder ins Lot zu kommen.

Wie es gelang

Natürlich müssen wir unsere Kinder voreinander schützen, wenn Spannungen aufkommen. Diese Mutter erkannte, dass ihre Älteste Hilfe benötigte, um mit dem jüngeren Bruder kooperativ spielen zu können. In der Hoffnung, es würde die beiden wieder miteinander verbinden und die Tochter ins Gleichgewicht bringen, bot sie ihr Wunschzeit an. Die darin aufbrechende Aggression bestätigte, dass die Tochter zum Loswerden der Erregung einen sicheren Ort brauchte, egal, woher der Ärger kam. Die Mutter ließ sich auf ein Spiel mit intensivem Körperkontakt ein, eine wirksame Strategie zum Aufbau von Nähe. Ein kleiner Stoß während des verbindenden Spiels löste in dem Mädchen das entscheidende Weinen zur Heilung der Kränkungen aus, die das aggressive Verhalten angetrieben hatten. Nach der Wunschzeit war die Tochter noch immer traurig, sodass die Mutter bei ihr blieb. Über die Wunschzeit wieder verbunden und erleichtert nach Bleib-Ganz-Ohr, konnte sich das Mädchen für das Verhalten gegenüber dem Bruder entschuldigen und der Mutter ihre Probleme mit der Schulfreundin anvertrauen. Hätte die Mutter nicht frühzeitig eingegriffen, wäre der Geschwisterstreit wahrscheinlich deutlich anders ausgegangen.

◄o►

Beißgewohnheiten auflösen

STRATEGIEN: ⬤ GRENZEN-SETZEN

⬤ GEGENSEITIGES EINFÜHLSAMES ZUHÖREN

⬤ BLEIB-GANZ-OHR

⬤ WUNSCHZEIT

Im Alter von etwa zwei Jahren fing mein Sohn an, seinen älteren Bruder zu beißen. Er biss richtig fest zu, wenn es Probleme beim Teilen gab oder wenn etwas nicht nach seinem Kopf ging. Gegen den drei Jahre älteren, geschickteren und wortgewandteren Bruder konnte er sich nicht behaupten und das Beißen schien seine impulsive Reaktion darauf.

Dieses Problem zu lösen hatte für mich erste Priorität, und ich teilte mir Energie und Aufmerksamkeit so ein, dass ich dazu genügend Zeit hatte. Ich reduzierte meine Hausarbeiten, verrichtete nur das Nötigste an Putzen, Geschirrspülen und Kochen, um in der Nähe zu bleiben, wenn meine beiden Söhne zusammen waren. Ich wollte eingreifen, bevor die Situation eskalierte. Oft hielt ich mich tagsüber im selben Zimmer auf oder saß während ihres gemeinsamen Spiels zwischen den beiden.

Er biss manchmal trotzdem zu, wenn ich auf der Toilette war oder einen Anruf entgegennahm. Dann war mein älterer Sohn verletzt und weinte verzweifelt und das Gesicht meines Jüngsten erstarrte vor Schuldgefühlen. Ich eilte hinzu und entschuldigte mich, dass ich nicht da war, um sie voreinander zu beschützen. Dann blieb ich nacheinander für beide ganz Ohr. Wenn der eine dran war, versuchte der zweite oft, mir auf den Schoß zu klettern. Also lernte ich, beide auf dem Schoß zu halten und gleichzeitig zu verhindern, dass sie einander wehtaten. Allmählich gelang es mir auch immer erfolgreicher, den Kopf meines Jüngsten vom Körper seines Bruders fernzuhalten, damit er ihn nicht beißen konnte. Ich lernte die ersten Signale des Unverbunden-Seins zwischen den beiden zu erkennen, etwa eine leichte Veränderung in Tonfall oder der Stimmung, und konnte so einen Angriff verhindern. Auch beaufsichtigte ich die beiden, wenn sie sich nach langer Trennung wieder trafen.

Ich hielt diesen aufmerksamen Wachdienst für eine Weile aufrecht. Außerdem arbeitete ich in den Treffen mit meiner einfühlsamen Zuhörerin an Beschämung, Schuld, Besorgnis und Ärger über diese herausfordernde Situation. Dabei erkannte ich, wie hilflos ich mich als Kind gefühlt hatte, wenn ich schikaniert wurde. Meine einfühlsame Zuhörerin gab mir mehrmals Gelegenheit, für mich einzustehen und die Dinge auszusprechen, die ich als Kind nicht zu sagen gewagt hatte, und dabei den so lange zurückgehaltenen Ärger abzuladen. Mir schien, als schrieb ich meine Lebensgeschichte um.

Ich bot meinen beiden Söhnen weiterhin Wunschzeit an. Dabei kam es zu einer Situation, in der mich mein jüngerer Sohn während eines fröhlichen Reiterspiels heftig biss. Daraufhin unterbrach ich es, bot ihm Blickkontakt an, obwohl er diesem auswich und sagte: „Ich kann nicht zulassen, dass du mir wehtust." Da fing er an zu weinen. Dies passierte während der Wunschzeit noch öfters – er zeigte mir seinen Impuls, ich antwortete darauf mit Zuhören und er konnte sich ausweinen.

Allmählich bewirkte diese Arbeit eine Veränderung und nach sechs Monaten hat er mit dem Beißen schließlich ganz aufgehört.

Wie es gelang

Diese Mutter erkannte, dass sie das Beißen ihres Sohnes in einem emotionalen Projekt bearbeiten musste, und erlaubte sich, dafür andere Aufgaben zurückzustellen. Dabei nahm sie dieses Sicherheitsmanagement sehr ernst und beaufsichtigte die Söhne so oft wie möglich. Sie versuchte aber nicht, das Beißen ihres Sohnes zu kontrollieren, sondern sie brachte sich wachsam so in Stellung, dass sie mit Zuhören eingreifen konnte, sobald er zum Abladen seiner Gefühle bereit war. Außerdem senkte sie ihr eigenes Stressniveau, indem sie vor ihrer einfühlsamen Zuhörerin eigene Opfererfahrungen mit Aggression bearbeiten und Spannung abladen konnte. Mit der Zeit schärfte sie ihr Bewusstsein für die unterschwelligen Signale dafür, dass ihr beißender Sohn nicht klar dachte, und es gelang ihr besser, wirksame Grenzen zu setzen. Die ganze Zeit über behandelte sie die Söhne als liebenswerte Wesen. Einer hatte einfach gerade einen „Aggressionsvirus" erwischt, und sie blieb in der Nähe, damit sie ihm bei der so nötigen Genesung beistehen konnte.

Aggressionen nach einem traumatischen Erlebnis

STRATEGIEN: GRENZEN-SETZEN

 BLEIB-GANZ-OHR

Vor Kurzem hatte unsere ganze Familie die Magen-Darm-Grippe. Es war wie in einem richtig schlechten Film! Es erwischte uns auf einer Flugreise, und meine Tochter suchte verzweifelt, gestillt zu werden und Wasser zu trinken, aber wann immer wir ihr Flüssigkeit einflößten, erbrach sie sich. Obendrein fing ich dann selbst mit Spucken an. Mein Mann hielt sie auf der anderen Seite des Ganges, während sie mich um die Brust anbettelte. Bestimmt an die hundert Mal hatte sie „bitte" gesagt. Ich bin mir sicher, dass es ihr Angst eingejagt hatte, mir beim Erbrechen zuzusehen. Dann spuckte auch noch meine Älteste, und wir schafften es geradeso, uns um sie zu kümmern. Die Bedürfnisse meines Babys gerieten dabei immer weiter aus dem Blickfeld.

An den Tagen nach dem Infekt war mein Kleine nicht sie selbst. Sie verlangte richtig grimmig nach der Brust. Dabei haute, biss und trat sie nach jedem von uns. Ich merkte, wie sie damit zu kämpfen hatte, dass sie im Flugzeug allem so machtlos ausgeliefert war und ihr die Befriedigung von Bedürfnissen versagt geblieben war, die ihr überlebenswichtig erschienen. Irgendwann bat sie mich um einen Eiswürfel aus dem Gefrierschrank, und anstatt ihr nachzugeben, sagte ich, sie bekäme heute keine weiteren Eiswürfel. Daraufhin brach sie in einen Trotzanfall aus. Zum Glück besuchte uns gerade mein Vater und konnte sich um ihre Schwester kümmern.

Meine Tochter trat um sich und versuchte dann, sich selbst und mich zu beißen. Sie schrie und bockte wie ein wildes Tier. Es hörte gar nicht mehr auf. Jedes Mal, wenn ihr Zorn nachzulassen schien, mobilisierte sie neue Energie und steigerte sich erst recht hinein. Noch nie hatte ich etwas Ähnliches erlebt. Anderthalb Stunden lang schwitzte sie heftig und weinte, strampelte und kämpfte. Ich blieb dabei die ganze Zeit ruhig und versicherte ihr, dass ich bei ihr wäre, zuhörte und sie jetzt in Sicherheit war.

Schließlich schaute sie mich an und spielte mit meinen Haarsträhnen. Sie versteckte sich dahinter, rief dann, „Buh!", und kicherte. Da wusste ich, dass sie vorläufig fertig war. Sie glitt mir vom Schoß und suchte Opa und ihre Schwester. Sie war jetzt so gut aufgelegt, als hätte es diese letzten neunzig Minuten nie gegeben. Mein Vater kennt „Hand in Hand" von früheren Besuchen, aber sogar ihn erstaunte die Veränderung an ihr und wie erleichtert sie wirkte.

Wie es gelang

Oft geht es bei großen Ausbrüchen wegen Kleinigkeiten eigentlich um aufgestaute Gefühle, die das Kind verzweifelt loszuwerden versucht. Der Wunsch nach einem Eiswürfel steht nicht in Relation zu einem Wutanfall von anderthalb Stunden, aber dieses Mädchen nutzte die günstige Gelegenheit, um sich von größeren Gefühlen zu befreien, die ihren Geist blockierten.

Glücklicherweise waren gleich zwei Erwachsene zur Stelle – jemand zum Zuhören und jemand, der sich um die Schwester kümmerte, während die Mutter sie bei dieser wichtigen emotionalen Arbeit unterstützte. Allein durch ihre Nähe und die Versicherung, dass das Mädchen jetzt in Sicherheit war, bereitete die Mutter die Umgebung so vor, dass ihr Kind jene eingesperrten Gefühle loswerden und anschließend seinen Tag fortsetzen konnte. Wie hier geschehen, ist es für Kinder üblich, dass sie ausgiebig weinen, schwitzen und toben und danach zu anderem übergehen, als habe sich nichts Ungewöhnliches ereignet. Diese Mutter war klug genug, im Nachhinein kein Gespräch über das Geschehene anzufangen. Bei klarem Verstand weiß jedes Kind, dass ein verwehr-

ter Eiswürfel keine große Sache ist und dass es dagegen nicht okay ist, jemandem wehzutun. Der Eiswürfel war lediglich Auslöser, aber nicht die wirkliche Ursache für den Ausbruch.

Wenn Ihr Kind Ihnen wehzutun versucht

STRATEGIEN: WUNSCHZEIT

 GRENZEN-SETZEN

 BLEIB-GANZ-OHR

Kurz nach dem Frühstück wirkt das Verhalten meines dreijährigen Sohnes aus dem Gleichgewicht: Er lässt Spielsachen fallen, weigert sich, sie wieder aufzuheben, und will bedient werden. Für den sonst sehr selbstständigen Jungen ist das ziemlich ungewöhnlich.

Daraufhin kündige ich ihm eine sehr ausgedehnte Wunschzeit von einer halben Stunde an. Er lehnt jedoch ab.

Das verwirrt mich ein wenig – Wunschzeit verweigern? Das ist neu. Ich überlege einen Moment und sage ihm schließlich, wenn er seine Wunschzeit gern dafür verwenden wolle, sich über diese zu beklagen, dann sei das in Ordnung. Ich bin jedenfalls für ihn da und höre dem zu, was er zu sagen hat.

Er reagiert darauf sehr heftig: Er schreit, weint und versucht dann, mich zu beißen. „Ich lass nicht zu, dass du mir wehtust", sage ich und halte ihn sanft, aber fest zurück. Offenbar spürt er große Anspannung und Schmerz und fühlt sich sicher genug, beides freizulassen. Er versucht, mich zu Boden zu stoßen, und flieht dann in sein Zimmer. „Bleib draußen!", schreit er und knallt die Tür zu. Erst seit Kurzem verwenden wir die „Hand in Hand"-Strategien. Ich merke, dass es uns nun gelungen ist, für ihn einen sicheren Raum zu schaffen, den er auch einnimmt, indem er uns Emotionen zeigt, die er früher in sich verschloss.

Ich sitze draußen an seiner Tür. „Ich will bei dir bleiben. Ich werde hier warten, bis du so weit bist, mich hereinzulassen." Er weint. „Ich bin hier bei dir", sage ich ab und zu von meinem Platz hinter der verschlossenen Tür.

Nach ein paar Minuten Weinen öffnet er mir. Er wirkt ruhig und bittet mich, ihm vorzulesen. Wir verbringen den Rest der Wunschzeit mit dem Lesen seiner Lieblingsbücher. Als der Timer brummt, lesen wir immer noch und fühlen uns verbunden. Er wirkt entspannt und im Gleichgewicht. „Jetzt ist Zeit, uns fertig zu machen.", sage ich. Er zieht sich an, putzt klaglos die Zähne und geht mit Papa einkaufen.

Wunschzeit und anschließendes Bleib-Ganz-Ohr – also Verbindung und Zuhören – machten es möglich, dass wir uns innerhalb von dreißig Minuten von entgleistem und aggressivem Verhalten hin zu Verbindung und Kooperation durcharbeiten konnten.

Wie es gelang

Dieser Mutter fällt an ihrem Sohn ungewöhnliches Verhalten auf, und anstatt ihn zu bestrafen oder zu versuchen, sein Verhalten zu ändern, greift sie mit Wunschzeit ein. Sie erkennt sein Bedürfnis nach Verbindung. Wie es manchmal geschieht, lehnt der Junge das Angebot ab. Aber es gibt nicht nur eine Art und Weise, die Wunschzeit sinnvoll zu nutzen. Solange Sie dem Kind Ihre ungeteilte Aufmerksamkeit anbieten und es mit Ihrer Liebe auffüllen, kann es die Zeit verbringen, wie es ihm gefällt – auch damit, über die Wunschzeit zu jammern! Ein Kind, das alles unternimmt, um seine Gefühle zu unterdrücken, wird wahrscheinlich in Aufruhr geraten, wenn wir ihm weiterhin unsere Aufmerksamkeit schenken. Durch das Spüren der mütterlichen Fürsorge ist es für den Jungen beinahe unmöglich, seine Emotionen weiterhin zu verbergen. Demnach strömen die Aggressionen in alle Richtungen. Die Mama bringt schnell und bestimmt, aber auch liebevoll, eine Grenze ein und schützt somit sich selbst und den Sohn. Schließlich ist der Junge in der Lage, seine Erregung durch Weinen aufzulösen, während die Mutter vor seiner Tür sitzt und ihn immer wieder an ihre Gegenwart erinnert. Auf diese Weise gewinnt er sein entspanntes und selbständiges Naturell zurück.

—◄○►—

Schlagen in der Schule

STRATEGIEN: GRENZEN-SETZEN

 BLEIB-GANZ-OHR

In meiner Kindergartengruppe gab es einen fünfjährigen Jungen, der schon seit ein paar Tagen verstört wirkte. Er warf Spielsachen, schlug einige Kinder und benahm sich im Stuhlkreis daneben. Er warf und schlug nicht mit großer Wucht, aber man sah, dass er sich nicht wohlfühlte.

Als wir eines Morgens zum Rausgehen unsere Mäntel im Flur anzogen, wirbelte er seine Jacke im Kreis herum und traf dabei einige Kinder. Da brachte ich ihn zurück in unseren Gruppenraum und sagte, wir würden uns hinsetzen, bis draußen mehr Platz zum Mantelanziehen sei. Ich wollte diese Situation nutzen, um ihm bei der Arbeit an seinen Gefühlen zu helfen. Ich war mir ziemlich sicher, dass er ungern warten würde, was sich bestätigte. Er versuchte, mir in den Flur zu entwischen. Ich hielt ihn jedoch zurück, sagte sanft, wir würden bald gehen, sobald es dort mehr Platz gab, und er reagierte mit heftigem Weinen. Tränen liefen ihm über die Wangen und er versuchte hinauszurennen. Nach fünf Minuten gab er auf, weinte aber immer noch, jetzt völlig in Anspruch genommen von den inneren Spannungen, an denen er arbeitete. Nach weiteren zehn Minuten ließ sein Weinen nach und er lehnte sanft den Kopf an meine Schulter.

Noch ein paar Minuten später war er bereit, in den Flur zu gehen. Beim Öffnen der Tür sahen wir, dass die Kinder mit ihren Schuhen viel

Dreck am Boden hinterlassen hatten. Spontan holte er den kleinen Besen und kehrte, bis alles recht ordentlich aussah. Er freute sich darüber, zog sich ruhig an, unterhielt sich dabei mit mir und zeigte sich sehr hilfsbereit.

Was für eine Veränderung! Ich war richtig stolz auf uns beide. Während des Zuhörens war mir die ganze Zeit kein bisschen unbehaglich zumute und nie hatte ich an einem positiven Ausgang gezweifelt.

Wie es gelang

Sogar in einer Einrichtung kann man die „Hand in Hand"- Strategien einsetzen, um Kindern dabei zu helfen, aggressives Verhalten in relativ kurzer Zeit zu überwinden, sofern ein Erwachsener dafür verfügbar ist. Diese Erzieherin hatte im Verhalten des Jungen ein Muster erkannt und fand eines Tages eine günstige Gelegenheit, sich einzumischen und ihm dabei zu helfen, die Gefühle loszuwerden, die seine Aggressionen antrieben. Sie setzte die Grenze geschickt und umging Beschämung und Vorwürfe, indem sie vorschlug, es sei sicherer, solange mit dem Mantelanziehen zu warten, bis sie mehr Platz dafür hätten. Sie blieb bei dem Jungen in dem Wissen, dass die Aggressionen wieder aufflammen würde, sobald sie ihn zu den anderen ließe. Bei seinem vergeblichen Fluchtversuch fing der Junge an zu weinen und ließ sich schließlich darauf ein, sich bei seiner geliebten Erzieherin richtig auszuweinen. Danach verhielt er sich wie ausgewechselt. Er fühlte sich wohl, verbunden und war hilfsbereit.

Aggressionen:
Wenn Geschwister einander wehtun

„Sie ist bloß hingefallen..."

STRATEGIEN: GRENZEN-SETZEN

 BLEIB-GANZ-OHR

An diesem Nachmittag war vorherzusehen, dass mein Vierjähriger aus dem Tritt geriet. Er verhielt sich unberechenbar und konnte keinen Moment still sitzen. Was dann wirklich passiert war, weiß ich nicht, aber ich hörte meine siebzehnmonatige Tochter weinen. Ich schaute nach und mein Sohn sagte: „Sie ist bloß hingefallen", was manchmal seine Ausrede ist, wenn er ihr wehgetan hat. Sie hatte eines seiner Spielsachen in der Hand und war erregt, aber verletzt schien sie nicht zu sein. Ich nahm meinen Sohn auf den Arm und sagte: „Es ist wirklich ärgerlich, wenn sie deine Spielsachen nimmt, aber es ist nicht okay, wenn du ihr dann wehtust". Daraufhin brach er in heftiges Weinen aus.

Ich hielt ihn auf dem Schoß und suchte seinen Blickkontakt. Nach einigen Minuten des Weinens sagte er: „Immer macht sie mein Spielzeug kaputt und dann werde ich ganz wütend." Ich antwortete: „Ja, sie macht wirklich viele deiner Spielsachen kaputt! Das ist wirklich ärgerlich." Tatsächlich tut sie das. Noch nie hatte ich ihn eine so umfassende Aussage darüber machen hören, wie schwer es ist, mit einer kleinen Schwester zusammen zu leben.

Er schluchzte noch eine ganze Weile und lehnte zwischendurch immer wieder den Kopf an mich.

Ich bestätigte ihm, wie schwer es auszuhalten ist, dass sie einfach seine Spielsachen nimmt. Schließlich brachte ihn diese Aussage nicht mehr zum Weinen, und ich hatte den Eindruck, dass er fast fertig war. Bald stupste er mich an der Nase. Da lachten wir beide und damit war das Weinen wohl erledigt.

Zu meinem Erstaunen weinte ein paar Minuten später meine Tochter, weil sie mit einem Spielzeug nicht zurechtkam. Daraufhin eilte mein Sohn zu ihr und sagte super-sanft: „Ich weiß, wie man das macht. Kann ich dir helfen?" Und behutsam ging er ihr bei dem Spielzeug zur Hand. Kein Grapschen oder Zerren!

Wie es gelang

Wenn unsere Kinder streiten, folgen wir am besten dem Beispiel dieser Mutter und sorgen uns nicht darum, was wirklich passiert ist, sondern reparieren sofort die Verbindung zwischen den Geschwistern. Sobald sie sich wieder miteinander verbunden fühlen, werden sie selbst einen Weg finden, den Schaden wiedergutzumachen. Wir neigen dazu, sofort voller Sorge dem verletzten Kind beizustehen. Aber wenn niemand ernsthaft verletzt ist, tut es ihrer Beziehung gut, wenn wir die Reihenfolge abwechseln. Erinnern Sie sich, sowohl der Aggressor als auch das Opfer sind verletzt. Diese Mutter setzte mit Worten eine Grenze. Dabei ließ sie ihren Sohn wissen, dass es zwar in Ordnung ist, aufgebracht zu sein, aber nicht okay ist, der Schwester wehzutun. Diese Grenze half ihm, sich auszuweinen. Sobald das Weinen nachließ, lenkte die Mutter seine Aufmerksamkeit wieder zu seiner Erregung, und er konnte noch etwas weinen. Als er sich besser fühlte, zeigte der Junge das über eine humorvolle Geste. Danach half er der Schwester bereitwillig beim Ausprobieren eines Spielzeugs. Sie spielten wieder im selben Team.

Diese Mutter ging auch über die Tatsache hinweg, dass ihr Sohn sein gedankenloses Handeln nicht zugeben konnte.

—◄o►—

Kampf um Aufmerksamkeit

STRATEGIEN:  GRENZEN-SETZEN

 GANZ-OHR-SPIEL

BLEIB-GANZ-OHR

Mein fünfjähriger Sohn hat morgens oft einen schlechten Start, da er mit seiner kleinen Schwester um meine Aufmerksamkeit wetteifert. Er reagiert ihr gegenüber dann sehr schnell aggressiv.

Als er sich an diesem Morgen auf sie stürzen wollte, ging ich dazwischen, gab ihm spielerisch kleine Küsschen und fing seine Schläge und Tritte beherzt und augenzwinkernd ab. Zeitweise war er wirklich zornig, wechselte dann wieder ins Spielerische, um dann auf einmal hilflos und schwach zu wirken. All diese Emotionen folgten rasch aufeinander. Sobald ich ihm zu viel Widerstand bot, jammerte er und sagte: „Mama, so geht das Spiel nicht." Also überließ ich ihm wieder die Rolle des Stärkeren. Das dauerte etwa zehn Minuten, mit meiner Tochter neben uns. Bald wollte sie mitspielen. Sie schrie auf, wenn sie gelegentlich getroffen wurde. Als ich merkte, dass meine Kräfte erlahmten, verkündete ich laut: „Spiel ist aus – Zeit zum Anziehen!". Ich hoffte, er würde jetzt nicht mehr seine Schwester als Zielscheibe benützen, wenn er alleine mit ihr war.

Er ging zu seinen Spielsachen und ich half meiner Tochter beim Anziehen. Da warf er uns einen Blick zu und brach in Tränen aus: „Warum ziehst du sie zuerst an? Ich wollte als Erster drankommen!" Er setzte sich ein paar Meter entfernt von uns aufs Bett und vergoss dicke Tränen. Ich kam näher, und er hörte mit dem Weinen auf, wurde dafür wieder zornig und sagte: „Du sollst aber *mich* zuerst anziehen!" Schweigend kehrte ich zu meiner Tochter zurück und kleidete sie an. Dabei schaute ich oft zu meinem Sohn, sagte aber nichts. Dieses Weinen war wichtig für ihn und dafür brauchte er auch ein wenig Abstand zu mir. Er weinte heftig für sich allein, saß aber nicht weit von uns entfernt.

Als meine Tochter fertig angekleidet war, setzte ich mich zu meinem weinenden Sohn. Ich hörte einfach zu. Irgendwann bat er mich, ihn anzuziehen, und ich tat es, während er weiter weinte. Als wir fertig waren, schaute er mich an und bat mich, ihn wie ein Kleinkind (er wiegt fünfundzwanzig Kilo) nach unten zu tragen. Vorher sagte ich ihm aber, dass ich ihm nicht länger zuhören könnte, weil ich bereits jetzt zu spät in die Arbeit käme. Als wir unten die Küche betraten, wechselte er übergangslos ins Spiel mit seiner Schwester.

Wie es gelang

Wenn unsere Kinder miteinander kämpfen, ist es wichtig, für ihre Sicherheit zu sorgen. Diese Mutter schaltete sich ein, als sich ihr Sohn aggressiv gegenüber der Schwester benahm, indem sie körperlich dazwischen ging und seine Schläge abfing. Damit das Ganz-Ohr-Spiel gelingen kann, muss das Kind im Spiel die Rolle des Mächtigeren einnehmen. Diese Mutter bemerkte, wie die Intensität ihres Widerstandes den Jungen beeinflusste. Sobald sie zu stark gegensteuerte, fühlte er sich hilflos. Da passte sie sich ihm an. Bei älteren Kindern wird es vielleicht sinnvoll sein, etwas mehr Widerstand zu leisten, damit sie sich ernst genommen fühlen. Als die Mutter außer Atem geriet, beendete sie das Spiel, aber kurz danach kochten die Gefühle ihres Sohnes über. Weil sie jetzt miteinander verbunden waren, konnte er weinen, statt zu kämpfen. Sie blieb aus geringer Entfernung ganz Ohr, denn beim Näherkommen hatte ihr Sohn den Heilungsprozess unterbrochen. Mit ein wenig gegenseitigem Abstand konnte er weiter weinen. Bald kam sie näher und hörte zu, bis er fertig war. Inzwischen war er in der Lage, ihre Zuneigung in sich aufzunehmen und anschließend friedlich mit seiner Schwester zu spielen.

◄O►

Wenn es schwerfällt, das eigene Kind zu lieben

STRATEGIEN: BLEIB-GANZ-OHR

 GANZ-OHR-SPIEL

Mein Sohn ist dreieinhalb. Neuerdings verhielt er sich unerhört. Er schlug andere Kinder und mich auch, störte das Spiel mit ihnen und wo immer er hinging, machte er sich und anderen das Leben schwer. Nie ließ er vernünftig mit sich reden. Ständig hatte er Tobsuchtsanfälle. Dabei zielte wohl alles auf mich ab. Ich konnte ihn nicht mehr leiden und fühlte mich deswegen schuldig.

In einem „Hand in Hand"–Kurs sprach ich über diese Probleme und erfuhr, dass aggressives Verhalten von Kindern oft durch unkontrollierbare Ängste verursacht wird. Man fragte mich, ob er ein frühes Trauma erlebt hatte, wie beispielsweise eine schwierige Geburt, ärztliche Behandlungen oder plötzliche Trennungen in frühester Kindheit. Mich überraschte die Frage, und ich antwortete, dass er eine sehr langwierige und schwierige Geburt hatte. Der Geburtstermin war drei Wochen überfällig und die Einleitung der Geburt zog sich drei Tage hin. Nach vier Stunden Pressen kam er schließlich auf die Welt, aber es gab Hinweise auf eine fetale Notsituation (fetalen Distress). Das war damals für uns beide sehr schwer. Aber nie hatte ich daran gedacht, dass er vielleicht noch heute an Ängsten von damals leiden könnte.

Im Kurs lernte ich zum Beispiel, dass Kinder ihre Ängste über Lachen loswerden können. So bekam ich die Empfehlung, mein Mann und ich könnten mit meinem Sohn ringen oder eine große, alberne Kissenschlacht anzetteln. Er sollte sich in dem Spiel siegreich austoben dürfen, meistens gewinnen. Dabei sollten wir den Wettbewerb so spannend gestalten, dass er während des Spiels viel zu lachen hatte. Eine weitere Anregung war, nach einem kleinen Vorwand Ausschau zu halten, den er nach dem Spielen vielleicht als Anlass nähme, sich auszuweinen und damit noch die letzten spannungsvollen Gefühle loszuwerden, die ihn so aggressiv machten.

Diese Vorschläge wirkten Wunder! Mein Mann und ich hockten uns am nächsten Tag nach dem Essen auf den Boden und nahmen uns Zeit für eine große Kissenschlacht und einen Ringkampf mit unserem Sohn. Wie ihn das begeisterte! Er lachte sich schief und war sehr aufgeregt, weil er so lang und intensiv mit uns spielen durfte. Wir machten das an zwei Abenden hintereinander und er wirkte daraufhin etwas ausgeglichener.

Am Tag nach der zweiten großen Spielrunde versuchte er, einen Ball in die Luft zu schießen, und reagierte frustriert. Er redete sehr kritisch mit sich selbst: „Ich kann den Ball nicht richtig schießen! Da, schon wieder! Wieso krieg ich das nie gescheit hin? Was ist los mit mir?!"

Ich hatte den Eindruck, dass nun die spannungsvollen Gefühle an die Oberfläche traten. Er war sehr selbstkritisch. Also näherte ich mich ihm, schenkte ihm ungeteilte Aufmerksamkeit und er steigerte sich in einen Tobsuchtsanfall. Ansonsten versuchte ich, bei Wutanfällen Grenzen zu setzen, schickte ihn ins Time-out, oder wurde selbst ärgerlich. Diesmal blieb ich bei ihm, kam dicht heran und er tickte wirklich aus. Er versuchte, mich zu schlagen und zu treten, weinte dabei und schlug um sich. Ich hielt seine körperlichen Angriffe durch und etwas später saß er eine gute halbe Stunde heftig schluchzend bei mir auf dem Schoß.

Während er weinte, dachte ich die ganze Zeit, dass es ihm dabei gar nicht um das Ballschießen ging, sondern um etwas viel Gewichtigeres. Zwischendurch stieß er mich von sich und weinte dann noch heftiger. Ich blieb einfach da und bot ihm meine Nähe an. Nach einer Weile glaubte ich, er hätte genügend geweint, holte ihm ein Glas Wasser und er trank. Er war sehr müde.

Seit diesem großen Ausbruch verhält er sich liebevoller, sowohl im Körperkontakt als auch in seinen Worten. Er ist ein verwandeltes Kind. Jetzt fällt es mir leicht, ihn wieder zu lieben – es fühlt sich so an, als hätte ich endlich meinen Sohn wiederbekommen. Er hat all diese Gefühle noch nicht völlig durchgearbeitet, aber ich habe mich fest dazu entschlossen, öfter mit ihm zu spielen, damit er lachen kann, und höre seinen Gefühlen zu. Die Auswirkungen des Zuhörens sind unglaublich motivierend!

Wie es gelang

Ein aggressives Kind ist fast immer verängstigt. Wenn wir lernen, Aggressionen als einen Hilferuf zu verstehen, wird es viel leichter, empathisch zu reagieren und Lösungsmöglichkeiten zu finden. Sobald diese Eltern verstanden hatten, dass ihr Sohn verängstigt war und es konkrete Gründe für seine Angst gab, konnten sie mit den „Hand in Hand"-Strategien experimentieren. Das Ganz-Ohr-Spiel lockte viel Gelächter hervor, sodass sich ihr Sohn sicherer und stärker mit ihnen verbunden fühlte. Als er sich danach mit dem Ballschießen abmühte, spürte er, dass der richtige Moment gekommen war, um sich auszuweinen. Tief sitzende Ängste zu bearbeiten kann Zeit kosten, aber sogar eine halbe Stunde Bleib-Ganz-Ohr kann ein Kind auffallend verändern. Diese Familie hat gelernt, an einem Strang zu ziehen, um zu spielen, sich zu verbinden und einem guten Jungen dabei zu helfen, den Wirrwarr an Angst aufzulösen, der ihm und seinen Lieben das Leben schwer machte.

◂◦▸

Sie ist schuld

STRATEGIE: 🌣 BLEIB-GANZ-OHR

Mit meinem sechsjährigen Sohn und meiner vierjährigen Tochter hatte ich zum Mittagessen bei einem hiesigen Café angehalten. Mein Sohn stieg aus dem Auto und warf die Tür zu, ohne zu merken, dass seine jüngere Schwester ebenfalls zur selben Seite aussteigen wollte. Körperlich war sie zwar unversehrt, aber sie war gekränkt, weil er ihr die Tür vor der Nase zugeschlagen hatte. Sie weinte und weinte, und zuerst wollte mein Sohn ihr die Schuld zuschieben und sie belehren, dass sie nicht auf seiner Seite hätte aussteigen sollen. Ich hielt ihn davon ab, indem ich sagte: „Sie ist wirklich aufgebracht. Wir wollen einfach ihren Gefühlen darüber zuhören, was passiert ist."

Ich legte einen Arm um sie und mein Sohn kam auch dicht heran. Wir schenkten ihr beide einfach unsere Aufmerksamkeit, während sie weinte. Ich glaube, auch ihm half es, ihrem Weinen zuzuhören, denn als sie fertig war, entschuldigte er sich bei ihr, anstatt sie zu belehren, wie ursprünglich beabsichtigt. Und sie nahm die Entschuldigung bereitwillig an, was sie sonst nie tut, wenn sie gekränkt ist. Arm in Arm traten die Geschwister ins Restaurant, während mein Sohn sie sanft darauf hinwies, dass sie es ihm nächstes Mal sagen sollte, wenn sie von seiner Seite aus dem Auto steigen wollte, damit so etwas nicht wieder passierte.

Für mich ist das ein starkes Beispiel dafür, wie aus dem Zuhören der verletzten Gefühle des anderen, klareres Denken, Mitgefühl, Verständnis und Liebe für alle Betroffenen erwächst.

Wie es gelang

Wenn ein Kind einem anderen wehtut, versteckt es sich anschließend oft unter dem Mantel der Gleichgültigkeit oder sucht einen Sündenbock. Es hat Angst. Angst, dass die Person wirklich verletzt wurde. Angst, weil es sich nicht unter Kontrolle hatte. Angst vor den negativen Auswirkungen auf das Verhalten der Erwachsenen ihm gegenüber. Aber nie würde ein Kind bewusst jemanden verletzen, wenn es sich mit einem liebevollen Erwachsenen verbunden fühlt. Diese Mutter sah die Gutherzigkeit ihres Sohnes hinter dem verletzenden Verhalten und lud ihn ein, am Heilungsprozess seiner Schwester teilzuhaben. Er erlebte mit, wie die Mutter ganz Ohr für sie blieb und fühlte sich nicht beschämt oder beschuldigt. Seine Schwester erholte sich von der Kränkung und er fühlte sich ihr näher als zuvor. Ohne Aufforderung vertrugen Sie sich wieder und sprachen sogar sachlich darüber, wie es beim nächsten Mal anders laufen könnte.

Aggressionen:
Aussagekräftige Entschuldigungen

Was Sie wissen müssen

Eine erzwungene Entschuldigung ist niemals aussagekräftig. Wie würden Sie sich fühlen, wenn eine Kollegin Ihnen Schaden zugefügt hat und die Chefin verlangt von ihr, sich bei Ihnen zu entschuldigen. Würden sie das anschließende „Sorry" dann als glaubwürdig erleben? Dasselbe gilt für unsere Kinder. Die Zuhörstrategien mit dem Fokus darauf, die Kinder darin zu unterstützen, die Verbindung zu Ihnen und untereinander wieder aufzubauen, werden ihnen helfen, sich gut zu fühlen und wieder klar zu denken. Das wird auch zu spontanen, vom Herzen kommenden Versöhnungsgesten führen.

Bei einem Streit dazwischengehen

STRATEGIEN: GRENZEN-SETZEN

 BLEIB-GANZ-OHR

Immer spüre ich den Drang einzugreifen und zu belehren, wenn meine beiden Schulmädchen streiten. Ich will ihnen erklären, weshalb sie zueinander nett sein sollen, und dass sie nur sich gegenseitig als Geschwister haben. Ich will ihr Verhalten korrigieren, aber nie habe ich Erfolg damit. Als ich kürzlich hörte, wie sie einander Gemeinheiten sagten, kam ich geruhsam zu ihnen ins Zimmer und setzte eine Grenze. Ich sagte, dass ich ihnen nicht erlaube, einander gemeine oder barsche Worte zu sagen.

Ich bat sie, mir zu erklären, was geschehen war. Dann fand das magische Bleib-Ganz-Ohr statt. Ich hörte zu, was geschehen war, sagte sehr wenig und ließ die beiden selbst zu einer Verständigung finden. Sie entschuldigten sich nicht, wie ich es vielleicht ein Jahr vorher gewünscht hatte, aber sie hörten einander zu und gaben ihr Fehlverhalten zu. Das zu erleben war schön. Ich hatte einfach nur zuhören müssen, und dann taten sie dergleichen. Genial!

Wie es gelang
Wenn Kinder zueinander gemein sind, scheint das in den Eltern das dringende Bedürfnis zu wecken, sie zu belehren und zu tadeln. Hier gelang es der Mutter, diesen Drang beiseitezuschieben und mit einer klaren Grenze einzuschreiten: „Redet nicht barsch miteinander." Ihre liebevolle, aber feste Grenze mit der Bereitschaft, zuzuhören, gestattete den Mädchen, einander ihre Gedanken mitzuteilen, Gefühle in einem sicheren Raum abzuladen und dadurch den Ärger aufeinander loszuwerden. Schließlich übernahmen die Mädchen Verantwortung für ihr Handeln und fühlten sich wieder miteinander verbunden.

—◄o►—

Ihr Zuhören muss nicht perfekt sein

STRATEGIE: BLEIB-GANZ-OHR

Meine zwei Mädchen, zehn und sechs Jahre alt, gerieten beim Spielen in einen Streit. Ich erfuhr davon, als meine Jüngste enttäuscht vom Garten hereinkam, weil die Schwester nicht mehr mitspielte. Sie brach in lautes ärgerliches Geheul aus. Eine Weile hörte ich zu, dann fühlte auch ich mich davon getriggert und bat meinen Mann, mich eine Zeit lang abzulösen. Wir sind uns über den Wert der Zuhörstrategien nicht einig, also versuchte er, sie mit dem Vorschlag einer Runde Radfahren abzulenken.

Natürlich antwortete sie nicht sogleich und da verlor er die Geduld und ließ uns allein zurück. Die kurze Pause hatte mir dennoch geholfen, wieder ins Gleichgewicht zu kommen und ich konnte ihr weiter zuhören. Sie war fürchterlich ärgerlich und erregt. Aber ich musste nicht viel tun. Ich hörte nur warmherzig zu und betonte gelegentlich, dass sie wirklich gern mit ihrer Schwester weitergespielt hätte. Da weinte sie heftig.

Nach einer Weile wollte ich mit dem Kochen anfangen und erklärte, es täte mir leid, aber ich könnte jetzt nicht länger zuhören. Dann fragte ich, ob sie Lust hätte, mir beim Essenmachen zu helfen. Ich rechnete mit einem Wutanfall, weil ich nicht gewartet hatte, bis sie sich ganz ausgeweint hatte. Aber zu meiner Überraschung half sie mir gerne! Dann, als wir uns zum Essen setzten, sagte sie völlig unerwartet zu ihrer Schwester: „Es tut mir wirklich leid." Sogar mein Mann kommentierte ihre Verwandlung.

Wie es gelang

In solchen Situationen würden viele Eltern gern versuchen, dem Streit auf den Grund zu gehen. Aber meistens spielt es keine Rolle, wer angefangen hat oder was den Streit ausgelöst hat. Entscheidend ist, dass die Kinder sich von Emotionen überwältigt fühlen, von einem liebenden Erwachsenen (innerlich) getrennt sind und zu ihrem Denken keinen Zugang finden. Diese Mutter blieb ganz Ohr, um die Tochter bei der Heilung ihres inneren Aufruhrs zu unterstützen. Als die Mutter ihre Geduld schwinden sah, bat sie den Ehemann um Hilfe. Von der Pause gestärkt, konnte sie sich wieder einklinken und ihrer Tochter einfach beim Ausweinen zuhören. Als sie das Essen zubereiten wollte, ließ sie es die Tochter wissen. Zur ihrer Überraschung half diese gern bei der Zubereitung. Und beim Essen konnte das Mädchen klar genug denken, um sich ohne Aufforderung bei der Schwester für den vorherigen Ärger zu entschuldigen.

◄o►

Schlagen im Auto

STRATEGIEN: GRENZEN-SETZEN

  BLEIB-GANZ-OHR

Meine beiden Kinder, jetzt sechseinhalb Jahre alt, waren aus dem Gleis geraten. Wir waren zur langersehnten Geburtstagsfeier eines Freundes unterwegs und die Mädchen verwandelten ihr Spielen in Hauen. Im Auto ertrage ich Rangeleien nur schwer, weil ich nicht sofort eingreifen kann. Shelly weinte heftig, denn Cassie hatte sie wohl geschlagen.

„Cassie hat mich gehauen, Cassie hat mich gehauen", brüllte Shelly zwischen den Schluchzern. Ich hielt an und drehte mich zu ihnen um. Da weinte Shelly noch heftiger. Das Auto anzuhalten bedeutete, eine Grenze setzen. Die Kinder baten: „Fahr weiter, Mami, wir wollen nicht zu spät kommen!"

Sicher geparkt, schätzte ich die Lage ein. Cassie hielt die Arme über der Brust verschränkt und runzelte die Stirn. Ich sah ihr an, dass sie wirklich zugeschlagen hatte. Shelly heulte. Ich zögerte. „Shelly, es tut mir leid, dass ich dich nicht beschützen konnte.", sagte ich, schaute sie dabei sanft an und streichelte sie. Sie packte meinen Arm und hielt ihn eine Weile vorsichtig.

Sodann wandte ich mich an Cassie: „Cassie, mir tut auch leid, dass ich nicht da war, um dir zu helfen, das Hauen zu lassen", sagte ich mit freundlichem Blick. Für mich war das ein echter Meilenstein, denn das Schlagen der beiden hatte mich jahrelang getriggert. „Deine Hand ist einfach von dir zu Shelly gehüpft und hat sie gehauen. Ich wette, du hast das noch nicht mal gemerkt." Sie stand kurz davor, in Tränen auszubrechen, und nickte. „Du wolltest Shelly gar nicht hauen, oder?"

„Nein, Mami", antwortete sie. „Aber sie wollte mich zwicken."

„Mir tut wirklich leid, dass ich dir nicht helfen konnte", antworte ich, als ich merkte, dass sie selbst Angst gehabt hatte, verletzt zu werden. Sie fühlte sich nicht gut genug mit mir verbunden, um alle Tränen fließen zu lassen. Trotzdem schaute sie Shelly jetzt wieder mit sanfterem Blick an. Sie sagten beide, der Streit wäre vorbei und ich könnte weiterfahren. Sie wollten einfach pünktlich zur Feier. Natürlich hätte ich die Abfahrt verzögern und sie an ihren Gefühlen arbeiten lassen können, aber ich hatte nicht die Kraft dafür.

Beim Losfahren hörte ich, wie sie miteinander über das Entschuldigen redeten: „Aber wir haben nicht gesagt, dass es uns leid tut", sagte eines der Mädchen. Als Nächstes hörte ich, wie sie spontan zueinander „Es tut mir leid" sagten. Sie meinten das auch so.

Das Fest war schön und für alle vergnüglich. Ich bin wirklich froh, dass ich angehalten und die Grenze gesetzt hatte.

Wie es gelang

Wenn wir einem Kind die Schuld geben, verursacht das Spannung in der Beziehung zwischen den beiden. Stattdessen setzte diese Mutter eine Grenze und übernahm die Verantwortung für die Sicherheit der Kinder. Indem sie sich dafür entschuldigte, dass sie den Vorfall nicht verhindern konnte, hielt sie den Raum dafür offen, dass sowohl Aggressor als auch Opfer von ihrer Verletzung heilen konnten. Wir vergessen leicht, dass auch die aggressiv handelnden Kinder verletzt sind. Hätte diese Mutter Cassie beschämt und beschuldigt, wäre noch eine Verletzung hinzugefügt worden und hätte den Graben zwischen den Schwestern vertieft. Dann hätte keines der Kinder Gelegenheit gehabt, ihre Verbindung wiederherzustellen.

Aggressionen:
Schlimme Wörter von guten Kindern

Wenn Sie Fäkalsprache nicht ertragen

STRATEGIEN: GANZ-OHR-SPIEL

 GEGENSEITIGES EINFÜHLSAMES ZUHÖREN

Vor etwa einem Jahr begann ich mit gegenseitigem einfühlsamem Zuhören, und ich glaube, damit habe ich mich auf eine ganz schön lange Reise begeben! Zuerst fand ich es seltsam, dass Menschen so schnell lachten oder weinten oder beides zugleich taten. Dann, als ich damit vertrauter wurde und meine Gefühle bereitwillig annahm, anstatt sie wegzuschieben, erlebte ich selbst, wie tröstlich das Ausweinen sein kann.

Interessant zu beobachten sind meine körperlichen Empfindungen, wenn ich über Themen spreche, die mir Angst machen – da ist das Bedürfnis, mich zu strecken, die Anspannung in den Schultern, sobald ich zu reden beginne, das Zittern, das ich lange als Frieren interpretiert hatte, obwohl es, wie ich jetzt merke, nur auftritt, wenn ich mich bedroht fühle. Allmählich gestatte ich mir, alles zu fühlen.

Jedoch lernte ich erst vor kurzem, wie man Angst erfolgreich durch Lachen loswerden kann. Wenn meine sechsjährige Tochter aufgebracht ist, sagt sie gern Folgendes: „Kacka, Kacka, Pipi, Pipi, Pimmel." Ich merkte zwar, dass sie auf diese Weise einfach ausdrücken wollte, dass ihr etwas nicht passte, konnte aber mit diesen Worten nicht gelassen umgehen. Schon alle möglichen herkömmlichen Methoden hatte ich versucht: Sternchenlisten, Belohnungen und Gespräche darüber, dass diese Wörter nicht nett sind. Seitdem ich „Hand in Hand-Parenting" kennen lernte, hatte ich es auch mit energischem Knuddeln und Ganz-Ohr-Spiel versucht, aber nur unregelmäßig. Manchmal konnte ich wirkungsvoll auf sie eingehen, dann wieder wurde ich einfach ärgerlich.

Ich brachte das mehrmals im Gespräch mit meiner einfühlsamen Zuhörerin ein, und das half mir kurzfristig, weil ich nun meine eigenen Ängste verstand. Ich merkte, dass ich die Worte selbst gar nicht so schlimm fand, dass ich aber Angst davor hatte, meine Tochter könnte in Zukunft schlimmere Wörter sagen oder ihre Sprache nicht in den Griff bekommen. Und meine Reaktionen darauf waren noch immer inkonsequent. Dann, in einer Elterngruppe zum gegenseitigen einfühlsamen Zuhören, begann ich, meine Tochter zu kopieren, und musste sofort lachen! Ich stellte sie mir als erwachsene junge Dame vor, die aufgebracht diese Worte ausstieß, und das brachte mich erst recht zum Lachen. Meine Zuhörer konnten ebenfalls nicht anders und lachten mit, und das verstärkte mein Gelächter, bis ich nicht mehr konnte, Gelächter, Tränen und alles zusammen. Das Zuhören hatte nur vier Minuten gedauert, aber dafür waren die Nachwirkungen umso nachhaltiger.

Abgesehen davon, dass es mir anschließend großartig ging, macht es mir nichts mehr aus, wenn sie diese Worte sagt, außer dass ich vielleicht Belustigung spüre, weil es mich an jene Erfahrung erinnert. Deshalb kann ich seither spielerisch auf sie eingehen, was viel wirksamer ist, als ihr die Worte zu verbieten oder sie zu belehren. Ich kann geschwind eingreifen, ihr spielerisch eine feste Umarmung anbieten, sie hochheben und auf ihr Bett werfen, was sie total gern hat, oder sie unter großem Gekicher ums Haus jagen. Und das alles hat zur Folge, dass sie solche Dinge kaum mehr sagt!

Wie es gelang

Ein Eltern-Kind-Duo mit aufwallenden Emotionen ist ein Patentrezept dafür, beim Umgang mit schwierigem Verhalten in einer Sackgasse steckenzubleiben. Oft hält uns der Ärger über die unappetitliche Sprache unserer Kinder davon ab, uns vernünftig Gedanken darüber zu machen, wie wir sie ihnen wieder abgewöhnen können. Wie diese Mutter versuchen wir zu erklären, weshalb wir so etwas nicht gut finden, oder wir reagieren verzweifelt und bestechen das Kind, damit es aufhört. Diese Strategien wirken aber nur kurzfristig, da sie auf Vernunft setzen. Und wenn sich Ihr Kind unvernünftig benimmt, dürfen Sie davon ausgehen, dass es rein von Emotionen angetrieben wird.

Diese Mutter hatte die glänzende Idee, im gegenseitigen einfühlsamen Zuhören ihre eigene Angst verstehen zu lernen und diese dann durch Lachen aufzulösen. Von ihrer eigenen emotionalen Ladung befreit, konnte sie anschließend gut überlegen, wie sie ihrer Tochter am besten half, ihre Ladung ebenfalls loszuwerden. Über spielerisches Zuhören wurde die Verbindung zwischen den beiden gestärkt und die Sprache der Tochter verbesserte sich erheblich.

Popo-Babbel-Zeit

STRATEGIE: GANZ-OHR-SPIEL

Meine siebenjährige Tochter verwendete viel Fäkalsprache, meist auf den Popo bezogen, und sie tat das zu allen möglichen Gelegenheiten, sodass ich eines Abends ankündigte, wir würden ab jetzt in unserer Familie eine „Popo-Babbel-Zeit" (wir nannten das PBZ) einführen. Jeden Abend bekam sie fünf Minuten, in denen sie jedes Wort, in jedem gewünschten Tonfall verwenden durfte. Den restlichen Tag über sollte sie dann angemessene Sprache benutzen. Wann immer ihr während des Tages ein ungehöriges Wort entschlüpfte, erinnerte ich sie daran, das für PBZ „aufzusparen". Wir machen das seit einigen Monaten und erleben allerhand unterhaltsame und, offen gesagt, urkomische PBZ-Minuten. Manchmal bittet sie mich, normale Kinderlieder zu singen und dabei „zufällig" ungehörige Worte einzustreuen. Sie hat Tänze für ein bestimmtes Wort inszeniert, das dann ununterbrochen wiederholt wird. Wir haben sogar gemeinsam derbe Raps komponiert. Ich achte darauf, ihrem Vokabular an „schlimmen" Wörtern nichts hinzuzufügen, aber ich habe die Freiheit, ihre Worte genauso wie sie zu wiederholen oder sie zu singen oder in unterschiedlichen Stimmlagen zu sprechen - aber immer mit Entzücken. Besonders herzhaft lacht sie, wenn ich anfange, eine sehr ernste und feierliche Rede zu halten, und mir dann ein „Ausrutscher" mit einem aktuellen Wort „passiert".

Seither hat sich die Sprache meiner Tochter auffallend verbessert, aber toll finde ich vor allem, wie sehr sie diese Zeit genießt. Manchmal, kurz bevor sie zur Schule losdüsen muss, ruft sie aufgeregt: „Bis zu PBZ heute Abend!" Sie lädt inzwischen auch andere dazu ein, als wäre das ein ganz besonderes Vergnügen. Nur ein paar Mal habe ich andere Personen teilnehmen lassen. Ihre junge, erwachsene Cousine erlebte es als einen Höhepunkt ihres letzten Besuchs. Wenn wir zwei alleine sind, gilt die Regel, dass sie alles sagen darf, auch Dinge über mich oder an mich gerichtet. Aber sobald jemand anderes hinzustößt, darf sie nichts über andere Personen sagen.

In dieser Woche gab es einige Abende hintereinander keine Zeit für PBZ, und sie erwähnte, dass sie es aber brauchte, weil tagsüber schon manche Wörter „durchsickern" würden. Wir haben für dieses Wochenende ein richtig ausführliches PBZ-Programm geplant. Diesmal bekommt sie zwanzig Minuten am Stück und ist darüber total begeistert, und ich freue mich irgendwie auch darauf.

Wie es gelang

Vielleicht hört sich das extrem an, Ihrem Kind Worte zu erlauben, die Sie selbst höchst unangemessen finden. Aber oft braucht Ihr Kind genau dieses Experimentieren mit Tabu-Wörtern in geschütztem Raum, um deren emotionale Aufladung abzubauen. In ihren eigenen vier Wänden, wo sich niemand gestört fühlte, war diese Mutter unbelastet von Schamgefühlen, Verlegenheit oder Besorgnis. Sie konnte ganz ins Spielgeschehen eintauchen und sich trotz des Popo-Babbelns mit ihrer Tochter freuen. Und indem diese besondere Zeit einen Namen erhielt, hatte die Tochter, wie bei der Wunschzeit, die Möglichkeit, darum zu bitten, sobald sie spürte, dass ihr die Selbstkontrolle entglitt. Manche Eltern verwandeln ihr Auto, bestimmte Zimmer und sogar die Badewanne in einen sicheren Zufluchtsort, wo jeder sich ungestraft mit Fäkalausdrücken austoben darf. Und als Folge wurden die Verbindungen innerhalb der Familie gestärkt und die Alltagssprache der Kinder verbesserte sich.

◄○►

Was treibt Hänseleien an?

STRATEGIE: 🖤 BLEIB-GANZ-OHR

Meine dreijährige Tochter hatte in den letzten ein, zwei Tagen sehr oft die Verbindung zu mir gesucht. Dazu hatte sie alle Strategien eingesetzt, die wir mit der Zeit entwickelt haben, um mich zum Kuscheln zu bewegen. Auch hatte sie sich jammernd in jedes kleine Hinplumpsen oder Stoßen hineingesteigert. Als ich eines Abends in der Küche kochte, stieß sie mir gegen den Po, weil sie weiß, dass sie dann eine „kuschelige Umarmung" bekommt. Immer wieder schubste sie mich, und mir fiel es schwer, weiter das Essen zuzubereiten, weil sie so deutlich nach Verbindung verlangte. Dann, beim Frühstück am folgenden Tag, nannte sie mich „Pizza–Kopf". Vor etwa einem Jahr hatte sie angefangen, mit Schimpfwörtern zu experimentieren, und ich hatte ihr zugeflüstert, sie dürfe jedes beleidigende Wort sagen, außer „Pizza–Kopf".[1]

Also kreischte sie unentwegt „Pizza-Kopf". Ich verstand dies als Bedürfnis nach Aufmerksamkeit, hob sie hoch, um sie ins Schlafzimmer zu bringen, und dabei stieß sie mit dem Fuß gegen den Tisch. Obwohl es gar nicht schlimm war, brach sie heftig in Tränen aus. Ich trug sie ins Schlafzimmer, und wir setzten uns aufs Bett, damit ich für ihr Weinen ganz Ohr bleiben konnte. Das ging etwa fünf Minuten, dann wollte sie allein sein. Erfahrungsgemäß signalisiert mir meine Tochter damit, dass sie aus dem Gleichgewicht geraten ist und mich braucht. Also sagte ich, ich wolle bei ihr bleiben. Sie handelte mit mir aus, dass ich an ihrer Tür stehen sollte, während sie aufs Bett stieg. Im Schneckentempo bewegte ich mich dann hin zu ihr aufs Bett und sie ließ es zu. Sie weinte noch ein bisschen und sagte dann: „Diese Leute in Florida waren gemein."

Ich fragte, wen sie meinte. Drei Monate zuvor hatten wir dort in einer Ferienwohnung zwei Wochen Urlaub gemacht. Die Vermieter hatten uns für den gesamten Aufenthalt nur einen Müllbeutel da gelassen und verweigerten trotz Bitten den Nachschub. Mein Mann und ich ärgerten

---

1 Eine Idee aus Lawrence J. Cohens wunderbarem Buch *„Playful Parenting"*.

uns darüber, dass wir eine volle Schachtel Müllbeutel kaufen mussten, obwohl wir nur drei Tüten benötigten, und sie hörte uns schimpfen. Entweder erinnerte sie sich an diesen Vorfall oder sie war vielleicht mit dem Weinen fertig und wollte das Thema wechseln. Jedenfalls tauchte es völlig unvermittelt auf.

Seit jener Runde Bleib-Ganz-Ohr fühlt sich meine Tochter mit mir gut verbunden. Ganz klar hatte sie einige unangenehme Gefühle loswerden wollen. Ich verwende oft die uns Eltern verfügbaren Strategien, um mit unseren Kindern in Verbindung zu bleiben. Wie angenehm, dass meine Tochter selbst ebenso gute Strategien hat!

Wie es gelang

Wenn wir die Hinweise unserer Kinder verstehen lernen und ihnen folgen, dann merken wir schnell, wie hervorragend sie sich um ihr emotionales Selbst kümmern. Diese Mutter erkannte, dass ihre Tochter aus dem Lot geraten war. Sie interpretierte das Kreischen, die heftigen Gefühle nach dem kleinen Stoß und die Bitte, allein sein zu wollen, als Hilferufe der Tochter. Sie blieb ganz Ohr, ohne nach Erklärungen zu suchen oder ihre Tochter zu beschwichtigen. Schließlich erlaubte ihr das Mädchen einen kleinen Einblick in eine unter der Oberfläche liegende Erregung, die vielleicht für manche der störenden Verhaltensweisen verantwortlich war. Das wichtigste Ergebnis war jedoch, dass diese Gelegenheit die Eltern-Kind-Verbindung gestärkt hatte, was generell positiver Veränderung den Weg ebnet.

◂◦▸

Wenn Ihr Kind Sie als „Dummkopf" bezeichnet

STRATEGIEN: GRENZEN-SETZEN

GEGENSEITIGES EINFÜHLSAMES ZUHÖREN

BLEIB-GANZ-OHR

GANZ-OHR-SPIEL

Nach der Schule war mein Sohn deutlich neben der Spur und hatte das Bedürfnis, Gefühle loszuwerden. Seit dem Einsteigen ins Auto belästigte er ständig seinen kleinen Bruder und auf der Fahrt nach Hause beschimpfte er mich als „Dummkopf". Normalerweise macht mich so etwas ärgerlich, aber ich hatte daran mit meinem einfühlsamen Zuhörer gearbeitet und konnte somit an diesem Tag spielerisch reagieren.

Also verriet ich ihm: „Ach, das ist gar nicht mein geheimer Name. Der heißt nämlich ,Kombucha-Kopf', aber sag es bloß nicht weiter!" Natürlich schrien dann er und sein zweijähriger Bruder so laut wie möglich: „Kombucha-Kopf!" Ich tat entsetzt und besorgt, dass nun jeder meinen geheimen Namen wüsste. Das ging so weiter, bis wir zu Hause ankamen, aber irgendwie verlor das Spiel langsam seinen Reiz. Also änderte ich die Taktik und sagte, ich hätte ganz viele Blubberküsse zu verteilen. (Sie geben einen Blubberkuss, wenn sie mit feuchten Lippen fest gegen die bloße Haut prusten, damit ein komisches Pupsgeräusch entsteht). Daraufhin machten sich beide aus dem Staub und versteckten sich kichernd unter der Bettdecke. Ich gab vor, sie dort nicht zu entdecken und lehnte mich schließlich an ihr Versteck. Sie lachten und krümmten sich darunter, und ich saß da und prustete Blubberküsse, ohne die beiden damit wirklich zu erreichen, und spielte, ich wäre deswegen verärgert.

Dann drehten meine Söhne den Spieß um und versuchten, mir Blubberküsse zu verpassen. Also protestierte ich übertrieben, „Nein, nein, nein, keine Blubberküsse für mich! Nur ich darf hier die Blubberküsse verteilen!", während sie mich mit ihren Blubberküssen bedeckten. Nach etwa fünf Minuten standen sie auf und huschten zum gemeinsamen Spiel davon. Den restlichen Abend über ging es ihnen gut, bis kurz vor dem Schlafengehen. Da verpasste mir mein älterer Sohn einen Fußtritt und versuchte, mich zu beißen. Rasch reagierte ich und hielt ihn so im Arm, dass er mir nicht wehtun konnte. Daraufhin brüllte und tobte er und schrie auf: „Nein, nein, nein, du tust mir am Hals weh! Tu mir nicht am Hals weh!" Ich überprüfte, ob ich ihn dort tatsächlich berührte oder wehtat, was nicht der Fall war. Dann veränderte ich seine Position, damit ich ihm nicht doch irgendwie wehtat, aber er wiederholte seine Behauptung und schlug um sich. Mir ist dieses Verhaltensmuster schon vertraut; wir arbeiteten seit Kurzem daran. Soweit ich weiß, bearbeitet er damit die unangenehme Erfahrung, dass man ihn nach einem Unfall zum Nähen seiner Verletzung festhalten musste.

Nach nur fünf Minuten hörte er mit der Heulerei auf, schaute mich an und sagte: „Ich will neben dir sitzen, Mami", und wir lasen alle zusammen ein Buch. In jener Nacht schlief er sehr schnell ein und hielt mir dabei die Hand. Mich hatte erstaunt, wie schnell meine beiden Söhne über das Ganz-Ohr-Spiel zueinander gefunden hatten, nachdem es zwischen den beiden im Auto ziemlich wild hergegangen war. Auch war ich sehr zufrieden, dass der Abend nach dem Ganz-Ohr-Spiel so reibungslos verlaufen war und sich nach dem großen Ausbruch und dem Freilassen von Gefühlen auch zur Bettzeit alles zum Guten gewendet hatte.

Wie es gelang

Diese Mutter wusste, dass es sie in Rage brachte, wenn die Kinder sie beschimpften. Daher achtete sie darauf, diese Gefühle mit Ihrem einfühlsamen Zuhörer zu bearbeiten, damit sie nicht von ihrer eigenen Aufgebrachtheit blockiert wurde, wenn sie ihren Kindern helfen wollte.

Hier erleben wir, wie sich ihr Einsatz auszahlte. Mit den Beschimpfungen ihres Sohnes konfrontiert, fiel ihr rasch eine alberne Alternative ein, die ihr Junge und sein Bruder sofort aufgriffen. Um das Lachen in Gang zu halten, bereicherte die Mutter zu Hause die Runde Ganz-Ohr-Spiel noch mit körperlicher Zuwendung.

Am Abend fühlte sich der Sohn, dessen Aggressionen sich in Beschimpfungen ausgedrückt hatten, sicher genug, seine Ängste über weitere Aggressionen zu zeigen. Die Mutter hielt zur eigenen Sicherheit eine Grenze aufrecht, erlaubte ihm aber, durch Schreien und Strampeln in ihren Armen seine Gefühle auszuleben. Dann war der Sturm so plötzlich vorbei, wie er begonnen hatte. Der Junge hatte die Angst hinweggefegt und konnte sich wieder liebevoll mit seiner Mutter verbinden.

◄o►

TEIL IV

Unsere Zukunft –
miteinander verbunden

KAPITEL 13

Verbindung schaffen, wenn
Sie nicht mehr weiterwissen

A lle Eltern, die ich jemals getroffen habe, standen schon einmal vor der Frage: Was tun, wenn einen die Kinder um den Verstand bringen? Leider gibt es für solche Momente keine Geduldsquelle zum Anzapfen. Aber einige Dinge helfen dennoch. Bereits der fünfminütige Austausch mit einem einfühlsamen Zuhörer kann zum entscheidenden Faktor werden, ob sie Ihr Kind schlagen, oder eben nicht. Dasselbe gilt für Brüllen oder Vorwürfe machen. Wenn Sie nicht weiterwissen, dann wird es Zeit, die eigenen Gefühle abzuladen. Sie haben einen gesunden Verstand und kennen Ihr Kind. Wahrscheinlich wird der nächste Schritt nach vorn einfach von Gefühlen blockiert.

In der Zwischenzeit setzen Sie eine der proaktiven Strategien des Zuhörens wie Wunschzeit oder Ganz-Ohr-Spiel ein, um die Entwicklung in eine konstruktive Richtung zu lenken. Verbindung ist ein bedeutender Teil der Lösung. Wenn Sie zu aufgebracht sind, um sich mit Ihrem Kind zu verbinden, wird Sie der Austausch mit Ihrem einfühlsamen Zuhörer weiterbringen.

Drei Ideen für ihre schlimmsten Momente

Hand in Hand mit der regelmäßigen Anwendung der Zuhörstrategien, finden Sie hier einige praktische Ideen, um als Eltern mit Ihren eigenen hitzigen Momenten umzugehen.

1.Vereinbaren sie Notfalltermine zum einfühlsamen Zuhören mit Ihren Freunden und Zuhörern. Beinahe jede Mutter und jeder Vater kämpft mit eigener innerer Erregung und bleibt damit meist allein. Ziemlich wahrscheinlich hat jedoch in Ihren verzweifelten Momenten irgendeiner Ihrer Freunde oder Zuhörer gerade einen guten Tag. Diese könnten Ihnen fünf Minuten lang zuhören und Ihnen somit helfen, einiges an Anspannung zu entladen, damit nicht Ihr Kind zur Zielscheibe wird.

Fragen Sie einfach, ob Ihre Vertrauten zu den bereits bestehenden Vereinbarungen zum gegenseitigen einfühlsamen Zuhören ein wechselseitiges Notfallarrangement hinzufügen möchten. Wenn Sie Freunde dafür gewonnen haben, denen diese Art des einfühlsamen Zuhörens noch nicht geläufig ist, dann werden Sie sich zwischendurch kurz bei ihnen erkundigen wollen, wie es ihnen mit den ersten wechselseitigen Anrufen ging. Erklären Sie die Bedeutsamkeit von absoluter Vertraulichkeit und bitten Sie darum, dass sie Ihnen keine Ratschläge erteilen.

Ich kenne viele Eltern, die mindestens zwei Personen anrufen können, wenn sie für ein paar Minuten einen einfühlsamen Zuhörer brauchen. Einige Eltern in anstrengenden Lebenslagen haben sogar zehn Ansprechpartner! Und es ist zutiefst belohnend, auch andere sich abmühende Eltern dabei zu unterstützen, einen hitzigen Moment gut zu überstehen.

2. Statten Sie Ihr Kind mit einem Plan aus und testen Sie diesen mit einem „Ärger-Probealarm". Konflikte eskalieren oft blitzschnell. Beim Versuch, unsere Gefühle zu beherrschen, werden wir zu starren Kopien der Eltern, die unsere Kinder kennen und lieben. Wenn unsere vor sich hin gärenden Gefühle dann doch hervorbrechen, werden die Kinder von deren Heftigkeit erschreckt. Sie haben uns als sicheren Zufluchtsort verloren und wissen sich nicht mehr zu helfen. Sie können aber Ihr Kind dabei unterstützen, Hilfe einfordern zu üben. Natürlich sind unsere Kinder nicht dafür zuständig, für uns zu sorgen, aber indem wir unserem Kind die Erlaubnis erteilen, wenn nötig, Hilfe zu holen, bekommt es ein Werkzeug an die Hand und weiß, dass es Beistand verdient.

Ebenso wie bei dem Notfallplan für das Zuhören, treffen Sie hier Vereinbarungen mit einem oder zwei verständnisvollen Freunden. Sie gewinnen ein, zwei Personen, die diesmal Ihr Kind anrufen darf, wenn in Ihnen der Ärger so sehr aufwallt, dass Sie vergessen haben, wer Ihnen zur Seite steht. Hängen Sie eine Liste mit den Namen und Telefonnummern dieser Freunde aus, und falls Ihr Kind noch nicht lesen kann, fügen Sie neben jeder Nummer ein Foto hinzu.

Dann üben Sie mit Ihrem Kind, die Personen auf der Liste anzurufen. Dabei lautet die zu übermittelnde Botschaft im Wesentlichen: „Mein/e Mami/mein Papi muss mit dir reden." In einer besonders angespannten Situation erinnert sich Ihr Kind vielleicht nicht daran, was es sagen soll. Dann bedeutet es bereits einen echten Sieg, sobald Ihr Kind den Gesprächspartner am Apparat hat. Also bitten Sie Ihre Freunde, dem Kind am Telefon zu sagen, dass sie mit Ihnen reden wollen. So werden Sie mit jemandem verbunden, der um Ihr Gutsein weiß und Ihnen in einem schweren Moment zuhören kann. Das entfernt Ihr Kind aus der Schusslinie und schafft eine zusätzliche Hilfsquelle, auch wenn Sie selbst nicht daran denken können, Hilfe zu holen.

Bitten Sie den Freund, Sie daran zu erinnern, das Telefonat nicht in Gegenwart des Kindes zu führen, oder wenn das nicht möglich ist, einfach nur Geräusche von sich zu geben, anstatt lautstark Ihre schrecklichsten Gefühle zu äußern, denn Sie werden noch immer völlig außer sich sein. Mit Freund oder Freundin am Ende der Leitung fühlen Sie sich vielleicht sogar noch aufgebrachter als zuvor! In Gegenwart eines bereitwilligen Zuhörers verstärken sich häufig unsere Gefühle und erreichen so schneller den Punkt heilsamer Entladung. Und sich ordentlich auszuweinen ist für aufgebrachte Eltern genau das Richtige, damit ihr Tag eine gute Wendung nimmt.

Sobald Ihr Kind das Anrufen geübt hat, wollen Sie vielleicht einen kompletten „Ärger-Probealarm" durchführen. Mit fröhlicher Stimme und komischen Gesten spielen Sie eine alberne Version eines Ihrer üblichen Wutanfälle. Dann ermutigen Sie Ihr Kind, Ihre Freundin anzurufen. Sie werden ausprobieren wollen, ob Sie Ihr Kind mit dieser Selbstparodie zum Lachen bringen können. Fragen Sie es doch, wie Sie Ihr ärgerliches Ich darstellen sollen - vielleicht hat es ein paar interessante Tipps parat. Auf jeden Fall zeigen Sie Ihrem Kind mit diesem „Ärger-Probealarm", dass Sie, obwohl Sie manchmal die Fassung verlieren, um dieses Problem wissen und auf der Seite Ihres Kindes stehen.

3. Legen Sie sich auf der Stelle hin und bleiben Sie dort. Als dritte Möglichkeit im Umgang mit hitzigen Momenten legen Sie sich einfach an Ort und Stelle hin. Wenn Sie nicht klar denken können, dann versuchen Sie, bewusst das Kommando abzugeben. Gehen Sie nirgendwohin, legen Sie sich einfach hin, wenn nötig, auf den Küchenboden, und lassen Sie Ihre Kinder mit den ärgerlichen Dingen weitermachen. Sie sind zum Eingreifen nicht fit genug, also können Sie es ebenso gut bleiben lassen, es sei denn, die Kinder bringen sich in Lebensgefahr.

Im Liegen können Sie es sich eher gestatten, all Ihre inneren Gefühlsregungen zu spüren. Wenn Sie den Gedanken aufgeben, jetzt unbedingt in der Elternrolle handeln zu müssen, gelingt es Ihnen vielleicht sogar, die Anspannung loszuwerden. Warten Sie ab, was an die Oberfläche steigt. Wenn Sie ins Weinen oder Lachen kommen, sind Sie auf dem Weg der Besserung.

Da Menschen auf Verbindung geeicht sind, werden die Kinder schließlich auf Sie zugehen. Sie setzen sich Ihnen vielleicht auf den Bauch, fragen nach, was Sie da unten machen, oder bringen Ihnen etwas in der Absicht, Ihnen zu helfen. So wollen die Kinder wieder die Verbindung herstellen. Das ist viel einfacher, wenn Sie auf dem Boden liegen. Die Kinder fühlen sich dann sicherer, weil Sie nicht mehr so groß wirken. Und sobald sich die Kinder erholt haben, werden Sie alle miteinander neu anfangen.

Hier folgt ein Beispiel:

‐◄o►‐

Ich kann gar nicht gut mit Konflikten umgehen. Als ich dann in der „Hand in Hand"-Online-Gruppe von dem Vorschlag las, sich auf den Boden zu legen, bevor man wegen der Kinder ausrastet, erzählte ich meinem Mann, das sei vielleicht etwas für mich.

Bald danach stritten meine Kinder, wer zuerst bei irgendetwas an die Reihe kam. Ich steckte mitten drin und wurde immer frustrierter. Da ließ ich mich einfach auf den Boden fallen und gab damit meine Zuständigkeit auf, so wie Patty es vorgeschlagen hatte.

Mein Mann war auch in der Nähe, und zu wissen, dass er mein Tun einordnen konnte, gab mir zusätzlich großen Halt. Allerdings fand ich weder meine Gefühle noch weinte ich. Stattdessen fühlte ich eine so riesige Erleichterung, dass ich so herzhaft lachen musste, wie schon lange nicht mehr. Das war so ein wundervoll unkontrollierbares Bauchlachen, das einfach nicht zu bremsen ist. Jedenfalls konnte ich nicht damit aufhören! Und den Kindern gefiel das! Ganz gewiss öffnete es in mir kreative Bahnen und entschärfte die sich vorher bereits anbahnende Verärgerung.

Hinterher hatte ich einiges an Erkenntnis gewonnen. Vermutlich gerate ich deshalb mit den Kindern in diese Machtkämpfe, weil ich glaube, ich müsste bei bestimmten Dingen „konsequent" bleiben – Konsequenz ist schon für wichtige Dinge ideal, sofern man sie wirklich in guter Weise vertreten kann. Aber ich halte oft auch dann an dieser Idee der Konsequenz fest, wenn es eigentlich gar nicht so sehr darauf ankommt. Jetzt sehe ich ein, dass es vielleicht wichtiger ist, sich konsequent nicht gemein und furchterregend zu verhalten, als pedantisch auf die Einhaltung von Regeln zu pochen - jedenfalls wenn man sich zwischen beidem entscheiden muss!

Da auf dem Boden zu liegen war eine gute Erfahrung, und ich empfehle sie von Herzen weiter! Es ist das erfrischende und unerwartete Gegenteil von dem, was man normalerweise tut.

‐◄o►‐

Eine Mutter von fünf Kindern unter neun Jahren machte die folgende Erfahrung:

Es war am späten Vormittag und ich fühlte mich bereits erschöpft. Die launischen Auseinandersetzungen und das willkürliche, schrille Geplärre meiner Dreijährigen verhießen nichts Gutes. Mein Siebenjähriger bestand dann auch noch darauf, ich sollte vom Bett im Gästezimmer aus mit ihm reden, während er aufs Klo ging. Also nutzte ich diese Gelegenheit zum Hinlegen, weil ich für nichts Kraft hatte. Innerhalb weniger Minuten krabbelten die anderen vier zu mir aufs Bett, legten sich um mich herum und auf mich drauf. Wir unterhielten uns scherzhaft und entspannt. Bald gesellte sich mein Sohn dazu. Wir blieben eine gute Viertelstunde so liegen. Das veränderte vollkommen die Stimmung des Vormittags und die Aussicht auf den übrigen Tag. Ich suchte keine Lösung, allein das Hinlegen hatte die Veränderung bewirkt. Alles war wieder gut. Sie hatten sich wieder mit mir und irgendwie auch untereinander verbunden.

Wenn wir uns in unsere Gefühle verrannt haben und das emotionale Geschoss gegen unsere Kinder richten, müssen wir uns unbedingt bei ihnen entschuldigen. Die Kinder müssen hören, dass wir sie lieben und es uns leid tut, dass wir sie erschreckt haben und Dinge taten, die wir gar nicht beabsichtigt hatten. Sie müssen auch hören, dass wir fest dazu entschlossen sind, uns einen Erwachsenen zum Reden zu suchen, damit wir in Zukunft nicht mehr so wütend auf die Kinder reagieren. Sogar unsere Allerkleinsten verdienen eine Entschuldigung, wenn wir uns in unseren Gefühlen verloren haben.

Notfallmaßnahmen zu treffen, wenn Sie kurz vor dem Ausrasten sind, fällt einem nicht leicht. Aber wir bekommen zum Ausprobieren viele Chancen! Die hier skizzierten Strategien können Ihren Kindern in hitzigen Augenblicken mehr Sicherheit geben. Aber letztlich wird Ihnen das gegenseitige einfühlsame Zuhören den größten Gewinn bringen.

Wenn Sie mit einem einfühlsamen Zuhörer an Ihren Gefühlen arbeiten, werden solche hitzigen Momente weniger werden. Und in der Situation selbst schenkt es Ihnen einige zusätzliche Sekunden zur Kursänderung, noch bevor Sie ausflippen.

KAPITEL 14

Unterstützung für Ihre Arbeit als Eltern aufbauen

Wenn Sie im Leben mit Ihren Kindern gut unterstützt werden, merken Sie, wie Ihnen der Alltag mit ihnen leichter fällt. Sie finden jetzt besser Zeit für sich selbst. Sie wissen, an wen Sie sich wenden, wenn der Tag zur Herausforderung wird. Und es gelingt Ihnen nun häufiger, den Kindern Ihre liebevolle Aufmerksamkeit zu schenken.

Um die nötige Unterstützung aufzubauen, mit der Sie so scheinbar unmögliche Dinge schaffen wie eine befriedigende Arbeitsstelle zu finden, mit den Streitigkeiten unter Ihren Kindern gelassen umzugehen oder sich für notwendige Veränderungen in der Kita einzusetzen, fangen Sie bei sich selbst an. Wie *fühlen* Sie sich? Viele Eltern erkennen beim Eintauchen in ihre Innenwelt einige größere Schreckgespenster, die an ihrer Energie zehren und Emotionen aufwühlen: Isolation, Schuldzuweisung und Schuldgefühl, Schwierigkeiten, um Hilfe zu bitten, Verwirrung und Erschöpfung. Sobald Sie an einer dieser Fronten Fortschritte machen, wird Ihnen der Alltag leichter fallen. Die Kraft, die bislang im Kampf gegen die zusammengeballten, gärenden Emotionen verschlissen wurde, wird frei für Liebe, Spiel, Freundschaft und gesunde Nachtruhe.

Der Weg aus der Isolation

Was belastet sie tagtäglich? Was vermissen Sie aus der Zeit, bevor Sie Eltern wurden? Wem fühlen Sie sich nah? Wer lässt Sie Ihre Einzigartigkeit spüren? Wer kennt und schätzt Ihre besonderen Begabungen? Wer hält bedingungslos zu Ihnen? Falls Ihr soziales Unterstützungsnetz löchrig ist, wie kommen Sie im Alltag zurecht? Was würden Sie für merkliche Unterstützung tun müssen? Wer hat Ihnen in der Kindheit beigestanden? Wer hat Sie wertgeschätzt? Falls Sie wenig Unterstützung hatten, woher haben Sie dann die Kraft genommen, es bis ins Erwachsenenalter zu schaffen?

Im Folgenden erzählt eine Mutter, wie sie normalerweise mit Gefühlen der Isolation umging und eine angenehme, positive Veränderung erlebte, nachdem sie diese Gefühle abgeladen hatte:

Bevor ich „Hand in Hand" kannte, war ich sehr geschickt darin, mich einfach von all dem abzuwenden, was mich gefühlsmäßig triggerte. Ich verbarg meine Gefühle bis hin zur Isolation und Betäubung. Als ich schließlich lernte, mir das Zulassen meiner Gefühle zu erlauben, erkannte ich, dass ich sie loslassen und danach konstruktiv, mit Klarheit und in starker Verbundenheit zu anderen die nächsten Schritte gehen konnte.

Als ich endlich mit meinem Sohn einen freien Tag verbringen konnte, gingen wir zum Spielen in den Park. Dort traf ich zufällig eine Freundin, die gerade ihren eigenen Friseursalon eröffnet hatte. Seit dreizehn Jahren selbst Friseurin, hatte ich es noch nicht so weit geschafft, aber ich „freute mich für sie" und ließ sie eine gute Viertelstunde lang ihre Erfolgsgeschichte herunterrasseln. Der restliche Tag war gelaufen: Ich fühlte mich zunehmend isoliert, kritisierte andere und verlor schnell die Geduld mit meinem Sohn. Wie gewohnt, versuchte ich, die Gefühle zuzudecken. Ich trank eine Tasse Kaffee und telefonierte mit einer Freundin, um mich über Unwichtiges zu beschweren. Aber die Gefühle ließen sich nicht verdrängen und für meinen Sohn konnte ich an unserem freien Tag nicht wirklich präsent sein. Schließlich erkannte ich das alte Muster der Gefühlsbetäubung und holte mir Hilfe bei einer einfühlsamen Zuhörerin.

Meine Partnerin hörte der Schilderung meines Tagesablaufs aufmerksam zu und machte mich auf den Moment aufmerksam, an dem meine

Laune gekippt war. Da stieß ich auf Gefühle zum Thema Leistung, die in meiner Kindheit verwurzelt waren. Mir war überhaupt nicht bewusst gewesen, dass ich schon seit damals einen schlechten Eindruck von mir selbst herumtrug. Als ich mich in dieses Gefühl des Versagens und den auslösenden Vorfall aus meiner Kindheit fallen ließ, spürte ich ungeheure Befreiung. Nur zehn Minuten Weinen hatte es mich gekostet. Daraufhin heiterte sich meine Laune auf und ich fühlte mich von einer schmerzhaften Last befreit. Ich wandte mich wieder meinem Sohn zu und spielte mit ihm so aufmerksam, wie er es verdient hatte.

Als ich das nächste Mal die Freundin mit dem Haarsalon traf, interessierten mich ihre Erfolge wirklich und auch die Herausforderungen ihres Geschäfts. Diese neue Sicht auf die vormals schwierige Situation habe ich dem Gespräch mit meiner einfühlsamen Zuhörerin zu verdanken.

Freunde und Hilfe suchen

Viele von uns fühlen sich schnell als Versager, wenn wir uns dabei abmühen, unsere Kinder auf uns allein gestellt gut ins Leben zu begleiten. Aber erfahrene Eltern werden Ihnen sagen, dass wir alle hin und wieder Abstand von unseren Kindern brauchen, damit wir unsere Aufgabe gut machen. Jeder von uns braucht andere, denen wir wichtig sind und die uns helfen können. Wir alle brauchen Gelegenheiten, über unseren Alltag mit den Kindern bis in die Einzelheiten nachzudenken und zu reden. Das Aufwachsen in einer individualistischen Gesellschaft lässt die Bitte um Hilfe jedoch zu einem heiklen Thema werden. Und wenn Sie überdies zu einer Gruppe gehören, die mit rassistischem, sexistischem, homophobem oder sonstigem Klischeedenken konfrontiert wird, dann kann die Suche nach Hilfe besonders schwerfallen, weil Sie bereits lieblose und ungerechte Behandlung erlebt haben. Dann blockiert Sie die Angst, andere könnten sich in ihren Vorurteilen bestätigt sehen, nur weil Sie Hilfe suchen, obwohl diese eigentlich allen Eltern zusteht.

Sie werden vom gegenseitigen einfühlsamen Zuhören profitieren, wenn Sie sich eine bessere Verbindung mit anderen Menschen wünschen. Hier berichtet eine alleinerziehende Mutter, wie ihre Treffen mit einfühlsamen Zuhörern den Weg zu einem besseren Verhältnis mit ihrer Mutter ebneten.

Ich war mit meiner Tochter in die Nähe meiner Eltern gezogen. Demnächst trat ich eine neue Arbeitsstelle an und meine Eltern wollten sich an der Kinderbetreuung beteiligen. An diesem Tag half mir meine Mutter beim Streichen des Schlafzimmers. Bei unserer Arbeit kritisierte sie mich: Ich hätte die Fußbodenleiste nicht sorgfältig abgeklebt, den Pinsel müsste ich anders halten, außerdem hätte ich das Fenster öffnen sollen und der Kühlschrank enthielt nicht genügend Vorräte fürs Mittagessen.

Ich hatte mit meiner einfühlsamen Zuhörerin schon länger daran gearbeitet, an dem festzuhalten, was ich dachte und als Mutter wollte. Schon so oft hätte ich am liebsten aufgegeben. Als ich meinen Mut sinken fühlte, überlegte ich, was ich tun sollte. Ich konnte meine Mutter einfach weiter reden lassen und die Bemerkungen ignorieren. Oder ich konnte mich aufregen, was unserer Beziehung nicht gerade zuträglich wäre. Immerhin half sie mir ja! Schließlich wählte ich eine dritte Alternative: Ich würde ihr erklären, was ich wollte. Also sagte ich: „Mama, ich bringe viel mehr zustande, wenn ich mich gut fühle. Gibt es vielleicht ein paar Dinge, die ich gut mache, und könntest du sie mir sagen, sobald sie dir auffallen?" Sie schwieg, hatte mich aber gehört. Der übrige Tag verlief besser und sie wies mich sogar auf ein paar positive Dinge hin.

Schuldgefühlen und Schuldzuweisungen entgegenwirken

Man kann seine Kinder nicht perfekt erziehen. Uns fehlt einfach die nötige Information, die Kontrolle über unsere Umwelt und die entsprechende Hilfe, um wirklich jeden Fehler zu vermeiden. Aber dafür besitzen wir eine viel wichtigere Fähigkeit. *Wir können unsere Kinder wertschätzen und uns an ihnen freuen und dürfen auf uns als Mütter und Väter stolz sein.* Aufmerksamkeit für das, was gut ist, führt uns aus der Unzufriedenheit heraus. Das hilft uns, damit wir Freunde gewinnen und um unsere Familie herum ein fürsorgendes soziales Netz aufbauen können.

Es ist wichtig, über unsere Trauer, keine perfekten Eltern gewesen zu sein, zu reden und es, wenn nötig, zu beweinen. Die Vergangenheit lässt sich nicht mehr ändern, aber wir können uns von den Gefühlen aus der Vergangenheit befreien. Schenken Sie also Ihrem Bedauern Aufmerksamkeit, aber nur dann, wenn Sie einen Zuhörer haben, der seine Fürsorge in Sie hineinfließen lässt, während Sie Ihre Gefühle des Schmerzes herausfließen lassen.

Schuldzuweisung ist die Kehrseite der Medaille – dabei wird der Fehler im Außen gesucht. Wenn Sie sich dabei ertappen den Kindern oder Ihrem Lebensgefährten/Ihrer Lebensgefährtin für ihre Schwierigkeiten Vorwürfe zu machen, oder andere Eltern dafür verantwortlich zu machen, dass Sie sich ärgern, dann gibt es bei Ihnen heftige Gefühle zum Abladen. Natürlich machen die Menschen Fehler. Ja, das Verhalten unserer Kinder überfordert uns oft. Natürlich würde alles besser laufen, wenn wir mehr Kontrolle über unser Leben hätten. Aber wir können eben das Verhalten eines Kindes nicht kontrollieren. Und nichts wird davon in Ordnung gebracht, dass wir ihnen, anderen oder uns selbst die Schuld für unseren Schmerz in die Schuhe schieben.

In dem Maß, wie Sie im Gespräch mit Ihrer einfühlsamen Zuhörerin mit der Arbeit an Schuldgefühlen und Vorwürfen vorankommen, werden Sie auch die Ihnen Anvertrauten immer besser annehmen lernen. Dann bringen Sie mehr Energie dafür auf, Wege zu finden, wie Sie sich sicherer und stärker miteinander verbunden fühlen können. Sie werden öfters vorausschauend und zielbewusst handeln, indem Sie Grenzen setzen. Sie werden den Gefühlen Ihrer Lieben, die jene abladen müssen, um wieder klar denken zu können, auch länger zuhören können.

Manchmal gehen unsere Schuldgefühle oder Vorwürfe auf präzise Vorstellungen zurück, wie es in einer Familie zugehen „sollte". Ihre Lebensgefährtin „sollte" rechtzeitig von der Arbeit nach Hause kommen. Ihr älterer Sohn „sollte" zu seiner kleinen Schwester lieb sein. In Ihrer Nachbarschaft „sollte" es familienfreundlicher zugehen. Ihre Kinder „sollten" öfter „bitte" und „danke" sagen.

Wenn Sie merken, dass Ihre Familie diesen Erwartungen aber nicht entspricht, dann versuchen Sie, diese über Bord zu werfen. Wenn Sie sich so abrackern, dass Sie weder sich selbst noch andere wertschätzen können, dann gönnen Sie sich eine Auszeit! Lassen Sie die tägliche warme Mahlzeit sausen und servieren zwei Wochen lang einfach Karotten, Erdnussbutter und Toast. Und die Verwandten sollen ruhig meckern, weil Sie für diesen Monat den Besuch bei ihnen gestrichen haben. Halten Sie ein Mittagsschläfchen, selbst wenn Ihre Arbeitskollegen darüber reden. *Sie* selbst entscheiden, was Ihnen guttut und was nicht. Wenn das bei anderen eine Vorwurfshaltung auslöst, bleiben Sie selbstbewusst. Sie haben das Recht, zu experimentieren und auf sich, Ihre Familie und Ihre Entscheidungen stolz zu sein.

Hier lesen Sie zwei Berichte von Eltern, die mit Schuldgefühlen und Vorwürfen gerungen haben. Sie zeigen, dass man diese Energieräuber besiegen kann.

◄○►

Als meine ältere Tochter in den Kindergarten kam, fühlte ich mich besorgt und unsicher. Meine Gefühle sollten ihre Erfahrungen mit dem Kindergarten nicht beeinflussen, deshalb erzählte ich sie meinem einfühlsamen Zuhörer.

Mit dieser Unterstützung gewann ich Selbsterkenntnis über eigene Kindheitsängste im Zusammenhang mit Trennungen von meiner Mutter. Ich weinte und befreite mich von den Gefühlen, die allmorgendlich beim Abschied von meiner Tochter ausgelöst wurden. Auch erforschte ich meine Unsicherheitsgefühle und erkannte, dass sie von Schuldgefühlen herrührten, die ich oft spürte, wenn ich von meiner Tochter getrennt war. Noch mehr Selbsterkenntnis gewann ich, als mir einfiel, wie ich mich nach mehr gemeinsamer Zeit mit meiner Mutter gesehnt hatte. Ich erkannte, wie die jetzigen Schuldgefühle daher kamen, dass ich meiner Tochter solche Gefühle ersparen wollte. Noch einmal konnte ich darüber weinen, dass ich meine Mutter so vermisst hatte.

Diese Arbeit schenkte mir Befreiung und Selbsterkenntnis. Ich wurde nicht mehr so stark durch meine eigene Geschichte getriggert, und es ging mir viel besser damit, meine Tochter in den Kindergarten zu schikken. Bestimmt half ihr das ebenfalls, sich leichter von mir zu trennen. Am ersten Tag ging sie gerne, amüsierte sich blendend und freute sich schon auf den nächsten Tag. In jener Woche traf ich mich wieder mit meinem einfühlsamen Zuhörer, um Gefühle zu erforschen und abzuladen. Als sich meine Tochter dann gegen Ende der Woche über einige Trennungsthemen ausweinen wollte, konnte ich ihr beistehen und ganz Ohr bleiben, ohne dass mich meine eigenen Emotionen überwältigten. All die ins gegenseitige einfühlsame Zuhören investierte Zeit zahlte sich aus!

―◄○►―

Der zweite Bericht:

―◄○►―

Ich habe mithilfe des gegenseitigen einfühlsamen Zuhörens an meinem Ärger darüber gearbeitet, dass ich für meine lernbehinderte Tochter so schwer Unterstützung finde. Zwar halfen mir die Treffen mit meiner einfühlsamen Zuhörerin, aber der Ärger blieb. Jetzt richtete ich ihn gegen meine Tochter und kam seiner Ursache nicht auf die Spur. Was ärgerte mich an ihrem Verhalten jetzt so sehr?

Also versuchte ich, in den Gesprächen mit meiner einfühlsamen Zuhörerin diesen Ärger tiefer zu ergründen.

Während einer Sitzung sagte ich: „Meine Mutter hätte es Ihr ordentlich gezeigt, wenn sich meine Tochter bei ihr so benommen hätte!" Meine Zuhörerin fragte: Was hätte ihr deine Mutter gezeigt?" Sch_e, dachte ich, mussten wir wirklich so tief bohren? Ich war den Tränen nahe und große Angst und Schuldgefühle stiegen in mir auf. Ich weinte. Meine Mutter hätte es ihr mit Schlägen gezeigt. So macht man das. So macht man das bei uns. Kinder dürfen eben nicht frech antworten, jedenfalls nicht bei den Schwarzen. Wir mussten „es richtig machen". Da stand so viel auf dem Spiel. Wir mussten Vorurteile bekämpfen. Wir mussten zeigen, dass wir aus gutem Hause kamen und ebenso gut und fähig waren wie die Weißen um uns herum. Jedenfalls fühlte es sich für mich so an als Kind von Schwarzen aus den Südstaaten. Mir wurden Schläge auf den Mund oder Prügel mit Spielzeugschienen und Zweigen angedroht. Heute sind das Anekdoten, die sich lachend erzählen lassen. Das ändert aber nichts an der harten Realität, dass damit unsere Seelen verletzt wurden. Jetzt endlich habe ich Gelegenheit, darüber zu weinen und zu wüten.

Ich liebe meine Eltern und könnte es mir nicht vorstellen, Kinder ohne Unterstützung großzuziehen, so wie meine Mutter. Natürlich gab es auch viel Positives. Aber ich will meiner Tochter keinesfalls die Stimme aus dem Leib prügeln, sie beschämen oder ihr das Gefühl vermitteln, sie wäre Luft. Was also tun, wenn man mit solchen Sätzen wie, „Man gibt Erwachsenen keine frechen Antworten", erzogen wurde und das eigene Kind bei jedem Wortwechsel genau das tut? Du holst dir jemanden zum Zuhören und „gehst in die Vergangenheit". Du wirst ärgerlich auf die eigene Mutter, sagst ihr all das, was sie dir als Kind nie erlaubt hat, und sagst dem inneren Kind von damals: „Du bist wichtig. Ich bin da! Jetzt wird dir zugehört." Dann erinnerst du dich wieder daran, dass die groben Worte der Tochter eigentlich ein Hilferuf inmitten ihres eigenen Stresses und ihrer Verwirrung sind.

Ganz praktisch habe ich jetzt eine Grenze eingeführt. Wenn sie frech redet, gehe ich einfach zu ihr hin und sage: „So können wir nicht miteinander reden." Wenn wir dann Bleib-Ganz-Ohr brauchen, nehmen wir uns die Zeit. Das ist mein kleiner stiller Ort, an dem ich die Welt verändern kann, eine Mama und ein Kind auf einmal. Na dann mal los, Welt. Ich bin bereit.

Das Fazit lautet nun: Sogar wenn wir unsere Kinder getadelt haben oder mit uns selbst unzufrieden sind, haben wir unser Bestes getan. Sicher müssen wir uns weiterhin um gute Unterstützung bemühen. Aber solange wir dazulernen können, ist Perfektion nicht erforderlich. Wir sind gute Eltern.

Verwirrung auflösen

Oft entsteht in uns Verwirrung darüber, welche Entscheidungen für unsere Familien sinnvoll sind. Dabei kann es um Alltagsentscheidungen gehen, was Sie zum Beispiel tun, wenn Ihr Kind jeden Morgen quengelig aufwacht. Oder es entsteht Unsicherheit bei weitreichenden Entscheidungen, ob Sie beispielsweise noch ein Kind haben werden, oder ob Sie mit einer Erwerbsarbeit anfangen, solange die Kinder noch sehr klein sind. Um Ihnen dabei zu mehr Klarheit zu verhelfen, wird für Sie das gegenseitige einfühlsame Zuhören von unschätzbarem Wert sein. Wir denken klarer, wenn wir von unseren Emotionen nicht in alle Himmelsrichtungen gezerrt werden. Dabei hat sich die Strategie bewährt, mehrere Treffen mit dem einfühlsamen Zuhörer festzusetzen und jedes Gespräch einer der möglichen Entscheidungsalternativen zu widmen.

Hier beschreiben zwei Eltern, wie Ihnen das gegenseitige einfühlsame Zuhören dabei half, die ursprünglichen Wurzeln ihres Entscheidungsdilemmas ausfindig zu machen, die dort festgehaltenen Gefühle zu befreien und ihre Gedanken zu ordnen.

Ich hatte mir über die Schulsituation unserer beiden Kinder Sorgen gemacht. Ich fragte mich, wohin ich meinen besonders feinfühligen Sohn hinschicken sollte und ob ich meine Tochter in ihrer Krippe lassen sollte, obwohl dort der Träger wechselte. Jedes Mal, wenn mich Freunde daraufhin ansprachen, fühlte ich mich überwältigt und unruhig.

Ich brachte die Frage während des gegenseitigen einfühlsamen Zuhörens ein, lud dort einfach alles an Verwirrung und meine halbgaren Gedanken ab. Meine Zuhörerin schlug vor, darauf zu achten, welche Gefühle bei dem Gedanken aufstiegen, in unserem jetzigen Wohnort zu bleiben. Mir wurde klar, dass wir bestimmt nicht aus der Region fortziehen würden, und sie hörte zu, während ich Ideen entwickelte, wie wir vorgehen konnten. Ich wurde all meine Sorgen zur Schulwahl los und am Ende des Telefonats fühlte ich mich sehr viel klarer und erleichtert.

Seitdem konnte ich die ersten wichtigen Schritte nach vorne tun. Allzu selten bekommen wir Gelegenheit, einfach unsere Verwirrung auszukippen und uns dann durch den ganzen Haufen hindurchzuarbeiten, weil andere uns dabei unterbrechen oder Ratschläge geben. In diesem Fall bekam ich genau das, was ich brauchte.

–◄○►–

Der zweite Bericht über ein längeres emotionales Projekt:

–◄○►–

Ich hatte eine schwerwiegende Entscheidung zu treffen: Sollte ich mit meiner Familie vom Süden des Bundesstaates in eine Stadt im Norden ziehen? Meine Frau vertrat sehr stark die Meinung, im Norden würden unsere damals zwei- und dreizehnjährigen Kinder gute Schulmöglichkeiten haben und wir könnten außerdem mehr Zeit mit meinen Schwiegereltern verbringen, die dort in der Nähe wohnten. Ich jedoch hatte nun seit fast zwanzig Jahren am selben Ort gelebt und fühlte mich angesichts der Veränderungen durch einen möglichen Umzug stark verunsichert.

Ich brachte meine Ängste und Sorgen ins Gespräch mit meinem einfühlsamen Zuhörer und konzentrierte mich dort auf meine Abschiedsgefühle, die Kindheitsgefühle im Zusammenhang mit der Scheidung meiner Eltern auslösten. Nach ausgiebigem Weinen und Lachen wirkte der Gedanken an einen Wohnortwechsel allmählich weniger bedrohlich. Mein einfühlsamer Zuhörer schlug vor, mich auch eine Weile mit den Gefühlen zu beschäftigen, die der Gedanke ans Bleiben auslöste, was meine Angst vor finanziellen Nachteilen und meine Rolle als Haupternährer der Familie ins Spiel brachte. Es gab viel zu tun!

Nach mehreren solcher Gespräche und Zeit zum Nachdenken reifte in mir der Entschluss, in den Norden zu ziehen. Das war eine meiner besten Entscheidungen überhaupt.

–◄○►–

Mit der Unterstützung eines einfühlsamen Zuhörers werden Sie das, was in Ihnen über das jeweilige Thema vorgeht, gründlicher erforschen, und egal, wie Sie dann entscheiden, Sie werden das Wohlwollen und Vertrauen Ihres Zuhörers in sich aufgenommen haben. Das kann Sie beflügeln, ganz gleich, welche Richtung Sie schließlich einschlagen! Und falls Sie doch einen Fehler gemacht haben, wird Ihnen Ihr einfühlsamer Zuhörer dabei helfen, diesen schnell zu entdecken und, falls nötig, Ihren Kurs zu korrigieren!

Der Erschöpfung entkommen

Wenn Sie merken, dass Ausruhen Sie nicht wirklich erfrischt, sind Sie vermutlich erschöpft. Ein weiteres Signal könnte sein, dass Sie zwar das Nötigste erledigen, aber Probleme nicht auf kreative Weise lösen können. Falls Sie schwer arbeiten, glauben Sie, sich noch mehr anstrengen zu müssen. Falls Sie gebrüllt haben, glauben Sie, es würde helfen, noch mehr zu schimpfen. Falls Sie schon etwas auf Kredit gekauft haben, denken Sie: „Diese eine Sache muss ich noch haben, dann wird alles besser." Aber keine dieser Taktiken verhilft Ihnen zu mehr Zufriedenheit mit sich oder Ihren Kindern.

Erschöpfte Eltern tragen heftige Gefühle mit sich herum, außer der Müdigkeit meist eine Mischung aus Isolation, Sorge oder Hoffnungslosigkeit. Sich Zeit dafür zu nehmen, um zu bemerken, dass jemand an Ihnen Anteil nimmt, kann Ihnen bereits die emotionale Last von den Schultern nehmen. Vielleicht weinen Sie sich daraufhin richtig aus, entweder während einer Ruhepause oder später.

Hier lesen Sie, wie eine Mutter die Gelegenheit einer Eltern-Selbsthilfegruppe nutzte, um von Ihren Erschöpfungsgefühlen zu erzählen, die Ihr im Leben mit Ihren Kindern zu schaffen machten.

–◄o►–

Es gab eine Zeit, da fühlte ich mich in Gegenwart meiner Kinder jedes Mal völlig erschöpft. Das war insofern einleuchtend, weil ich Zwillinge habe, die damals zwei Jahre alt waren. Doch auch meine Pausen änderten nichts an der Ermattung. Schließlich ging ich in eine „Hand in Hand"-Selbsthilfegruppe. Dort weinte ich mich wirklich richtig aus und Gefühle von Verlust und Trauer aus meiner Kindheit stiegen in mir auf. Anschließend fühlte ich mich tatkräftig und glücklich. Ich eilte nach Hause und freute mich auf meine Kinder und darauf, mit ihnen zu spielen. Hinterher erkannte ich, wie wesentlich es ist, meine eigenen Gefühle zu befreien, damit ich in Gegenwart meiner Kindern wach und präsent sein kann. Ich lernte auch, nach diesen Erschöpfungsgefühlen rechtzeitig Ausschau zu halten und sofort Zeit mit einem einfühlsamen Zuhörer einzuplanen!

◄○►

Ein weiterer Bericht:

◄○►

Es ist Freitagmorgen, neun Uhr und ich sitze in meinem Auto auf dem Parkplatz eines Kaufhauses. Ich bin erschöpft und überwältigt. Zum Glück habe ich ein wenig Zeit mit meiner einfühlsamen Zuhörerin. Sie ruft mich an. Jede bekommt jeweils eine Viertelstunde und ich komme zuerst dran. Ich brauche das einfach.

„Ich bin da", sagt sie. Da fange ich einfach zu heulen an. Nicht bloß Weinen. Wehklagen. Keine Erklärung. Kein Rationalisieren. Nur Geheul, fünf Minuten lang. Ich kann nicht anders, und während ich mich beim Heulen am Telefon wie eine Irre fühle, bin ich trotzdem dankbar, dass ich mir diesen Beistand geholt habe.

Die restliche Zeit über sprudelt aus mir heraus, dass ich am liebsten alles absagen würde – alle Verabredungen für den kommenden Monat, einschließlich Thanksgiving und Weihnachten. Ich bin müde und überwältigt. Ich will einfach eine Pause und ganz bestimmt keinen Truthahn zubereiten oder Pasteten backen. Meine einfühlsame Zuhörerin hört nur zu, gegebenenfalls murmelt sie etwas Ermutigendes oder sagt: „Ja, sag doch alles ab."

Am Ende meiner Zeit hat sich mein Gehirn wieder etwas beruhigt und mir wird klar, dass ich mich nach ein paar Tagen Ruhe am Montag wahrscheinlich besser fühlen werde und dass ich Thanksgiving eigentlich nicht absagen möchte.

Dann hatte ich zum Glück die Gelegenheit, ihr zuzuhören. Es tut gut, einer anderen Mutter zuzuhören und etwas von der liebevollen Aufmerksamkeit zurückzugeben, die ich so großzügig erhalten habe. Und was Thanksgiving angeht, da steht die Zeit mit meiner einfühlsamen Zuhörerin ganz oben auf der Dankesliste. Übrigens, den Truthahn werde ich schon braten, aber die Pasteten soll eine Freundin mitbringen.

—◄o►—

Mir scheint, dass unsere Erschöpfung größtenteils durch emotionale Spannung verursacht ist, der ein passendes Ventil fehlt. Sobald uns zugehört wurde und die Gefühle abgelassen sind, bleibt nur noch die Müdigkeit. Dann können Sie entspannen und Ihnen fällt wieder ein, wie Ausruhen möglich ist.

Suchen Sie sich für Ihre Familie Verbündete

Vielleicht sitzt Ihr bester Verbündeter Ihnen sogar gerade mit übernächtigtem Blick am Sandkasten oder in einem Sitzungsraum gegenüber! Verbünden Sie sich mit anderen Eltern und helfen Sie sich gegenseitig. Schließen Sie sich einer Elterngruppe oder Spielgruppe am Ort an, wo Sie mit ihrem Kind andere Familien kennen lernen können, und bauen Sie sich Ihre eigenes „Eltern-Dorf". Freunde zu haben, die Sie bei Ihrer Elternreise begleiten, kann enorm viel bewirken.

Suchen Sie auch innerhalb Ihrer Familie nach Verbündeten. Sie tun gut daran, die Beziehungen zwischen Ihrem Kind und den Großeltern, Tanten und Onkeln oder anderen Familienmitgliedern zu unterstützen, damit Sie sich auch mal ausklinken können. Nehmen Sie Hilfsangebote von Verwandten an, selbst wenn Sie mit ihnen nicht immer einer Meinung sind. Auch wenn die Oma Ihren Kindern zu viel Süßes erlaubt oder Tante Lisa auf dem Spielplatz vergisst, den Sonnenschutz zu erneuern. Unterschätzen Sie auch nicht den Wert eines bezahlten Babysitters außerhalb der Familie! Teenager suchen oft einen regelmäßigen Teilzeitjob, also suchen Sie sich einen Helfer oder jemanden, der einmal pro Woche die Kinder hütet, damit Sie auch Raum für sich selbst haben.

Hier lesen Sie von einem Vater, der zwischen seiner Familie und der neuen Schule der Tochter Verbindungen knüpfen wollte, was dort nicht erwünscht war. Mit seinem einfühlsamen Zuhörer arbeitete er an seinen Gefühlen, hörte selbst bei einer Schulkonferenz gut zu und wurde damit belohnt, dass sich ihm bisher verschlossene Türen öffneten.

–◄o►–

Letztes Frühjahr, Monate bevor meine Tochter in die Schule kam, kündigten der Schulleiter und ihre Lehrerin an, dass Sie keine Eltern als Volontäre in der Klasse erlauben würden. Ich arbeite Nachtschicht und kann vormittags in der Schule mitarbeiten. Ich wollte wirklich, dass meine Tochter in dieser staatlichen Schule ihren Platz fand, und vielen anderen Eltern ging es offensichtlich ebenso. Ich arbeitete beim gegenseitigen einfühlsamen Zuhören an meinen Gefühlen und beschloss dann, öffentlich meine Meinung zu vertreten.

Einige Wochen nach Schulbeginn ging ich allein und sehr ängstlich zur örtlichen School-Council-Versammlung. Ich schrieb auf die Tagesordnung für die Podiumsdiskussion: „Eltern als freiwillige Helfer in der Klasse ihrer Kinder". Das war das einzige Thema der Podiumsdiskussion und ich redete sehr viel. Ich sagte Dinge wie: „Ich will nicht, dass die Schule meiner Tochter einfach ein Ort ist, wo ich sie absetze." Das Council befand daraufhin, Elternbeteiligung sei im Prinzip eine gute Sache, die Entscheidung läge aber beim Schulleiter. Da stand dieser auf und hielt mir eine Standpauke: Von, „In der Schule brauchen wir Lehrer, keine Eltern.", über, „Jetzt ist Zeit, dass sich die Kinder abnabeln.", bis hin zu, „Wenn das Ihre Meinung ist, dann unterrichten Sie Ihr Kind doch zu Hause!". Die ganze Zeit versuchte ich, ganz Ohr zu bleiben, denn die Aufgebrachtheit des Schulleiters war offensichtlich. Also lächelte ich und nickte, während ich die ganze Zeit dachte: „Was für ein A_l_!"

Während der Pause sprach mich der Schulleiter an und ich hörte erneut zu. Ich meldete ihm zurück, wie schwer es sein musste, den ganzen Tag zu arbeiten und dann auch noch am Abend bei diesem Treffen anwesend zu sein. Ich fragte etwas zu seiner Person und der Schule. Dann ließ ich ihn wissen, dass ich nach Überprüfung der Alternativen seine Schule als die beste Option für meine Kinder betrachtete.

Ehe ich es mir versah, sagte er: „Ich muss Sie in die Klasse bringen." Später, nach der Versammlung, traf ich auf die Lehrerin und sagte: „Eines will ich klar gesagt haben. Ich schätze Ihre Fähigkeiten als Lehrerin wirklich." Sie lachte. Ich sagte, mir sei klar, dass sie ihre Arbeit allein schaffen würde, ich sie aber gern unterstützen würde. Ich würde auch alles tun, was sie wollte. Sie lachte und lachte. Am Ende des Gesprächs bat sie mich, am Donnerstag darauf in die Klasse zu kommen. Da änderten also genau die beiden Menschen ihre Meinung, die zuvor monatelang kategorisch darauf bestanden hatten, dass ich in der Klasse nichts zu suchen hätte!

Tatsächlich weinte ich an diesem Abend beim Nach-Hause-Kommen vor Freude und Erleichterung und erzählte meiner Frau die Geschichte. Öffentlich so heruntergeputzt zu werden und danach die beiden freundlich zu behandeln hatte all meine Kraftreserven aufgebraucht! Mein Donnerstagseinsatz in der Klasse verlief dagegen wunderbar: Ich blieb zweieinhalb Stunden! Die Lehrerin plauderte mit mir und ich fühlte mich mit der Zeit immer wohler. Auch die Kinder nahmen mich sehr gut auf.

Sie verdienen eine Menge Hilfe und gute Unterstützung. Was Ihre Familie wirklich lebendig macht, ist die Verbindung zu Ihren Kindern. Für ein entspanntes Miteinander in der Familie brauchen auch Sie fürsorgliche, nährende Menschen, die *Ihnen* als Freunde und Zuhörer zur Seite stehen. Suchen Sie diese Menschen und schenken Sie ihnen Ihre Wertschätzung. Machen Sie ihre Bekanntschaft und werden Sie mit ihnen vertraut. Diese Menschen können sich glücklich schätzen, jemanden wie Sie zu kennen. Fangen Sie klein an. Treffen Sie sich mit ihnen im Park, organisieren Sie ein spontanes Basketballspiel am Sonntagnachmittag oder rufen Sie einen Kinderbüchertausch ins Leben. Von da aus tun Sie den nächsten Schritt. Machen Sie diese Menschen zu *Ihren Leuten*!

KAPITEL 15

Unsere Zukunft –
miteinander verbunden

Machen Sie sich zum Leben mit Kindern
Ihre eigenen Gedanken

Eine der größten Schwierigkeiten im Leben mit Kindern besteht darin, dass Sie mit keinem Ansatz absolute Gewissheit darüber haben werden, auf dem richtigen Weg zu sein! Stattdessen müssen Sie ausprobieren, beobachten und selbst überlegen, was für Ihre Familie am besten ist. Achten Sie darauf, wie sich ein bestimmter Ansatz für Sie anfühlt, ob er Ihre Werte widerspiegelt und ob darin Ihre Liebe vermittelt wird. Werden die Intelligenz und Einzigartigkeit Ihres Kindes respektiert? Und Ihre eigene? Wird Ihnen geraten, die Liebe beiseitezustellen, wenn es schwierig wird, oder werden Sie vielmehr dazu aufgerufen, gerade dann auf Ihr Kind zuzugehen? Und wird etwas über den Umgang mit den stressigen Aspekten im Leben mit Kindern ausgesagt?

Ich glaube, es ist von großem Wert, als Eltern herauszufinden, was in uns und unseren Kindern das Beste zum Vorschein bringt. Wir brauchen Anregungen, wie wir auch in schwierigen Zeiten aufeinander zugehen können. Sobald Sie fündig geworden sind, müssen Sie allerdings erst noch ausprobieren, ob die Ideen für Sie und Ihre Kinder wirklich passen. Trauen Sie da Ihrem eigenen Gespür. Das ist das Beste, was Eltern tun können.

Unsere Ideen sind einfach: Zuhören verbindet uns. Und wenn wir uns miteinander verbunden fühlen, fühlen wir uns sicher genug, unsere emotionalen Verletzungen abzuladen. Anschließend können wir dann wieder das gemeinsame Leben genießen, notwendige Grenzen setzen und wichtige Arbeit tun.

Bei „Hand in Hand-Parenting" haben wir gelernt, dass wir über das Zuhören einander Geist und Seele öffnen und alte Wunden heilen können. Das Zuhören kann uns helfen, eine gemeinsame Basis zu finden, selbst wenn der Weg dahin noch weit ist. Das Zuhören kann uns den Mut verleihen, uns für Gerechtigkeit einzusetzen; es kann uns helfen, einander nicht aufzugeben. Zuhören kann uns zu Ausdauer für die Lösung vielschichtiger Probleme verhelfen; es kann unser Urteilsvermögen verbessern. Das Zuhören kann Brücken bauen zwischen verschiedenen Ethnien, sozialen Schichten, Religionen, Altersgruppen und Lebensumständen; das Zuhören kann einen geliebten Menschen aus der Isolation holen.

Zuhören setzt das Potenzial unserer Kinder frei

Die 130 Elternerfahrungen in diesem Buch zeigen, dass durch unser Zuhören Einstellungen und Verhaltensweisen unserer Kinder positiv verändert werden. Etliche Geschichten zeigen sogar, dass Eltern, die sich die Zuhörstrategien zu eigen gemacht haben, ihrem Kind mit der Zeit das Leben an sich erleichtern können. Natürlich funktioniert das nicht ohne Anstrengung und die Bereitschaft der Eltern, an ihren eigenen Emotionen zu arbeiten.

Doch was wird aus den jungen Menschen, die bei diesen zuhörenden Eltern aufgewachsen sind? Sind sie egozentrisch oder emotional instabil? Haben sie ein gutes Urteilsvermögen?

Wir stehen mit einigen der jungen Erwachsenen in Kontakt, deren Eltern in den 1990er-Jahren an unseren Kursen teilgenommen und unsere Broschüren gelesen haben. Diese Pioniereltern waren hinsichtlich ethnischer Abstammung, sozialer Schicht und Lebensstandard eine ziemlich heterogene Gruppe. Wie geht es ihren Kindern inzwischen? Unsere erste Beobachtung ist offensichtlich – sie sind sehr unterschiedlich! Wir wollen kurz skizzieren, wie sich so mancher der jetzt im dritten Lebensjahrzehnt stehenden Sprösslinge entwickelt hat.

Als Erstes gibt es da einen jungen Mann, der seinen leidenschaftlichen Kindheitstraum mit zweiundzwanzig Jahren zur Vollendung gebracht hatte. Er spielte zwei Jahre als Profifußballer in Europa und arbeitet jetzt als erfolgreicher Fitnesstrainer. Eine junge Frau erlangte ein Vollstipendium für die Hochschule und anschließend ein Fulbright-Stipendium (ein sehr angesehenes internationales Austauschprogramm aus den USA). Außerdem gibt es einen begabten jungen Mann, der in einer Großstadt der USA als Berater für obdachlose Jugendliche arbeitet. Ein weiterer junger Mann leitet ein Tattoostudio und eine junge Frau ist Abteilungsleiterin in einer großen Firma.

Da ist eine junge Frau, die mit Familien arbeiten wollte und sich nun als zweisprachige Beraterin und Streetworkerin um Kinder aus Risikofamilien kümmert. Ein junger Mann, seit der Highschool in der Bürgerrechtsbewegung aktiv, ist bei einem Richter eines US-Berufungsgerichts angestellt. Noch ein junger Mann hat einen Beruf, der ihm sehr am Herzen liegt. Direkt nach der Highschool wurde er als Konstrukteur von Solaranlagen angeheuert. Er verdient gut, bildet aus und ist mit einundzwanzig Jahren die rechte Hand seines Chefs. Eine junge Frau ist Tänzerin und angehende Neurowissenschaftlerin mit einem „Magna Cum Laude"-Abschluss einer renommierten Universität. Eine weitere junge Frau hat während ihres Universitätsstudiums in Indien, Italien und Frankreich gearbeitet. Sie fördert heute sozialen Wandel über ihren Einsatz bei einem „Urban Bicycle-Exchange"-Unternehmen.

Viele dieser jungen Erwachsenen stammen aus Familien, die mit außergewöhnlich großen Schwierigkeiten zu kämpfen hatten. Einige stammen aus Familien alleinerziehender Väter und Mütter, einige ringen mit Behinderungen; viele haben mit Rassismus zu kämpfen. Sie haben sehr viel erreicht und durch die Unterstützung ihrer Eltern große Hürden bewältigt.

Als etliche der jungen Leute um die zwanzig waren und sich abmühten, in ihrem Leben richtig Fuß zu fassen, scharte eine der jungen Frauen andere um sich, von denen sie wusste, dass sie nach dem „Hand in Hand"-Ansatz aufgewachsen waren. Aus dieser Eigeninitiative entstand eine

Selbsthilfegruppe zur Überwindung der Folgen von Armut und Rassismus. Über zwei Jahre lang hörten sie einander einmal pro Woche gegenseitig einfühlsam zu und boten einander guten Halt. Die junge Frau hat inzwischen in einer großen Stadt an der Ostküste ein Tanz- und Führungstrainingsprogramm für Jugendliche aus Risikogruppen gegründet.

Diese jungen Erwachsenen brechen in der Öffentlichkeit nicht jedes Mal in Tränen aus, wenn sie sich herausgefordert fühlen, auch löst ein Strafzettel keinen Wutanfall aus. In der Regel schätzen die jungen Leute seelischen Beistand und versorgen sich damit, ob nun in formeller oder informeller Weise. Und bei größeren Problemen vertrauen sie meist ihren Eltern als Zuhörern.

Ihre Eltern sind mit ihnen zufrieden und stolz auf sie. Die Eltern haben diese jungen Leute während des Heranwachsens mit Liebe und Grenzen unterstützt und setzten die Zuhörstrategien konsequent ein, um auch in manchmal schwierigen Situationen miteinander verbunden zu bleiben. Die jungen Leute stehen mit beiden Beinen im Leben und fühlen sich mit ihren Eltern verbunden. Sie haben Wege für ein erfülltes Leben gefunden.

Für die Gefühle Ihres Kindes ganz Ohr zu bleiben, während Sie gleichermaßen gut für sich selbst sorgen, wird Ihren Kindern nicht alle Schwierigkeiten im Leben ersparen. Aber wir beobachten, dass die so aufgewachsenen jungen Menschen resilient sind. Sie lernen aus ihren Problemen. Und sie wissen, dass innerer Aufruhr reguliert werden kann, dass Entmutigung nur ein Gefühl ist und dass wir an Stärke und Klugheit zunehmen, wenn wir uns tief mit anderen verbinden. Diese jungen Leute gehören zu einer kleinen Stichprobe, aber die Lebensläufe der wesentlich größeren, späteren Stichprobe der heutigen Teenager sehen ebenso vielversprechend aus.

Und wenn wir auf unser eigenes Leben als Teenager und junge Erwachsene schauen, sehen wir eindeutig, dass es in Kindern Resilienz und Intelligenz fördert, wenn ihnen ein Erwachsener wirklich zuhört. Jeder, der jemals für seine Gefühle als Teenager einen erwachsenen Zuhörer hatte, erinnert sich daran. Viele haben erlebt, wie es ihr Leben verändert hat, als ihnen einfühlsam zugehört wurde. Stellen Sie sich vor, wie viel Einsamkeit und Selbstzweifel nicht erst nach Jahren, sondern nach Stunden oder sogar Wochen des Zuhörens geheilt werden könnten!

Zuhören setzt unser eigenes Potenzial frei

Wenn wir uns mit Hilfe der Zuhörstrategien Unterstützung aufbauen, entwickeln sich dabei unsere Leitungsqualitäten. Zuerst lernen wir, zuzuhören und dabei kleine und mittlere Schwierigkeiten in unserer Familie und bei uns selbst beizulegen. Mithilfe der dabei freigewordenen Energie können wir größere Probleme anpacken, die unser Selbstvertrauen, unsere Familien, nachbarliche Beziehungen, Schulen und Gemeinden beeinträchtigen. Nach und nach bringen wir dort Respekt für andere und unsere Fertigkeiten des Zuhörens ein.

Diese allgemeinen Beobachtungen möchte ich anhand einer Elternselbsthilfegruppe illustrieren, die ich fast drei Jahre lang in einem nahegelegenen großen biotechnologischen Unternehmen moderierte. Nach einer dortigen Vortragsreihe interessierten sich sechs Eltern für eine Hand-in-Hand-Gruppe und wir trafen uns einmal wöchentlich für eine gute Stunde. Unsere Gruppe war sehr unterschiedlich hinsichtlich ethnischer Abstammung und Lebensstandard ihrer Mitglieder. Sie bestand aus einem Wartungsmonteur und dessen Frau, einer Sekretärin aus der Personalabteilung, zwei promovierten Wissenschaftlern und einer Vollzeitmutter, die mit einem der beiden verheiratet war. Alle hatten sehr kleine Kinder, von denen einige die hochgepriesene, firmeneigene Kindertagesstätte besuchten.

In der Gruppe hörten wir reihum allen Eltern respektvoll zu. Sie erzählten von den Sternstunden im Leben mit ihren Kindern und ihren Niederlagen. Sie lachten oft und weinten, wenn ihnen danach war. Allmählich entwickelte sich tiefes Vertrauen und Freude. Mit Hilfe der Zuhörstrategien verbesserte sich langsam die Lebenssituation der Gruppenmitglieder. Nach dem ersten Jahr hatten alle Eltern ermutigende Veränderungen in ihren Familien erfahren und einige hatten mit den Strategien sogar beängstigende Situationen bewältigt.

Gegen Ende des zweiten Jahres hatte sich dann noch viel mehr getan. Die Sekretärin war im Zusammenhang mit einer seit frühester Kindheit bestehenden körperlichen Auffälligkeit viele Gefühle losgeworden. Mit neuem Selbstvertrauen entwickelte sie für sich und ihre berufliche Laufbahn neue Perspektiven. Die Hausfrau und Mutter hatte Dyslexie und bezwang nun zum ersten Mal in ihrem Leben die Angst vor dem Lesen. Einer der Wissenschaftler bekam die erste Beförderung seit fünf Jahren und war selbst davon überrascht, dass ihm seine Arbeit gefiel. Die Angestellte vertraute vermehrt ihrem eigenen Denken.

Nun machte sich der Wartungsmonteur langsam Sorgen, als in der Kita die beiden Lieblingsbetreuerinnnen seines Sohnes kündigten. Von anderem Kita-Personal erfuhr er, dass dort viele mit dem Leiter unzufrieden waren und die Mitarbeiter häufig wechselten. Der Vater traf sich deswegen mit dem Direktor, der jedoch seine Bedenken verwarf. Als der Monteur erfuhr, dass weitere Erzieherinnen ihre Kündigung planten, erbat er bei dem Unternehmen die Entlassung der Kitaleitung. Zuerst stand er jedoch vor verschlossenen Türen. Außer ihm sahen fast keine Eltern ein Problem. Jede Woche arbeitete er in unserer Gruppe an seinem Frust. Bei einer großen, von der Firmenverwaltung einberufenen Elternkonferenz, in der über die Kita diskutiert werden sollte, behandelte man ihn herablassend. Aber er blieb dennoch beharrlich. Mit der Zeit teilten immer mehr Eltern seine Besorgnis. Dabei verstrich fast ein ganzes Jahr, aber er hielt durch! Schließlich bekam die Kita eine neue und zugängliche Leitung. Die notwendige emotionale Unterstützung für diesen enormen Kraftaufwand erhielt der Vater von seiner Frau und unserer machtvollen kleinen Mittagsgruppe.

Wir beobachten ausnahmslos, dass sich bei Eltern, die regelmäßig die Zuhörstrategien anwenden, Führungsqualitäten entwickeln. Sie bekommen zu ihren Problemlösefähigkeiten mehr Zutrauen und ihr Unterstützernetz erweitert sich. In Verbundenheit mit anderen sind sie stärker als ein Einzelkämpfer. Und da sie wissen, wie sie sich mit ihren Kindern verbinden können, wachsen diese ebenfalls selbstsicherer auf.

Wir können durch die Art und Weise, wie wir unsere Kinder ins Leben begleiten, die Welt verändern

Unübersehbar sind die Zeichen dafür, dass eine überholte, destruktive Denkweise ins Wanken gerät. Durch traditionelle Spaltungen und heftigen Konkurrenzkampf zwischen Menschen und Gruppen, die sich hinsichtlich ethnischer Abstammung, sozialer Schicht, Religion, Lebensstandard und Herkunftsland unterscheiden, werden seit langem menschliche Energie und Intelligenz verschwendet. Wir benötigen unverbrauchte, kooperative und inklusive Methoden, um Frieden zu schaffen, Ressourcen miteinander teilen zu lernen, unsere Kinder ins Leben zu begleiten, die Einhaltung der Menschenrechte zu gewährleisten, gut für die Erde zu sorgen, zukunftsfähige, fürsorgende Gemeinschaften aufzubauen und Gerechtigkeit für alle zu erreichen. Eltern und deren Kindererziehung spielen dabei eine wesentliche Rolle. Schließlich fördern wir die Intelligenz und den guten Willen unserer zukünftigen Führungskräfte und Innovatoren.

Wir können aus den folgenden, von Eltern angestoßenen Veränderungen hinsichtlich gesellschaftlicher Normen, Gesetzgebung und gängiger Praxis aus den letzten sechzig Jahren, von denen wir alle profitiert haben, vieles lernen.

Die erste Veränderung war der Aufbau von Förderungsangeboten für Kinder mit Entwicklungsbehinderung und deren Inklusion. In meiner Kindheit wurden Kinder mit einem unterdurchschnittlichen IQ noch versteckt oder in Heimen untergebracht. Meine Mutter führte die Basisbewegung für den Aufbau und die Finanzierung von Förderungsangeboten für diese Kinder und deren Eltern mit an. Solche Dienstleistungen gibt es heute in jeder Gemeinde. Diese Entwicklung hat unsere Gesellschaft inklusiver gemacht, obwohl es noch genug zu tun gibt.

Mothers Against Drunk Driving (MADD, etwa: Mütter gegen Alkohol am Steuer), eine weitere Basisbewegung, haben erreicht, dass Alkohol am Steuer inzwischen nicht mehr als „cool" gilt. Was die Gesetzgebung, das Strafmaß und gesellschaftliche Konventionen anbelangt, wird alkoholisiertes Autofahren inzwischen weitaus weniger toleriert. Heute ist es völlig normal, im Voraus zu vereinbaren, wer fährt und daher nüchtern bleibt. Das war vor den 1980er-Jahren undenkbar, und verglichen mit dem Gründungsjahr der Organisation sterben laut MADD in den USA jetzt weniger als halb so viele Menschen wegen Alkohol am Steuer.

Und zu guterletzt haben Eltern und *Childbirth Educators* (in den USA übernehmen die Geburtsvorbereitung sog. *Childbirth Educators*, deren Ausbildung nicht einheitlich geregelt ist, einzige Voraussetzung ist eine abgeschlossene Krankenpflegeausbildung) einen sanften, aber bedeutsamen Wandel angeführt, um bereits die letzten beiden Vätergenerationen stärker in die Geburt ihrer Kinder einzubeziehen. Noch vor sechzig Jahren war die Anwesenheit des Vaters bei einer Entbindung in den USA beinahe undenkbar, doch heute ist es die Norm und hilft den Vätern, eine Beziehung zu ihren Kindern aufzubauen und ihren rechtmäßigen Platz als elterliche Bezugsperson einzunehmen.

Als Eltern sind wir viele und haben Einfluss. Wenn wir mit anderen Eltern an einem Strang ziehen, werden sich traditionelle Auffassungen und gesellschaftliche Normen verändern. Und als Eltern liegt es in unserem Interesse, dass der Aufbau emotionaler Unterstützung für unsere Arbeit so selbstverständlich wird wie das Zähneputzen.

Zuhören kann uns verbinden. Es kann uns neue Energie schenken. Zuhören kann uns einander unser bestes Selbst zugänglich machen und uns dabei helfen, unsere Kinder so tief zu verstehen, wie wir uns das immer von unseren eigenen Eltern gewünscht hätten. Zuhören kann uns die Kraft geben, unsere Kinder aus ihren Kümmernissen zu befreien. Zuhören baut Intelligenz auf.

Es ist an der Zeit, Gehorsam und Kontrolle im Leben mit Kindern zu Gunsten von Verbindung, vernünftigen Grenzen und Zuhören aufzugeben. Und die Unterstützung der Eltern ist dabei der erste Schritt. Der Beistand für die Eltern muss der Pfeiler einer jeden Gemeinschaft sein, die das menschliche Potenzial erhalten und fördern will. „Hand in Hand-Parenting" ist dafür gedacht, den Samen für diese Veränderung auszustreuen.

Ich hoffe, Sie werden sich uns anschließen. Fangen Sie einfach mit einer der beschriebenen Strategien an. Verbinden Sie sich mit anderen. Setzen sie selbstbewusst vernünftige Grenzen. Bleiben Sie ganz Ohr. Machen Sie Fehler, damit Sie lernen können. Und folgen Sie Ihrem eigenen gesunden Menschenverstand. Ihre Bemühungen werden zu dauerhaftem, starkem Erfolg führen – für Sie, Ihre Familie und die ganze Welt.

Danksagungen

Für die Entstehung dieses Buches war ein ganzes Dorf nötig!

Das Leitungsgremium von „Hand in Hand" hat uns inspiriert und bemerkenswert unterstützt. Wir danken Jeff Crow, unserem Vorsitzenden, dass er schon seit 27 Jahren an unsere Arbeit glaubt und uns weiter führt. Unser Dank gilt ebenfalls Dr. Ellyn Bader, Craig Friedman, John Heltzel, Mary Lou Johnson, Ron Meiners, Kathy Neuman, Penny Righthand, Sushmita Vij und Teresa Kelleher Zepeda. Durch euer Engagement ist unser Werk gewachsen und stärker geworden. Wir haben von euren großzügigen Gaben an Fürsorge, Zeit und Fachkenntnis ungemein profitiert. Wir danken auch Joe Hudson und der DBJ Foundation für das Wachstum, das ihr gefördert habt, die großen Hoffnungen, die ihr in uns gesetzt habt, und euren Ansporn.

Auch das Personal von „Hand in Hand" hat dieses Projekt mit Begeisterung und Sachkenntnis unterstützt. Besonderer Dank gilt Craig Appel für die sachkundige Verwaltung des Projekts, Julianne Idleman, deren Werbekampagne das Buch finanzierte und die alles stehen und liegen ließ, um uns das Einhalten des Zeitplans zu ermöglichen, und Michelle Pate, deren Leitungsübernahme Patty die Freiheit zum Schreiben gab. Auch Elle Kwan, Elizabeth Elias, Molly Pearson, Paul Russell und Martin Wilson haben schwer gearbeitet, sich neue Fertigkeiten angeeignet und eine ganze Menge Energie beigesteuert.

Marilyn Elias, unsere Lektorin, trennte geschwind und mit großem Geschick die Spreu vom Weizen. Ihre Ermutigung und ihr Blick fürs Wesentliche waren äußerst hilfreich. Lawrence J. Cohen, Ph.D. lieferte zu unserem Manuskript wertvolle Erkenntnisse und trug beinahe über Nacht zu dessen Verständlichkeit bei. Matt Sanders von Trigger Design gestaltete passend zu unserer Botschaft Titelbild und Aufmachung und Brian Aceds Illustrationen sind Kostbarkeiten, die wir voller Stolz weitergeben.

Die Arbeit der „Hand in Hand"-Ausbilder in ihren Familien und innerhalb ihrer Gemeinden findet sich durchgehend in diesem Buch. Wir fühlen uns privilegiert und geehrt, mit und von ihnen zu lernen, wie sie zahllosen alltäglichen Herausforderungen begegnen und ihre Erfahrungen weitergeben. Ihr großzügiges Engagement für Eltern auf der ganzen Welt ist das lebendige Herz von „Hand in Hand Parenting".

Insbesondere danken wir Alaiya Aguilar, Lucy Allen, Lori Bakshi, Hannah Brobst, Georgie Bancroft, Merav Besser, Deborah Betz, Melinda Booth, Udaya Bryce, Michelle Carlson, Adriana Castillo, Emily Cernusak, Torri Chappell, Anna Cole, Maya Coleman, Paula De Francesca, Marilupe de la Calle, Zsuzsanna Egry, Christine Ashe Elizondo, Kristin Ellermann, Todd Erickson, Miranda Fairhall, Freddie Ferber, Sandra Flear, Allison Fluet, Tyralynn Frasier, Velma Gentzsch, Lana Harel, Zelon Harrison, Jamila Jackson, Melissa Jara, Kirsten Jensen, Julie Johnson, Esther Kamkar, Carol Kellendonk, Louise Omoto Kessel, Kristan Klingelhofer, Michelle Kokel, Jeni Leari, Lyra L'Estrange, Benn Lim, Rebecca Lippiatt, Otilia Mantilers, Tara McCay, Muftiah Martin, Heidrun Matties, Alma Mendoza, Shaheen Merali, Rita Mori, Skye Munro, Emily Murray, Roma Norriss, Joe Novotny, Liesl Orr, Stephanie Parker, Maddie Pemberton, Laura Podwosky, Zhen Rong, Jamie Russell, Sharon Ryder, Tara Rye, Jasmin Sanders, Usha Sangam, Keiko Sato-Perry, Sara Smith, Kim Sutton, Patricia Townsend, Annie Tyson, Sabina Veronelli und Kristen Volk für ihre klaren Gedanken und die Bereitschaft, ihre persönlichen Erfahrungen in „Hand in Hand" einfließen zu lassen.

Patty dankt den Mitgliedern ihrer allerersten Elterngruppe, die sie vor über vierzig Jahren geleitet hat. Sie ist Lorraine Amerian, Andrea Borning, Margie Smart, Daphne Stewart und der verstorbenen Diane Taylor und vielen anderen für ihren Pioniergeist und ihr Vertrauen zu Dank verpflichtet. Ein Dankeschön geht auch an Sara Wood Smith für ihre Freundschaft, Leitung und ihre besondere Begabung. Wir danken Tim Jackin, dass er an uns geglaubt und unser Wachstum gefördert hat.

Zusätzlich wurde Pattys Schreiben durch unermüdliche Unterstützung von Ravid Aisenman Abramsohn, Jean Hamilton, Michelle Kokel, Martin Lamarque, Kirsten Nottleson, Scott Ross, Rachel Schofield und Robin Setchko ermöglicht.

Patty dankt Vahé Petrosian, Jacob Bricca, Lisa Molomot, David und Morgan Bricca, und Rory, Lucas und Allison Bricca für zuverlässige Liebe und Unterstützung. Und sie ist dankbar dafür, auch weiterhin von den Großfamilien der Briccas, Kamkars, Petrosians, Van Heisens und Wipflers Neues über Liebe und Familie zu lernen.

Tosha dankt ihrem Ehemann David und ihren Söhnen Zakai, Adiel und Paz dafür, dass sie stunden- und manchmal tagelang zum Schreiben abtauchen durfte. Euch gehört meine tiefste Liebe und ihr seid die Inspiration für die Weitergabe dieser Erkenntnisse für ein harmonisches Leben mit Kindern. Habe ich euch heute schon gesagt, dass ich euch liebe? Ich danke auch Ravid Aisenman Abramsohn für die Erinnerung daran, dass auch ich zähle. Irit Ginsburg danke ich für das geheime Schreibrefugium und dafür, niemandem von meiner Anwesenheit zu erzählen! Danke, Tali Cohen Tzedek für Freundschaft, Ermutigung und deine Schreibfreizeiten in der Wüste. Mein Dankeschön gilt auch dem Café Yodfat, in dem mir immer „mein Tisch" freigehalten wurde und es nie jemandem missfiel, dass ich nicht mehr Essen bestellte.

Zu guter Letzt gilt unsere große Dankbarkeit den 746 Unterstützern, die die Produktion von „Hand in Hand" finanziert haben. Wir sind jedem Einzelnen für die Unterstützung und Ermutigung zu diesem Projekt dankbar. Ohne eure Hilfe wäre dieses Buch nicht entstanden. Blake Adams, Allison Carrillo, Jeff Crowe, Cecilia Hyoun, Jalayne Ladd, Robin Moore, Sarah Neuse, Beth Ohannesonn, Hao-li Ti Loh und Teresa Kelleher Zepeda möchten wir sagen: Wir wissen eure besondere Unterstützung sehr zu schätzen.

Über die Autorinnen

Patty Wipfler ist die Gründerin und Programmdirektorin von „Hand in Hand Parenting". Über 40 Jahre lang hat sie mit Eltern und Kindern zusammengearbeitet und dabei einen verständlichen und wirksamen Ansatz entwickelt, der die Stärkung der Eltern-Kind-Verbindung zum Ziel hat. Mehr als 700.000 ihrer „Listening to Children"-Bücher sind bisher in Englisch, Spanisch und zehn weiteren Sprachen verkauft worden. Ihre Organisation „Hand in Hand Parenting" bietet Trainings, Informationen und Unterstützung für die essentielle Arbeit des Elternseins an und stellt dafür Trainer in den USA und acht anderen Ländern bereit.

Tosha Schore (M.A.) ist „Hand in Hand"-Trainerin, Elternberaterin und Autorin. Als Mutter von drei Jungen unterstützt sie durch ihre Arbeit Jungen und deren Familien weltweit. Tosha setzt sich zum Ziel, zu einer friedvolleren Welt beizutragen, indem sie Eltern dabei unterstützt, Selbstfürsorge zu tragen, mit ihren Kindern in tiefe Verbindung zu treten, liebevolle Grenzen zu setzen und wild zu spielen.

Englischsprachige Ressourcen zum Thema:
http://www.handinhandparenting.org/resources

Literaturhinweise

Cohen, Lawrence J., *Playful Parenting*. New York, Ballantine Books, 2002. DeBenedet, Anthony T. und Cohen, Lawrence J., *The Art of Roughhousing: Good Old-Fashioned Horseplay and Why Every Kid Needs It*. Philadelphia, Quirk Books, 2010.

Levine, Peter A., *Waking the Tiger: Healing Trauma*. Berkeley, CA, North Atlantic Books, 1997.

Lewis, Thomas und Amini, Fari und Lannon, Richard, *A General Theory of Love*. New York, Vintage Books, 2001.

Markham, Laura, *Peaceful Parenting, Happy Kids: How to Stop Yelling and Start Connecting*. New York, Tarcher/Perigree, 2012.

Neufeld, Gordon und Maté, Gabor, *Hold On to Your Kids*. New York, Ballantine Books, 2006.

Payne, Kim John, *Simplicity Parenting: Using the Extraordinary Power of Less to Raise Calmer, Happier, and More Secure Kids*. New York, Ballantine Books, 2010.

Siegel, D. und Hartzell, Mary, *Gemeinsam leben, gemeinsam wachsen: Wie wir uns selbst besser verstehen und unsere Kinder einfühlsam ins Leben begleiten können*. Freiburg, Arbor Verlag, 2009, (orig. Ders., *Parenting from the Inside Out*. New York, Ed. Jeremy P. Tarcher/Penguin, 2003).

Solter, Aletha J., *Warum Babys weinen – Die Gefühle von Kleinkindern*. Kösel Verlag, 2009 (orig. Ders., *The Aware Baby*. Goleta, CA, Shining Star Press, 2001).

Wright, Marguerite A., *I'm Chocolate, You're Vanilla: Raising Healthy Black and Biracial Children in a Race-Conscious World*. San Francisco, Jossey-Bass, 2000.

DER VEREIN MIT KINDERN WACHSEN E.V.

Der Verein *Mit Kindern wachsen e.V.* besteht mittlerweile seit mehr als zwanzig Jahren. Unsere Aktivitäten richten sich an Menschen, die mit Kindern neue Wege gehen wollen – Wege, die ein Kind von Anfang an als fühlendes Subjekt respektieren, seine Integrität bewahren und es ihm erlauben wollen, sich nach seinem eigenen inneren Gesetz zu entfalten. Dabei haben sich in den letzten Jahren folgende Schwerpunkte herausgebildet, bei denen wir inhaltlich verantwortlich sind.

DIE ZEITSCHRIFT MIT KINDERN WACHSEN

Die Zeitschrift erscheint vierteljährlich und ist im Abo erhältlich, auch zum Verschenken als Geschenkabo. Zusätzlich bringen wir in unregelmäßigen Abständen themenbezogene Sonderhefte heraus, wie z.b. das Special zum Thema Säuglinge und Kleinkinder.

SEMINARE UND FORTBILDUNGEN

Darüber hinaus sind wir inhaltlich verantwortlich für Fortbildungen, Seminare und Vorträge, wie z.B. zum Thema „Achtsame Kommunikation mit Kindern", die dabei helfen können, einer neuen inneren Haltung Kindern gegenüber näherzukommen und Schwierigkeiten auf diesem Weg zu überwinden.

Weitere Informationen über uns, die Zeitschrift und unsere Arbeit finden Sie bei

Mit Kindern wachsen e.V.
Alice-Salomon-Str. 4
79111 Freiburg
Tel. +49.(0)761.47 99 540
info@mit-kindern-wachsen.de

www.mit-kindern-wachsen.de

Online

Umfangreiche Informationen zu unseren Themen,
ausführliche Leseproben aller unserer Bücher,
einen versandkostenfreien Bestellservice und unseren
kostenlosen Newsletter. All das und mehr finden Sie auf
unserer Website.

www.arbor-verlag.de

Seminare

Die gemeinnützige *Arbor-Seminare gGmbH* organisiert
regelmäßig Seminare und Weiterbildungen mit führenden
Vertretern achtsamkeitsbasierter Verfahren.
Nähere Informationen finden Sie unter:

www.arbor-seminare.de